## 权威·前沿·原创

皮书系列为
"十二五""十三五"国家重点图书出版规划项目

BLUE BOOK

智库成果出版与传播平台

社会建设蓝皮书

BLUE BOOK OF SOCIETY-BUILDING

# 2020年北京社会建设分析报告

ANNUAL REPORT ON ANALYSIS OF BEIJING SOCIETY-BUILDING (2020)

主　　编／李万钧　李四平
执行主编／唐　军　陈建领
副 主 编／胡建国　李君甫

社会科学文献出版社
SOCIAL SCIENCES ACADEMIC PRESS (CHINA)

图书在版编目(CIP)数据

2020年北京社会建设分析报告/李万钧,李四平主编.--北京:社会科学文献出版社,2021.2
（社会建设蓝皮书）
ISBN 978-7-5201-7556-2

Ⅰ.①2… Ⅱ.①李…②李… Ⅲ.①社会发展-研究报告-北京-2020 Ⅳ.①D671

中国版本图书馆CIP数据核字（2020）第215249号

社会建设蓝皮书
## 2020年北京社会建设分析报告

主　　编／李万钧　李四平
执行主编／唐　军　陈建领
副 主 编／胡建国　李君甫

出 版 人／王利民
责任编辑／张　媛　宋　静

出　　版／社会科学文献出版社·皮书出版分社（010）59367127
　　　　　地址：北京市北三环中路甲29号院华龙大厦　邮编：100029
　　　　　网址：www.ssap.com.cn
发　　行／市场营销中心（010）59367081　59367083
印　　装／天津千鹤文化传播有限公司
规　　格／开　本：787mm×1092mm　1/16
　　　　　印　张：23.75　字　数：355千字
版　　次／2021年2月第1版　2021年2月第1次印刷
书　　号／ISBN 978-7-5201-7556-2
定　　价／128.00元

本书如有印装质量问题，请与读者服务中心（010-59367028）联系

▲ 版权所有 翻印必究

# 《2020 年北京社会建设分析报告》编委会

| | |
|---|---|
| 主　　任 | 李万钧　李四平 |
| 副 主 任 | 陈建领　唐　军 |
| 成　　员 | 胡建国　鞠春彦　韩秀记　李君甫　杨桂宏<br>赵卫华 |
| 主　　编 | 李万钧　李四平 |
| 执行主编 | 唐　军　陈建领 |
| 副 主 编 | 胡建国　李君甫 |
| 撰 稿 人 | 毕　然　杜金一　冯若谷　韩秀记　何梦雪<br>鞠春彦　李晨宇　李君甫　李万钧　李　阳<br>任　凤　宋辰婷　唐甜甜　王　頔　王　敏<br>王　雯　王章兴　魏　爽　邢宇宙　杨桂宏<br>杨美清　姚义清　于立东　张秀娟　张雨薇<br>赵丽琴　赵卫华　赵艺敏　宗晶晶 |

# 主要编撰者简介

**李万钧** 中共北京市委社会工作委员会书记，北京市民政局局长。

**李四平** 北京工业大学党委副书记。北京大学教育经济与管理专业在职研究生毕业，管理学博士。历任北京工业大学社会科学部副主任，党委宣传部副部长、部长，校长助理、党委办公室主任、校长办公室主任兼保密委员会办公室主任、信息处处长（兼），校长助理、党委组织部部长兼党校常务副校长。曾被评为北京市优秀青年骨干教师，入选北京市优秀中青年人才培养支持项目，获得北京市人民政府优秀教学成果二等奖、北京高校党建和思想政治工作一等奖。

**唐　军** 博士、教授，博士研究生导师，北京工业大学文法学部主任。任教育部高等学校社会学类专业教学指导委员会委员，中国社会学会常务理事，中国社会学会社会建设研究专业委员会副理事长兼秘书长，北京市社会学学会副会长；北京市哲学社会科学研究基地——北京社会管理研究基地副主任，北京市教委"2011 计划"首都社会建设与社会管理协同创新中心执行主任；入选北京市新世纪社科理论人才百人工程，北京市宣传文化系统"四个一批"人才，首批北京市高层次创新创业人才支持计划"哲学社会科学和文化艺术领军人才"，获北京市"优秀教师"称号。主要研究方向为社会学理论、家族研究、劳工研究、社会建设与社会管理等。

**陈建领** 中共北京市委社会工作委员会副书记，北京市民政局副局长，一级巡视员。

**胡建国** 博士，教授；北京工业大学文法学部副主任、社会科学学院院长，首都社会建设与社会管理协同创新中心秘书长；中国社会学会理事、中国社会学会劳动社会学专业委员会副会长兼秘书长、网络社会学专业委员会副会长，社会建设研究专业委员会理事、青年社会学专业委员会理事，北京市社会学学会常务理事、北京社会建设研究会常务理事；承担国家社科基金、北京市社科基金、北京市自然科学基金、北京教育科学规划项目等科研项目；入选市宣传文化系统"四个一批"人才，北京市社科理论中青年优秀人才"百人工程"、北京市属高校人才强教青年教师"拔尖人才"。

**李君甫** 博士，北京工业大学文法学部教授，诺丁汉大学中国研究中心客座研究员，硕士研究生导师，主要研究领域为城乡社会学、社会政策（住房、养老、教育、反贫困等）、流动人口、社会建设与社会治理等；主要研究成果有《北京的住房变迁与住房政策》、《北京的人口、社会阶层与空间结构》、《农民的非农就业与职业教育》、《当代中国社会建设》（合著）、《北京社会建设60年》（合著）、《北京社会空间的分化与隔离——基于社会阶层分布的研究》、《农村人口过疏化对农村社会建设的挑战》、《走向终结的村落——山区人口流失、社会衰微与扶贫政策思考》等。

# 摘　要

本书是北京工业大学"北京社会建设分析报告"课题组2019～2020年度的研究成果，分为六个部分，包括总报告、特稿、社区篇、民生篇、治理篇、地方社会建设篇。报告依据北京市政府和相关部门发布的统计数据和资料以及课题组成员的调研，分析了2019年北京社会建设取得的主要成就及面临的挑战，并提出了政策建议。

2019年是北京进一步疏解整治，加快副中心建设的重要一年，也是北京市委社会工委与北京市民政局合署办公，推进北京社会建设的重要一年。北京市出色完成新中国成立七十周年庆祝活动服务保障任务，加强"四个中心"功能建设，经济社会健康发展。北京的疏解整治成效显著，在公共服务、社会治理等方面取得了不凡成绩，人民生活水平不断提高。

北京的社会建设还面临很多挑战，需要从以下几个方面予以推进：第一，提高效率，不断提高公共服务水平；第二，完善"吹哨报到"和"接诉即办"的社会治理机制；第三，增进社会团结，构建社会治理共同体。

**关键词：** 社会建设　社会治理　公共服务　社会结构

# 目　录

## Ⅰ　总报告

**B.1** 改革进取：2019年北京社会建设 …………… 鞠春彦　姚文清 / 001

## Ⅱ　特稿

**B.2** 提高政治站位　强化统筹功能

　　 扎实推进北京社会建设工作高质量发展 …………… 李万钧 / 026

## Ⅲ　社区篇

**B.3** 北京市社区社会组织建设状况调查

　　 ——以N社区为例 …………………… 杨桂宏　任　凤 / 035

**B.4** 共治与自治双向推动的小区停车管理研究

　　 ——以劲松西社区为例 ……………… 韩秀记　何梦雪 / 050

**B.5** 政府购买社区社会工作服务模式的新探索

　　 ——昌平区社区社会工作室项目化运作的研究报告

　　 …………………………………………… 杜金一　李君甫 / 061

**B.6** 社会工作介入社区志愿服务力量更新研究 …… 杨美清　鞠春彦 / 079

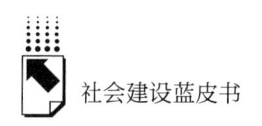

## Ⅳ 民生篇

**B.7** 北京市"七有五性"指标体系构建研究
　　………………………………………… 委局社会建设综合协调处 / 092

**B.8** 北京住房租赁价格研究报告……………………… 王　敏 / 117

**B.9** 北京市社区居家养老社会支持体系发展现状与政策建议
　　………………………………………………………… 王　雯 / 134

**B.10** 北京城镇居民住房状况分析………………… 赵卫华　毕　然 / 157

**B.11** 北京市流动儿童家庭教育的实证研究……… 魏　爽　唐甜甜 / 172

**B.12** 公共卫生事件下北京对中小微企业扶持政策的分析报告
　　…………………………………………… 王　敏　张雨薇 / 185

**B.13** 北京市近郊农村居民就业调查报告………………… 张秀娟 / 199

## Ⅴ 治理篇

**B.14** 路径与理念：首都信息治理能力与基层社会治理转型
　　——以北京市大兴区"接诉即办"工作为例……… 冯若谷 / 210

**B.15** 新时代基层社会治理实现方式研究报告
　　………………………………………… 委局基层政权和社区建设处 / 218

**B.16** 北京城市副中心社会组织发展的目标定位与路径探讨
　　………………………………………………………… 邢宇宙 / 246

**B.17** 枢纽型社会组织主导下的社区社会组织培育
　　——以北京市海淀区为例……………………………… 李　阳 / 257

**B.18** 网络社会背景下北京市公共卫生事件的治理研究…… 宋辰婷 / 270

B.19 公共卫生事件中的北京居民社区信息传播……李晨宇　王　頔 / 282
B.20 公共卫生事件中北京高校毕业生情绪状态的调查研究
　　　………………………………………宗晶晶　赵艺敏　赵丽琴 / 304

## Ⅵ　地方社会建设篇

B.21 党建引领基层社区治理的探索与思考………于立东　王章兴 / 324
B.22 社区党建工作协调委员会推进区域化党建研究………孙凤霞 / 330

Abstract ………………………………………………………………… / 342
Contents ………………………………………………………………… / 343

皮书数据库阅读使用指南

# 总 报 告

General Report

## B.1
## 改革进取：2019年北京社会建设

鞠春彦 姚文清[*]

**摘 要：** 2019年是新中国成立七十周年，北京市出色完成了新中国成立七十周年庆祝活动服务保障任务，加强"四个中心"功能建设，保持经济社会健康发展。2019年，北京市社会建设成绩突出、经济社会健康发展、非首都功能疏解工作持续推进、社会公共服务水平不断提高、社会治理再上新台阶，社会建设成果惠及民生。坚持党建引领总揽全局，加强精治共治法治，依靠"互联网+""大数据""智能化"等手段提高"吹哨报到""接诉即办"工作机制效率，推动城市基层治理精细化。重视社会工作人才专业化建设水平的提升，逐步提高社会参与度，破解基层社会治理难

---

[*] 鞠春彦，北京工业大学文法学部副教授，北京社会管理研究基地研究人员；姚文清，北京工业大学文法学部研究生。

题，以积极态度应对复杂环境与转型发展的双重考验。北京仍面临社会结构变动和公共服务供给带来的压力与挑战，在社会建设与治理能力现代化方面仍需继续努力探索。为更好推进北京的社会建设，必须优先处理好基础与改善、常态与应急、精细与协同三类关系，通过社会建设调整社会结构，优化公共服务，建设符合国情、适合北京的社会治理共同体。

**关键词：** 社会建设　社会治理　老龄化

2019年是中华人民共和国成立七十周年，也是北京社会建设再上新台阶的一年，北京市"以加强党对社会领域的领导为核心，坚持稳中求进工作总基调，坚持滚石上山、重点突破、体系推进、加强基层、从严管理，认真履行基本民生保障、基层社会治理、基本社会服务等职责"[1]，在改革进取中开创社会建设新局面。

## 一　北京社会建设取得的成就

### （一）经济社会健康发展，发展成果惠及民生

2019年，北京市坚持新发展理念，坚持稳中求进，以供给侧结构性改革为主线，全面落实高质量发展要求，深入实施城市总体规划，加快京津冀协同发展，切实保障和改善民生，经济社会保持平稳健康发展。2019年全年实现地区生产总值35371.3亿元，按可比价格计算，比上年增长6.1%。

---

[1] 北京市民政局：《2019年北京市社会建设和民政工作要点》，北京市人民政府门户网站，http://mzj.beijing.gov.cn/art/2019/6/20/art_5550_920.html，2020年5月20日。

按常住人口计算，全市人均地区生产总值为16.4万元，比上年增加2.4万元。财政收入持续增加，全市完成一般公共预算收入5817.1亿元，较上年增长0.5%，① 经济运行总体平稳。经济总量不断增长促使居民收入稳步增长，2019年全市人均可支配收入为67756元，比上年增长8.7%；扣除价格因素后实际增长6.3%，与上年持平。从四项收入构成看，居民人均工资性收入41214元，增长9.4%；人均经营净收入1201元，与上年持平；人均财产净收入11257元，增长6.1%；人均转移净收入14084元，增长9.5%。② 在消费支出方面，2019年北京市全年居民人均消费支出为43038元，比上年增长8.0%。

### （二）非首都功能疏解工作持续推进，环境整治效果明显

2019年北京市坚持"稳中求进"，在疏解整治中发展提升，通过"疏整促"专项行动打造"清、静、安、乐、和"的城市新面貌，进一步深化疏解、强化整治、优化提升，更加注重以提升为目标，将疏解、整治、提升一体谋划、统筹推进。疏解整治工作分为内、外两个维度，内部功能重组及向外疏解转移，将疏解整治和优化提升紧密衔接起来，通过主动治理和"接诉即办"的工作方式统筹推动疏解工作。2019年，北京市"疏整促"专项行动巩固提升、纵深推进，全年计划任务超额完成。一方面，人口增长得到有效调控。2019年末全市常住人口2153.6万人，比上年末减少0.6万人，下降0.03%。其中，城镇人口1865万人，占常住人口的比重为86.6%；常住外来人口745.6万人，占常住人口的比重为34.6%，比上年同期减少19万人，下降2.5%（见表1）。③

---

① 《北京市2019年国民经济和社会发展统计公报》，北京市人民政府门户网站，http://tjj.beijing.gov.cn/tjsj/tjgb/ndgb/202003/t20200302_1673342.html，2020年5月20日。
② 《北京市2019年国民经济和社会发展统计公报》，北京市人民政府门户网站，http://tjj.beijing.gov.cn/tjsj/tjgb/ndgb/202003/t20200302_1673342.html，2020年5月20日。
③ 《北京市2019年国民经济和社会发展统计公报》，北京市人民政府门户网站，http://tjj.beijing.gov.cn/tjsj/tjgb/ndgb/202003/t20200302_1673342.html，2020年5月20日。

表1 2015~2019年北京常住人口情况

单位：万人，%

| 年份 | 总量 常住人口 | 总量 常住外来人口 | 增量 常住人口 | 增量 常住外来人口 | 增速 常住人口 | 增速 常住外来人口 |
| --- | --- | --- | --- | --- | --- | --- |
| 2015 | 2170.5 | 822.6 | 18.9 | 3.9 | 0.9 | 0.5 |
| 2016 | 2172.9 | 807.5 | 2.4 | -15.1 | 0.1 | -1.8 |
| 2017 | 2170.7 | 794.3 | -2.2 | -13.2 | -0.1 | -1.6 |
| 2018 | 2154.2 | 764.6 | -16.5 | -29.7 | -0.8 | -3.7 |
| 2019 | 2153.6 | 745.6 | -0.6 | -19.0 | -0.03 | -2.5 |

资料来源：根据历年《北京统计年鉴》整理。

另一方面，城市环境得到改善，城市治理向纵深和精细化方向发展。2019年北京疏解退出一般制造业企业399家，传统高污染、高耗能行业企业基本退出，疏解提升市场和物流中心66个。自2017年以来北京市开展的核心区背街小巷环境整治提升行动于2019年收官，1892条背街小巷整治提升任务基本完成。从"街巷整治"转向"街区更新"，对背街小巷进行精细化治理。通过自下而上、以需定项的方式对老旧小区和棚户区开展整治工作，使其旧貌换新颜，群租房和地下空间的规范使用也得到有效的监督和管理。目前，北京市已实现人防工程住人清零。[1] 居民周边生活环境获得极大改善，94.1%的居民对专项行动的总体提升效果表示满意，八成以上居民认为城市风貌和秩序有所改善。[2] 到2019年底，北京市公园绿地500米服务半径覆盖率提高到83%，比2018年增加3个百分点。这意味着，北京八成以上居住区，市民出行500米可见公园绿地。[3] 基本便民商业服务功能社区覆盖率达到了95%左右，全市生活性服务业网店电子地图首次发布。

---

[1] 《本市整治地下空间9118处 实现人防工程住人清零》，北京市人民政府门户网站，http://www.beijing.gov.cn/ywdt/gzdt/201908/t20190819_1827643.html，2020年5月20日。

[2] 《一图读懂疏解整治促提升专项行动年终总结》，北京市人民政府门户网站，http://www.beijing.gov.cn/ywdt/tujie/202001/t20200117_1833432.html，2020年5月20日。

[3] 《全市新增10处休闲公园、50处口袋公园 八成市民出门500米见公园绿地》，北京市人民政府门户网站，http://www.beijing.gov.cn/ywdt/zwzt/sjzzcts/zxjz/t1608289.htm，2019年12月4日。

非首都功能疏解工作是在《北京市城市总体规划（2016年—2035年）》《关于组织开展"疏解整治促提升"专项行动（2017—2020年）的实施意见》指导下进行的。专项行动也推动了相关领域工作的法制化和规范化进程。2019年《北京市城乡规划条例》修订实施，《关于立即处置在施违法建设的实施意见（试行）》《地下空间使用负面清单》《北京市园林绿化局污染防治攻坚战2019年行动计划》《北京市园林绿化行业蓝天保卫战2019年行动计划工作落实方案》《北京市园林绿化行业重大活动空气质量保障工作方案》等发布。为加强重点区域治理带动城市品质提升，一些推动"疏整促"与主动治理的新工作机制也涌现出来。"接诉即办"推动社会共治共享：2019年北京市推动29个重点街乡镇整治提升，积极响应群众需求梳理问题清单、项目清单，120项市级事项已经解决或已明确解决方案，推动跨区域协作，完成32项疑难问题治理。共商共治平台、"小院议事厅"等机制在"回天有我"社会参与活动中得到深化。①

### （三）公共服务水平持续提升，社会民生事业不断进步

**1. 社会保障覆盖面持续扩大，保障标准稳步增长**

2019年末，北京市参加企业职工基本养老、职工基本医疗、失业、工伤和生育保险的人数分别为1651.6万人、1682.5万人、1294.8万人、1242.2万人和1164.4万人，分别比上年末增长3.8%、3.3%、4.4%、4.7%和5.5%。2019年末，参加城乡居民养老保险的人数为204.7万人，参加城乡居民基本医疗保险的人数为400.1万人。2018年全市享受城市居民最低生活保障的人数为6.5万人，与2018年相比减少0.2万人；享受农村居民最低生活保障的人数为3.7万人，与2018年持平。社会保障相关待遇标准呈稳步提升的态势（见表2）。

---

① 《一图读懂疏解整治促提升专项行动年终总结》，北京市人民政府门户网站，http://www.beijing.gov.cn/ywdt/tujie/202001/t20200117_1833432.html，2020年1月17日。

表2  2018～2019年北京社会保障相关待遇标准

单位：元/月

| 指标 | 2019年 | 2018年 |
| --- | --- | --- |
| 失业保险金最低标准 | 1706 | 1536 |
| 城市居民最低生活保障标准 | 1100 | 1000 |
| 职工最低工资标准 | 2200 | 2120 |

资料来源：《北京市2019年国民经济和社会发展统计公报》，北京市人民政府门户网站，http：//tjj.beijing.gov.cn/tjsj/tjgb/ndgb/202003/t20200302_1673342.html，2020年5月20日。

2. 养老服务体系不断完善，重点关注困难老年群体

北京市少子化与老龄化并存趋势延续。到2019年末，北京市60岁及以上常住人口371.3万人，占17.2%，[1] 比2018年上升了0.3个百分点。在此背景下，养老服务体系建设和养老保障水平提升等工作持续得到重视。在认真落实和执行《首都积极应对人口老龄化中长期发展规划》《北京市社区养老服务驿站建设规划（2016年—2020年）》等的同时，北京市民政局发布《2019年北京市养老服务工作要点》（以下简称《工作要点》），加快构建具有北京特色的超大城市养老服务模式。《工作要点》将超大城市的养老服务模式创新、养老服务质量提升、深化养老服务放管服改革、加强养老行业监管作为四大任务，提出加快构建养老服务政策、养老设施供给、养老服务质量、养老服务保障四大体系，让全市老年人有更多的获得感、幸福感和安全感。2019年北京市推动养老服务设施建设，新建街道乡镇养老照料中心20家和社区养老服务驿站160家，新出台的养老服务补贴津贴制度惠及75万多名老年人。出台集中式居家养老服务设施吉安社和运营监督管理办法，推广共有产权养老服务设施试点经验，推动通州半壁店和常营2号地扩大试点项目，继续关注和总结恭和家园试点项目的试点成效，配合推动市属国有企业转型建设养老服务设施。全面推进养老机构阳光餐饮工程建设，到2019年底全市养老机构明厨亮灶率达到95%以上。养老机构综合责任险的

---

[1] 《全市年末常住人口》，北京市统计局网站，http：//tjj.beijing.gov.cn/tjsj_31433/yjdsj_31440/rk_32024/2019/202002/t20200217_1647170.html，2020年6月15日。

统筹保障和投保理赔工作得到加强，全市95%以上养老机构参加保险，社区养老服务驿站家庭床位投保比例得到扩大，《京津冀养老工作协同发展合作协议（2016年—2020年）》得到落实。有关部门开展京津冀蒙养老机构协同进展情况检查，继续组织京津冀蒙养老服务协同发展联席会议。鼓励在京养老机构、培训机构通过品牌输出、资源输出，推动协同发展区域设立分支机构或开展合作，促进公共服务跨区域配置。[①]

从2019年10月1日开始，北京市聚焦政策整合，开始实施《北京市老年人养老服务补贴津贴管理实施办法》，提供困难老年人养老服务补贴、失能老年人护理补贴、高龄老年人津贴等三类补贴津贴，推动基本养老公共服务均衡化。困难老年人养老服务补贴用于补贴其晚年日常照料等生活性服务支出。其中享受低保待遇的老年人每人每月300元，低收入家庭中未享受低保待遇的老年人每人每月200元，计划生育特殊家庭且不符合前述条件的老年人每人每月100元。失能老年人护理补贴，发放给重度失能或重度残疾的老年人，用于补贴其因生活自理能力缺失而产生的长期照护支出，包括但不限于购买照料支持、照顾服务、护理服务等照护性服务。高龄老年人津贴，整合了原有补贴津贴政策，提高了发放标准，发放给80周岁及以上老年人，其中80~89周岁的老年人每人每月100元，90~99周岁的老年人每人每月500元，100周岁及以上的老年人每人每月800元。该实施办法预计让75万多名经济困难老年人、失能老年人、高龄老年人直接受益，全市每年发放养老服务补贴津贴约20亿元，以上三类老年人及其家庭消费支付能力得到切实提高，有效缓解了老年人生活照料困难，保障了老年人基本养老服务需求。同时，不断加强养老服务体系建设，发挥财政资金的引导和示范效应，推进专业服务供给和现实有效需求对接，引导老年人购买照料支持、照顾服务、护理服务等照护性服务和长期护理保险、商业养老保险有效满足老年人多元化个性化护理需求，引导老年人将补贴津贴用于养老服务消费特别是生

---

[①] 《北京市民政局关于印发〈2019年北京市养老服务工作要点〉的通知》，北京市民政局门户网站，http://mzj.beijing.gov.cn/art/2019/5/7/art_5550_986.html，2020年5月20日。

活照料护理服务,培育本市养老服务消费市场。①

3. 医改不断深化,医疗卫生服务分级诊疗效果明显

2017年北京市进行医药分开综合改革,2018年推出医耗联动综合改革以深化医改,并于2019年6月15日正式实施。自2019年6月15日北京医耗联动综合改革实施以来,北京基层诊疗量预计净增超700万人次,3700所医疗机构诊疗服务秩序井然,已完成门急诊量1亿多人次,出院近250万人次。在分级诊疗方面,北京门急诊量较医药分开综合改革前增长2.1%,其中,一级医院及社区卫生服务机构增长40.4%,二级医院增长3.3%,三级医院下降5.4%,呈现门诊服务向基层机构分流的良好态势。住院服务则向三级医院集中,三级医院出院人次较医药分开综合改革前增长16.8%,二级医院增长4.7%,一级医院基本保持不变,各级医疗机构门诊和出院量的结构变化符合分级诊疗制度建设的方向和要求。基层的医疗服务得到进一步改善,社区卫生服务机构开具慢性阻塞性肺病、高血压等五类慢病一个月或两个月长期处方超过2万张,开展检验检查结果线上查询等服务。建立国家和市级临床重点专科基层服务点178个,有168个社区卫生服务中心提供线上检验检查结果查询,有319个社区卫生服务中心提供线上多种支付服务。

从城镇职工医保监测数据看,改革后门诊次均费用呈下降趋势,同比降低2.2%;住院例均费用基本持平,同比增长0.7%。综合改革政策措施协同发力,保证了6000余项医疗服务价格调整没有明显增加患者个人费用负担。两轮医改以来,医药费用得到持续控制。2017年北京医药分开综合改革以来,医药费用年增幅控制在8%左右。自2019年6月实施医耗联动综合改革以来,医药费用较上年同期增长6.2%,增长率与经济社会发展的协调性进一步提高,门急诊次均费用、出院例均费用分别增长0.9%、2.6%(未扣除物价变化因素),是近15年以来费用增长幅度最低的一个时期。2017年实施的医药分开综合改革和2019年的医耗联动综合改革,使北京医

---

① 《〈北京市老年人养老服务补贴津贴管理实施办法〉新闻发布会召开》,北京市民政局门户网站,http://mzj.beijing.gov.cn/art/2019/11/1/art_281_476962.html,2020年5月20日。

疗机构告别了以药品和耗材补偿运行成本的历史,代之以技术劳动补偿发挥更大作用,有利于减少资源消耗,控制医药费用,加强公益性。

医改的同时,北京还推进了多项优化就医服务举措。80余家三级医院分时段预约精确到30分钟;近90家三级医院的门急诊缴费可使用移动支付,70余家住院缴费可使用移动支付,60余家三级医院实现了检验结果的线上推送,50余家三级医院实现了检查结果的线上推送,50余家三级医院取消了本院自制就诊卡,近60家三级医院实现了身份证直接挂号,80余家三级医院实现了医保卡直接挂号。① 三级医院增加下午出诊医生数量,缓解就诊压力集中在上午而造成的院内外秩序问题,通过优化就医服务有效提升了医疗卫生服务质量。统一院前急救指挥调度和规范服务,增加42个急救工作站,院前急救呼叫满足率达到95%。乡村医疗卫生服务实现全覆盖,城市医疗服务体系不断完善。② 北京市统计局调查数据显示,在就诊医疗机构意愿方面,42.4%的患者选基层医疗服务机构,39%的患者选三级医疗机构,患者首次将基层机构作为就诊首选。分级诊疗效果明显,门急诊患者向基层集中、住院服务向大医院集中。③

**4. 以教育现代化为目标,改革持续推进**

2019年北京在提高教育质量、促进教育公平、优化教育结构、补齐教育短板、加快推进首都教育的现代化方面持续发力。2019年北京市继续实施第三期学前教育行动计划④,增加学前教育供给,加强普惠性民办园教师

---

① 《北京新医改半年:门急诊量三级医院下降5%、基层增4成》,北京市人民政府门户网站,http://wjw.beijing.gov.cn/xwzx_20031/mtjj/201912/t20191219_1287022.html,2020年5月22日。
② 《2019砥砺奋进——政府工作报告解读》,北京市发展和改革委员会门户网站,http://fgw.beijing.gov.cn/zwxx/ztzl/2020bjlh/zfgzbgjd/202001/t20200114_1574522.htm,2020年6月15日。
③ 《本市医耗联动综合改革已满半年 基层医疗机构诊疗量增40%》,北京市人民政府门户网站,http://www.beijing.gov.cn/gongkai/shuju/sjjd/201912/t20191219_1838114.html,2020年5月22日。
④ 第三期学前教育行动计划(2017~2020年)是为进一步贯彻落实《国家中长期教育改革和发展规划纲要(2010—2020年)》和《国务院关于当前发展学前教育的若干意见》而定的。

工资指导，强化幼儿园监管，改建扩建幼儿园138所，新增学位3万个，这是2019年教育部门的头等实事。2019年4月1日，北京市教委发布《关于2019年义务教育阶段入学工作的意见》，进一步规范义务教育阶段入学工作，让更多的孩子能够在家门口上好学校，义务教育阶段取消特长生并实行免试就近入学方案，中考招生实行"校额到校"等政策，显示了改革的力度。在强化优质基础教育资源布局的市级统筹的同时，加大对新城、重点区域和农村地区中小学校的支持力度。拓展中小学教师来源，推进绩效工资改革。继续实施校外培训机构专项治理。[①]

为了让学生德、智、体、美全面发展，北京市继续推动实施初中学农、学工和游学项目，初步构建了独具特色的劳动育人新体系，实施初中开放性实践活动和初中综合社会实践活动；在加强劳动教育的同时，进一步提升体育课堂教学质量，完善学校美育课程体系，全面提升学生综合素养。2019年是《北京市中小学养成教育三年行动计划（2017—2019年）》的最后一年，北京各区及中小学在推动养成教育特色学校建设形成家校共育合力和建立工作及评估机制等方面做了很多卓有成效的工作。此外，普通高中特色化、多样化发展，大学生思想政治教育得到强化。

2019年9月，北京市委市政府印发了《首都教育现代化2035》，文件包括总体战略、战略任务和战略实施三个方面，提出了首都教育现代化的总体目标是到2020年全面实现"十三五"发展目标，总体实现教育现代化。到2035年实现高水平教育现代化，建成理念先进、体系完备、质量优良、环境优越、保障有力的首都教育，构建充满活力、丰富多彩的终身学习环境，满足新时代首都人民对更加公平更高质量教育的需要，使北京成为全球主要留学中心和世界杰出青年向往的留学目的地，为初步建成国际一流的和谐宜居之都提供重要支撑。在此基础上，再经过15年左右的努力，到21世纪中叶，首都教育达到发达国家前列水平，成为具有世界影响力的教育先进城

---

① 《2020年政府工作报告》，北京市人民政府门户网站，http://www.beijing.gov.cn/zhengce/zhengcefagui/202003/t20200312_1698308.html，2020年5月20日。

市，为建成富强民主文明和谐美丽的社会主义现代化强国首都发挥更加重要的作用。① 根据首都教育现代化的战略目标，《首都教育现代化2035》还提出了推进教育现代化的12项战略任务。这些战略任务从牢牢把握首都城市战略定位出发，既立足当前，聚焦教育发展的突出问题和薄弱环节，突出补短板、夯基础；又着眼长远，反映了时代要求，顺应了未来发展趋势。②

5. 住房保障稳中求进，关注刚需人群住房焦虑

2019年，北京市落实"一城一策"长效调控机制，着力稳地价、稳房价、稳预期，全年新建商品住房和二手房价格指数符合预期，房地产市场保持平稳。2019年，北京市全市房地产开发投资比上年下降0.9%；其中保障性住房投资比重接近三成。商品房销售面积938.9万平方米，增长34.9%（见图1）；其中，保障性住房销售面积350.1万平方米，增长58.0%，占商品房销售面积的37.3%，同比提高5.5个百分点。③

为进一步完善长效管理调控机制，坚持"房住不炒"，完成商品住宅土地入库600公顷，建设筹集各类政策性住房4.5万套。在重点产业园区周边、轨道交通沿线，加快集体土地租赁住房建设，努力满足在京就业创业人才、城市运行保障人员等租赁需求，加快建设一批租赁型宿舍。为进一步规范非居住建筑改建租赁住房、稳定住房租赁市场秩序，优化共有产权住房分配政策，扩大平房直管公房申请式改善、"共生院"改造试点范围，更大力度实施危房和简易楼改造，继续做好棚户区改造工作。2019年建设筹集政策性租赁住房5.02万套，新开工政策性产权住房6.68万套，完成棚户区改造1.63万户，均超额完成全年任务。分配公租房1.4万套，新增共有产权住房申购项目15个1.23万套。农村四类重点对象危房改造全部开工，老楼

---

① 《市委、市政府印发〈首都教育现代化2035〉》，北京市人民政府门户网站，http：//www.beijing.gov.cn/ywdt/gzdt/t1599524.htm，2020年5月20日。
② 《首都教育现代化2035》，北京市人民政府门户网站，http：//www.beijing.gov.cn/ywdt/zwzt/2019jcjydsm/t1611894.htm，2020年5月20日。
③ 《2019年北京经济运行平稳 发展质量稳步提升》，北京市统计局门户网站，http：//tjj.beijing.gov.cn/zwgkai/zfxxgk_31395/zfxxgkml_31400/202003/t20200318_1721513.html，2020年5月20日。

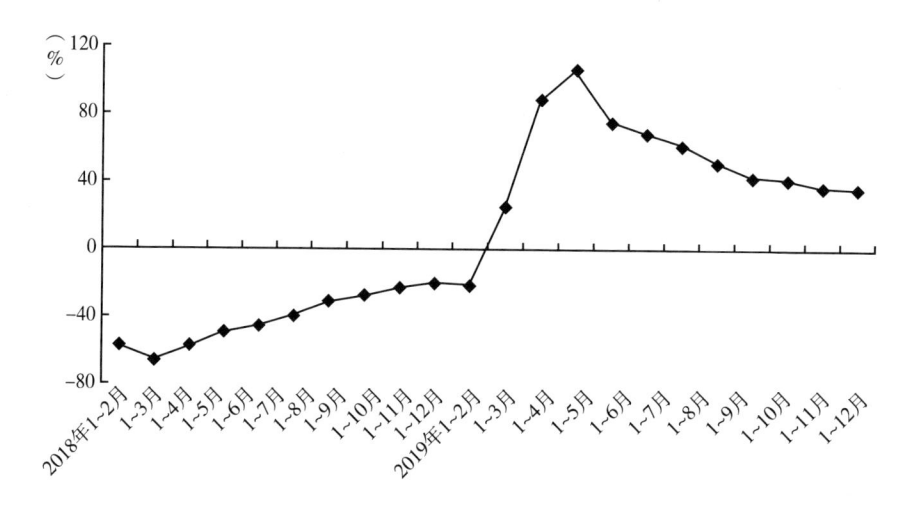

**图 1　商品房销售面积累计增速**

加装电梯 555 部。老旧小区综合整治实现新开工 80 个项目，老楼加装电梯开工 400 部以上、竣工 200 部以上。① 以上举措既保持房地产市场平稳健康发展，又改善了群众居住条件，让人民群众有更多获得感、幸福感和安全感。

### （四）社会治理再上新台阶

**1. 坚持党建引领总揽全局**

党的十九大报告中明确指出："中国特色社会主义最本质的特征是中国共产党领导，中国特色社会主义制度的最大优势是中国共产党领导，党是最高政治领导力量。"② 党总揽全局保障了社会治理的走向与格局。北京一直坚持党建引领社会治理创新，非公企业党建推进工程和市、区、街三级枢

---

① 《2020 年政府工作报告》，北京市人民政府门户网站，http://www.beijing.gov.cn/gongkai/jihua/zfgzbg/t1613862.htm，2020 年 5 月 20 日。

② 《习近平：决胜全面建成小康社会　夺取新时代中国特色社会主义伟大胜利——十九大专题报道》，人民网，http://cpc.people.com.cn/19th/n1/2017/1027/c414395 - 29613458.html，2020 年 5 月 20 日。

纽型社会组织党建"3+1"工作机制都曾取得良好效果。2018年以来,北京市深入贯彻党的十九大和十九届二中、三中、四中全会精神,大力推进党建引领"街乡吹哨,部门报到"改革,通过将党建与治理相结合,发挥党组织在基层治理中的引领作用,形成统筹协调的工作合力。通过将党的建设贯穿基层社会治理的全过程,将党的治理优势转化为基层治理效能。"吹哨报到"改革结合"在职党员社区报到"机制,党员直接联系群众的机制得到进一步完善,形成"企业回报社会,党员服务社区"的良好氛围。

在总结"吹哨报到"经验成效的基础上,2019年北京市紧扣人民群众美好生活的"七有"需求和"五性"要求,开始实行"接诉即办"群众快速响应新机制。北京市还以党建引领社区治理,着力通过加强社区党组织和党员干部队伍建设,推动社区党建工作的全面进步。社区党建工作的五个要点是服务保障全市中心工作、加强社区党建组织体系建设、加大党建引领社区治理力度、创新党建服务载体、强化组织保障。[①]

2. 加强精治共治法治,破解基层社会治理难题

习近平总书记强调,城市管理应该像绣花一样精细。越是超大城市越要在管理上下功夫,要在精治、共治和法治方面下功夫。北京市出台的《北京市基层社会治理规范化建设三年行动计划(2018—2020年)》《北京城市副中心社会建设三年行动计划(2018—2020年)》《优化提升回龙观天通苑地区公共服务和基础设施三年行动计划(2018—2020年)》等相关文件代表着治理的法制化与规范化。2019年11月27日公布的《北京市街道办事处条例》从2020年1月1日开始施行。

"吹哨报到""接诉即办"工作机制的具体运行则彰显着社会治理的精治和共治取向。如"接诉即办"具体做法是合并68个服务窗口热线,推出"12345"新市民热线。市民诉求,由市政务局直接向333个街道乡镇派单,

---

① 《2019年社区党建工作要点》,北京市民政局门户网站,http://mzj.beijing.gov.cn/art/2019/4/29/art_5550_1410.html,2020年5月20日。

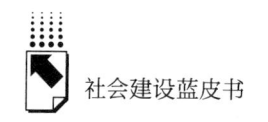

街道、社区完成对接服务；每天生成大数据民情分析，早上送到市、区领导案头。[①] 一年来，共接听来电661.7万多个，办理实事239.8万件，接到表扬电话1.5万个，群众满意率达到80%。[②] "吹哨报到"把党建的"政治导向"与基层治理的"问题导向"有机结合，通过搭建区域化党建平台，吸纳驻区企事业单位、社会组织等负责人参加，不同主体的社会参与力量定期会商，有助于实现党政群共商共治。

"吹哨报到"的多信息整合，"接诉即办"的迅捷高效依靠的是"互联网+""大数据""智能化"等手段，这些治理技术推动着城市基层治理的精细化。为深入实施大数据行动计划，建立社会数据采购与使用机制，医疗、消费等领域开展了"信用+"示范应用。为加快城市管理综合执法大数据平台建设和应用，人工智能、物联网等科技手段被用于提升城市精细化管理效能。此外，为全面提升物业服务管理水平，北京持续开展物业突出问题专项治理，推动物业管理条例制定和实施，建立健全社区党组织领导下的居委会、业委会、物业服务企业等共同参与的议事沟通、协同治理机制，物业服务管理被纳入社区治理体系。

3. 社会工作人才专业化建设水平提升，社会参与度增加

2019年，北京市社会工作人才、志愿者队伍建设和社会动员工作取得长足进步，工作以庆祝新中国成立七十周年为主线，聚焦脱贫攻坚、特殊群体和群众关切。广大社会组织、社会工作者和志愿者积极参与国庆七十周年、第二届"一带一路"国际合作高峰论坛和北京世园会等重大活动的服务保障工作。"社工+志工"协作机制得到完善，加快推进了专业社工组织与志愿服务组织联盟建设，加强了专业社工带领志愿者开展志愿服务的模式推广，志愿服务专业化水平得到提升。志愿服务工作覆盖率提升，推动社区、商务楼宇、"枢纽型"社会组织、专业社工机构、公益服务组织设立志

---

[①] 《新时代群众工作有了"北京样本"》，人民网，http://yuqing.people.com.cn/n1/2019/1224/c209043-31519499.html，2020年5月20日。

[②] 北京市委编办：《创新"吹哨报到""接诉即办"机制，完善超大城市基层社会治理工作体系》，《中国机构改革与管理》2020年第2期。

愿服务站点，拓展了志愿服务领域，全市形成广覆盖、多层次、宽领域的志愿服务工作格局。

《首都中长期社会工作专业人才发展规划纲要（2011—2020年）》任务完成情况良好。2019年度万名"乡土社工"培养计划市级示范班、"百名社会工作师培养计划"、"专业社会工作高级研修班"、"双百小微志愿服务"、社会动员和志愿服务管理等培训班如期举办，取得预期效果。社会工作者硕士研究生的培养和继续教育也通过委托培养、"互联网+社工培训"远程教育平台和"网上人大"学习平台进行。三社联动机制得到进一步深化，三社联动服务模式得到总结和推广，西城区全国社区"三社联动"实验区、昌平区社区社会工作室、大兴区赵庄子村、延庆区胡家营村社工参与乡村治理等经验[1]，都是具有本地特色的社会工作服务模式。专业社会工作者参与服务国家战略，社会工作人才在医务、教育、城乡社区和农村等领域都有突出的表现。《北京市高级社会工作师评价实施办法》促进社会工作职业水平评价体系的发展与健全，社区工作者和社会工作者实现融合发展。

原社会建设、民政系统在社区层面的政府购买社会工作服务项目实现整合，它们以"三社联动"为统领，指导各区继续开展新建社工事务所培育扶持、街道（乡镇）专业社会工作岗位购买和示范岗建设、社区社会工作服务督导、"三社联动"专业服务等项目，促进社会工作深度参与社区治理及精准救助、养老照料、儿童服务等民生服务。《政府购买社会工作专业服务指南》制定并印发，它规范社会组织申报、社会工作服务项目实施流程；鼓励社工机构开发特色服务项目，大力培育行业服务品牌，促进社会工作服务政策的制度建设。2019年8月，中共北京市委社会工作委员会、中共北京市昌平区委员会、北京市民政局、北京市昌平区人民政府共同发布《关于印发〈关于回天地区社会组织创新发展示范区建设的试点方案〉的通知》，希望社会组织能够为回天地区大型社区治理做出积极贡献。

---

[1] 《2019年社会工作人才志愿者队伍建设和社会动员工作要点》，北京市民政局门户网站，http://www.bjtzh.gov.cn/zfxxgk/tzq11L006/gfxwj22/2019-12/05/content_7785ac0edcf3420b9df34fcf542351fc.shtml，2020年5月20日。

## 二 北京社会建设面临的问题与挑战

经过近年来的不懈努力,北京社会建设取得显著进步,但在国际国内环境发生变化的大背景下,北京实现城市更新和高质量发展也面临许多问题和挑战。当前世界经济增长持续放缓,我国也处在转变发展方式、优化经济结构、转换增长动力的关键时期。特别是自2020年1月以来新冠肺炎疫情暴发,对经济社会发展造成冲击。当前已经进入疫情防控常态化阶段,从北京市发展状况来看,社会建设面临的主要问题和挑战集中在三个方面:一是来自社会结构变动的影响,社会结构变化尤其是人口结构等变化带来的资源环境等的矛盾仍然比较突出,治理"大城市病"等还需集中突破与系统推进并举;二是公共服务供给的压力,当前公共服务供给不平衡不充分的问题尚未解决,新旧问题杂糅,民生领域仍存在短板;三是在治理领域,构建更加有效的首都治理体系的任务还很繁重,制度建设和治理能力建设等方面都需要下更多的功夫。

### (一)人口结构变动带来的挑战

"社会结构的变化不仅是一个社会进步的重要标志,也是影响经济发展和个人行为变化的基本因素。"[1] 社会结构包括人口结构、家庭结构、组织结构、就业结构、城乡结构、区域结构等方面。对于北京来说,当前人口结构方面的变化最为突出。在常住人口结构方面,从2019年北京常住人口年龄构成看,0~14岁常住人口226.7万人,占全市常住人口的比重为10.5%;15~59岁常住人口1555.6万人,占72.3%;60岁及以上常住人口371.3万人,占17.2%。从城乡构成看,城镇人口1865.0万人,乡村人口288.6万人;城镇人口占全市常住人口的比重为86.6%。[2] 北京人口城市化

---

[1] 陆学艺等:《社会结构的变迁》,中国社会科学出版社,1997,绪论。
[2] 《全市年末常住人口》,北京市统计局网站,http://tjj.beijing.gov.cn/tjsj_31433/yjdsj_31440/rk_32024/2019/202002/t20200217_1647170.html,2020年5月20日。

率比较高,老龄化程度也比较高,这种"双高"的人口比例可能会使社会缺乏一定的活力,也会使一些居民服务劳动力市场供应不足。自"疏整促"工作开展以来,朝阳区、石景山区、丰台区、经济技术开发区等都出现就业人员规模一定程度降低的趋势。人口结构与当地的区域发展定位之间存在怎样的关联,有怎样的影响;人口结构变动会给城市居民之间的交往带来怎样的影响,不同阶层和不同群体之间的区隔与融入状况如何,都需给予充分的关注、评估和预测。

### (二)公共服务供给的压力

#### 1. 新建区的公共服务需要供给配套

为疏解非首都功能,优化首都发展布局,降低中心城区人口密度,推动京津冀协同发展,北京市自2017年开始推进实施"疏解整治促提升"专项行动。2019年北京市副中心城市框架建设继续有序展开,落实副中心控制性详细规划实施方案,出台副中心规划设计导则,设立城市副中心管委会。第一批市级机关平稳入驻,行政办公区二期工程启动。通过一系列市政设施、交通、绿化等改建、新建项目,老旧小区规范管理和综合改造分类推进,副中心老城双修与更新三年行动计划有序进行,人文环境优化,城市副中心建设初见成果。与廊坊北三县协同发展进展顺利,燕潮大桥建成通车,52个合作项目平稳运行,交接地区环境治理和生态管控良好,京津冀协同发展在深入疏解非首都功能等方面发挥日益重要的作用。副中心和一些新建区域的经济社会发展对公共服务供给提出新要求。需要深入落实副中心控制性详细规划,需要推动出台支持副中心高质量发展的指导性意见,需要做好城市副中心和一些新建区域的公共服务保障等。

#### 2. "适老"的公共服务供给需要科学统筹

北京市老龄化程度比较深,如何持续提供并改善"适老"的公共服务仍旧面临重要挑战。2020年北京在保障养老公共服务供给方面,从行动计划、法规条例到具体措施等环节都有新安排:基本养老保险扩大覆盖面与困难群众的精准救助并重,打造居家社区机构养老相协调、医养

康养相结合的养老服务体系，全面无障碍环境建设与社区养老服务驿站、农村邻里互助养老服务点并行，重视加大养老服务人才的培养培训力度，促进以治病为中心向以健康为中心转变，推动新医改等。每个环节的有效落实都需要务实而科学的努力。特别是在经济发展的常态化背景下，"适老"的服务需求和持续改善的预期有增无减，更需要统筹养老服务资源，做好老年服务工作。应该看到，当前的公共服务供给并没有把经济新常态作为其政策情境，"适老"的公共服务需要必要的科学统筹以保障其持续改善。

3. 新冠肺炎疫情带来的公共服务压力

当前新冠肺炎疫情防控的常态化，也会增加公共服务供给的压力。财政收入增速放缓的现状必须面对，2020年，北京市政府将过"紧日子"的管理思路和成本绩效管理理念贯穿预算管理全过程，要按照"四保一压一促"（保工资、保运转、保民生、保重点、压一般性支出、促高质量发展）的编制原则进行预算。市政府提出深入实施职业技能提升三年行动计划，针对高精尖产业、城市运行保障、生活性服务业等方面的用人需求，实施清单化、目录化和菜单式培训，提出加大稳企稳岗力度，通过大力支持灵活就业等方式实现城镇新增就业人口等。在这样的形势下，保基本民生的公共服务成为工作的重点，一些新的改善性的公共服务可能被延后供给。

## （三）社会建设与治理领域需要进一步调整深化

2019年10月28日至31日，在北京召开的中国共产党第十九届中央委员会第四次全体会议，审议并通过了《中共中央关于坚持和完善中国特色社会主义制度　推进国家治理体系和治理能力现代化若干重大问题的决定》（以下简称《决定》）。《决定》在保障民生、坚持和完善共建共治共享的社会治理制度等方面都有一些新的举措。这对于新时代北京的社会建设与治理既是机遇也是挑战。当前至少有三方面是我们必须优先给予重视的。

**1. 社会服务的递送过程需要进一步完善**

2020年将是我国全面建成小康社会和"十三五"规划收官之年。通过对规划进行评估，可以看到规划与实施情况存在偏差。以为老服务为例，《北京市"十三五"时期社会基本公共服务发展规划》中拟建立一个老年人能力评估制度，为失能、独居、高龄老年人提供访视、生活陪伴、心理咨询和不良情绪干预等服务，但目前仅在2019年出台了《北京市老年人养老服务补贴津贴管理实施办法》，主要解决三类老人（困难、失能、高龄）的养老服务补贴、护理补贴的问题。再如《北京市老年人养老服务补贴津贴管理实施办法》实施后采用申请全程网上办理的方式，通过"智慧民政一期"的社会福利综合管理平台全面推进全程网上办理。老年人的基本信息和电子证照等情况要通过综合管理平台等政府信息系统共享进行认证办理，这样的简化受理审批手续全面推进了无纸化办公。但现代的技术对于老年人而言是一个新的障碍，有些老人存在操作困难，他们有的需要继续学习以获得现代技术技能，而有些老年人则根本没有能力与时俱进，他们属于"数字难民"，他们需要专业人士或者社区服务人员给予特殊的帮助，但这些支持工作的落实还存在很多空白。

**2. 基层减负还需要进一步落实**

为推进基层治理现代化，中共中央办公厅印发《关于解决形式主义突出问题为基层减负的通知》，2019年被正式确定为"基层减负年"。2019年2月26日，北京市召开《关于加强新时代街道工作的意见》新闻发布会，意见明确提出，社区治理重点抓"社区减负"等四项任务。经过新一轮的改革，社区层面诸如台账、挂牌、"过度留痕"等形式主义的内容和方式减少不少。但是"在一些社区工作人员看来，这是减了'皮'未减'质'",[1] 不足以解决长期形成的队伍建设不够、自治协商不足、治理体系不够优化等问题。尤其是对于城市中的老旧小区而言，由于基础设施陈旧、专业的物业服务缺乏、居民的服务需求更加强烈和多元化等外部因素影响，再加上工作

---

[1] 陶周颖：《何以松绑——社区减负的路径探索》，《贵阳市委党校学报》2019年第5期。

人员配置不足、职权有限等内部因素制约，其社区减负工作的实现难免会打折扣。

3. 精细化管理还需要进一步探索

需求与供给之间的不均衡是当前社会主要矛盾的表现之一，它既体现在经济发展与社会发展状况之间的差异，也体现在社会建设和治理的诸方面——社会治理主体能力不足、理念落后、执行不力等情况客观存在，社会组织能力不足、公众参与不够等都是制约社会治理现代化的障碍。就北京来讲，北京市致力于建设国际一流和谐宜居之都。2014年2月，习近平总书记在视察北京时强调要把北京建设成为国际一流的和谐宜居之都。北京市第十二次党代会和《北京城市总体规划（2016年—2035年）》明确将此作为北京建设和发展的长期奋斗目标。加强精细化管理，构建超大城市有效治理体系，是习近平总书记2017年6月在主持中央政治局常委会听取北京城市总体规划编制工作汇报时提出的明确要求。为落实以上精神，2019年1月出台"北京第一号文件"聚焦精细化管理，中共北京市委、北京市人民政府发布《关于加强城市精细化管理工作的意见》。但如何实现科学化、精细化管理？网格化管理如何升级为精细化管理？有了标准先行和科技应用就能够实现科学管理了吗？经济新常态和新冠肺炎疫情防控常态化背景下，一系列新需求和治理绩效，不仅要求我们更新并创新一些现有的社会治理理念，还需要有关部门在扎扎实实了解群众需求与科学评估公共服务供给能力之间找到平衡点。北京市社会建设着重推动首都高质量发展，重在抓好保障和改善民生、推进首都治理体系和治理能力现代化、推动各方面制度更加成熟更加定型，不断完善首都治理体系。[①] 要实现这样的目标，需要长期的、分阶段的、可持续的科学规划和务实的行动方案。

---

① 《2020年政府工作报告》，北京市人民政府门户网站，http://www.beijing.gov.cn/gongkai/jihua/zfgzbg/t1613862.htm，2020年5月20日。

## 三 推进北京社会建设与治理能力现代化的对策建议

当前,北京社会建设总体上处于迈向高级水平的阶段。为了更好地推进北京社会建设与治理现代化,我们必须在坚持和完善中国特色社会主义制度、推进国家治理体系和治理能力现代化总体要求的前提下,妥善处理好以下几类关系。

### (一)处理好基础保障与改善提升的关系

北京社会建设的水平总体上居全国前列,但在北京区域内部、在京津冀之间存在着发展不平衡和不充分的客观现实。尽管"不平衡不充分"是历史形成的,改变不可能一蹴而就,但在协同发展的背景下,要更好地推进社会建设事业和国家治理能力现代化,必须科学统筹可持续地协调好区域之间的差别问题。要摆好新旧关系,准确定位老问题与新问题,科学设置基础保障与改善提升的受益群体范围与标准,处理好普惠的公共服务与特殊人群的照顾服务之间的关系等,以避免人为地激发或增强群众的被剥夺感。着重做好基础保障工作,聚力民生,实现劳有所得、病有所医、老有所养、住有所居、弱有所扶、幼有所育、学有所教的"七有",达到安全性、公正性、便利性、宜居性和多样性等"五性"要求,打造宜居之都。

### (二)处理好常态化服务管理与应急处置之间的关系

创新特大城市的社会治理,需要"构建以人口管理服务为重点的精细化社会治理模式;以化解矛盾为重点,构建政府与社会分工协作的社会治理方式;形成以应对社会风险为重点的政府主导型治理方式"[1]。全球化发展背景下的社会,新冠肺炎疫情全球流行的世界,具有极大的风险与不确定

---

[1] 李友梅:《我国特大城市基层社会治理创新分析》,《中共中央党校学报》2016年第2期。

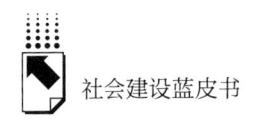

性，不可预期的社会风险时有发生。现代社会风险主要来自人类的决策，是人类理性化的后果，它成为非常态的、应急处理事项的重要根源。社会常态下，政府发挥其常态管理职能，以保障社会的良性运转和协调发展；非常态社会条件下，政府实施其特殊的管理手段，以减少损失和保障社会运转，进行所谓的应急管理。应急处置是指在社会非常态的情况下，政府针对突发事件的防治所实施的管理，以减少突发事件等非常态因素所造成的损失。在现代社会治理中，应急管理不是独立于常态化服务管理的特别设置，它应该在公共管理服务体系中占有一席之地，应该能够在事件突发的情境中有效率地行动，变"例外"为"例行"，成为常态化管理。

### （三）处理好精细化取向与协同化取向之间的关系

2019年北京一号文件聚焦精细化管理。2019年10月，党的十九届四中全会提出构建基层社会治理新格局，明确提出要"推动社会治理和服务重心向基层下移……更好地提供精准化、精细化服务"。精细化管理是现代管理的必然要求，已经成为城市管理的新趋势。北京大数据行动计划的落实，物联网、云计算、大数据、人工智能等技术在城市管理中的应用等，是精细化管理得以实现的技术基础。技术本身是中立的，也是双面的，技术不能自发地实现智能化管理。技术支撑的"数字化管理"与"互联网+"，归根到底是技术的使用者在发挥根本性作用。当前推行的政府权力清单制度，确保权力只能在依法赋予的职责和权限之内运行对于消除权力设租寻租空间非常重要。但是目前的精细化和清单化还没有实现"全覆盖"，处于交叉地带的公共权力与公共服务的法制化还需要进一步完善。所以，如何搭建并利用技术平台，充分发挥管理服务者的作用，理顺"精治共治法治"的机制，同等重要。

以上三类关系的处理，直接关系社会治理现代化的成效。尤其在当前经济下行压力不断加大和新冠肺炎疫情防控常态化的大背景下，新旧社会矛盾可能多发频发，社会和谐稳定格局中的风险也会呈现多样化和复杂化态势。深化改革，做好稳就业、稳金融、稳外贸、稳投资、稳预期工作是我们的重点工作和目标。为进一步改革完善社会治理体系，更好地推进社会治理现代化进程，我们提出如下建议。

第一，着力基本公共服务以优化社会结构。

"现代化是一个国家或地区从传统的农业社会向现代工业社会转变的历史进程。不仅要实现经济现代化，而且还要实现社会现代化、政治现代化、文化现代化。"① 推动社会建设有助于实现经济社会的协调发展。开展以民生公共服务为重点的社会建设，有助于化解社会矛盾，解决社会问题；有助于促进社会和谐，实现社会公平，优化社会结构。经济运行平稳，社会建设要积极跟上；经济向下压力增大，社会建设更要创新发展积极推进。《中共中央关于坚持和完善中国特色社会主义制度　推进国家治理体系和治理能力现代化若干重大问题的决定》是中国在当今世界经历百年未有之大变局中"应对风险挑战，赢得主动的有力保证"。②《决定》中"坚持和完善统筹城乡的民生保障制度，满足人民日益增长的美好生活需要"部分，"幼有所育、学有所教、劳有所得、病有所医、老有所养、住有所居、弱有所扶"的"七有"要求，是国家基本公共服务制度体系的重要方面，是社会建设的基本内容之一，也是调整和优化社会结构的重要方面。"五年规划"是中国特有的制度安排，是一定时限内国民经济与社会发展的路线图，它包括指导方针、规划目标、战略任务与实施机制等内容，科学的规划需要把对社会结构的关注纳入社会规划目标战略的有效性评价中，需要把技术选择纳入社会建设任务实施的支撑性评估中。

第二，持续改善适合"积极老龄化"的公共服务供给。

人口老龄化已经成为当今世界各国普遍面临的挑战，中国人口的"未富先老"与特大城市老年人口的持续增加所带来的社会养老负担加重是不能回避的现实问题。"积极老龄化"是应对21世纪人口老龄化的原则性框

---

① 陆学艺：《中国社会结构与社会建设》，中国社会科学出版社，2013，第334页。
② 《习近平：关于〈中共中央关于坚持和完善中国特色社会主义制度　推进国家治理体系和治理能力现代化若干重大问题的决定〉的说明》，中华网，https://news.china.com/zw/news/13000776/20191105/37354263_2.html，2020年5月20日。

架，它要求我们更新人类对老龄化的消极观念，要清醒地认识到："老年人是社会发展的受益者，同时也要把老年人视作年龄一体化社会的积极参与者和贡献者。"目前北京的养老服务正在从医养结合向医养、康养方向转变，有关老年教育、宜居环境等层面的老龄化政策不断落地，社会也在积极营造有利于老年人社会参与的良好社会文化氛围，但积极老龄化应包含的"健康""保障""参与"三要素在政策层面的落实与配套还远远不够，这应该成为北京社会建设中民生服务的努力方向之一。另外，还应从生命全周期角度考虑老龄化政策，从需求与供给及可持续发展角度评估"适老"公共服务的供给。必须看到，老年人口并不完全是社会的负担，相当比例的老年人口仍然可以在社会发展与社会建设中发挥一定的作用。[1] 做好"积极老龄化"的公共服务供给，可能会走出一条应对人口老龄化的新路。

第三，建设社会治理共同体。

《中共中央关于坚持和完善中国特色社会主义制度 推进国家治理体系和治理能力现代化若干重大问题的决定》明确提出："必须加强和创新社会治理，完善党委领导、政府负责、民主协商、社会协同、公众参与、法治保障、科技支撑的社会治理体系，建设人人有责、人人尽责、人人享有的社会治理共同体。""'共同体'的概念是社会学概念，社会学理论的出发点往往是从共同体来思考的。"[2] 社会治理共同体是社会治理的主体也是客体，是由这些参与其中的群体展开治理行动的。共同体是一种身份认同，是利益相关者也是利益共享者；承认了个人在共同体中的集体身份，个人在社会行动的过程中就会有主动性和积极性，愿意为整个共同体出力；共同体有集体行动的倾向，个体在具体的社会事务中通过"共同体"整合联结起来，成为社会治理中的关系资源，成为社会治理中可动员起来的中坚力量。社会治理共同体中的"人人"不仅仅是单个社会成员，也指共同组成社会的政府机

---

[1] 鞠春彦、李凯：《老有可为——在参与社区治理中实现积极老龄化》，《人文杂志》2020年第6期。

[2] 王天夫：《构建社会治理体系 建设社会治理共同体》，人民网，http://theory.people.com.cn/n1/2020/0331/c40531-31655949.html，2020年5月20日。

构、社会组织、企事业单位、机构及团体等。就北京而言，常住人口和流动人口，公务机关、商企部门和社会组织，专业人士与志愿服务者等都应该是社会治理共同体中"人人有责、人人尽责、人人享有"的一分子，相关的制度建设应该长远规划、科学施策。应该不断完善社会治理的体制机制，让各类社会主体都能在治理中发挥作用，从而解决社会矛盾，增进社会团结。

# 特　稿
Special Report

## B.2
## 提高政治站位　强化统筹功能
## 扎实推进北京社会建设工作高质量发展

李万钧*

**摘　要：** 社会建设是"五位一体"总体布局的重要方面。北京市委社会工委、市民政局合署办公之后，如何更好地发挥新的体制机制优势，推动社会建设高质量发展，是需要解决的关键课题。本文从准确把握中央和北京市委对社会建设的新部署新要求、北京社会建设所处的发展阶段、合署办公带来的新变化等方面，重点分析了新时期首都社会建设工作面临的形势。在此基础上，指明了市委社会工委推进新时期首都社会建设的主攻方向和切入点，即抓统筹协调、抓改革创新、抓主要矛盾和重点工作。同时，明确了在常态化疫情防控形势下需

---

\* 李万钧，中共北京市委社会工作委员会书记，北京市民政局局长。

提高政治站位　强化统筹功能　扎实推进北京社会建设工作高质量发展

要突出抓好的重点任务。

**关键词：** 北京　社会建设　社会治理　体制创新

社会建设是习近平新时代中国特色社会主义思想的重要组成部分，是"五位一体"总体布局的重要方面。加强和创新社会建设是重大国家战略。必须准确把握社会建设面临的新形势、新任务、新要求，找准新时代社会建设的立足点和出发点，推动首都社会建设高质量跨越式发展。

## 一　提高站位、认清形势，深刻理解新时期加强和创新社会建设工作的重要性、必要性

一是准确把握中央和北京市委对社会建设的新部署新要求。党的十八大以来，习近平总书记对社会建设工作作出了一系列重要指示，提出了一系列新理念、新判断、新要求：在治理理念上，习近平总书记要求加快推进从管理向治理转变；在治理体制上，要求加快建立党委领导、政府负责、民主协商、社会协同、公众参与、法治保障、科技支撑的社会治理体系；在治理格局上，要求打造共建共治共享的社会治理格局；在治理方式上，要求推进系统治理、依法治理、源头治理、综合治理。这些都是社会建设领域管全局、管根本的要求。特别是2019年10月28日至31日召开的党的十九届四中全会，对完善国家治理体系和治理能力作出了系统部署，提出了13个方面的制度建设任务。其中，坚持和完善党的领导制度体系、坚持和完善人民当家做主制度体系、坚持和完善社会主义基本经济制度、坚持和完善统筹城乡的民生保障制度、坚持和完善共建共治共享的社会治理制度等7个方面，都和社会建设密切相关，都对社会建设提出了明确的要求。这在历史上是前所未有的，充分体现了党中央对社会建设的高度重视，也对抓好新时代社会建设工作提出了新的标准和要求。北京市委高度重视社会建设。在2019年12月

底召开的全市社会建设工作领导小组会议上,蔡奇书记对做好社会建设工作作了系统部署:他要求,要做好"双报到"后半篇文章,更好发挥党建协调委员会作用,不断加强社会领域党的建设;要用好"七有""五性"监测评价指标体系测评结果,切实增强民生领域有效供给;要持续深化"吹哨报到"改革、完善"接诉即办"机制,加强主动治理,办好群众身边事;要以赋权、下沉、增效为重点,落实好街道管理体制改革各项任务;要提高小区业委会组建率、物业管理覆盖率、党的组织和工作覆盖率,构建社区治理体系等。这为全市社会建设工作明确了目标任务和发展重点。中央、北京市委对社会建设工作的新部署新要求,就是下一步推进工作的基本依据和遵循,必须领会精神实质、抓好贯彻落实。

二是准确把握北京社会建设所处的发展阶段。北京已经进入了减量发展、绿色发展、创新发展、高质量发展的新阶段。进入新阶段,积极回应人民群众关切,实施新一版城市总体规划,落实首都"四个中心"功能定位,破解"大城市病",以疏解北京非首都功能为"牛鼻子"推动京津冀协同发展,编制"十四五"发展规划、完善城市运行体制、改革街道社区管理体制、推进基层民主协商、培育社会治理主体发展等重大课题与重大任务,都和社会建设工作紧密相关,都是需要社会建设发挥作用的重要领域。近几年,围绕城市治理、城市运行、基层社会管理,北京社会建设领域做了不少工作,积累了不少经验。但是客观地看,也存在不少问题。比如,社会建设的超前研究、统筹协调、组织动员力度还不够,整体谋划、推动实施、督促落实的作用发挥得还不充分。面对新阶段的新任务,面对存在的问题,必须明确:市、区两级社会工委是党委推进社会建设的重要部门,是党委统筹协调各部门的重要抓手。作为社会工委,必须要把抓社会建设作为这个部门的重要职能,作为这个部门与生俱来的政治功能,要按照"至少要拿出一半的精力"标准和要求,来抓实抓好社会建设。

三是准确把握合署办公带来的新变化。社会工委与民政局合署办公是一个全新的体制机制设计。这套体制在全国是独一份,实现了"一套人马、两块牌子、党政合一、双轮驱动、如虎添翼"。既有党的领导优势，又有政府依法行政优势；既研究宏观设计职责，也承担实实在在的任务。合署办公实施一年多来，总体进展顺利、业务融合密切，市政府领导也多次肯定。但是回顾这一年多来的工作，也有一些认识上的误区：对民政工作与社会建设工作的关系把握得还不精准，既存在把民政工作等同于社会建设工作，用民政工作代替社会建设工作的倾向，也存在把民政工作与社会工作相互割裂、分散推进的问题。这些说到底，就是对合署办公后机构的职能定位把握得不精准。习近平总书记讲得很清楚：民政是社会建设的兜底性、基础性工作。社会建设是包括民政工作在内的更大范围、更大视野的工作。民政工作和社会建设工作不能画等号。民政工作侧重于民生政策的制定和落实。社会建设工作的重点是保障和改善民生，推进基层社会治理。民生是最大的政治，社会建设工作天然就具有政治属性。合署办公后的社会工委，既要抓传统的民政工作，更要抓更大范围、广义的社会建设。抓社会建设，就是要抓总体谋划、统筹协调、督促落实、考核评价。用好合署办公的体制机制优势，就是要加快建立具有北京特色的总体统筹、整体规划、部门联动、齐抓共管的工作体制和运行机制，既要发挥工委作为党的工作机构的牵头推动作用，也要最大限度发挥各个部门的作用。这是开创合署办公新局面、社会建设新气象的迫切需要。

## 二 突出重点、抓住根节，找准新时期社会建设的主攻方向和切入点

社会建设工作包括保障和改善民生、加强和创新社会治理的方方面面，涉及"七有""五性"的各个领域，覆盖面很广，与之相关的部门众多。必须突出重点，善于抓住"牛鼻子"，力求收到纲举目张、事半功倍的效果。当前要重点聚焦三个方面。

一是要抓统筹协调。统筹协调是社会工委的基本职能，也是最大的优势。特别是，社会工委承担着社会建设工作领导小组办公室的职责。这是

新一轮机构改革之后,保留下来的高规格议事协调机构。蔡奇书记担任组长,陈吉宁市长担任第一副组长,党委、政府、人大、政协"四套班子"都有领导参加,还有44家成员单位,涵盖了社会建设的方方面面、各个部门。这是抓社会建设最重要的平台和抓手。社会工委作为牵头部门,具有抓统筹协调得天独厚的优势。今后,首要的任务就是把这个平台做实。要争取把更多的重大问题、重大政策提请领导小组讨论和决策;要把涉及多个部门的重要工作提请领导小组研究;要规划好领导小组的会议制度,对研究的议题、审议的制度,都要充分酝酿、讨论;要因事、因情况、因工作需要灵活安排会议次数。要通过领导小组这个平台,把社会工委的研究思考、谋划设想、规划计划,转化为党委政府的决策,形成社会建设的总体设计;也要善于借助这个平台,压实工作责任、明确部门分工、调动部门积极性,形成社会建设合力,形成领导小组决策、工委牵头推动、一体推进、部门落实、齐抓共管的工作格局。

二是要抓改革创新。抓社会建设必须要有改革创新的精神。社会工委和民政合署办公本身就是一种重大创新。但是如何有效地发挥这一体制的优势和效能,没有前人的经验可以借鉴,没有现成的模式可以参考。目前走的每一步,都是在探索,都是在创新。要证明这个体制、这个机构设置是有价值的,是能够发挥重大作用的,就必须把创新的理念、改革的精神贯穿工作的全过程。社会建设涉及很多领域,但无论是社会救助、社会福利、专项社会事务等民生托底保障工作,还是街道社区管理体制改革、社会主体培育、基本社会服务等基层治理任务,都要用发展的眼光、全新的理念、改革的精神去推进。过去,重点解决的是"有没有"的问题。现在,需要解决的是"好不好"的问题。特别是,随着新时代我国经济社会发展主要矛盾的转化,随着网络信息技术和大数据技术更加广泛的应用,随着首都"四个中心"功能定位的确立,社会建设任何一个领域的工作,都要与党中央要求、首都功能定位、新一版城市总体规划对标对表,都要与人民群众的需要对标对表,大胆改革、大胆创新,形成具有北京特色的经验做法,始终走在全国前列。

三是要抓主要矛盾和重点工作。这个主要矛盾和重点就是基层基础。首都社会建设仍然处在抓基层、打基础的阶段，在体制机制、制度设计、设施建设、概念内涵的界定上，仍然有许多基础性工作要做。具体一点，这个基层基础就是基层社会治理。要把主要精力、工作重心放在基层社会治理上。基层社会治理的内容很丰富，既有政府治理，也有社会组织治理，还包括基层组织、市场主体的参与。特别是，从这次新冠肺炎疫情防控看，越是突发公共卫生事件，越是紧急事件，基层社会治理的重要性就越凸显。北京的基层社会治理基础不错，但是也存在不少问题。比如，城市治理还比较粗放，不够精细，政策在基层的落实还打折扣。信息化建设还比较滞后，缺乏有效整合，政策多、信息平台多，建而不用的问题比较突出。工作前后衔接不够，网格员、小巷管家、街巷长、社区专员等各种设置缺乏有效统筹，容易引起概念混乱。疫情防控中暴露出来的问题有社区流动人员的管理问题、社区应急物资储备问题、物业服务企业的性质界定问题、社区工作力量的配备问题、居委会地方立法问题等。对社区的管理，更多地停留在党组织和居委会层面，还没有渗透到楼门院，没有渗透到居民，没有渗透到物业企业层面。社会动员体系建设，什么时候该政府主导，什么时候需要社会组织参与，什么时候需要政府和社会组织协同发力、相互配合，如何形成有效的政社互动，都需要研究解决。社工和志愿者的问题：一方面，北京市社会工作者和志愿者的规模数量并不是很多；另一方面，长效机制还比较缺乏，志愿者怎么褒扬、怎么激励，怎么创造条件让志愿者发挥作用，都缺乏有效的制度安排。体制机制的问题：街道社区的合理设置、街道综合执法、社区的功能定位，现在还有很多矛盾问题。社区减负的问题，表现出来的是"减负"，但本质上还是社区的功能定位问题。再如，党建引领的问题：区域化党建如何做实、党员"双报到"之后如何有效地发挥作用，都需要进一步研究和深化。一定程度上，这些都需要从基本概念、基本定位、基本功能、基本对象、基础制度、基本体制、基本方式切入，这就是基层基础工作。基础好，社会建设好；基层强，社会建设强。当前的重点就是要抓好基层社会治理这篇大文章。

## 三 集中精力、攻坚克难，全力以赴抓好重点任务落实

受新冠肺炎疫情防控影响，做好2020年社会建设工作的时间更紧、任务更重、难度更大。在继续抓好疫情防控的同时，必须倒排工期、迎难而上，集中精力抓好任务落实。2020年是全面建成小康社会之年，也是决战脱贫攻坚之年，高质量完成工作任务，也是一项政治要求。应重点做好以下工作。

一是要抓好"十四五"规划编制工作。市委社会工委、市民政局承担着"十四五"民政事业发展和"十四五"社会治理"两个规划"的编制任务。之所以要分为两个规划，就是综合考虑了民政工作和社会建设工作既有联系又有区分的特性。更重要的是，希望通过单独设立规划，提高重视程度，形成社会建设的总体设计。做好规划编制，是事关长远的基础性工作。市、区两级都要提升前瞻性、预见性，增强科学性、实操性，按照"提前谋划、超前布局、指标科学、刚性约束、市区一体"的要求，高标准、高质量编制好规划。要把"十四五"时期，基层社会治理的思路、目标、任务、路径、制度、体系、工程、人财物支撑等，弄得清清楚楚、明明白白。要争取更多地把社会治理规划中的指标，纳入全市总体规划，形成全市社会建设的刚性约束。

二是要抓好"两个条例"的贯彻落实。"两个条例"：一个是2020年1月1日起实施的《北京市街道办事处条例》；另一个是2020年5月1日正式实施的《北京市物业管理条例》。这两个条例与基层治理、城市管理、城市运行、社会建设密切相关。特别的，社会工委、民政局是这次机构改革中，唯一一家在"三定方案"中明确了推动街道管理体制改革任务的市级部门，所以抓好街道办事处条例的落实，是职责所在。条例属于地方立法，是推进工作非常有力的抓手。另外，物业条例对物业企业参与社区治理、物业企业党的建设、建立小区业委会等作了明确规定。要认真研究"两个条例"，深刻领会立法精神、深刻领会条例所蕴含的治理思想，进一步细化任务落实方案,明确部门责任分工,抓好督查检查工作,要以贯彻落实"两个条例"为契机,真正把基层治理的体制机制理顺畅。

三是要抓好"七有""五性"考核评价体系落实。按照蔡奇书记指示要求,2019年北京市制定了以民生为基础的"七有""五性"考核评价指标体系。这个考核评价指标体系,是抓治理的重要工作手段,也是民生发展的风向标和重要牵引。从前一阶段实施的效果来看,对各区、各部门都有触动。但有的区反映,一些指标设计还不尽合理。对不合理的指标要适时修订。更重要的是,要通过实施"七有""五性"的考核评价体系,来调动相关部门的积极性,共同解决好老百姓的操心事、烦心事、揪心事,推动形成基层治理合力。下一步要继续抓好考核评价工作。

四是要抓好社区管理服务工作。居委会立法、社区减负、小区业委会组建、楼门院治理试点等,都是市委市政府关注、人民群众关心的硬任务,其中很多都被纳入了为民办实事项目。推动居委会立法是总结疫情防控经验教训的迫切需要。社区减负工作,由蔡奇书记、陈吉宁市长亲自部署,市委办公厅、市政府办公厅直接推动。推进小区业委会全覆盖是市委赋予的任务,也是物业条例的法定要求。推进楼门院治理试点,是社区精细化治理的新尝试。这些都是基础性工作,都具有牵一发而动全身的作用。必须想清楚、弄明白,抓紧抓实抓好,抓出特色和亮点,不断巩固夯实社区治理的根基。

五是要抓好城市协管员管理体制改革。2019年,经过深入调研、多次研究,专门制定了《北京市城市协管员队伍管理体制改革方案》。这是北京市基层治理体制的一个重大变革,涉及37类36万名协管员——这支庞大队伍的管理使用问题。按照新的体制设计,原来由各部门分头管理的协管员,统一上收权力后,将全部下放街道乡镇。这对加强基层工作力量、实现基层权责对等、统筹人员使用至关重要。这项改革是个系统工作,要按照稳妥审慎的原则,确保把这支队伍下放好。

六是要抓好社会组织的管理工作。对社会组织管理工作的重要性、复杂性要有充分的认识。按照中央的要求,社会组织发展的基本思路是:一手抓监督管理,一手抓培育发展。监督管理必须从严,特别是市一级,一是要从

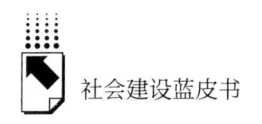

严审批，二是要从严管理，三是要严格执法。在培育发展方面，要重点培育发展社区服务类组织，重点培育符合民政和社会建设发展方向、具备承接政府购买服务能力、符合社区治理需要的骨干社会组织。结合这次疫情防控，对社区志愿服务组织的发展尽快作出制度化安排。

七是要抓好社工人才和志愿者队伍建设。社工人才、志愿者是社会治理的重要主体。但目前，北京市社工人才和志愿者，总体上规模数量不大、能力素质还有欠缺、服务管理的制度还不成熟。这与首都的功能定位、发展要求是不匹配的。社工人才关键是用，用好了、作用发挥好了，就有市场，就有大作为的空间。必须抓住"用"这个关键环节，尽快对社工人才的岗位设置、岗位开发、薪酬待遇、能力素质、培训培养、考核评价作出系统规划。同时，也要按照新颁布的《志愿服务条例》的规定，尽快理顺北京市志愿服务的管理体制。特别是，要借助2022年北京冬奥会、冬残奥会举办的契机，对大力发展志愿服务、完善相关制度体系尽快作出安排。

（根据北京市委社会工委书记、市民政局局长李万钧在2020年社会建设工作会议上的讲话整理。）

# 社 区 篇
Community Reports

## B.3
## 北京市社区社会组织建设状况调查[*]
### ——以 N 社区为例

杨桂宏 任 凤[**]

**摘 要：** 2020年，在新冠肺炎疫情防控常态化背景下，北京市社区治理难度增加。这对社区内生组织——社区社会组织建设提出了新的需求。近年来，北京市大力推进社区社会组织的建设，街道层面成立社区社会组织联合会，培育和发展社区社会组织。那么，社区社会组织建设状况如何呢？本文以社会资本状况较好、具有一定代表性的老旧社区——N社区为例，通过调查该社区的社会组织建设状况，分析其存在的主要问题，提出对策建议。新时期社区社会组织建设只有不断完善，增强其专

---

[*] 基金项目：本文受北京市哲学社会科学基地项目（17JDSRB006）支持。
[**] 杨桂宏，北京市社会管理研究基地研究人员，北京工业大学文法学部教授，硕士生导师；任凤，北京工业大学硕士研究生。

业性和公益性，才能更好地参与社区治理，担负时代使命。

**关键词：** 北京　社区社会组织　社区建设

随着城市社区建设的不断发展，社区作为政府的末梢神经，在参与社会治理、促进社区建设、增强社区活力等方面，承载着越来越重要的职能。与此同时，为了满足居民多元化的需求，开始出现了一批扎根社区，由居民自发组成的组织——社区社会组织。据统计，北京市社区社会组织在2000年约有3000家、2009年约有11683家、2011年约有14895家。① 北京作为首都，其社区居民的需求越来越呈现多元化的特点。社区居委会虽然本质上是居民自我管理、自我教育、自我服务的基层群众性自治组织，但在实际运行中却承担着政府众多的行政性工作，成为政府的"嘴"和"腿"，因此难以兼顾居民日益多样化的需求。正是在此契机下，社区社会组织得以快速发展，成为社区建设的重要力量。

目前，北京市社区社会组织的类型大致可以分为文体活动类、志愿服务类、社区事务类、生活服务类和慈善公益类等五类。文体活动类社区社会组织以满足社区居民的休闲娱乐等方面的需求为主，在成员构成上以老年人为主，主要包括舞蹈、民俗、评剧、京剧、合唱、健身、腰鼓、朗诵、太极、书法、民乐、瑜伽等内容；志愿服务类社区社会组织主要为本社区居民提供便民服务，主要包括家电维修、快递代收、废品收购、上门服务等内容；社区事务类社区社会组织以处理本社区的事务为主，主要包括手工艺品制作、消防安全、治安维稳、文明养犬、楼院自治、环境维护、信访工作、法律援助、矛盾调解等内容；生活服务类社区社会组织主要为本社区居民提供生活服务，主要包括一刻钟便民服务（享受快捷方便的15分钟生活圈）、便民服务站（提供指路、问询服务）、温馨家园服务（提高社区残障人士的生活

---

① 刘轩：《北京市社区社会组织的调查研究》，中共北京市委社会工委资料。

质量)、为老服务(义务理发、量血压、购物、入户慰问、送餐服务)等内容;慈善公益类社区社会组织主要为本社区陷入困境的个体提供相关帮助,主要服务对象包括孤寡老人、残疾人士、弱能人士、失业人员、外来务工人员等。

社区社会组织虽然类型繁多,但是大部分规模较小。目前社区社会组织的活动领域基本以社区为主,服务对象也仅仅局限于本社区的居民,有较为明显的地域特征。各类社区社会组织的发起基本上由社区专职工作人员牵头,以退休党员为组织的核心人物或带头人,以居民为整个组织的主要成员,志愿者作为组织的补充力量,填充组织的空白。大部分社区社会组织的规模相对较小,组织人数平均在几十人不等。一小部分成立多年、发展较为成熟的社区社会组织,人数也不过百十来人,且志愿者在其中占了大部分比重。志愿者的特点是不固定且流动性较大,一般情况下,只有在志愿者有时间参与或活动开展时才会出现。因此,总的来说,各类社区社会组织的规模较小。

为了增强社区社会组织在北京市社区建设和社区治理中的功能和作用,更好地体现居民参与治理和居民自治的社区治理模式,本文以社会资本状况较好、具有一定代表性的老旧社区——N 社区为例,通过调查该社区的社会组织建设状况,分析其存在的主要问题,探求北京市社区社会组织建设的更好路径。

## 一 N 社区及社区社会组织的概况

### (一)N 社区的基本情况

N 社区占地 0.92 平方公里,始建于 20 世纪 80 年代末 90 年代初,是一个典型的老旧社区。社区共管辖 5 个楼院,18 栋居民住宅楼,65 个楼门单元。截至 2018 年末,社区共 1814 户,常住人口约 0.66 万人,其中,户籍人口 0.46 万人,常住外来人口 0.20 万人。60 岁以上老人有 1207 人,14 岁

以下青少年有478人，低保对象有8人，残疾人有80人，少数民族有48人，外籍人口有2人（见表1）。社区内基础设施良好。有图书馆一个、多功能活动室一个、会议室一个，室外活动设施有休闲广场一个、健身设施一个。交通配套设施有居民停车场、自行车车棚等（属于居民自我管理）。社区居委会共有12名工作人员，其中本科学历有3人，专科学历有8人，高中学历有1人。目前，在岗工作人员10人，年龄平均在35岁左右。

表1 社区面积、人口构成

单位：平方公里，人

| 社区名称 | 面积 | 常住人口 | 常住外来人口 | 60岁以上老人 | 14岁以下青少年 | 低保对象 | 残疾人 | 少数民族 | 外籍人口 |
| --- | --- | --- | --- | --- | --- | --- | --- | --- | --- |
| N社区 | 0.92 | 6580 | 1974 | 1207 | 478 | 8 | 80 | 48 | 2 |

## （二）社区社会组织的基本情况

社区共有12支社区社会组织队伍，包括低碳环保服务队、社区艺术团、治安维稳服务队、党员义务岗、手拉手阳光服务队、吉祥广场舞队、欣荣合唱队、金阳舞蹈队、欣悦腰鼓队、绚丽夕阳模特队、欢腾花荟队和巧娘工作室（见表2）。这些社区社会组织大致可以划分为三类：第一类文体活动类，主要有社区艺术团、吉祥广场舞队、欣荣合唱队、金阳舞蹈队、欣悦腰鼓队、绚丽夕阳模特队、欢腾花荟队，共7支队伍；第二类社区事务类，主要有低碳环保服务队、治安维稳服务队，共2支队伍；第三类生活服务类，主要有党员义务岗、手拉手阳光服务队、巧娘工作室，共3支队伍。

表2 社区社会组织

单位：人

| 序号 | 队伍名称 | 成立时间 | 人数 | 主要服务范围 |
| --- | --- | --- | --- | --- |
| 1 | 欣荣合唱队 | 2005年 | 30 | 社区 |
| 2 | 金阳舞蹈队 | 2005年 | 12 | 社区 |
| 3 | 欣悦腰鼓队 | 2006年 | 16 | 社区 |
| 4 | 低碳环保服务队 | 2010年 | 80 | 社区楼院 |

续表

| 序号 | 队伍名称 | 成立时间 | 人数 | 主要服务范围 |
|---|---|---|---|---|
| 5 | 吉祥广场舞队 | 2011年 | 15 | 社区 |
| 6 | 党员义务岗 | 2012年 | 30 | 社区 |
| 7 | 社区艺术团 | 2013年 | 40 | 社区 |
| 8 | 欢腾花荟队 | 2013年 | 12 | 社区 |
| 9 | 巧娘工作室 | 2015年 | 15 | 社区 |
| 10 | 手拉手阳光服务队 | 2015年 | 20 | 社区 |
| 11 | 绚丽夕阳模特队 | 2016年 | 12 | 社区 |
| 12 | 治安维稳服务队 | 2018年 | 100 | 社区 |

## 二 社区社会组织建设现状

### （一）获得合法性身份的组织少

北京市在2009年出台了《北京市城乡社区社会组织备案工作规则》，将由社区居民自愿组成，且不具备法人登记条件的社区社会组织引入备案制度。相对于专业社会组织的登记注册标准，备案制在很大程度上降低了门槛，为社区社会组织的备案管理提供了条件。对社区社会组织进行备案，一方面便于政府进一步规范其管理；另一方面组织备案后，相当于得到官方认可，获得合法性身份，不但能够增强组织本身活动的执行能力，而且为参与社区治理提供了有力支撑。但调查结果显示，目前N社区的12支社区社会组织，只有低碳环保服务队在街道完成了备案，其他社区社会组织都没有完成备案。

社区社会组织在街道完成备案的数量较少，既有社区社会组织自身备案意识淡薄的原因，也有社区管理存在问题和街道备案工作相对滞后的原因。

首先，社区社会组织自身备案意识淡薄。针对社区社会组织是否备案这一问题，组织本身会进行充分讨论，这个讨论涉及组织内部所有人的意见，在一轮一轮讨论后，组织会就是否备案这个问题做出决定。社区社会组织本

身关于是否备案的决定呈现三种情况:第一种是希望组织备案;第二种是不希望组织备案;第三种是对组织备案持无所谓的态度。第一种希望备案的组织大多是成立时间较早,发展相对成熟,组织带头人对于组织有较为规范的制度管理,且有较长远的规划,这类组织希望通过备案在得到政府合法性身份认可的同时,获得政府更多的帮助。第二种是不希望备案的组织,这类组织带头人及其成员对备案管理制度存在"畏惧"心理,且组织成员更喜欢自由、无拘束地在组织内参加各种活动,担心备案会限制组织的活动及成员的自由,对组织的发展缺乏整体和长远的思考。第三种则对于备案持一种无所谓的态度,这类组织一般带有浓厚的自娱自乐精神,组织成员对组织的期待更多的是满足文娱需求,对于备案更多秉持的是一种观望的态度。从社区社会组织的实际情况来看,对备案制有一定的了解,且能够积极主动备案的组织很少。相反,不希望备案和持观望态度的组织则占据了大部分。社区社会组织的备案意识普遍薄弱,这也与其长时间处于一种相对松散的组织形态有关。社区社会组织虽然出现的时间较早,但其实很多方面还不成熟。一方面,对于组织带头人来说,其缺少对制度的正确认识和对组织发展的长期规划;另一方面,对于组织成员来说,"畏惧"心理使得他们更喜欢自由、无拘束地参与活动。种种因素使得社区社会组织的备案意识淡薄,影响了组织的备案管理。

其次,从社区层面来讲,影响社区社会组织备案的原因是社区对于组织的管理存在问题。社区社会组织自身进行充分的讨论后,如果组织带头人和所有成员都同意备案,那么就会进入第二个环节,向社区申请备案。但现实情况是社区对社会组织的备案并不重视,这主要是由两方面造成的。第一,社区事务繁杂,无暇应对社区社会组织的管理。社区作为我国基层社会的基本构成单位,在满足城市居民日益多样化的服务需求的同时,也承担着越来越多的行政性工作,虽然政府一直提倡要为社区减负,然而由于社区的复杂情况,其工作量并未减少,面对如此繁重的工作任务,社区把更多的精力放在党建服务、民政服务以及日常管理工作上,对于社区社会组织备案自然无心应对。第二,社区对于社区社会组织的经费管理有限,而这与组织发展的实际需求相悖。部分社区社会组织希望通过备案，得到更多来自政府的物质支持，但社区的大部分经费都花在党建服务、文教综治、环境治理、治安维护、基础设施建设和维护等方面，对于社区社会组织的资金预算可以说是非常有限的。部分社区社会组织仅仅是希望通过以备案的形式获得合法性身份后，得到更多的资金、场地支持，而社区暂时无法为这些组织提供更多的资金和场地支持。这些因素，也影响了组织的备案管理。

最后，从街道层面来讲，影响社区社会组织备案的原因是街道的备案工作相对滞后。就街道来说，对社区社会组织进行备案有助于街道的统计管理，也可以为社区社会组织联合会的工作内容做铺垫。低碳环保服务队也是在街道的建议下进行备案管理的。但不容忽视的一点是，街道虽然鼓励社区社会组织积极备案，但在对待社区社会组织备案申请时，其工作效率也较低。低碳环保服务队其实早在2018年就已经通过社区备案申请，并提交相关材料至街道，但后续街道一直没有相应的反馈，直到2019年低碳环保服务队在专业机构的多次助力下才备案成功。街道对于社区社会组织备案的滞后性，一定程度上影响了社区社会组织的备案积极性，部分社区社会组织在漫长无结果的等待中逐渐放弃了备案的想法，组织又恢复了以往的随意性和草根性。

### （二）组织的规章制度建设不完善

组织目标是组织开展服务的前提基础，体现出组织的服务方向，一定程度上代表着组织的定位，也能反映出组织行为。从N社区的调查情况来看，服务类组织有较为明确的组织目标。这类组织一般较为清楚组织成立的目的、发展的方向以及提供服务的范围，且组织带头人对于组织未来的发展方向也较为清晰。而部分文体类组织的目标处于模糊不清的状态。这类社区社会组织的负责人和成员基于彼此的兴趣爱好而聚集在一起，组织结构相对松散，多以休闲娱乐为主。这类组织的目标不明确，主要是由于组织自身的内生动力不足。由于成员大多是退休老年人，他们参与组织的主要目的是健身娱乐，没有健全和完善社会组织的内生动力。即使是参加社区公共服务类的

文艺活动或演出，也是在社区居委会的推动下进行的，使得这部分社区社会组织处于没有目标或目标不清晰的状态。

除此以外，还有一种情况是，一些组织有自身清晰的组织目标，但是社区居委会给组织安排了太多行政任务，导致组织的发展偏离了原有目标。从社区对于组织的实际管理来看，行政化干预的具体表现为社区居委会对于本社区发展较为成熟的组织，会赋予更多的行政性工作。以低碳环保服务队为例，其在发展的过程中取得了很多荣誉，曾在2012~2016年连续五年被评为"优秀党建品牌"，2015年被评为朝阳区"老党员先锋队"，2017年被中华志愿者协会评为"朝阳区优秀志愿者服务队"，同年登上了《北京日报》，并获得"首都学雷锋志愿服务岗"称号。社区能够被评为"北京市绿色平安社区"，低碳环保服务队发挥的作用可以说是不可小觑。但组织在参与社区治理的过程中，开展了太多行政性工作，很多行为受到居委会的支配，导致组织的发展渐渐偏离了既定目标，组织带头人对组织及其角色定位模糊不清，因而阻碍了社区社会组织的规范发展。

除了组织目标，规章制度建设也是组织规范发展的重要内容。规章制度是组织规范性的一种体现，科学的规章制度是组织高效运转的前提。但以社区社会组织的实际发展情况来看，大部分社区社会组织缺少规章制度的制约，没有明晰完整的规章制度，各类组织普遍在招募制度、会议制度、考勤制度、监督制度、责任制度、惩罚制度等方面相对欠缺。社区社会组织就规章制度而言呈现三种情况：第一种情况是极少数社区社会组织对成员有管理制度，但管理制度不够细致，也没有相应的惩罚机制，对成员的约束作用不大。第二种情况是社区社会组织对成员的约束仅仅停留在口头契约上，没有真正落实到文字上。第三种情况是组织带头人意识到组织缺少规章制度，但由于带头人普遍由退休居民组成，且文化程度不高，没有能力制定完整的规章制度。总的来说，大部分社区社会组织内部缺少完整的规章制度，由于没有相应的制度支撑，组织的管理工作较为混乱，人员分工和成员管理的随意性严重，组织整体规章制度处于失效的状态。

### (三)服务内容不完善,专业性水平有待提高

目前,N 社区社会组织提供的社会服务主要有党员服务、治安服务、志愿服务、环保服务和文体服务,而社区居民比较迫切需要的为老服务、亲子教育、残障服务等处于无法提供的状态。主要原因在于 N 社区社会组织的服务类型虽然有三类,但是缺少类似维权类、救助类等专业性要求比较高的社区社会组织。而且在现有的三类社区社会组织中,文体类组织偏多。在社区 12 支队伍中,文体活动类组织约占了一半(社区艺术团、吉祥广场舞队、欣荣合唱队、金阳舞蹈队、欣悦腰鼓队、绚丽夕阳模特队、欢腾花荟队)。这类组织大多是传统的"自娱自乐"型组织,提供的服务大多以满足老年人的健身需求以及文化娱乐为主。虽然这些组织有逐步向互助公益型组织发展的趋向,但目前还处于过渡阶段,尚未转型成功。因此,虽然社区内老年人、妇女、儿童、残疾人、失业人员以及困难家庭等特殊人群的社会服务需求比较迫切,但这些组织提供这方面服务的能力其实是非常薄弱的。社区社会组织作为草根组织,自身规模较小、专业能力较差、服务内容单一。与专业社会组织相比,其动员能力、组织能力、筹资能力还远远达不到社会组织的平均水平。

## 三 社区社会组织建设中存在的主要问题

### (一)对政府资源的过度依赖

获取资源是社区社会组织开展活动、维持日常运作的物质基础,多元化的资源获取渠道是社区社会组织获得独立性与自主性的物质前提。但由于社区社会组织的草根背景,其整个成长历程都处在一种被扶持的状态,组织获取资源的渠道十分单一,开展的部分活动也由于缺少资金的支持而被迫中断。社区社会组织作为居民自发组成的队伍,本身就属于公益性的服务组织,其资金、场地的来源主要依靠政府和社区居委会,也就是说,社区社会

组织过于依赖政府，组织的发展缺少长期稳定的可持续资源。如果社区社会组织能够承接政府购买的社会服务项目，就可以得到政府的资金支持，解决组织资源匮乏的生存问题。目前，从《北京市承接政府购买服务社会组织资质管理办法》来看，"社会组织承接政府购买服务应当具备固定场所、稳定收入、专职人员、法人治理结构、民主监督制度等"。[①] 这对于承接购买服务主体提出了较高的资质要求。社区社会组织在工作基本条件、法人治理结构、资产管理制度和专业资质等方面，都无法达到相应的要求。社区社会组织因其规模较小、资历尚浅、能力较弱，与专业社会组织相比，没有竞争性，也无力承接政府的公共项目。因此，社区社会组织活动经费就越发不足，很难建立起良性的自我发展机制。社区社会组织过于依赖政府资源，而政府对于社区社会组织的需求则更多地处于"可有可无"的状态，这种不平衡非对称性的单项关系，也使得社区社会组织这种"草根组织"，很难获得政府直接或间接的拨款和购买服务项目等。

## （二）组织建设培育形式化

近年来，政府为了更好地培育发展社区社会组织，通常会通过购买第三方或专业机构的服务来助力社区社会组织的发展，但现实效果并不理想。

首先，机构对组织能力提升的促进作用受项目制管理的影响，趋于形式化。机构在开始申报项目时，有一个非常详细的项目实施方案，其中包括项目的背景、可行性分析、团队架构、项目内容、进度安排、绩效目标、量化产出、经费预算等内容，对于项目的整体进度会有非常详细的时间安排，也就是在什么时间段，应该完成什么项目内容。在项目申报时，机构最费时费力，而一旦成功拿到政府购买服务项目，机构投入的时间、精力和人力就相对减少。在进入项目中期、末期时，机构又集中、频繁地对社区社会组织开展能力提升活动。机构在执行相关项目时，受年度项目制管理的约束，会有

---

[①] 北京市民政局：《关于印发〈北京市承接政府购买服务社会组织资质管理办法〉的通知》，http://mzj.beijing.gov.cn/art/2015/7/17/art_371_296276.html，2015年7月17日。

"突击"行为，而这种"突击"性的项目开展，往往无法保证其质量。

其次，机构对于社区社会组织的能力提升，更多的还是停留在对居民活动的引导上。社区社会组织的能力提升项目往往是通过在社区开展针对居民的各项活动，但机构在项目执行过程中人力不足，或是各项准备不充分，一些基础性社区调研不充分，导致很多工作没有贴近社区居民的实际生活，出现很多形式化的内容，仅仅为了执行项目而开展活动。这样根本无法保证提升社区社会组织的能力和专业性。

最后，机构在项目执行时人力投入不足，且人员流动性较大，导致整体工作衔接不上。机构人员频繁流动，在一定程度上影响了机构对于社区社会组织能力的培育。从机构的整体运作和人员配置的角度来看，机构的全职工作人员可以说是身兼数职，处于"一个萝卜两个坑"的状态，有时机构还会让实习生参与项目的跟进工作，但实习生的实习时间并不固定，实习周期也比较短，可能还未深入项目，实习便结束了。而频繁的人员流动，在一定程度上会造成项目的交接不融洽，且交接后交接人对培育项目不熟悉，影响了社区社会组织的整体工作和项目规范性。基于以上原因，社区社会组织的专业能力未曾得到提高。

### （三）专业人才匮乏

从社区社会组织的发展现状来看，其缺少专业人才的长期指导。对于任何组织来说，专业人才的引进都是组织成长不可或缺的重要因素，可以说，专业人才是组织的核心构成，决定着组织未来怎么走、走多远的问题。目前社区社会组织缺少的就是专业人才的长期指导，虽然街道和社区引入的专业机构里有部分专家、社工的介入，但这种指导不够长期且较片面，无法从根本上解决社区社会组织的草根属性问题。从社区社会组织的成员构成来看，组织成员几乎全部是退休的老年人，且以少数低龄老年人和多数高龄老年人为主，没有年轻人的加入。队伍老龄化是所有社区社会组织面临的严重问题，社区组织成员的年龄普遍偏高，一般都是70岁以上，且大多文化程度不高。组织没有新鲜血液的注入，缺少可持续发展的长久动力。

## 四 完善社区社会组织建设的相关建议

回顾社区社会组织的建设情况，可以看到社区社会组织在发展的过程中面临着对政府资源的过度依赖、组织建设培育形式化以及专业人才的匮乏等问题。为了更好地助推社区社会组织的发展，需要分别从社区社会组织的外部和内部两方面加强社区社会组织建设，推动其更好地发展。

### （一）加强扶持，减少干预

首先，政府应加大对社区社会组织的扶持力度，健全服务购买机制。社区社会组织出现的根源在于满足了一定的社会需求，非营利性使得其不同于企业，它的出发点应是为社会谋福利，且承担一定的公共管理和社会服务功能，而当下社区社会组织的力量相对较小，且普遍不具有合法性身份，组织资历尚浅、服务内容单一、独立性不强等问题，使得其无法与专业社会组织比拟，亟须整合各方力量，以争取社区社会组织发展所需的各种政策、物质支持。因此，应当加快健全政府购买服务机制，加大政府购买服务力度，将基层社区社会组织服务纳入政府购买服务项目中，为社区社会组织参与政府购买服务项目提供条件。一方面，可以将涉及社区基础服务的政府购买服务项目，发包至社区社会组织联合会，通过社区社会组织联合会进行筛选，使有承接能力的社区社会组织承担政府购买服务项目；另一方面，应当加大公益事业专项补助资金投入，在资金上对社区社会组织进行扶持，不断完善社区社会组织的项目化管理，提高政府购买服务的能力和水平。其次，政府应减少对社区社会组织的行政化干预。社区社会组织本质上应与政府处于平级关系，应有独立的活动空间，但由于政府对市场的监管一直较为严格，社区社会组织也一直是在政府管理的背景下成长起来的。对此，一方面，社区社会组织要努力提高自身的生存能力，减少对政府资源的依赖；另一方面，社区社会组织作为群众利益的代表，所行之事，应当以满足居民需求为主。同时，政府要简政放权，减少对社区社会组织的行政化干预，在把握社区社会组织发展大方向的同时，给予社区社会组织充分的发展空间。

## （二）提高机构对社区社会组织的助力质量

首先，了解居民和社区社会组织的真实需求。专业机构在介入社区社会组织能力提升活动之前，要做好充分的前期调研工作，可通过集中访谈，以居民骨干座谈会的形式进行。也可以通过关键人物的个别访谈，如社区书记、主任、居委会干部、党支部书记、楼长、楼门长、楼层长、居民代表、居民积极分子及社区社会组织带头人等，弄清楚社区工作者及社区社会组织骨干的个人成长需求、空间发展需求、专业化水平提升需求、个性化需求，以及社区社会组织的组成结构、生存现状（问题及需求）、发展规划等情况。其次，针对社区社会组织的能力提升过程要精细化。专业机构的介入不能只停留在对社区社会组织开展活动的引导上，应以调研数据为依据开展能力培育工作，还应聚焦社区难点、热点问题，有针对性地提高社区社会组织解决实际问题的能力。最后，加强对社区社会组织的过程监督与质量监督。对社区社会组织为居民提供的服务内容进行监督，每次活动开展的前期、中期和后期要与服务对象及时沟通反馈，以此来实现社区社会组织由非专业化向专业化的转变、由自益型向公益型的转变。

## （三）加强社区社会组织的规范性建设

第一，完善社区社会组织的规章制度。规章制度是组织成立的基础，缺少规章制度的制约，组织成员随意性大，造成社区社会组织发展缓慢。因此，社区社会组织要完善组织内部结构，要有明确的规章制度、发展目标和发展方向。对于发展时间较长但缺少规章制度的组织，应当进一步完善组织的招募制度、会议制度、考勤制度、监督制度、责任制度以及奖惩制度等；对于仅有口头契约的社区社会组织，应当将制度落实到书面文字上，并予以执行；对于带头人年龄较大且文化程度不高的组织，街道、社区和机构应当发挥作用，根据社区社会组织的服务内容和发展方向，帮助这类组织建立科

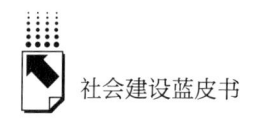

学、完整的规章制度,以制度来规范组织成员的行为,保证组织目标的实现。

第二,提升社区社会组织的专业能力。社区社会组织的"业余主义",使得组织难以应对复杂的外部环境,组织要获得持久发展的长远动力,就必须努力提高自身的专业能力,这种专业能力应当重点体现在服务的内容和质量上。一方面,社区社会组织不应把服务内容仅仅局限于社区环保、文体娱乐上,在组织能力允许的情况下,应将服务对象扩大至妇女、儿童、青少年、残疾人、贫困家庭等,为更多人群提供服务,这样不仅能够体现组织的能力,而且能够得到社会大众的认可;另一方面,社区社会组织应当提高服务质量,不要只停留在活动引导上,可通过专业组织的带动及系列能力建设的培训,提升社区工作者、组织负责人与骨干成员在项目运作、活动开展等方面的专业能力,促进社区社会组织的运行管理逐步规范化。

第三,规范社区社会组织的人才培养。社区社会组织的人才培养体系应当包括社区社会组织自身和社区两方面。首先,培养社区社会组织专业人才。社区社会组织的成员一般都是退休老年人,组织成员大多年龄偏高且文化程度不高,缺少专业人才的长期指导,专业人才的匮乏使得社区社会组织难以突破草根属性,无法发展壮大。因此,应当加大对社区社会组织专业人才的输入力度,通过寻找社区能人,发掘有潜力的社区居民参与组织建设的同时,还应培养社区社会组织带头人,通过对组织带头人的能力培养及专业训练,提升其管理及领导能力。其次,培养社区专业人才。现有的社区工作者队伍不能满足社区的实际发展需求,社区社工人员少,且大部分社工从事社区工作的时间短,理论和实务水平与社区工作的需求存在一定差距。因此,应当加强社区专业人才尤其是社工的培养,健全社区社工人才培养体系,对社区社会组织进行配套的专业人员管理,使其在发展过程中得到来自社区的及时有效的指导,以此促进社区社会组织的规范发展。

**参考文献**

刘轩:《北京市社区社会组织的调查研究》,中共北京市委社会工委资料。

北京市民政局:《关于印发〈北京市承接政府购买服务社会组织资质管理办法〉的通知》,http://mzj.beijing.gov.cn/art/2015/7/17/art_371_296276.html,2015年7月17日。

# B.4 共治与自治双向推动的小区停车管理研究[*]
## ——以劲松西社区为例

韩秀记 何梦雪[**]

**摘　要：** 近年来，伴随着社会治理现代化的改革推进，在基层社会逐渐兴起了一波协商共治新实践。它基于协商民主，强调社区居民基于公共利益，秉承公共理性，坚持民生和问题导向，以共建、共治、共享为基本格局，深化了对基层社会秩序与民生保障的理论认识。本文聚焦协商共治的基层实践，通过分析北京市劲松街道西社区的停车管理案例，描述协商民主在基层治理实践中的运作机制。研究表明，协商共治与社区自治不论是在价值追求还是实践目标上都具有天然的耦合性，不同治理主体之间通过协商对话能够有效达成共识，促进公共事务解决，达成社区自治目标，期冀在基层治理实践中贯彻民主协商原则，打造社区治理新模式。

**关键词：** 协商共治　基层协商　社区自治　社区问题与需求

## 一　问题的提出

协商民主与选举民主是我国社会主义民主的两种基本实现形式。社会主

---

[*] 本文是国家社科基金青年项目"特大城市基层社区协商共治的多主体参与机制研究"（17CSH055）的阶段性成果之一，同时受到北京工业大学"日新人才"计划的支持。
[**] 韩秀记，社会学博士，北京工业大学文法学部副教授，研究方向为社区工作；何梦雪，北京工业大学社会学硕士，研究方向为社区治理。

义协商民主是中国共产党把马克思主义理论、中华优秀传统文化与中国革命、建设和改革实践相结合,在建立统一战线的过程中创造和形成的协商民主实践。[1] 2013年,党的十八届三中全会通过的《中共中央关于全面深化改革若干重大问题的决定》指出:"协商民主是我国社会主义民主政治的特有形式和独特优势。在党的领导下,以经济社会发展重大问题和涉及群众切身利益的实际问题为内容,在全社会开展广泛协商,坚持协商于决策之前和决策实施之中。"[2] 从党的政策文件来看,协商民主越来越受到重视,它不仅是一项体现我国民主政治建设的政治制度安排,还是一个多主体协同参与协调决策的动态政治过程。[3] 协商民主的属性决定了它是社会治理尤其是基层社会治理的有效实践途径。

近年来,我国协商民主制度和形式不断完善。从制度设计的层面来讲,协商民主是包括党际协商、政协协商、人民协商、社会协商等在内的一个系统整体设计。从具体实践来看,它发展出了民主恳谈会、协商对话会、参与式协商、民主评议会等多种基层实践形式。还有的学者将协商民主制度探索划分为决策型协商民主、协调型协商民主、监督型协商民主三种基本形式。[4] 可见,协商民主在基层治理实践中越来越得到广泛应用。2015年2月9日,中共中央印发的《关于加强社会主义协商民主建设的意见》更是将基层协商上升到制度层面。随后,中共中央办公厅、国务院办公厅联合印发《关于加强城乡社区协商的意见》,首次以中央文件的形式提出"城乡社区协商"的概念,实现了对"基层协商"精神的进一步细化和发展。[5]

城乡社区协商是基层协商民主实践的落脚点和出发点。党的十九届四中

---

[1] 林尚立:《我国协商民主制度与西方的协商民主实践有本质的不同》,《四川统一战线》2013年第4期。
[2] 《中共中央关于全面深化改革若干重大问题的决定》,人民出版社,2013。
[3] 崔洁、张博颖:《基层协商民主有序运转的逻辑》,《天津行政学院学报》2019年第4期。
[4] 王芳、陈进华:《城市社区协商:从基层民主到社区共治的内在逻辑及实践路径》,《江海学刊》2019年第5期。
[5] 张汉:《嵌入与联动:城市社区协商的提升路径——以北京市社区治理机制创新为例》,《社会治理》2019年第8期。

全会提出的社会治理机制新添了"民主协商"的表述,这为社会治理现代化目标下的基层协商共治进一步明确了方向。社区协商共治体现了基层治理与协商民主技术的融合,基层协商民主不管是在实践主体、价值追求还是在任务目标上都具有天然的耦合性[1],都强调通过多元社会主体之间的互动、协调与平衡,运用协商对话的技术手段,实现多元利益调和,不同利益主体就公共事务通过协商达成共识。本文写作目的即着眼于此,通过对一个社区停车管理案例的描述来透视协商民主在基层治理实践中是如何运作的,各实践主体之间又是如何发生联系、如何彼此协调最终实现共治效果的。

## 二 劲松西社区基本情况介绍

劲松西社区位于北京市朝阳区内,地理位置较为优越,紧邻城市主干道,多条交通线路聚集于此,出行较为便利。社区辖区面积 0.28 平方公里,居民楼共 44 栋,3804 户 11000 余人。按照既有自然地理区隔,可划分劲松七区、八区两个小区。其中,八区居民楼 26 栋(高层楼 6 栋)99 个楼门,常住 2388 户 7208 人。

劲松八区地处东二环光明桥东南角,属于城市中心地区。八区始建于 1980 年初,是纯居住型老旧小区,具有老旧小区"三多两低"的典型特点,即老人多,改制退休、下岗失业人员多,流动人口多;部分居民是农转非整体搬迁户,使得小区居民整体文化水平和个人素养偏低,参与社区工作的意识偏低。小区内居住人群的多层次性决定了居民需求和价值取向的多元化态势。

## 三 小区停车管理委员会的成立与运作

劲松八区的小区停车管理委员会是基于社区居民现实需求自发形成

---

[1] 顾盼、韩志明:《基层协商民主的比较优势及其发展路径》,《行政论坛》2016 年第 23 期。

的，是一种需求导向型的自组织。其成立体现了社区居民参与社区事务、解决社区公共问题的积极主动性，是一种有效的社区参与渠道，旨在满足社区居民切实需求并推进社区其他公共事务的协商解决，进一步强化协商共治。

## （一）小区停车管理委员会的成立

1. 小区停车管理委员会的成立背景

劲松八区的小区停车管理问题在 2013 年变得严重起来。伴随城市化发展，居民拥有的私家车日益增多，小区内缺乏停车规划，没有正规停车公司的管理，停车管理不到位，停车难、停车无序、私装地锁等问题猛增，占据消防通道，小区居民之间矛盾激增，小区治安、消防、意外伤害、紧急救护等隐患日益突出。同时，社区"小区家园计划"的启动要求居民积极参与小区建设，加强老旧小区管理，推进准物业管理专业化，逐步实现老旧小区准物业管理和小区精细化管理的目标要求。小区内的现实停车问题日益演变为居民的停车需求，居民利益诉求不断向上反馈。停车问题逐渐发展为社区公共问题，在社区党委和居委会的引领下，由小区居民自发形成、旨在满足居民停车需求的小区停车管理委员会应运而生。

2. 小区停车管理委员会的成立历程

通过调研发现，劲松八区的小区停车管理委员会的成立经历了这样几个阶段。

第一阶段，前期宣传和筹备阶段。2013 年底为落实朝阳区委区政府关于开展治安、环境、交通三大秩序整治的工作要求，社区通过及早宣传和动员，一方面，与街道有关职能部门密切配合，拆除居民私装的停车地锁，共拆除地锁 630 个，实现"无地锁"社区目标，成为劲松街道内第一个"无地锁"社区，为进一步开展停车管理打下基础；另一方面，通过街道，社区引进外部市场化运营的停车公司。但因管理落后、收费较高、服务滞后而引起劲松八区居民的普遍不满，与居民矛盾激增，后被迫退出在小区的停车管理运营，小区停车问题又陷入无人管理的状况。

事实上，小区居民对停车公司的不信任、不认可，与小区内的热心居民有关系。因为这些居民虽大多已经退休，赋闲在家，但其中有人懂管理，有人懂施工，有人善于推进物业管理和服务。在市场化停车管理运营期间，这些居民发现外来的停车管理公司难以适应小区的当地特征，对小区停车资源开发不彻底，降费空间大，管理不完善。小区居民代表经过与停车管理公司的沟通反馈并没有有效解决存在的停车问题，反而导致双方矛盾进一步激化，为此，这些各具所长的热心居民便想成立小区停车管理委员会，推进小区停车自治管理。这一诉求很快反馈到社区党委和社区居委会那里。

于是，在街道工委办事处的大力支持下，劲松西社区党委、居委会顺应居民诉求，自 2014 年 3 月始，启动筹建劲松八区停车管理委员会，社区依托"准物业"管理要求，动员社区居民代表、户代表、楼门组长，有步骤、有程序地推进八区停车管理委员会筹建工作，准备推进小区停车管理的居民自治。在此过程中，社区筹建停车管理委员会并无经验可循，一切需从头开始，摸着石头过河，社区党委在其中发挥着上传下达、左右协调的核心领导作用。由此可知，小区居民的多样化特征，使得来自不同行业、具有不同技能的居民必须和谐共生。在平时的社区生活中，居民的职业禀赋难以得到充分发挥。只有当社区公共议题引发居民热议和关注后，那些热心的社区居民才变得更有参与性。

第二阶段，报名与选举阶段。劲松八区根据楼院分布，可划分为三个相对独立的小区院落，即劲松高层塔楼院（简称北院）、劲松八区一院（第 807～820 楼宇，简称一院）和八区二院（第 821～832 楼宇，简称二院）。每个院落成立停车管理小组，根据各院户数设置小组成员数。其中，北院 500 户，设立 5 名小组成员，含 1 名组长；一院 700 户，设 7 名组员，含 1 名组长和 1 名副组长；二院 900 户，设立 9 名组员，含 1 名组长和 2 名副组长。所有组员、组长、副组长都由居民推选产生，并由居民构成。

三个院落的停车管理小组成员通过选举的方式产生。社区严格制定《小组候选人选举方案》、《小组户代表选举方案》、小组户代表待查问卷，各个院落通过等额或差额选举方式，经过监票人、计票人的众议和公示阶段，进入小组候选人的第一次选举和公示阶段、户代表选举和入户问卷调查阶段、开箱唱票计票阶段等，最后产生三个院落的停车管理小组。各个院落停车管理小组组员的平均参选率达到74%。在此基础上，成立小区停车管理委员会，产生管理委员会组成人员。

第三阶段，成立阶段。2014年5月7日，劲松西社区召开小区停车管理委员会成立大会，产生由9人组成（北院2人，一院3人，二院4人）的劲松八区停车管理委员会。八区停车管理委员会正式成立，同时表决通过《停车管理委员会章程》。停车管理委员会的主要职能是，发挥委员们的职业优势，合理核算停车成本，然后通过招投标方式引进新的市场化停车管理公司，对停车公司行为进行监督、管理和指导。小区停车管委会在社区居委会的引导下开展工作。

第四阶段，运行阶段。2014年8月，小区停车管理委员会依据《停车管理委员会章程》，坚持"公开、公平、公正"的原则，通过劲松街道办，以劲松西社区居委会的名义面向社会招标新的停车管理公司。其最终中标的停车管理公司在停车收费、服务质量、社区停车物业管理等方面，要比政府最初推荐的停车公司优化很多。调查发现，目前新的停车管理公司收费是120元/车，不仅比原来的公司收费低，也低于市场平均价格，另外对走亲访友、探望老人的外来车辆给予方便和优惠，方便社区居民。在停车管理委员会的推动、沟通和监督下，新入驻的停车管理公司不仅实现了市场盈利，还实现了低价收费、高质服务、停车有序的社区管理目标。

通过小区停车管理委员会，一方面，社区居民在停车自治方面得到了优惠和服务，实现了"小区停车自治、居民停车无忧"的目标，受到居民的普遍欢迎，产生了较好的社会示范效果；另一方面，通过社区党委和社区居委会的领导、引导、支持，实现了"社区问题协商解决，居民需求共治满足"的社区治理新格局，展现了协商共治在基层社会治理和服务中的强大生命力。

## （二）小区停车管理委员会的运作关系分析

1. 小区停车管理委员会与社区党委、居委会：自治与领导自治

党的领导是基层协商能够健康发展的根本保证。党的基层组织是党在基层的战斗堡垒，在联系群众方面具有天然的优势，基层党组织在基层协商中的主要职责在于搭建平台、建章立制、理顺关系。党的领导主要是政治、思想和组织领导，在社区治理中发挥总揽全局、协调各方的作用。[①] 对于政府而言，社区居委会虽然理论上应该被看作基层群众性自治组织，但在实际层面因其主要承担大部分街道办事处下放的管理辅助职能，被看作基层行政权力在社区延展的神经末梢，社区治理的效果好坏取决于行政力量和社会力量之间能否保持合理的压力和弹性，社区草根自组织的成立和运作需要社区的赋权与空间让渡。

一般而言，社区内自组织的培育和发展离不开社区党委、居委会的引领带动，自组织的成立离不开社区居委会的外部赋权。小区停车管理委员会的成立初衷是实现社区停车的自治，体现了社区居民自治的内在要求，但同时，该小区停车管理委员会是在社区党委和居委会的引领下一步步建立起来的，无论是筹建阶段还是正式运行阶段都离不开社区党委和居委会的引领。在本案例中，小区停车管理委员会的成立正是由社区党委、居委会推动和实施的。社区工作者基于社区停车管理这个现实问题，积极探索可行措施，挖掘社区能人，凝聚社区骨干力量，加强公共事务宣传，引导社区居民参与，组织人员队伍，制定选举办法，使停车管理委员会的成立工作尽显组织化、条理化。针对居民反映的一系列问题和反对意见，社区居委会多次召开居民大会，聆听居民诉求，听取居民意见，始终贯彻民主协商的议事原则，坚持协商共识，最终促成停车管理委员会的组建。

2. 停车管理委员会和其他参与主体：民主协商、合作共治

社区协商民主，是以社区这一社会基本单元为基础，围绕基层群众共同

---

① 孙照红：《城市社区治理的主体困境和协商进路——基于"党政群共商共治"的案例分析》，《中国延安干部学院学报》2019年第2期。

关心的涉及群众切身利益的重大事项，以及存在显著分歧和冲突的公共决策问题，借助制度化、规范化、程序化的形式，通过广泛参与、利益表达、对话沟通，最终形成共识的民主治理形式。[1] 社区治理主体包括社区党委、居委会、社区组织、社区居民、其他社会组织等，协商民主原则贯穿整个基层治理实践的始终，既包括社区党委领导下和社区其他主体间的协商，也包括社区不同主体间的平行协商。

在此案例中，首先，协商原则体现在停车管理委员会与社区党委、居委会之间。停车管理委员会在运作中实现了与社区居委会的合作共治。社区居委会的赋权为停车管理委员会的培育提供了生存和成长空间。正式成立之后，委员会又围绕停车收费标准、停车公约、职责范围等核心内容与社区居民、居委会展开了充分讨论，逐步调整，最终达成共识。停车管理委员会与社区居委会构建了良好的互助的合作伙伴关系，实现了对社区公共事务的协同治理。

其次，协商原则体现在社区居民之间。停车管理委员会本身就是社区居民围绕停车需求而自发形成的一种内生性、草根性组织，它的成立是为了满足居民需求，社区居民利益包含其中。因此，居民代表充分发言，阐述各自关于停车管理的自治理想，积极建言献策，实现群议群治，针对大家的事情采取协商原则大家一起商量。

## 四 小区停车管理委员会的运行效果

### （一）内生效果：停车管理规范化，实现停车自治

居民自治是指社区居民通过一定的组织形式依法享有的自主管理社区事务的权利与义务及其实际运作过程。它以提高社区居民的生活质量为目的，

---

[1] 陈家刚：《城乡社区协商民主重在制度实践》，《国家治理》2015 年第 34 期。

以社区成员的自我教育、自我约束为手段，是居民的自主管理和自我服务。[1] 实现居民自治是居民区层面的目标追求。劲松八区停车管理委员会自成立以来，积极履行组织职责，推动实现车辆有序停放，社区停车难题得到缓解，社区公共空间利用明显优化，居民矛盾冲突减少。同时，在停车管理委员会的监督和沟通下，面向社会公开招聘专业停车公司，为劲松八区提供停车管理服务，自2014年至今已达五年之久。现在，小区停车管理和服务实现了"低价收费（阶梯收费）、高质服务"的目标，居民积极参与到社区停车自治的实践中，深化了"社区停车自治、居民停车无忧"实践。近两年借助政府推动的背街小巷拆违和全要素小区建设的契机，停车管理委员会将劲松八区拆违还原的空间加以改造，纳入停车管理范围，新增小区车位70多个。停车管理委员会根据"四证"（户口本、房产证、行车本、驾驶证）标准，优先面向本小区无车位居民提供新增车位。由于小区打造的特色停车自治品牌成就斐然，北京电视台《向前一步》栏目组还对八区的停车自治进行了典型报道，产生了很好的社会效果。

### （二）衍生效果：强化党的领导，增强政府公信力，扩大了社区居民参与

1. 强化党的领导

党的领导是中国特色社会主义最本质的特征，是中国特色社会主义制度的最大优势，而协商民主是实现党的领导的重要方式，是党的群众路线在政治领域的重要体现，社区协商治理更是贯彻落实党的群众路线的具体工作载体。[2] 党的领导贯穿停车管理实践的整个过程。社区党委不仅领导了劲松八区停车管理委员会的成立和运作，发挥总揽全局、协调各方的作用，还将党的领导理念贯穿在居民服务中，变领导为服务，增强了党的号召力和引领力。

---

[1] 潘鸿雁：《社区治理新模式：共治与自治互动》，《学习时报》2013年6月24日，第004版。
[2] 孙照红：《城市社区治理的主体困境和协商进路——基于"党政群共商共治"的案例分析》，《中国延安干部学院学报》2019年第2期。

## 2. 增强政府公信力

我国社区管理体制从单位制到社区制的改革，使得社区成为社会治理的基本单元。为解决发展中的社区管理问题，需要向社区组织让渡发展空间，尤其需要政府从单位制下全能政府的角色中脱离出来，实现从管理型政府向服务型政府的转变。劲松八区停车管理委员会作为社区自组织，能够更好地关注辖区居民的需求，密切联系居民，动员居民群众，引导居民领袖，实现了问需于民、自治于民、服务于民。在此过程中，离不开政府的放权和服务，反过来也增强了公众对政府的认同和信任。

## 3. 促进公民参与

公共性既是社会建设的重要目标之一，又是其基础。[①] 党委领导、政府负责、社会协同、公众参与四个维度既是社会治理体制的制度安排，又是实践层面的核心设计，规范了各个主体的角色定位和责任。公众参与、公共精神的培育是基层社会治理追求的价值目标之一。在停车管理委员会的培育运作中，劲松西社区的劲松八区居民参与解决小区公共事务，强化了居民的参与意识和成就感，有助于激发社区居民的主人翁意识，增强对楼院的归属感、认同感，发挥社区治理和社区建设中的主体作用，形成"社区居委会+停车管理委员会+社区居民"的协商联动机制，将民主协商机制落实到社区事务解决的具体方面。

# 五 结论与讨论

自单位制向社区制转型之后，社区建设、社区治理成为学术界和管理界一直热议的话题。社区是一个多元力量共同介入的复合场域。党的十九届四中全会提出的"党委领导、政府负责、民主协商、社会协同、公众参与、法治保障、科技支撑的社会治理体系，建设人人有责、人人尽责、人人享有

---

[①] 李友梅、肖瑛、黄晓春：《当代中国社会建设的公共性困境及其超越》，《中国社会科学》2012年第4期。

的社会治理共同体"[1]，为我们提供了解决这些问题的新路径，即引导我们将协商共治原则运用到基层治理实践中。因此，在社区治理的具体实践中采取协商对话的模式，实现社区共治和居民自治有机联合，通过党委领导、政府负责、社会协同、公众参与，调动各方面的积极性，形成合力，解决社区民生问题，维护社区秩序，打造"共治+自治"的社区治理新模式。[2] 而劲松八区共治与自治相结合的停车管理实践为我们实现社区秩序与满足居民需求提供了一个观察样本。

---

[1] 《中国共产党第十九届中央委员会第四次全体会议公报》，新华网，2019年10月31日。
[2] 潘鸿雁：《社区治理新模式：共治与自治互动》，《学习时报》2013年6月24日，第004版。

# B.5 政府购买社区社会工作服务模式的新探索

——昌平区社区社会工作室项目化运作的研究报告

杜金一 李君甫[*]

**摘　要：** 社会工作在创新社会治理体系中具有重要作用，政府通过购买社工服务推动基层社会治理。政府购买社会工作服务一般有两种模式：岗位制和项目制。昌平区结合了岗位制和项目制，对社区社会工作服务模式进行了新的探索。研究发现，相较于一般的项目制购买模式，岗位制的项目化使得社工机构能够通过岗位运营扎根社区，利用社区内部资源，提升服务效率与质量；相较于一般的岗位制购买模式，岗位制项目化后，岗位社工在服务过程中能得到机构的专业督导及资源支持，有效降低了服务行政化风险。这种结合了岗位制与项目制的新型服务购买模式，在发挥社会工作专业价值、推动基层社区治理方面具有积极意义。

**关键词：** 社区治理　社会工作　岗位制　项目制

## 一　研究背景

党的十九大提出打造共建共治共享的社会治理格局，加强社区治理体系

---

[*] 杜金一，北京工业大学文法学部硕士研究生，研究方向为社会治理与社会政策；李君甫，北京工业大学文法学部社会学系教授，研究方向为社会政策、城乡发展、社会建设等。

建设，推动社会治理重心向基层下移，实现政府治理和社会调节、居民自治良性互动。各地围绕创新社会治理进行了丰富的实践探索，北京市昌平区于2018年底对辖区内235个社区全部挂牌成立社区社会工作室，编制《城镇社区建立社会工作室工作手册》，明确了社区工作室的岗位职能，包括居民接访、把握居民需求关切；定期召开社区联席会议，形成各社区联动；针对特殊人群以专业社工方法开展个案、小组工作；发掘居民需求，培育社区自组织；针对社区特点开展小微项目创投等，希望运用社会工作的专业方法提升基层社区的治理成效。

其中，昌平区下辖的H街道最先挂牌设立社区社会工作室，由区政府通过购买社工岗位，专人专责运营社区社会工作室。但实际服务效果并不显著：一方面，居委会在日常工作开展中尚缺乏对社会工作室的深刻认识，仅仅将岗位社工视为居委会一般"办事人员"，致使社会工作室的职能发挥被居委会行政事务限制；另一方面，岗位社工在面对复杂多样的社区问题时，往往得不到原有社工机构的专业支持，同时社区或街道工作人员的专业性有限，难以配合社工开展社区服务，甚至双方在沟通理解上产生分歧，一些岗位社工出现职业倦怠现象。

为此，昌平区民政局在2019年通过项目委托的方式由5家社工机构接手社区社会工作室的运营，社工机构向昌平区5个街道的25个试点社区派驻专业社工，入驻社区社会工作室开展社区服务。与以往不同的是，服务购买采取项目制的形式，将社会工作室的岗位职责转化为项目目标，由此形成了社区社工岗位的项目化运作。新模式的一个显著特征是社工机构以社区社会工作室这样一个居委会组织架构内的岗位为轴，按照项目服务计划开展多类型的社区服务。岗位制的项目化成效如何，能否把岗位制和项目制良好地结合起来？本文通过对昌平区社区社会工作室运营情况的观察，总结"岗位制的项目化运作"的服务成效，就完善政府购买社工服务、推动社会工作参与社区治理提出对策建议。

从中国各地政府购买社会工作服务实践和理论成果来看，社会工作服务购买有两种模式：岗位制与项目制。关于岗位制的研究，朱希峰认为岗位购买缺乏激励效应，无论岗位社工服务效果如何，都并不影响政府服务购买，因此挫伤了社工的积极性。曹海军指出岗位制仅是一种简单合同制的契约安排，自上而下的垂直管理使得参与服务的各主体缺乏互动。但也有学者认为岗位制具有服务稳定性，能够在持久的岗位服务中提高所在部门的社会工作专业能力。

对于项目制的研究，有学者从交易成本理论分析项目制需要付出更多的激励与监督成本。虽然项目制购买遵循市场机制，但还是会出现"形式化购买"和"内部化购买"的问题。由于我国社会组织发展的滞后性，很多社会组织背后或多或少都有官方背景，极易导致购买行为的"内部化"，甚至衍生出权力寻租和贪污腐败行为。

王思斌则认为岗位制与项目制不宜直接进行比较，应根据情境的不同合理选择。当前，越来越多的研究提出应将岗位制购买与项目制购买结合运用，提高社工机构的服务能力，强化社工服务购买的主体地位，构建相互依存的主体合作关系。

通过文献回顾发现，社区治理的整体思路演进是由"管理"走向"服务"。社会工作参与社区治理恰恰契合"服务"的理念，无论是对服务对象个体的增能还是对社区治理体系的完善，社会工作都能体现专业价值。但正如李友梅提出的如何推动社会组织与社区治理形成深层次的对接，社会工作真正发挥专业性，仍是当前本土社会工作面临的难题。北京市昌平区通过居委会的岗位创新——建立社区社会工作室并通过社工机构来实现运营，在实践层面回应了理论上的困惑。

对社会工作服务购买的两种模式而言，岗位制在实践中的确难以克服服务行政化风险，而其服务的稳定性与持续性优势也逐渐被取代，如广州的家庭综合服务中心作为项目制购买的典型案例，通常以三年为一个服务周期，保证了服务的稳定性。但是家庭综合服务中心是基于街道层级的服务提供主体，社区社会工作室作为居委会的内设岗位，其项目化运作的实践，对社会工作参与基层社区治理以及社会工作服务购买模式的创新皆具研究价值。

## 二 社区岗位项目化运作的生成逻辑

### （一）双重推力下社会工作室的诞生

1. 作为外因的顶层设计推力

民政部在2015年7月印发《关于进一步开展社区减负工作的通知》，从依法确定社区工作事项、规范社区考核评比活动、清理社区工作机构和牌子等方面，对进一步开展社区减负工作提出明确要求。紧接着北京市出台了《关于深化街道、社区管理体制改革的意见》，文件主要围绕如何建设"参与式"的社区共治模式，实现社区自治功能的强化进行政策指导。社区减负增效，减的是"万能居委会"的行政事务负担，增的是居委会作为群众性自治组织服务社区居民的效力。社区减负增效，也成为北京市"十三五"规划的一项重要内容。社区社会工作室的建立，是对深化社区管理体制改革的顶层设计的响应，由专人专职负责对接协调居民矛盾、培育社区自组织等任务。

另外，昌平区"回天治理"（指回龙观、天通苑地区）一直是北京城市建设发展的重点，近些年北京市出台了"回天地区三年行动计划"，结合回天地区的特点，不断推进政府购买社会组织服务，建立超大型社区治理样板。2019年北京市委社工委、市民政局联合昌平区委和区政府发布《关于回天地区社会组织创新发展示范区建设的试点方案》。针对社会组织的发展建设提出更为具体的指导要求。内容涵盖加强社会组织资金投入保障，计划到2020年，由昌平区政府累计拨付4000万元财政资金支持社会治理创新，资金的具体使用由街道办事处统筹负责，主要支持回天地区社会组织发展。昌平区也出台了一系列配套政策措施，例如放宽政府服务购买制度，建立社区社会组织申报项目由街道社会组织联合会联合申请机制、跨年度连续购买政策等，希望打造一批社会组织品牌尤其是社区社会组织。但如何推进落实，昌平区目前尚缺乏经验，因此在居委会成立社会工作室岗位，立足社区需求，探索以社区为主体进行项目发包，最终实现社区发包的模式，引导社会组织参与社区治理。

2. 作为内因的服务需求推力

回天地区的显著特点就是居住人口聚集，且京外人口占比较大，区域内单位和企业较少，这里的多数居民工作单位都在朝阳区和海淀区，平时白天都在单位，只有晚上回来休息，正因如此有人也将这里戏称为"睡城"。但随着城市格局的发展变化，回天地区已发展成超大型居住社区的典型，这里居住的一些业主身上早些年的"北漂"标签也逐渐淡化，他们对城市的融入体验已不只是经济层面，而是从工作到生活、从办公室到社区，这也对社会治理与社会服务提出更高要求。在社区居委会成立社会工作室，运用专业社会工作的理念与方法提升居民服务满意度，同时也加速居委会回归"自治"的属性，让居民参与社区事务，提升社区归属感。并且社区社会工作室本身也是一个收集居民意见、需求，及时反馈至街道及上级行政部门的联动节点，这种自下而上的治理理念正好契合回天地区居民的服务需求。

## （二）运营探索中岗位的项目制转化

目前，整个昌平区在专业社工人才、居民自治意识与能力、基层社区社会治理理念等方面相较北京市其他地区仍处于弱势。北京市民政局2016年发布的统计数据显示，在北京154家民办社会工作机构中，昌平区只有5家社工机构，仅占全市社工机构总数的3.2%。北京现有专业社会工作人才29672人，而昌平区专业社会工作人才仅为796人，占全市专业社会工作人才总数的2.7%。一个比较直观的例子是昌平区东小口镇，全镇社区社会工作者中持有社会工作者证书的只有3人。

因此，昌平区在2016年底对下辖的H街道的58个社区开展首批社区社会工作室建设试点时，按照政策制定时的设想，主要由居委会工作人员（通常是居委会副主任）负责社会工作室，但在实践中整体效果并不理想。而2017年H镇（未进行街道改制前）部分社区又以岗位购买的形式，由岗

位社工负责社区社会工作室的运营,依然没有取得良好的服务效果。岗位制购买在实践中难以避免服务行政化风险。

决策部门也意识到这一情况,对于目前已在全区所有社区挂牌设立的社区社会工作室,究竟如何运营以及由谁运营,依然缺乏有效思路。正因如此,昌平区社工委尝试采用项目制的服务购买形式,选择五家社工机构对口五个街道的25个社区,即每个街道选择五个社区,由社工机构派驻专业社工运营社区社会工作室,进行社区社会工作室岗位的项目化运作。

**(三)服务购买模式的探索**

在确认完五个试点街道后(具体社区未确认),昌平区民政局依照"三社联动"项目购买模式,将社区社会工作室项目作为一个项目内容加入"三社联动"服务分类中,与原有的五个项目类别——针对失独家庭、困境青少年、特殊人群的三类服务,社区志愿服务以及社工专项人才培育服务,一同构成六大服务领域。

1. 项目申报与准入机制

首先昌平区民政局在官网发布申报指南,社会组织根据文件要求在完成前期调研后制作项目申报书,之后由民政部门组织评审会,评审合格后即获得项目承接资格,这也是当前昌平区政府购买社会组织服务的一般模式。关于承接政府购买服务的社会组织资质方面,"三社联动"项目因涉及更多社会工作专业内容,所以对社会组织的要求是必须为社会工作服务机构,且达到4A级及以上评级,机构登记地点为昌平区民政局或北京市民政局。人员配备方面的要求则是申报机构须有至少三名持证社工,并提供在申报单位一年内至少一人缴纳五险的社保凭证。

在项目申报指南中也针对社区社会工作室服务进行了说明,整体要求是"培育社区社会组织、培养社区服务专业人才、开展示范型服务、创新社区治理服务模式。根据社区问题及需求,运用个案、小组、社区社会工作等专业的工作方法为社区居民提供专业服务,同时带动社区社会工作者共同成长"。因社区社会工作室的岗位职责所涉及的不同领域和内容，项目申报指南也做了对应陈述："根据社区内特殊群体的需要，包括高龄独居空巢老人、留守儿童、学业困境青少年、失独家庭等群体提供社会工作专业服务。主要包括医疗、教育、就业等基本问题以及提供精神慰藉、临终关怀、社会支持网络建构等专业社工介入服务，缓解社区居民情绪和心理压力，提高社会救助家庭内生动力，提升居家养老服务和社区养老服务质量，提升困境未成年人和留守儿童生活、学习质量。"五家机构的项目书基本上都涵盖了以下方面：社区工作者专业能力建设；针对居民信息反馈的接访安排；以个案服务和小组活动的形式帮扶社区弱势群体；社区自组织培育。

2. 社会工作室建设领导机制

社区社会工作室的制度框架中涵盖了领导机制，通过社区社会工作室领导小组实现统一领导与部署，领导小组组长为区社工委书记，小组成员为各街道办事处主管负责人。具体运作执行由社会工作室项目专项办公室负责，办公室主任为区社工委社工人才服务中心主任，其余则是街道社区科工作人员。可以看到，街道办事处直接负责社区社会工作室的工作，区民政局则负责整体统筹。社区社会工作室成立的初始领导机制就是由各街道的社区科来对接社区，负责社会工作室的运营并向区民政局反馈，同时由所在街道办进行协调（见图1）。

而对于五个街道的社区社会工作室试点建设而言，在采用"三社联动"模式的社工服务购买后，区民政局人才服务中心成为社会工作室的直接领导方，因为社工机构受区民政局的项目委托，依照区民政局发布的项目申报要求开展服务，并接受区民政局聘请的第三方评估机构的评估与监测以及项目评审。因此，社区社会工作室的领导重心就从原来的街道办事处移到区民政局。

3. 服务成效评估机制

首先，评估对象不是驻岗社工，而是承接社区社会工作室运营的社工机构。其次，评估主体包括政府聘请的第三方评估机构、高校学者以及财

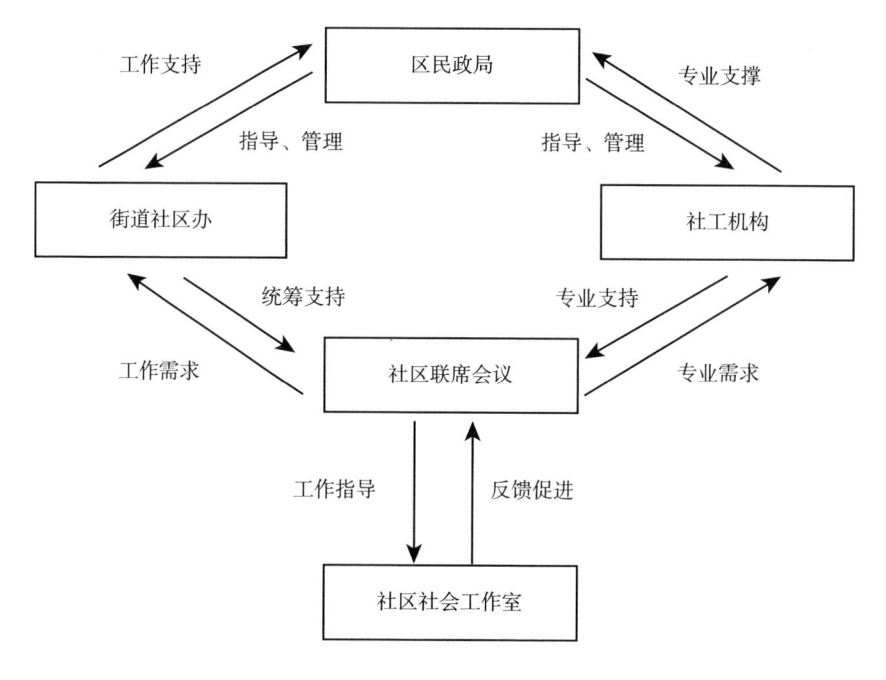

**图1 社会工作室服务项目组织架构**

务评审组。其中第三方评估机构作为评估主体，基本全程跟进项目情况，对活动现场进行监测，撰写现场监测报告，同时开展服务满意度调查，涉及服务直接受益人（以社区居民为主）以及服务相关方（主要是居委会及街道工作人员）。同时，社工机构也要参照评估标准，主动提供自评报告。

评估程序的流程大致是：社工机构在递交社会工作室承接的项目申报书后，第三方评估机构会联系档案智库中的专家（督导）开展项目评审会，对项目申报进行整体评审。在工作室的运行过程中，第三方评估机构采取随机监测的方式，并进行服务满意度调查，最后对服务成效进行记录并反映在中期评估中。在正式中期评估前，第三方评估机构仍然会聘请专家进行绩效和财务的预评估，正式的中期评估将对社工机构进行打分，评分人员包括绩效专家、财务专家和第三方评估机构。低于60分的社工机构将无法获得项目资金，结项评审流程与中期评估相同。

## 三 岗位制项目化运作的治理期望

### （一）基于社会工作室职能的岗位期望

前文已经对社区社会工作室岗位职能的政策进行了阐述，由此可见，社会工作室职能所突出的就是"居民自治"以及"专岗专责"。

目前基层社会治理的一大困境是居委会的自治性被行政性抑制，居委会承担了上级街道办事处大量行政事务，成为街道在社区进行工作的行政代理。而全国各地也在积极探索寻求突破，目前较普遍的措施是在社区内成立社区服务（工作）站，将街道下派的行政性事务交由社区服务站处理，这就形成了"居站分离"。而在东城区、朝阳区等地更是涌现出建立一个综合型服务站覆盖多个居委会的"一站多居"模式，通过社区管理体制改革创新不断平衡社区的行政压力与自治要求。而昌平区出于各种客观原因，部分社区目前还未实现"居站分离"，在无法积极通过"外部机构"分担行政事务的情况下，从"内部改革"——在居委会内设立社会工作室来引导深化居委会的自治功能，也是一种改革路径。

当前多数社区依然是"一套人马两块牌子"，社区党委书记和居委会主任"一肩挑"的现象十分普遍。社区社会工作室的成立突出"专人专岗"，在初始实践阶段也看到了决策者的取向：通常由居委会副主任（多是负责分管社区文体领域）来运营社会工作室，便于联络动员社区内的群众组织，孵化社区自组织。

### （二）社工机构接管社会工作室的项目期望

昌平社区社会工作室的运营经历三个阶段：一是社区居委会内部安排人员自我运营；二是由政府向社工机构购买社工的岗位制运营；三是在部分试点社区采取由社工机构运营社区社会工作室的方式。

对于社会工作室岗位的项目化而言，首要期望就是削减社工服务的行政

化现象——社会工作室的岗位社工沦为居委会的"办事人员",被居委会的行政性事务支配,社会工作室变为居委会内的"空壳"岗位。社工机构派出社工进驻社会工作室,社工作为机构的成员,按照项目计划书的内容运营社会工作室,在权责关系上是对服务购买方——区民政局负责。而在实际工作中,驻岗社工受社工机构委派,机构对工作具体事项进行安排以及专业督导。通过服务专业化、项目化而非象征化、科层化来推动社会工作室的职能真正落实到位。

除此以外,项目化运作能够有效量化服务成效,尽快使社区社会工作室展现运营成果。项目化运作有与之配套的评估系统,通过聘请的第三方机构开展动态的评估与监测,以及定时召开项目评审会,也使得政府作为委托方能够及时掌控社会工作室的运营情况,减少创新基层治理带来的可能风险。

同时,"三社联动"是比较典型且成熟的政府购买社会工作服务模式,社会工作室岗位的项目化运作如果能顺利对接"三社联动",一方面能顺着"三社联动"的经验路径稳固社区治理的创新成果;另一方面也对深化昌平区的"三社联动"大有裨益,昌平区社会工作室项目的单项筹拨资金大于普通"三社联动"项目,有可能借此吸引更多优秀的社工机构参与项目申报,从而提升昌平区社会工作服务的整体水平。

## 四 社区社会工作室项目化运作的实践效果

### (一)实现由岗位职能到项目实施的平顺过渡

社区社会工作室是基层社会治理创新的产物,作为在居委会内设置的一个服务部门,无论由谁来负责运营,其工作职责都是以完成社会工作室的岗位服务要求为核心的。正因如此,昌平区借用"三社联动"的项目运作机制,通过社工机构来承接社会工作室的岗位运营,其首先面对的问题就是如何把岗位职能转变为项目计划。在 T 社区的实践中,服务提供方 X 社工机构的项目计划书基本涵盖了社会工作室的职能要求(见表1)。项目内容与岗位职能逐一对应及转化,成为社会工作服务得以开展的先决条件,而在服务实践中也进一步证明了岗位制到项目式的转化具有可行性。

表1 岗位职能与项目计划书对照

| 社会工作室岗位职能 | 项目计划书内容 |
| --- | --- |
| 负责接待来访的居民,对问题进行分类梳理、汇总并上报 | 编制完成居民接访手册<br>每月整理居民接访满意度调查 |
| 帮助弱势群体和其他需要帮助的人士。动员、开发和有效利用尽可能多的社会资源来协助服务对象实现自我发展 | 编制完成T社区资源手册<br>个案服务:社区内的一对空巢老人(6次探望)<br>小组活动:京北小卫士亲子志愿营(12节小组)<br>　　　　全职妈妈增能互助小组(8节小组)<br>社区活动:社区健康义诊(4次)<br>　　　　魔术进社区(6次)<br>　　　　老年人智能手机知识讲堂(8次) |
| 研究制订本社区社会工作计划与目标,指导本社区工作人员开展社会工作,并负责业务培训工作,提高社会工作的整体服务水平 | 10节社会工作知识讲堂(包括线上课程)<br>5节社区工作沙龙活动<br>5节社工实务能力提升工坊 |
| 定期开展社区联席会议与街道联席会议 | 编制社区与街道联席会议制度<br>设计社会工作室工作组织架构 |
| 对居民重点关注的事项按照社区公益事业(或"三社联动")项目的相关要求负责前期调研、设计、申报。社区"两委"以项目管理形式交由社会组织完成 | 社区提案大赛(三次)<br>街道提案大赛(一次)<br>小微式项目创投(一次)<br>培育一支社区社会组织 |

1. 对常态化岗位服务的转换

按照社会工作室的职能设计,常态化的服务要求主要包括接待居民来访并对其梳理分类;对社区工作者组织社会工作相关培训;每月开展社区联席会议以及参与街道联席会议等内容。常态化的职能不仅构成岗位日常服务的主体,更为重要的是通过强化服务提供主体的唯一性,突出社会工作室的专业价值。但是,在岗位制模式下,常态化的岗位服务与居委会其他事务边界模糊,联席会议时常被社区工作例会替代,岗位社工的接访变为社区居民矛盾调解等,且并未形成归类可寻的接访登记有关文本。

X社工机构对日常性、常态化的岗位职能进行项目制转化,重点就是对

相关文本和制度类内容的设计。以接待居民来访为例，首先，X机构的项目计划书中明确了编制T社区居民来访手册。其次，在服务实际开展中，驻岗社工按照社会工作通用过程的接案操作，进行居民信息登记与问题梳理，服务过程整合接案与预估的方法，对存在明显服务需求的个案进行跟进，向X机构与居委会及时汇报并开展入户访谈，形成一份预估报告。最后，X机构将接访满意度调查也写进项目计划书中，这样就构成了较为专业的服务链条。

在组织联席会议方面，社会工作室的服务核心内容是每周开展的社区联席会议。不同于以工作汇报为主的街道联席会议，社区联席会议以收集社区信息、反馈居民需求、推动社区治理为主。X机构完成项目要求——编制社区联席会议制度，按照制度设计召集社区社会组织代表、社区自组织负责人以及社区楼门长，协商探讨如何推进社区治理，再通过街道联席会议将建议需求反馈到街道和区民政局。

王大爷作为T社区的楼门长，又是社区自组织的成员，是居民社区参与的典型，属于社区内的积极分子或者"关键群众"。通过访谈发现以楼门长为代表的社区积极分子通常扮演着居委会助手的角色，例如信息传达或社区事务动员等，更多的时候是居委会的单向性输出。T社区在前几次社区工作室组织的社区联席会议中收集了社区自组织代表、楼门长和社区志愿者等较为关心社区公共事务的"关键群众"的诉求，成功构建了以社区工作室为枢纽的信息反馈机制。

2. 对一般的服务理念到具体项目安排的转换

社会工作室的岗位职责中不仅有日常性、常态化的工作内容，还有很多体现专业社会工作价值理念的服务目标。正是因为社会工作室作为社区管理体制改革的创新性尝试，最终目的是提升基层社会治理水平，因此它更像一个服务模板，为社区工作者进行示范。除了将规定的社区工作者业务培训转化为20节涵盖社工理论知识与实务的培训课程外，对于"帮助弱势群体"这样笼统的、概念化的服务要求，X机构运用社会工作三大方法进行对应的项目安排。基于社区调研情况选取一对空巢老人开展个案介入；针对社区自组织——京北小卫士开展亲子志愿小组活动,拓展志愿服务队伍;链接相关资源开展三项社区便民活动,编制完成社区资源手册向居民分发,提高社区居民归属感和凝聚力,引导更多居民实现社区参与。

通过对 T 社区主任的访谈可以看到,一方面社工机构的专业性得到了居委会的认可;另一方面项目计划书的服务内容设计较为合理。整体而言,T 社区社会工作室实现了从岗位职能到服务项目的平顺过渡。

### (二)体现岗位制的嵌入性及内部资源挖掘

对于城市社区工作的研究往往会先行聚焦于社工机构与居委会间的关系。不仅是因为居委会从属性上来看,既是群众性自治组织又是带有官方性的街道"代理人",更直接的原因是社工机构在社区开展服务离不开居委会的帮助,也可以说是引路。社工机构对居委会事实上形成了一种社区内部资源获取依赖,其中包括社区内的场地、人员等有形社区资源,也有居民情况、社区信息等无形社区资源。可以说,脱离居委会,社工机构在社区开展任何服务都是较为困难的。

虽然社工机构也能为居委会带来资源,整体上这种依赖关系仍是不对等的。而从社会工作服务项目制购买的角度分析,社工机构在目标社区按约定的时间、频次、内容开展服务,这就是以项目为核心的社工服务模式。结果导向的项目制购买强调了服务的短、平、快,这样的服务模式也使得社工机构不会选择通过自身来获取目标社区的资源信息。因此,无论是项目的前期调研,还是服务实施过程以及结项评估反馈,所有环节都能反映出其对居委会的依赖。在资源依赖加剧的背后,隐藏着服务专业性和服务质量下降的风险。

与此相反,岗位制的购买模式最突出的特点是嵌入性,即对服务资源的主动获取性。在讨论社工扎根社区、收集获取社区资源并提供社区服务的语境下,"嵌入"毫无疑问是一个褒义词。在这里反映的是社会组织与社区本身的关联、融合程度,除了对社区基本情况的了解以及居民服务需求的精准定位外,还能逐步推动社区内价值规范、居民信任网络的建立。

可以看到，社会工作室的驻岗社工在 T 社区开展的两次服务呈现完全不同的效果。在服务对象的选取过程中，社工自己即可取代原本居委会"社区信息中间人"的角色，提高了项目完成的效率，同时有效避免志愿者等服务资源的浪费。通过社会工作室的岗位运营实现对居委会的嵌入，也是对目标社区的嵌入，给予社工扎根社区的时间和场域。

### （三）发挥项目制的目标性及外部资源支持

以往对岗位制的批判多集中在服务行政化上，这种简单的契约关系在科层制的政府部门内极易迷失社会工作岗位职责。而昌平区社区社会工作室前期的运营实践显示，岗位制服务在居委会内也面临相同处境。除此之外，与社工机构关系的截断也是岗位社工专业性迷失的因素之一。

项目制的购买恰与岗位制相反。按照项目计划书的内容开展服务，这种强目标导向型的服务介入挤压了可能被行政化的空间。同时，驻岗社工并非服务提供的唯一主体，而是作为社工机构与社区（服务场域）间的联动轴，主要的服务供给仍是社工机构。向机构履职、按项目计划书开展服务的岗位社工也就在居委会内拥有了保护屏障。如果说岗位制的特点是帮助社工扎根社区，提升对社区内部资源的汲取能力的话，那么项目制的优势则是提供外部资源的支持。依靠社工机构不仅能够申请经费保障，还可以广泛链接服务资源。

T 社区社会工作室的社工在社区探访中发现社区内有 60 多位全职母亲，且普遍存在焦虑、自我效能感不足等状况，驻岗社工通过加入社区全职母亲微信群并开展多次入户访谈，决定开展妇女增能小组活动。但因缺乏对该群体服务介入的经验，第一次小组活动并不顺利。在将情况反映到社工机构后，机构负责人链接了专业从事女性小组活动的机构，以亲子绘本阅读引导社区全职母亲积极参与，结合音乐与家庭情景剧表演等方法建立解压小组，取得了较好的服务成效。

驻岗社工依照项目计划书要求运营社会工作室，较强的目标导向性有效克服了原有岗位制运营的零散、无序的弊端，也减少了服务行政化现象。同时通过项目可以获得资金支持，更好地开展针对性服务，并依托社工机构实现对服务对象的资源链接。

## 五 完善社会工作服务购买模式的建议

### （一）强化政策的基层宣传，传递社会工作理念

政府购买社工服务作为一项施政措施、一种实现社会治理的手段，无论是岗位购买还是项目购买，从服务购买的角度来看主要涉及的都是服务委托方与代理方，即政府与社工机构。但在实践的过程中，服务场域基本都在社区，居委会也是重要的参与主体，通常全程参与社工机构在社区内开展的服务介入。但从本文社区社会工作室的运营实践，包括以往政府购买社工服务的经验来看（如"三社联动"），居委会并不能准确理解政策的施政意图，仅仅以达成上级的行政性命令为目的，而社区居民也没有对社会工作产生正确认知，将社会工作者与社区工作者概念混淆。因此应当加强政策宣传，尤其是在社区层面。

可以由各街道组织在社区召开项目介绍会，介绍近期在社区落地的社会工作服务购买项目，重点突出社会工作服务购买的社会性而非行政目标的完成。在社区进行项目公示，社工机构提供包括项目书在内的一些服务材料，简要介绍项目主要内容及服务目标。社区工作者也能对项目提出意见，不同于项目申报前的社区调研，在项目购买实施中也允许居委会提出建议，对富有建设性的提案可给予适当奖励，鼓励居委会积极参与社工机构开展的各项服务。同时在社区内公示政府社会工作购买项目也能起到宣传社会工作服务的作用，使社区居民认识到社区中的哪些服务是由社工提供的，增强社会工作服务在群众中的影响力。对于取得明显服务成效的内容，可以通过多种媒体手段如报纸、社区展板、宣传手册、居民聊天群或社区论坛等进行宣传，营造良好的公共舆论。

### （二）完善项目申报审核，多举措监督机构履责

本文中岗位制的项目化购买，在由岗位职能到项目设计的转化过程中，事实上给了社工机构较大的自主空间，那么如何保证社工机构设计出具有较高质量的服务项目就成为关键。其次在服务开展过程中，第三方评估机构作用有限，很难形成有效的监督体系，导致形式化评估现象普遍。这些都会造成社工机构服务简单、专业弱化的风险。因此，政府购买服务应科学合理地设计申报文件，例如项目申报指南中对服务内容的要求应尽量具体，贴合实际，起到一定程度的规范、约束作用。笔者通过对政府购买社工服务项目申报指南进行总结，发现多数文件都聚焦服务群体的类别、项目受益人群数量、活动开展场次，而对专业社会工作的方法指导仅以"综合运用社会工作三大方法"一言以蔽之。社会工作的三大方法具有内在关联性与整体协同性，针对多个相似个案的服务对象可以组成小组开展介入，在小组中也能筛选出个案需求，由个案或小组实现服务对象的治疗和增能后即可引导其社区参与。这种关联与协同实际上是置于项目的核心目标中的。

在项目申报评审会中可加入社区评审，选取社区工作者和居民代表参与评分。而对于社工机构在服务实施中的监督，一方面，要求社工机构加强信息自我披露，包括社工的选择与聘用、项目阶段性成果、财务信息等，保证公开透明，自觉接受社会监督；另一方面，对于第三方评估可以采取匿名评估或者多机构联合评估的方法，提高评估的客观公正性。进一步优化评分机制，可以将评估内容分模块交由不同评估方进行评估打分，减少违规操作的风险。建立服务数据库，对于社工机构的服务效果进行系统记录，得分较低者可加入政府服务购买观察名单。

### （三）灵活设计服务购买制度，实现与社会工作介入的适配

政府在购买社工服务时，应依据具体情况适时调整或设计购买制度。本文中社区社会工作室的项目化运作是区民政局直接按照原有"三社联动"服务购买模式，通过"三社联动"项目委托社工机构承接岗位运营。事实

上，社区社会工作室显然不同于之前"三社联动"的几类服务项目，首先它是一个社区岗位，其次它本身已具备一套自我运作机制（岗位制度）。对于社会工作服务购买而言，政府应针对不同的服务主体、服务领域、服务场景进行制度适配，科学决策，灵活变通，而不是采取嵌套的方式，使得服务开展过程中各方难以协调一致。例如广州市家庭综合服务中心，其与社会工作室在制度设计上有一定相似性，都由街道主管部门负责具体协调与监管，同时在服务购买方面，与T社区社会工作室一样，家庭综合服务中心也采取项目化运作，只是其流程为：区民政局委托街道主管部门，再由街道向社工机构购买社工服务。这体现了政府购买社工服务的决策灵活性。

## 参考文献

朱希峰：《政府购买社工服务从"四性"向"四化"转变》，《社会工作》2007年第21期。

曹海军：《"三社联动"视野下的社区公共服务供给侧改革——基于S市项目制和岗位制的案例比较分析》，《理论探索》2017年第5期。

徐家良、赵挺：《政府购买公共服务的现实困境与路径创新：上海的实践》，《中国行政管理》2013年第8期。

刘志鹏、韩晔：《交易成本理论视角下的政府购买社工服务：模式比较与策略选择——以广州、深圳的实践为例》，《广东工业大学学报》（社会科学版）2013年第13(6)期。

许小玲：《政府购买服务：现状、问题与前景——基于内地社会组织的实证研究》，《思想战线》2012年第38(2)期。

王思斌：《购买岗位还是购买项目》，《中国社会工作》2010年第34期。

王学梦、施旦旦：《市场化与嵌入：政府购买社会工作服务模式的再思考》，《社会工作》2018年第2期。

黄春蕾、刘君：《绩效视角下政府购买社会工作服务模式的优化：济南市的经验》，《中国行政管理》2013年第8期。

张丽娟：《政府购买服务视角下合作秩序重构的主体行动逻辑》，《领导科学》2019年第18期。

李友梅：《中国社会治理的新内涵与新作为》，《社会学研究》2017年第32(6)期。

民政部、中共中央组织部:《关于进一步开展社区减负工作的通知》,2015。

李友梅:《基层社区组织的实际生活方式——对上海康健社区实地调查的初步认识》,《社会学研究》2002年第4期。

刘春荣:《中国城市社区选举的想象:从功能阐释到过程分析》,《社会》2005年第1期。

向静林:《结构分化:当代中国社区治理中的社会组织》,《浙江社会科学》2018年第7期。

# B.6
# 社会工作介入社区志愿服务力量更新研究

杨美清 鞠春彦*

**摘　要：** 社区志愿服务作为创新社区治理的新途径，有助于解决社区治理中面临的多元参与不足问题，对合作治理结构的形成有重要作用。但目前我国社区志愿者的素质参差不齐，社区志愿者老龄化严重等问题已经成为制约我国社区志愿服务发展的重要因素。笔者通过参与式观察以项目制形式介入N社区志愿服务更新工作，研究发现：社区工作专业方法在招募和培养青年志愿者、提升社区志愿者能力方面有一定的优势和不足，项目虽然取得一定预期效果，但没能有效实现让青年群体介入社区志愿服务力量的预期。笔者对于社区志愿服务力量没能有效更新的现实进行了反思，进而提出社区志愿服务力量更新的相关建议。

**关键词：** 社会工作　社区志愿服务　力量更新　志愿失灵

## 一　研究的缘起

党的十八大以来，我国社区治理工作进入构建共建共治共享治理体系新阶段，以习近平同志为核心的党中央在关于社区治理工作方面提出了一

---

\* 杨美清，北京工业大学社会工作系硕士研究生；鞠春彦，北京工业大学文法学部副教授，北京社会管理研究基地研究人员。

系列新的观点和思路。党的十九大提出将社会治理重心向基层下移，更加重视社区社会组织在基层治理中的效用，提出不断完善社区治理体系等。国家对志愿服务工作十分重视，先后出台《慈善法》和《志愿服务条例》，明确规定我国志愿服务方面的内容和要求。国家也多次出台文件鼓励和支持社会工作等相关社会组织和机构参与社区志愿服务工作，民政部在《关于加强社会工作专业人才队伍建设的意见》中提出"社工+志愿者"联动的工作模式，希望激活志愿者的参与意识，充分发挥社会工作者的专业作用，形成社工引领、志愿者协助的工作模式。目前我国许多城市在推动社区志愿服务的实践中都进行了一系列具有区域特色的创新，可以看到社区志愿服务组织快速增加、服务新模式层出不穷、服务管理制度逐步规范的良好局面。但一些问题的存在也不容回避：社区志愿服务参与者多为老年人，由于个体工作和生活压力较大等，社区内青年群体参与社区志愿服务的积极性较低。

笔者作为L机构实习生身份进入N社区，参与了L机构的"社会工作介入社区志愿服务力量更新"项目，负责协助机构有关人员组织和实施相关工作。工作包括前期社区青年志愿者的宣传招募、需求调研活动，青年志愿者的培训工作和后期跟进，以及青年志愿者参与志愿服务活动的过程。一般来说，"力量"是指能够发挥作用的人或集体，"更新"现在多指"旧的去了、新的来到"。本文中的"力量更新"是指N社区志愿服务力量在人员数量、人员年龄结构、服务能力、工作技巧、服务理念等方面的更新。社区志愿服务力量是指N社区原有的志愿服务社区自组织，即低碳环保志愿服务队及全体成员。结合社区工作实践和理论指导，笔者认为，社区志愿服务力量更新的具体表现应包括：①社区志愿服务人员数量增加，实现自然代际更新；②社区志愿服务人员结构年轻化，老年志愿者人数比例降低；③志愿服务人员组织策划社区志愿活动的能力提高，掌握更多专业工作技巧；④社区志愿服务人员服务理念和价值观更新，符合社区志愿发展的新需求；⑤社区志愿服务范围扩大，服务方向和服务类型增加。下面笔者将以所参与的北京市朝阳区N社区项目为例，分析社会工作介入社区志愿服务力量更新的优势和不足，探讨促进社区志愿服务发展的建议。

## 二 相关文献回顾

关于参与志愿服务的动机与原因，国内外有很多相关研究。首先，研究者依据不同标准，对社区志愿服务进行不同类型的划分。莱斯特·M.萨拉蒙认为志愿服务组织产生的原因和途径有很多，其中包括社会大众自发形成的志愿组织，有的由西方各种教会组织发起成立，也包括一些政府支持组织成立的带有官方性质的机构，还有其他的自愿性组织。[①] 国内学者穆青认为项目式运作已经成为社区志愿服务的主要方式，提出社区志愿服务类型主要包括救济型、互助型、公共服务型、公民参与型。[②] 杨敏通过研究居民参与社区志愿行为发现，社区内部大量的离退休党员志愿服务意识高，还有门栋组长的社区服务态度积极认真，他们的志愿行为就是社区一直倡导的社区参与。当前所倡导的社区参与主要是居委会组织的社区服务活动，例如维护环境和社区治安等。[③]

关于志愿服务的原因，国外学者多从动机出发进行探讨，如苏安迪认为志愿者参与志愿服务的动机有三类：一是利己行为，在参加志愿服务活动期间能够得到更多的财富，或者能够拥有一些其他领域的资源，从而获取帮助自己发展和进步的有利条件；二是利他行为，志愿者坚持无私奉献的理念为有需要的人服务，在这一过程中不追求任何奖励和好处；三是社会责任，参与志愿活动的人们能够明白自己在生活中获取的有利的东西都是社会给予的，应该不断地付出个体的劳动回报社会。[④] 国内学者对于志愿服务参与的

---

[①] 莱斯特·M.萨拉蒙：《非营利部门的兴起》，何增科主编《公民社会与第三部门》，社会科学文献出版社，2000。

[②] 穆青：《社区志愿服务的类型、内容与形式》，《北京青年政治学院学报》2008年第4期。

[③] 杨敏：《作为国家治理单元的社区——对城市社区建设运动过程中居民社区参与和社区认知的个案研究》，《社会学研究》2007年第4期。

[④] Suandi, *Commitment of 4-B Youth Leader towards Volunteerism*, The Ohio State University, 1991.

考虑更为宏观，认为社区居民参与社区志愿服务存在很多影响因素，陈少君提出影响公众社区参与的因素主要是志愿组织的成长机制不完善、社会的支持力度小、公众参与的能力不高以及组织环境不良等。[1] 当前志愿组织行政化问题十分普遍，为解决这些问题，政府应该从两方面着手：一是转变政府角色，由主导者角色过渡到引导者角色，放弃较强的行政化，为志愿组织的发展提供个人空间；二是增加充足的供给，从制度层面为其提供健康成长的外在环境。

在志愿者的培育研究方面，国外志愿者的培训方式多样，培训的范围广泛，同时注重理论和实践两个方面，强调志愿者的全面发展。有研究者提出社区志愿者的实践培育主要包括救火、抢险、赈灾等方式，而在心理疾病、卫生健康、嗜酒吸毒等领域主要是志愿者理论知识的培育。[2] 德国、美国、法国等国家的志愿服务已经实现了法制化和制度化，支撑志愿服务活动的经费来源多元。[3] 国内学者对志愿者培育的对策研究较多，具有很强的实务可操作性，常常以居民参加志愿活动的动机为突破口，不断注重对志愿者激励制度的研究，对社会工作者在社区开展实务工作有重要的参考价值。也有学者将志愿者培育方法进行细化，提出加强专业培训、建立社区志愿服务组织、挖掘志愿者骨干等，并且强调外部环境对志愿服务工作的影响，强调应充分调动政府和社会多方资源，加强对志愿者的全方位培养。如张祖冲认为志愿者个体应该加强在服务活动中对责任意识的自我教育；政府应该充分进行制度建设，提供充足的物质资源，注重对志愿者精神的责任教育；在社会大环境下为志愿者提供实践的平台，不断培养其责任意识。[4]

总体来说，因国外志愿服务工作发展较早，在国家和政府的大力支持下已经制定相关政策和有效的志愿者激励制度，重视对志愿者的培育。国内的

---

[1] 陈少君：《公众参与社区志愿服务的影响因素与对策——以湖北省H市的15个社区为例》，《社会工作》2007年第6期。
[2] 刘新玲、谭晓兰：《国外及我国香港地区志愿服务培训机制研究及启示》，《中国青年研究》2010年第10期。
[3] 纪秋发：《美国人参与志愿服务现状及启示》，《北京青年研究》2016年第4期。
[4] 张祖冲：《志愿精神中志愿者责任意识的培育研究》，上海大学硕士学位论文，2016。

学者主要从问题意识出发，分析我国志愿服务事业面临的各种问题和影响因素，侧重从政府与社区志愿服务组织本身、居民的经济水平和观念等方面进行研究。但在研究社工介入社区志愿服务力量更新方面，还有待于从理论与实践方面做进一步研究。就目前的研究来看，发展社区青年志愿服务力量离不开政府的引导和政策的支持，也需要社会组织的专业协助与支持。下面将以 L 机构介入 N 社区的项目执行情况为例，分析社会工作对社区志愿服务力量更新的影响。

## 三　社会工作介入 N 社区志愿服务力量更新

N 社区位于北京市朝阳区 M 街道，社区总面积为 0.9 平方公里，东至 N 社区东路，西临东三环，南到 N 路，北到 Z 西路。社区内有楼房 18 栋，平房院数 25 个。户籍人口数为 4000 人，总人口数为 6800 人，其中儿童及青少年约 100 人、60 岁以上老人约 2500 人、青年居民 400 多人。该社区周边的社会资源丰富，有农业部幼儿园、N 社区卫生站，靠近农业展览馆、农业部办公大厅等。社区内部组织资源包括 N 艺术团、夕阳乐党员爱心服务队、低碳环保志愿服务队、2 号楼绿化队、维稳志愿者队等。其中，低碳环保志愿服务队是 N 社区 10 支居民自治队伍中影响力最强的品牌队伍，具有一定规模，拥有较强的自行策划、组织活动的能力。这是一支以老党员、老干部为主体，致力于整治社区环境，促进垃圾减量化、资源化、无害化的环保志愿服务队伍，实现了自我管理、自我服务、自我教育、自我监督。在这支队伍的影响和带动下，N 社区又衍生出四支为社区服务的居民队伍，分别是低碳环保宣传模特队、绿之芯无土栽培服务队、文明养犬协会、蓝欣家园服务队。其中在广泛征集和征求居民意见的基础上编制并实施了《N 社区文明养犬公约》，对于改善社区环境问题有很好的作用。尽管 N 社区志愿服务活跃，但老龄化严重、青年群体参与不足的问题现实存在。为改变这个局面，L 机构以项目形式介入 N 社区。

北京市 L 社会工作事务所成立于 2011 年 5 月。由于项目承接和长期发展的需要，先后成立了门头沟区城子L社会工作服务中心、青岛李沧区L社会工作服务中心、即墨市L社会工作服务中心、大连市甘井子区海大L社会工作促进中心、北京千禾L教育咨询有限公司、北京L智库咨询有限公司等，并于2015年7月1日在三间房邻里中心成立L社会工作服务联盟。该机构旨在探索社工组团式发展的新模式。成员之间实行统一人才培养、统一技术支持、统一品牌传播、统一财务管理，实现各机构主体、各项目区域的取长补短、协调发展。联盟推动各成员机构用社会工作专业理念和技能，融合教育学、心理学、社会学、康复学、艺术学、政治学等不同领域的方法，为残障人士、流动人口、社区老人和社区发展、社区社会组织培育、社区治理、新农村建设、基层党建以及家庭和谐等领域提供专业而综合的服务。机构的愿景是致力于营造平等尊重、快乐互助的人文社区；使命是扎根社区、汇聚资源，为特殊人群自我成长和社区治理创新提供专业而综合的服务；机构文化是乐活乐业、美他美我、立行立思、至精至诚、共创共享。L机构发展至今，通过与政府、企业、科研院校、社区的广泛合作，逐步形成了跨界合作、社工推动、注重自助、强调融合的新型服务模式。目前已经在北京市10个区40多个街乡开展了100多个项目的服务，每周固定为残疾人提供1100多人次、为老人提供660多人次、为流动儿童210多人次的专业服务。得到了CCTV、BTV、《北京日报》、《中国社会报》、朝阳有线、《朝阳报》等多家媒体的关注和报道。为实现N社区志愿服务力量更新，L机构的项目设计流程如图1所示。

项目以调研为基础，依据N社区志愿服务存在的主要问题和需求设计了系列活动。活动设计采用社区工作方法结合增能和赋权理念，活动方案设计主要分为两部分，一方面为N社区低碳环保志愿服务队伍骨干开展实务和增能活动，加强志愿服务宣传，为社区志愿服务组织开展活动提供良好的环境；另一方面为尽可能激活社区青年群体的社区志愿服务意识，挖掘社区青年精英，通过建设社区领导团队让新鲜血液进入社区志愿服务领域。根据增能的基本假设和社区赋权的不同阶段，社工与服务对象建立平等合作的信任关系，注重社区志愿服务队伍内部个人思想观念和工作能力的提升，激活

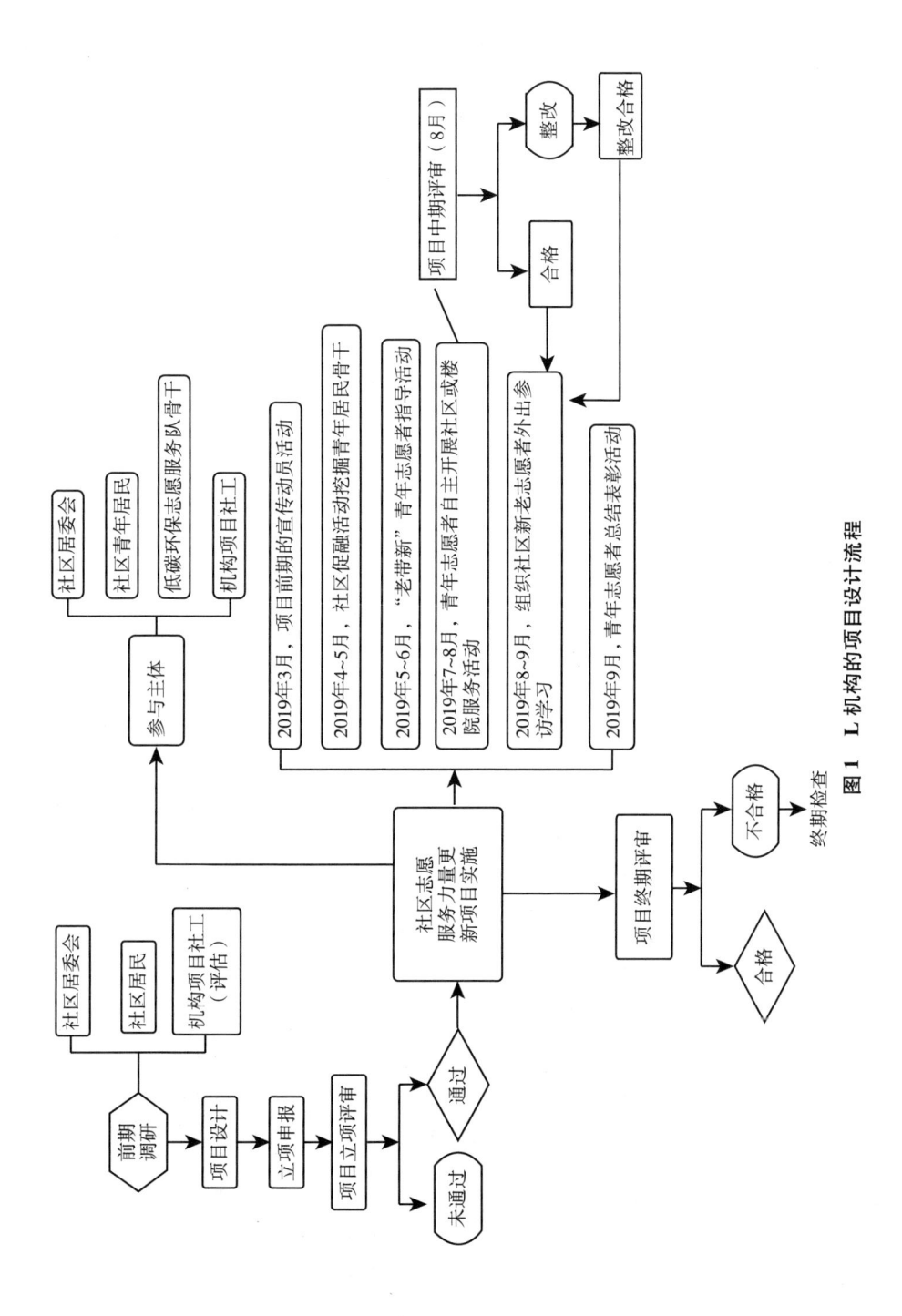

图 1 L 机构的项目设计流程

青年群体的志愿意识，增加其参与社区事务的机会，为社区原有志愿服务注入新生力量，促进原有队伍自然代际的更新。在此过程中，我们看到社会工作的介入优势，其优势表现在以下方面。

1. 社会工作者发挥了多重的专业角色作用

在青年志愿者招募阶段，社工协助社区举办亲子活动，通过前期组织讨论和访谈等形式对社区进行需求调查和分析，并进行活动方案的策划和活动物品的采购工作，活动期间鼓励和支持居民骨干参与活动的设计，为居民链接多种市场资源，充分体现了社工支持者、辅导者、增权者、倡导者和资源链接者的角色。此外，社工承担了宣传者和行政者角色。通过项目制形式进入社区开展专业活动。一方面，宣传了政府倡导的社区居民自治等理念，让更多的居民深入了解政府政策，积极参与社区治理活动；另一方面，宣传社会工作服务理念，增强居民对社会工作职业的认知，促进社会工作在基层获得更多的认同感。

2. 社会工作者在项目执行中运用理论指导实践并通过技术进行干预

社工从增权理论视角出发，结合社区实际需求和特色设计活动方案，通过激发社区志愿者的志愿意识和潜能，对其志愿服务能力进行多方面的提升，实现对社区整体志愿服务力量的更新和优化。社区居委会工作人员在社区组织活动主要依靠过去的工作经验和方法，实践性强但缺少专业理念指导，难以形成系统专业的社区工作方法。此外，社工充分运用社区工作的干预技巧，在项目活动中使用尊重、真诚、信任、观察、倾听、鼓励、协助、链接等技巧帮助社区的新老志愿者成长，动员居民参与社区事务。

3. 专业社会工作者的介入为基层社区注入新力量

社区居委会作为基层自治的主要单位在政府工作中承担着重要的角色，但基层工作量大且繁杂，社区工作人员主要是中年人群，部门分工明确，不仅要应对政府各项工作任务，向居民传达和解读新的政策规定，还要将社区居民的需求和意见向上级传达，工作任务繁重。专业社会机构和社会工作者作为社会组织力量进入社区，能够帮助社区"两委"分担居民自治的部分工作，在通过专业工作方法动员居民参与社区事务等方面显示出一定的积极作用。

L机构进入N社区,为志愿服务力量更新开展的项目虽然取得了一些效果,但是与预期目标还存在很大的差距。项目最终只培育了5名青年志愿者,未达到活动方案设计中预增10名以上青年志愿者的目标。

## 四 反思与建议

N社区志愿服务力量更新项目有可取之处,但项目总体未能完全达到预期目标效果,没有成功组建社区青年志愿服务队伍的情况,还是非常值得反思的。这是一种志愿失灵现象吗?志愿失灵是指由于受到一些因素的影响,志愿组织得不到充足的活动资源,在为群体或个人提供志愿服务时影响其功能的发挥,难以满足社会的志愿需求。萨拉蒙最早提出"志愿失灵"理论,他认为志愿失灵包括四个方面的内容,分别为慈善不足、慈善的特殊主义、慈善的家长式作风和慈善的业余主义。[①] 孙婷在我国志愿服务事业现状基础上进行了本土化阐释,她认为我国志愿失灵现象主要表现如下:一是志愿服务资金不足,政府财政支持有限,社会渠道筹资不足;二是志愿服务人力资源不足,志愿服务参与人数偏少,集中于特定群体,志愿者流动性大,专业性不强;三是志愿服务运作不规范,如内部管理、活动开展等环节;四是志愿服务官方色彩浓厚,志愿组织独立性差,志愿服务呈一定官僚化运作现象。[②] 按照以上解读,N社区志愿服务力量更新难,属于一定程度的志愿失灵现象。

1. 项目资金制约项目的服务周期,也影响服务效果

在政府购买社会组织服务的背景下,社工开展专业服务主要通过政府购买项目,活动资金来源于政府。但执行过程中易出现资金不足的情况:第

---

[①] 莱斯特·M. 萨拉蒙:《公共服务中的伙伴——现代福利国家中政府与非营利组织的关系》,田凯译,商务印书馆,2008。
[②] 孙婷:《志愿失灵及其矫正中的政府责任——以北京志愿服务为例》,中央民族大学硕士学位论文,2011。

一，社工根据项目方案设计活动预算，专家在立项审核时会根据多方因素考量对项目资金进行核算，导致社工预算金额削减。第二，政购项目的资金采取分段拨付的形式，前期拨付60%的资金，项目中期评审通过之后拨付剩余的40%，并采用报账的形式，导致按照预定活动方案开展工作时出现资金不足的情况。而且，项目具有周期性，一般项目服务时间为6~9个月。2020年的项目结束后，未来是否有充足的资金和资源支持青年志愿者的社区服务工作，目前仍具不确定性，这些会影响项目的服务效果以及服务的可持续性。

2. 志愿服务人力资源不足是影响志愿服务力量更新的核心要素

N社区志愿服务力量主要指低碳环保志愿服务队，主要责任是宣传低碳环保理念和维护社区家园环境。项目依托的志愿力量服务领域存在一定特殊性，这对该项目更新未达预期有一定影响，而将年轻人作为志愿服务力量更新的对象更是增加了项目实现的困难。因为青年群体的关注点不在社区，青年群体对社区事务参与不足是大部分地区的常见问题，青年人忙于工作、照顾家庭、自身需求多元等是现实，这不是仅靠宣传和社工介入等就可以在短时间内改变的事情，它需要全社会共同努力。

3. 志愿服务运作不规范会影响志愿服务的热情和参与行动

虽然目前志愿服务活动的宣传方式包括社区展示栏和各个楼院张贴活动海报、发放宣传单页、微信公众号和微信群宣传等，但大部分居民很少关注海报内容，多数以为是各种广告；社区微信公众号的关注不够普及，很多居民因怕信息泄露或者麻烦等不愿关注公众号，微信群的影响力不足。因此，志愿活动前期宣传效果往往有限。志愿者获得能力提升的方式也不完善，主要通过在社区组织和开展亲子活动等对社区志愿者进行短期培训和交流，缺少专业的系统培训，未形成有效的志愿服务培训体系，不利于居民志愿服务骨干的能力提升。对志愿服务工作的激励也明显不足，目前主要使用的志愿服务积分兑换制度不仅存在激励不足问题，还存在着一些操作层面的障碍。此外，依靠政府拨款的项目也难免受制于政府的需求。

尽管志愿服务的功能发挥受到一些干扰和限制，但是志愿服务作为社会治理的重要力量不容小觑。社区在进行志愿服务力量更新时，不仅要关注志愿服务人员数量和年龄结构的更新，还应关注志愿者的服务能力、工作技巧、服务理念等方面的知识与操作更新，不要为了吸引年轻人而忽视老年群体，也不要顾此失彼地片面追求"量"而忽视"质"。更为重要的是，志愿服务的可持续发展需要全社会的共同努力。为更好地发挥志愿服务助力社会治理的作用，建议如下。

## （一）培育多元的社区志愿服务主体

### 1. 社工与志愿者联动，搭建线上线下沟通平台

"社会工作者+志愿者"的两工联动已经有了很好的经验和合作条件，如何利用科技支撑更好地开展合作是下一步应该推进的工作。现代通信发达，QQ、微信等通信工具是人们交流和联系的必备方式，所以搭建社工与社区志愿者的线上沟通平台十分重要，可及时发布各种活动信息和工作安排，也可及时沟通促进交流。在本次N社区培育青年志愿者的过程中，社工就充分利用微信等社交软件，为社区志愿者和青年居民建立微信交流群，搭建的线上交流平台促进了活动的顺利开展。

### 2. 发挥在职党员在社区志愿服务中的引领作用

在职党员具有为人民服务的坚定信念，奉献觉悟高，对社区志愿服务工作认识深刻。在参加活动时充分发挥自身优势和影响力，宣传志愿服务理念和精神，激发更多居民参与志愿服务的动力。此外，在职党员依据自身的工作经验和资源，与社区志愿者共同组织多种类型的志愿服务活动，在日常社区志愿服务中发挥模范带头作用。与此同时，在职党员应该承担起资源链接的责任，帮助社区调动内外部资源，提高社区对资源的利用率，促进社区志愿服务工作的开展。

## （二）不断完善社区志愿者培育体系

### 1. 开展社区志愿者能力提升培训课程

社工在提升社区志愿者能力的过程中，首先，应注重对志愿者开展有针

对性的系统培训课程，尤其是理论知识和志愿新理念的传授。社区志愿者多为老年人，受传统理念的影响，思维固化，通过更新志愿服务观念，打破僵化的志愿服务工作方法，可提高工作的有效性。其次，邀请具有社区志愿服务经验的专家和优秀代表，将优秀的志愿工作经验和知识传授给居民，增加志愿者优秀活动经验的储备。最后，注重对社区志愿者综合能力的提升，包括团队管理能力和领导能力等，培训过程中关注对志愿者精英的挖掘，培养其讲授能力，促进志愿者内部的相互传授，实现助人自助。

2. 综合运用多种激励方式，激发社区志愿者服务热情

目前社区对志愿者的激励方式主要是物质激励和积分福利激励，这些方式有些单一，社工应该综合考量志愿者个体的性格、需求、期待等，采取多样化的激励方式，常见的激励方式主要有三种：工作激励、成果激励和教育培训激励。综合社区实际情况制定灵活多变的激励方式，在志愿者服务内容上，根据不同志愿者特长，将服务内容分为不同部分交给不同的志愿者，让他们在志愿工作中充分发挥自己的优势，提高活动积极性。在活动奖励上，社工在衡量志愿者工作质量时，不仅要关注服务内容和时长，也要判断他们的工作效果和态度，以奖励激励为主。在培训激励上，通过组织志愿培训活动对志愿者进行志愿理念和技巧的指导，让志愿者感到社区和社工对他们的重视和培养，激发其参与志愿服务的热情。

### （三）提供全方位、多层次的支持

1. 完善项目制运行模式，扩展志愿服务深度

项目制运行模式在当前社区治理中主要指政府以项目化形式购买社会组织服务，本研究中的社区志愿服务类项目能够为社会组织参与社区事务提供合理的社区介入途径，通过实施周期性的项目来改善社区志愿服务工作，对于提高社区志愿服务质量是有一定作用的。项目没有完全取得预期效果，与项目制的运行有一定关联。充分发挥政府在社区治理中的作用，进一步完善项目制运行模式，解决项目运行中的问题，鼓励社会工作机构或组织参与社区志愿服务工作非常重要，要运用专业的工作方法促进社区志愿力量发展壮大。

2. 积极进行政策倡导，营造良好的制度环境

《志愿服务条例》已经颁布并实施，它是为了保障志愿者、志愿服务组织、志愿服务对象的合法权益而制定的，鼓励和规范志愿服务，发展志愿服务事业，培育和践行社会主义核心价值观，促进社会文明进步。我们既需要饱满热情的志愿服务，更需要具有专业精神的志愿服务；我们既需要无偿为社会和他人提供服务的个人，也需要规范专业的非营利志愿服务组织；我们尊重志愿者和志愿服务组织的奉献，更要保障他们的权益。邓小平同志曾说："一个好的制度，可以使坏人无法任意横行；制度不好可以使好人无法充分地做好事，甚至走向反面。"所以，我们必须身体力行扮演好倡导者与实践者角色。

# 民生篇

People's Livelihood

## B.7
## 北京市"七有五性"指标体系构建研究

委局社会建设综合协调处

**摘　要：** 党的十九大明确提出要在"七有"基础上不断取得新进展，蔡奇书记结合北京社会建设实际和市民需求的新特点，在"七有"的基础上进一步提出要满足市民"五性"需求。课题组开展"七有五性"研究，着力构建一套既能顺应新时代要求，诠释群众对美好生活的向往，又能立足北京工作实际，指导基层治理创新的指标体系。"七有五性"指标体系从"幼有所育、学有所教、劳有所得、病有所医、老有所养、住有所居、弱有所扶、生活便利、平安建设、文化服务"10个方面构建评价维度并细化指标内容。通过指标体系的构建及运用，全面监测、了解北京民生工作，厘清北京市民生保障、公共服务的目标与方向，为北京探索建立具有首都特色的特大城市基层治理模式提供参考。

**关键词：** 北京　民生保障　公共服务　基层治理

## 一 北京市构建"七有五性"指标体系的背景

公共服务、民生保障是社会建设的重要内容,也是党和政府一直高度关注的问题。随着中国特色社会主义进入新时代,人民对美好生活的需要日益广泛,不仅对物质文化生活提出了更高要求,而且在民主、法治、公平、正义、安全、环境等方面的要求日益增长,这无疑对社会建设也提出了更高的要求。

构建"七有五性"指标体系,是按照北京"建设伟大社会主义祖国的首都、迈向中华民族伟大复兴的大国首都、国际一流的和谐宜居之都"的要求,突出始终坚持以人民为中心的价值追求,对北京市公共服务、民生保障和社会治理的进展与现状、成效与经验、需求与问题开展全方位、系统性的检验,挖掘经验、发现问题、找准需求,以更全面地了解需求、更精准地提供服务、更有效地开展工作以及更好地满足人民日益增长的美好生活需要,使人民获得感、幸福感、安全感更加充实、更有保障、更可持续。

## 二 北京市构建"七有五性"指标体系的意义

### (一)"七有五性"指标体系具有创新价值,是衡量公共服务的"风向标",弥补了社会发展领域评价指标的缺失

在经济社会发展中,经济发展的速度、质量通常都有完整的指标体系进行评定。相对而言,关于社会发展的评价指标相对较少,而系统性、科学性的指标评价体系更是与社会发展的需求和社会建设的要求相比存在较大差距。党的十八大提出,"在学有所教、劳有所得、病有所医、老有所养、住有所居上持续取得新进展"。党的十九大进一步强调不断满足人民美好生活需要,在"五有"的基础上,创新性地增加了"幼有所育""弱有所扶"。北京市委、市政府结合首都发展实际,又创造性地提出了"五性"需求,即便利性、宜居性、安全性、公正性、多样性。从"五有"到"七有",再到"七有五性",反映的是民生保障、公共服务的核心内容不断拓展。构建

"七有五性"指标体系，从本质上就是要构建一套完整的社会发展指标体系，能够按照民生保障和公共服务既要有又要好的标准与要求，对人的生活水平进行客观的衡量，反映民生保障、公共服务的能力和水平，是对社会建设领域指标体系的重要补充。

### （二）"七有五性"指标体系具有导向功能，是反映北京治理能力和治理水平的"晴雨表"，勾勒基层治理创新的"路线图"

民生保障和公共服务水平能够反映一个地区的治理能力和社会建设水平。"七有五性"指标体系，在"七有"共性目标的基础上，增加了"五性"，是立足首都民生实际情况和"四个中心"的城市战略定位，提出的更高要求、更高标准，体现的是"首都特色、首善标准"。通过"七有五性"指标体系，对标首都特色和首善标准的要求，进一步挖掘经验、发现问题、找准需求、明确差距，在此基础上推动基层治理创新和民生工作，对于更全面地了解需求、更精准地提供服务、更有效地开展工作、更好地满足北京人民日益增长的美好生活需要将发挥积极作用。

### （三）"七有五性"指标体系具有平衡作用，是监测群众对服务供给满意情况的"温度计"，促进服务供给和需求的平衡发展

"七有五性"指标体系，是对社会治理、公共服务的监测，通过对社会建设领域各个方面情况的摸底，以及对群众满意度情况的调查，能够对北京市民生保障、公共服务的进展与现状、成效与经验、需求与问题进行全方位、系统性的检验，摸清北京市当前社会建设领域的工作与群众需求之间存在的差距，通过短板的补足，不断满足群众的需求，促进北京市服务供给和需求的不断平衡发展。

## 三 "七有五性"指标体系构建的基本原则和思路

党和国家关于公共服务、民生保障和社会治理等相关领域的基本政策

方针是"七有五性"指标体系构建最根本的遵循和参照。课题组对标《"十三五"推进基本公共服务均等化规划》《北京市"十三五"时期社会基本公共服务发展规划》等文件的要求，借鉴上海、山东等省（市）在民生保障和公共服务建设方面相关指标体系设计的基本思路和逻辑框架，在此基础上，明确了"七有五性"的内涵及外延，以及指标构建的基本原则和思路。

### （一）进一步厘清"七有五性"的内涵与外延

厘清"七有五性"的内涵与外延是构建"七有五性"指标体系的前提和基础。从内涵来看，"七有五性"指标体系，就是以人的需求为原点构建的一套既能反映政府提供基本公共服务水平，又能衡量整合动员社会参与力量，提供多样化、高品质公共服务能力的综合性指标体系。

从外延来看，作为党的十九大报告提出的普遍性要求，"七有"涵盖了民生保障和公共服务的基本内容，强调的是"有"的要求。"五性"更加侧重民生保障和公共服务内容的拓展和品质的提升，突出的是"好"的标准。因此，可以将"七有五性"指标体系概括为10个方面的具体内容，即幼有所育、学有所教、劳有所得、病有所医、老有所养、住有所居、弱有所扶、生活便利、平安建设、文化服务。其中，幼有所育、学有所教、劳有所得、病有所医、老有所养、住有所居、弱有所扶，重点反映"七有"的要求。而"五性"是对"七有"标准的提高和内容的拓展。所谓标准的提高，就是要在幼有所育、学有所教、劳有所得、病有所医、老有所养、住有所居、弱有所扶的基础上，向学有优教、劳有多得、病有良医、老有善养、住有安居、弱有所扶提升；所谓内容拓展，就是要在"七有"的基础上，围绕人的需求，进一步拓展和丰富在生活便利、平安建设、文化供给等方面的内容和服务。

### （二）"七有五性"指标体系构建的基本原则

一是"七有五性"指标体系的内容要体现整体性，能够综合反映民生保障和公共服务的水平。对于"七有五性"指标体系而言,不能把二者割裂地理解为"七有"和"五性"。我们所有构建的指标体系不是单纯的"七有",也不是单纯的"五性",更不是简单的"七有"+"五性"。而是要把其理解为一个能够综合反映公共服务水平的有机整体,从整体上呼应人民对美好生活的需求。

二是"七有五性"指标体系的监测对象要强调单元性,重在对基层治理水平的体现。"七有五性"指标体系,既不是对部门的考核,也不是对街乡的考核,其监测的重点在一定治理空间单元中,包括街区、园区和社区在内的公共服务,不是将哪一个单一主体作为评价对象,而是在特定治理单元内开展评价,反映地区的服务现状和工作导向。即便是某一领域的单项评价,也是以治理单元为基础开展评价,体现一定治理单元上的"条块结合"。要避免把"七有五性"指标体系简化为对街乡、社区以及部门的考核。

三是"七有五性"指标体系的指标要突出客观性,尽量选取能够量化的客观性指标。"七有五性"指标体系要客观反映基层社会治理的整体情况,要解决好社会建设领域普遍存在的主观性指标多、数据获取难的问题。因此,要从易操作、能评价、可获取的角度,建立一套以客观性指标为核心的指标体系,主观感受也要通过量化指标来体现。

四是"七有五性"指标体系的指标算法要反映导向性,从三个层面设定合理的数值区间。"七有五性"指标体系在算法的设定上,要在指标赋值、权重设计、结果运用等方面设定合理的区间。在指标赋值方面,要根据社会建设水平确定合理的区间,体现既要有又要好的基本原则。既要满足基本公共服务需求,又要解决人民日益增长的美好生活需要和不平衡不充分的发展之间的矛盾。在指标赋值的过程中,既要参考国家相关部委、北京市关于基本公共服务的标准设定底线,也要突出首都的特色,体现北京国际一流和谐宜居之都公共服务的品质、民生幸福的标准。在权重设计方面,要围绕北京社会建设的重点和方向设定合理的区间,凸显北京社会建设的重点、难点和方向,并以此为重要参考来指导社会建设的实际工作。在结果运用上,要对考核结果设定合理区间,并以此为标准对评价单元进行考评定级,标识治理水平,推广治理经验,树立基层社会建设的典范。

### (三)"七有五性"指标体系构建的基本思路

一是突出社会建设与人的发展相结合的价值导向。促进人的全面发展、全体人民共同富裕是保障和改善民生的重要目标,是社会建设的出发点和落脚点。"七有五性"指标体系设计以物质财富的增长为基础,将政府有效提供公共产品和公共服务作为保障社会公平的重要条件,力求全面反映人民群众生活安全、教育质量、健康水平、舒适程度以及自然和社会环境等多个方面的综合情况。

二是秉持立足实效与注重长效相结合的设计要求。必须充分认识加强社会建设,保障和改善民生是一项系统性、长期性的工作,既要从人民群众最直接、最现实的利益问题入手,抓出实效,更要关注关系全局和人民群众长远利益的问题,建立长效机制。因此,"七有五性"指标体系的构建,必须统筹考虑横向和纵向的可比性,横比以找差距,纵比以看趋势,在纵横比较中找准工作切入点。

三是强调共性要求与区域特色相结合的实施路径。作为在全市范围内使用的指标体系,"七有五性"指标体系在构建上既要凸显全市统一的标准和要求,特别是要对标对表国家及相关部门的相关指标及参考数值,以体现北京市的整体水平和共性要求。同时,也要尊重不同地区之间、街道与乡镇之间存在的差异性,探索建立必要的差异性指标,以突出客观实际和区域特色。特别是可以考虑设计一部分鼓励基层结合自身实际开展的创新性项目的指标,以激发基层创新的主动性。

四是坚持系统性与独立性相结合的选取标准。作为一项系统性工程,"七有五性"指标体系要能反映各个治理单元在民生保障、公共服务方面的整体情况。同时,在指标的选取上也要坚持独立性原则,同一层次的指标应相互独立,保证指标间形成并列关系,严禁出现包含与被包含的关系,尽可能减少各指标的关联度,消除指标的相互依赖关系。

## （四）"七有五性"指标体系指标选取的类型

衡量生活质量的社会指标一般分为主观和客观两个方面。围绕基层社会建设的实际情况和各类评价对象，指标体系将从客观性状态型指标和主观性感受型指标两个方面构建。

一是客观性状态型指标。包括统计指标和运行指标，客观反映基层（街乡、社区）在民生保障、公共服务方面的运行情况。统计指标以统计部门的数据来源为主，运行指标是综合运用大数据技术，通过多方面获取数据来直接或间接反映区域民生保障和公共服务的水平。

二是主观性感受型指标。包括调查指标和反馈指标，综合反映群众和企业获得感、安全感和幸福感。通过问卷调查、12345 热线数据分析等方式获取数据，以足够大的样本量提高主观性指标数据的客观性、真实性和准确性。

## 四　"七有五性"指标体系构建的依据与指标选取

综合考虑"七有五性"的内涵与外延，对标党的十九大提出的人民群众美好生活的要求，结合民生保障和公共服务的内容，按照市级、区级、街乡级服务保障工作的实际情况，构建以幼有所育、学有所教、劳有所得、病有所医、老有所养、住有所居、弱有所扶、生活便利、平安建设、文化服务等 10 个方面为具体内容的指标体系。

### （一）幼有所育，重点反映幼儿保育抚育、幼儿教育方面的内容

在幼有所育方面，体现的是学龄前幼儿在健康指导、学前教育方面应享有的服务，选取"保育抚育、幼儿教育"两方面内容为二级指标。

保育抚育方面选取 0～6 岁儿童健康管理率、街道社区开展优生优育指导项目情况、困境儿童分类保障政策落实率 3 项三级指标。根据国家卫健委发布的《0～6 岁儿童健康管理技术规范》要求、《北京市困境儿童和留守儿

童保障示范创建活动工作方案》要求，选取0~6岁儿童健康管理率、困境儿童分类保障政策落实率两个指标为三级指标。同时，结合北京市街道、社区工作实际，街道社区开展优生优育指导项目作为社区工作的重要部分，有实践基础，也是群众获取幼儿保育服务的重要途径，因此，选取街道社区开展优生优育指导项目情况为三级指标。

①0~6岁儿童健康管理率。指标解释：年度辖区内接受1次及以上随访的0~6岁儿童数/年度辖区内应管理的0~6岁儿童数。选取意义：0~6岁儿童健康管理率是0~6岁儿童健康管理服务规范中的重要内容，可以综合反映地区内儿童健康管理水平。

②街道社区开展优生优育指导项目情况。指标解释：掌握地区内开展优生优育指导的具体项目和实施情况。选取意义：反映地区优生优育科学育儿指导水平。

③困境儿童分类保障政策落实率。指标解释：符合条件的孤儿、弃婴、事实无人抚养儿童，困难家庭儿童，重病、残疾儿童的基本保障情况。选取意义：体现地区落实困境儿童分类保障政策情况。

幼儿教育方面选取普惠性幼儿园覆盖率为三级指标。普惠性幼儿园覆盖率是《北京市第三期学前教育行动计划》中的重要测算指标，同时普惠性幼儿园覆盖率体现一个地区学龄前教育供给的能力及基本情况。

普惠性幼儿园覆盖率。指标解释：公办幼儿园和普惠性民办幼儿园在幼儿园总数中的比重。选取意义：反映区域内普惠性幼儿教育水平。

## （二）学有所教，重点反映基础教育、继续教育、教育环境方面的内容

在学有所教方面，要突出教育优先的理念，保障群众受教育的权利，更要注重以人为本，不断完善现代国民教育体系和终身教育体系，保障人民享有接受良好教育的机会。同时，要保障高质量的教育服务环境，为群众提供一个学有所教、学有优教的教育条件。因此，选取基础教育、继续教育、教育环境三方面内容为二级指标。

基础教育选取义务教育就近入学率、优质学位入读率、外来务工子女义务教育入学率为三级指标。从北京教育发展水平来看，基础教育发展较为均衡，因此在做好"有"的基础上，北京市基础教育要更加体现"好"的高标准质量，严格按照《北京市教育委员会关于2018年义务教育阶段入学工作的意见》《北京市推进义务教育优质均衡发展督导评价实施方案（试行）》相关要求，对义务教育、优质教育的要求加以体现，选取义务教育就近入学率、优质学位入读率为三级指标。同时，根据北京外来人口多、外省份适龄儿童多的特点，按照《中华人民共和国义务教育法》规定，适龄儿童、少年免试入学，地方各级人民政府应当保障适龄儿童、少年在户籍所在地学校就近入学。父母或者其他法定监护人在非户籍所在地工作或者居住的适龄儿童、少年，在其父母或者其他法定监护人工作或者居住地接受义务教育的，当地人民政府应当为其提供平等接受义务教育的条件。选取外来务工子女义务教育入学率为三级指标。

①义务教育就近入学率。指标解释：义务教育初始年级在本学区就读的儿童少年数与本学区适龄儿童少年数的百分比。选取意义：反映居民子女就近上学便利性的实际情况。

②优质学位入读率。指标解释：优质学位个数与学区中有入读需求的人数之比。选取意义：体现高质量教育服务的需求和供给情况，反映地区内优质教育服务水平。

③外来务工子女义务教育入学率。指标解释：入学报告期随父母来京的外来务工子女九年义务教育适龄儿童接受义务教育的比例。选取意义：体现教育公平。

继续教育选取人均受教育年限、终身教育的满意度为三级指标。为满足各年龄段群众对教育的高质量需求，也为引导地区开展多样性教育服务，对标发达国家教育发展实际（目前世界上中等发达国家或地区人均受教育年限一般为11年，发达国家或地区为15~16年），选取人均受教育年限、终身教育的满意度为三级指标。

①人均受教育年限。指标解释：报告期15~64岁人群受教育年数总量

（包括成人学历教育，不包括各种非学历培训）与该年龄段总人数的比值。选取意义：人均受教育年限是社会发展的重要标志之一，是反映人群整体文化素质的"风向标"，某一人群的人均受教育年限越高，说明这一人群的整体文化素质越高。

②终身教育的满意度。指标解释：市民对终身教育服务质量的总体评价。选取意义：体现继续教育的可及性、公平性和各阶段发展水平。

教育环境方面选取校园周边环境治理满意率、校园标准化建设达标率为三级指标。为切实加大校园周边环境治理力度营造青少年健康成长氛围，提高群众对学校周边环境的满意度，选取校园周边环境治理满意率为三级指标。为严格按照《推进义务教育学校管理标准化建设实施方案》中，明确到2020年，全市义务教育学校全面达到教育部《义务教育学校管理标准》的相关规定，选取校园标准化建设达标率为三级指标。

①校园周边环境治理满意率。指标解释：居民对校园周边环境治理的满意率。选取意义：摸清区域内校园周边环境治理情况，以便进一步有效维护校园周边治安秩序，努力营造平安、和谐的校园环境。

②校园标准化建设达标率。指标解释：校园内硬件设施、管理规范等标准化建设达到北京市规定标准的数量。选取意义：反映区域内学校建设总体水平。

## （三）劳有所得，重点反映劳动就业、劳动所得、劳动保障方面的内容

劳有所得方面突出扩大就业、公平就业的理念，使所有有劳动能力和就业愿望的劳动者都能实现就业，使更多劳动者成为创业者，并且都能按照他们的贡献获得合理的劳动报酬。因此，选取劳动就业、劳动所得、劳动保障三方面内容为二级指标。

劳动就业选取城镇/农村登记失业率、农村适龄劳动力转移就业率、就业困难人员实现再就业人数为三级指标。根据《"十三五"推进基本公共服务均等化规划》《北京市"十三五"时期人力资源和社会保障发展规划》

《北京市人民政府关于做好当前和今后一个时期促进就业工作的实施意见》等相关规定，借鉴市人力社保局相关建议，选取此3项指标为三级指标。

①城镇/农村登记失业率。指标解释：报告期内在劳动保障部门登记的失业人数占期末从业人员与期末实有登记失业人数之和的比例。选取意义：体现地区促进就业政策的实现状况和经济发展状况。

②农村适龄劳动力转移就业率。指标解释：农村具有劳动能力的劳动年龄界限内（男16~59岁，女16~54岁）失地人口中实现转移就业人口的比重。选取意义：体现城市化过程中失地农民的再就业水平。

③就业困难人员实现再就业人数。指标解释：在劳动保障部门登记的就业困难人员在一定时间内的就业情况。选取意义：反映区域内就业困难人员的再就业情况。

劳动所得选取城镇居民人均可支配收入和农民人均纯收入增长率作为三级指标。主要反映了城乡居民收入不断增长、人民生活水平不断提高，同时也反映了城乡之间的收入仍存在一定差距，北京市"转居转工"工作仍需加大政策扶持力度。

城镇居民人均可支配收入和农民人均纯收入增长率。指标解释：报告期家庭成员得到可用于最终消费支出和其他非义务性支出以及储蓄的总和，即居民家庭可以用来自由支配的收入，包括工薪收入、经营净收入、财产性收入、转移性收入，不包括出售财物和借贷收入。收入的统计标准以实际发生的数额为准，无论收入是补发还是预发，只要是调查期得到的都应如实计算，不作分摊。选取意义：与经济增长率相比，体现发展成果的共享性。

劳动保障选取农民工工资足额发放率、劳动争议案件调解成功率为三级指标。根据《北京市人民政府办公厅关于全面治理拖欠农民工工资问题的实施意见》《劳动合同法》《北京市"十三五"时期人力资源和社会保障发展规划》相关要求及规定，选取此2项指标为三级指标。

①农民工工资足额发放率。指标解释：本地区农民工工资足额发放情况。选取意义：体现农民工劳动权益保障情况。

②劳动争议案件调解成功率。指标解释：在劳动保障部门登记的劳动争议案件在一定时间内的调解情况。选取意义：体现劳有所得公平性。

### （四）病有所医，重点反映医疗设施、医疗救治、传染病防控的主要内容

医疗健康方面选取的医疗设施和医疗救治指标反映的是北京市医疗硬件设施建设情况、医疗服务能力以及北京特色的医疗服务内容。传染病防控则体现传染病防控应急能力。

医疗设施选取社区（农村）公共卫生服务覆盖率为三级指标。对于医疗卫生服务来说，群众关心的是小病方便看、大病及时看、看得起病。小病方便看，凸显社区卫生服务站的作用，北京市卫生服务站不仅要做到全覆盖，更重要的是提高卫生服务站的质量，让群众看病看得放心。大病及时看，体现的是北京高质量医疗机构，如三甲医院、国际化医疗机构数量等，根据北京市各区高端医疗发展实际，目前暂不将高端医疗机构纳入指标体系中。

社区（农村）公共卫生服务覆盖率。指标解释：实际设立的社区（农村）卫生服务中心（站）占社区（农村）总数的百分比。选取意义：反映居民就近就医的便利性情况。

医疗救治选取每万常住人口全科医生数、家庭医生签约居民年人均服务受益量为三级指标。根据北京市目前医疗工作推进实际情况，按照《北京市关于改革完善全科医生培养与使用激励机制的实施意见》等规定要求，选取此2项指标为三级指标。

①每万常住人口全科医生数。指标解释：属地社区卫生服务机构全科医生数量与属地常住人口数量之比。选取意义：反映辖区医疗卫生服务的供给能力。

②家庭医生签约居民年人均服务受益量。指标解释：家庭医生年度签约服务总量与年度签约居民人数之比。选取意义：反映家庭医生团队向签约居民提供健康管理服务的情况，体现医疗服务的精准性和常态性。

传染病防控选取法定甲、乙类传染病发病率为三级指标。此项指标借鉴了《朝阳民生发展指数》，在朝阳区有一定的统计基础。

法定甲、乙类传染病发病率。指标解释：在某一时期内暴露人口中新发生国家规定的甲、乙类传染病病例的频率。选取意义：反映当地政府对传染病的控制能力。

### （五）老有所养，重点反映养老设施、健康支持、养老保障等方面的内容

养老服务突出扩大覆盖面、提高公平度的理念，推动建立覆盖城乡居民的社会保障体系，促进企业、机关、事业单位基本养老服务制度改革，探索加强老龄工作，发展老年社会福利事业，使所有老年人都能分享发展成果，幸福地安度晚年，因此，选取养老设施、健康支持、养老保障三方面内容为二级指标。

养老设施选取每百名老人拥有养老机构床位数、日间照料中心服务满意度、养老驿站服务满意度、老年人家庭紧急呼叫设施安装占比4项指标为三级指标。根据民政部、国家发展和改革委员会《民政事业发展第十三个五年规划》《"十三五"期间国家老龄事业发展和养老体系建设主要指标》中相关要求，选取每百名老人拥有养老机构床位数指标。从调研情况来看，"日间照料中心""社区养老驿站"在各区的实际发展情况都存在一定的问题，但这两项服务设施作为北京市养老服务在基层的两大主要承载机构，有十分重要的作用，因此设置日间照料中心服务满意度、养老驿站服务满意度2项指标，通过满意度调查分析当前北京地区日间照料中心、养老驿站出现问题的原因，为政府决策提供支撑。

①每百名老人拥有养老机构床位数。指标解释：民政部门举办的养老院、敬老院及各种社会养老服务机构所能提供的服务能力。选取意义：体现地区养老保障水平。

②日间照料中心服务满意度。指标解释：老年人对街乡的日间照料中心的满意度情况。选取意义：直观反映街道养老服务质量。

③养老驿站服务满意度。指标解释：老年人对社区的养老驿站所提供服务的满意度情况。选取意义：直观反映社区养老服务质量。

④老年人家庭紧急呼叫设施安装占比。指标解释：区域内实际安装家庭紧急呼叫的设施家庭数与区域内自愿申请安装的户籍老年人家庭数之比。选取意义：反映区域居家养老服务水平。

健康支持选取万名老人拥有养老护理员数、65岁及以上老年人健康管理率为三级指标。按照国际公认的3名失能老人配备1名护理人员（在英美等国家，优质养老机构的人员配比甚至达到了1名失能老人配备1.5名护理人员）的标准计算，我国需要的养老护理人员数量大约在1000万人，为了摸清北京市专业养老护理人员情况，了解差距，设置万名老人拥有养老护理员数为三级指标。根据北京市对街道办事处、乡镇政府应做好辖区内65岁及以上老年人参与健康管理工作的宣传、动员和组织，并协助社区卫生服务机构落实老年人健康管理工作的要求，设置65岁及以上老年人健康管理率为三级指标。

①万名老人拥有养老护理员数。指标解释：为老人提供专业养护服务的人员队伍情况。选取意义：养老服务向更加精细化、精准化方向发展的情况。

②65岁及以上老年人健康管理率。指标解释：享受老年人健康管理服务的65岁及以上老年人占65岁及以上老年人总数的比例。选取意义：反映区域内老年人健康管理服务水平。

养老保障选取老年人集中供养率为三级指标。根据《民政事业发展第十三个五年规划》中"加强特困人员供养服务机构建设，完善内部管理，健全服务规范，优先集中供养完全或部分丧失生活自理能力的特困人员"的要求，选取老年人集中供养率为三级指标。

老年人集中供养率。指标解释：符合"应保尽保"条件的老年人集中供养人数与老年人自愿入住机构数之比。选取意义：反映养老托底保障服务水平。

## （六）住有所居，重点反映居住质量、居住保障、物业服务、宜居环境等方面的内容

住有所居方面，突出有居、安居、宜居的理念，将改善群众居住条件作为城市住房制度改革和房地产业发展的根本目的，将解决城市低收入家庭住房困难作为政府公共服务的一项重要职责，因此，选取居住质量、居住保障、物业服务、宜居环境为二级指标。

居住质量选取人均住房面积、商品房公共服务设施配套合格率为三级指标。住建部课题组的"全面建设小康社会居住目标研究"，提出到2020年人均住房建筑面积要达到35平方米。人均住房面积可以反映不同地区住房保障的水平，因此选取人均住房面积指标。按照《北京市新建商品住宅小区住宅与市政公用基础设施、公共服务设施同步交付使用管理暂行办法》的规定，选取商品房公共服务设施配套合格率为三级指标。

①人均住房面积。指标解释：区域住房面积与区域常住人口数之比。选取意义：反映不同地区住房水平，便于横向比较。

②商品房公共服务设施配套合格率。指标解释：对新建商品住宅小区住宅进行分户验收的合格率。选取意义：体现市民居住质量。

居住保障选取申请保障性住房家庭应保尽保率、棚户区改造情况为三级指标。中央反复强调"房子是用来住的，不是用来炒的"，怎样才能保障居住需求，尤其是在北京市，房子供需不平衡，需求远远大于供给，因此结合北京市住房供给实际，选取申请保障性住房家庭应保尽保率、棚户区改造情况为三级指标。

①申请保障性住房家庭应保尽保率。指标解释：区域已实现"应保尽保"家庭数量与区域内申请保障性住房家庭总数之比。选取意义：可以体现住房保障政策的落实程度。

②棚户区改造情况。指标解释：区域内棚户区住房改造进展和效果。选取意义：体现区域内棚改户居住改善情况。

物业服务选取物业纠纷上访、诉讼率为三级指标。北京市小区类型多样，存在着大量产权多、物业管理弱化甚至没有物业的老旧小区，在老旧小区，业主、物业的矛盾关系一直较为突出，因此，选取物业纠纷上访、诉讼率为三级指标。

物业纠纷上访、诉讼率。指标解释：报告期物业纠纷上访、诉讼次数与物业管理单元总数之比。选取意义：体现社区和谐度。

宜居环境选取社区绿化率、垃圾分类处置率、居民对周边环境治理的满意度为三级指标。宜居环境是居民对居住品质的判定标准，人居环境质量影响生活品质，选取社区绿化率、居民对周边环境治理的满意度为三级指标。垃圾分类处置率体现的是一个社区环境质量的长远发展，凸显的是环境工作处置机制的创新程度。

①社区绿化率。指标解释：区域内社区绿化覆盖率。选取意义：反映区域在绿色生态方面的基本情况，便于横向比较。

②垃圾分类处置率。指标解释：区域内对垃圾分类治理的重视情况。选取意义：横向比较区域内居民对垃圾分类的重视度。

③居民对周边环境治理的满意度。指标解释：区域内对垃圾分类治理的重视情况。选取意义：横向比较区域内居民对垃圾分类的参与情况。

### （七）弱有所扶，重点反映社会救助、社会保险方面的内容

弱有所扶体现的是社会救济从"保基本"到"全覆盖"在"兜底线、织密网、建机制"各个方面不断健全，北京市不仅要落实"十三五"时期基本公共服务领域主要发展指标中关于残疾人基本公共服务的要求，更要做到服务拓面、提质，提高服务效率。因此，在弱有所扶方面选取社会救助、社会保险两方面内容为二级指标。其三级指标选取是根据《"十三五"时期基本公共服务领域主要发展指标》《北京市关于在"十三五"时期实施精准救助的意见》相关要求，并借鉴"山东省民生基本公共服务均等化评估指标体系"部分指标。

社会救助选取残疾人社区康复服务覆盖面、困难家庭患病者医疗救助率、困难家庭老人和妇女社会救助率为三级指标。

①残疾人社区康复服务覆盖面。指标解释：社区残疾人康复站与社区总数之比。选取意义：体现社区康复站的建设情况。

②困难家庭患病者医疗救助率。指标解释：已经得到医疗救助的困难家庭患病者占应该得到救助的困难家庭患病者的百分比。选取意义：体现社会救助体系在困难群体医疗救助方面的完善程度。

③困难家庭老人和妇女社会救助率。指标解释：已经得到社会救助的困难家庭老人和妇女占应该得到救助的困难家庭老人和妇女的百分比。选取意义：体现地区在困难家庭老人和妇女方面的救助水平。

社会保险方面选取2项指标。

①社会保险基金征缴率。指标解释：反映社会保险经办机构对已参保企业保险基金的征缴力度。选取意义：体现地区社会保险总体水平。

②外来劳务工医疗保险和工伤保险参保率。指标解释：报告期已参加医疗保险、工伤保险的外来劳务工人数占全部外来劳务工人数的百分比。选取意义：在劳务工中推行医疗、工伤保险，对于促进企业改善劳动生产条件，化解企业和劳务工因工作伤害产生的风险，有效构建和谐社会具有重要意义。

### （八）生活便利，重点反映方便可达、设施完备等方面的内容

生活便利体现的是居民生活的便利性，主要体现在交通出行、便利购物等方面，因此选择方便可达、设施完备为二级指标。

方便可达选取居民平均通勤时间、绿色交通出行占比、辖区内停车位空置率为三级指标。根据北京市交通状况和居民需求情况，对影响居民生活便利程度的交通因素进行指标设计。

①居民平均通勤时间。指标解释：区域内居民上下班平均通勤时间。选取意义：体现区域整体交通状态。

②绿色交通出行占比。指标解释：居民选择绿色出行方式占出行总量的比例。选取意义：体现区域绿色出行理念宣传情况。

③辖区内停车位空置率。指标解释：辖区内错峰时期商务楼宇和居民楼停车位空置情况。选取意义：改善区域内停车难问题。

设施完备选取"一刻钟服务圈"达标率、居民对便民便利服务满意度情况为三级指标。参照北京市"一刻钟服务圈"建设标准、《实施北京市街区商业生态配置指标的指导意见》,对"一刻钟服务圈"实际建设情况进行摸底,切实了解群众对便民便利服务的需求情况。

①"一刻钟服务圈"达标率。指标解释:区域内"一刻钟服务圈"建设达标情况。选取意义:体现生活服务的便利性。

②居民对便民便利服务满意度情况。指标解释:居民对区域内便民生活设施及能够满足便利性服务需求的满意度情况。选取意义:直观反映区域内便民便利服务效果。

### (九)平安建设,重点反映安全生产、社会安全、食药安全等方面的内容

平安建设是社会稳定发展、群众享有最基本权利的基本保障,选取安全生产、社会安全、食药安全为二级指标。

安全生产选取亿元地区生产总值生产安全事故死亡率为三级指标。根据国务院安委会制定安全发展示范城市评价与管理办法,组织开展"国家安全发展示范城市"建设相关内容选取此项指标。

亿元地区生产总值生产安全事故死亡率。指标解释:年度当地生产安全事故死亡总人数与年度当地亿元GDP之比。选取意义:反映区域内安全生产总体水平。

社会安全选取非正常死亡率、治安案件查处率、法治环境整体满意率为三级指标。通过借鉴市委政法委建立的"平安北京建设的考核评价体系"和"山东省民生基本公共服务均等化评估指标体系"设置非正常死亡率、治安案件查处率指标。通过了解群众对法治环境的整体满意度,分析整体法治建设情况。

①非正常死亡率。指标解释:报告期因为交通肇事、生产安全事故、火灾造成的死亡总数占死亡人口数的比例。选取意义:反映区域内社会安全总体水平。

②治安案件查处率。指标解释：公安机关发现或者接到群众举报的违法案件处理数量与案件总数量的比例。选取意义：反映区域内治安的总体情况。

③法治环境整体满意率。指标解释：居民对区域内法治环境的满意度情况。选取意义：反映区域内法治建设情况。

食药安全选取食品、药品抽样合格率为三级指标。根据《国家食品安全示范城市标准》中的相关要求设置此项指标。

食品、药品抽样合格率。指标解释：食品安全监测抽查合格率和药品抽验合格率。药品抽验合格率指按照北京市药品监督管理局下发的药品抽验计划，对报告期药品进行监督性抽样检查的合格率。选取意义：体现食品、药品安全状况。

## （十）文体服务，重点反映文体设施、文体活动、文体队伍等方面的内容

文体服务反映群众对服务多样性的需求，设置文体设施、文体活动、文体队伍为二级指标。按照《北京市"十三五"时期加强全国文化中心建设规划》《北京市基层公共文化设施服务规范》《北京市全民健身示范街道标准》《北京市体育特色乡镇标准》，以及2019年北京市体育工作会议报告的相关要求，设置三级指标。

文体设施选取人均拥有公共文化体育设施面积、居民对文体设施配备的满意率为三级指标。

①人均拥有公共文化体育设施面积。指标解释：公共文化/体育设施用地面积与街区常住人口之比。选取意义：体现区域内公共文化体育服务设施情况。

②居民对文体设施配备的满意率。指标解释：区域内居民对文化设施的开放时间、作用等的满意度情况。选取意义：体现区域内文化设施利用效率。

文体活动选取区域性文体活动频次、区域性文体活动参与人次为三级指标。

①区域性文体活动频次。指标解释：区域内社区或居民自发组织的文化体育活动频次。选取意义：反映文化体育活动的供给数量等基本情况。

②区域性文体活动参与人次。指标解释：居民参与文化活动的热情。选取意义：居民文化体育活动的参与率，体现的是文体活动的活跃性及服务提供的有效性。

文体队伍选取文体团队数量为三级指标。

文体团队数量。指标解释：区域内居民文化体育活动队伍数量。选取意义：反映居民文化、体育活动向专业化、品牌化发展的情况。

表1 "七有五性"指标体系及主要指标情况

| 一级指标 | 二级指标 | 三级指标 | 指标类型 |
| --- | --- | --- | --- |
| 幼有所育 | 保育抚育 | 0~6岁儿童健康管理率 | 状态型 |
| | | 街道社区开展优生优育指导项目情况 | 状态型 |
| | | 困境儿童分类保障政策落实率 | 状态型 |
| | 幼儿教育 | 普惠性幼儿园覆盖率 | 状态型 |
| 学有所教 | 基础教育 | 义务教育就近入学率 | 状态型 |
| | | 优质学位入读率 | 状态型 |
| | | 外来务工子女义务教育入学率 | 状态型 |
| | 继续教育 | 人均受教育年限 | 状态型 |
| | | 终身教育的满意度 | 感受型 |
| | 教育环境 | 校园周边环境治理满意率 | 感受型 |
| | | 校园标准化建设达标率 | 状态型 |
| 劳有所得 | 劳动就业 | 城镇/农村登记失业率 | 状态型 |
| | | 农村适龄劳动力转移就业率 | 状态型 |
| | | 就业困难人员实现再就业人数 | 状态型 |
| | 劳动所得 | 城镇居民人均可支配收入和农民人均纯收入增长率 | 状态型 |
| | 劳动保障 | 农民工工资足额发放率 | 状态型 |
| | | 劳动争议案件调解成功率 | 状态型 |
| 病有所医 | 医疗设施 | 社区(农村)公共卫生服务覆盖率 | 状态型 |
| | 医疗救治 | 每万常住人口全科医生数 | 状态型 |
| | | 家庭医生签约居民年人均服务受益量 | 状态型 |
| | 传染病防控 | 法定甲、乙类传染病发病率 | 状态型 |

续表

| 一级指标 | 二级指标 | 三级指标 | 指标类型 |
| --- | --- | --- | --- |
| 养老服务 | 养老设施 | 每百名老人拥有养老机构床位数 | 状态型 |
| | | 日间照料中心服务满意度 | 感受型 |
| | | 养老驿站服务满意度 | 感受型 |
| | | 老年人家庭紧急呼叫设施安装占比 | 状态型 |
| | 健康支持 | 万名老人拥有养老护理员数 | 状态型 |
| | | 65岁及以上老年人健康管理率 | 状态型 |
| | 养老保障 | 老年人集中供养率 | 状态型 |
| 住有所居 | 居住质量 | 人均住房面积 | 状态型 |
| | | 商品房公共服务设施配套合格率 | 状态型 |
| | 居住保障 | 申请保障性住房家庭应保尽保率 | 状态型 |
| | | 棚户区改造情况 | 状态型 |
| | 物业服务 | 物业纠纷上访、诉讼率 | 状态型 |
| | 宜居环境 | 社区绿化率 | 状态型 |
| | | 垃圾分类处置率 | 状态型 |
| | | 居民对周边环境治理的满意度 | 感受型 |
| 弱有所扶 | 社会救助 | 残疾人社区康复服务覆盖面 | 状态型 |
| | | 困难家庭患病者医疗救助率 | 状态型 |
| | | 困难家庭老人和妇女社会救助率 | 状态型 |
| | 社会保险 | 社会保险基金征缴率 | 状态型 |
| | | 外来劳务工医疗保险和工伤保险参保率 | 状态型 |
| 生活便利 | 方便可达 | 居民平均通勤时间 | 状态型 |
| | | 绿色交通出行占比 | 状态型 |
| | | 辖区内停车位空置率 | 状态型 |
| | 设施完备 | "一刻钟服务圈"达标率 | 状态型 |
| | | 居民对便民便利服务满意度情况 | 感受型 |
| 平安建设 | 安全生产 | 亿元地区生产总值生产安全事故死亡率 | 状态型 |
| | 社会安全 | 非正常死亡率 | 状态型 |
| | | 治安案件查处率 | 状态型 |
| | | 法治环境整体满意率 | 感受型 |
| | 食药安全 | 食品、药品抽样合格率 | 状态型 |
| 文体服务 | 文体设施 | 人均拥有公共文化体育设施面积 | 状态型 |
| | | 居民对文体设施配备的满意率 | 感受型 |
| | 文体活动 | 区域性文体活动频次 | 状态型 |
| | | 区域性文体活动参与人次 | 状态型 |
| | 文体队伍 | 文体团队数量 | 状态型 |

## 五 基于"七有五性"指标体系的算法设计

### (一)三种指标算法设计的比较

一般来说,指标体系的计算方法主要包括以下三种。

一是设定目标值或标准值进行算法设计。这种计算方法重点是反映各街道乡镇工作进展情况。目标值是相对明确的指标评价,通过不同时段的评价,能直观反映一个街道或乡镇的民生服务推进情况,便于发现问题,查漏补缺,各街道乡镇的得分在不同时段会发生变化。但不利于进行横向比较,特别是就北京的情况而言,各街道乡镇的民生服务水平普遍高于国家制定的一些标准,因此在进行比较时极有可能出现大体相近的情况,不利于街道乡镇之间进行比较。

二是选取平均数或中位数进行算法设计。这种计算方法重点是体现各街道乡镇在全市工作中的水平和排名。不管指标是否有目标值,都可以通过平均数或中位数的方式进行分区或排序,以反映各街道乡镇在全市工作中所处的水平或区间。平均数是用一组数据之和除以这组数据的个数,能够简单直接地反映一般水平,或数据的集中趋势。中位数是指把一组数据从小到大排列,最中间的那个数。如果这组数据的个数是奇数,那么最中间那个就是中位数;如果这组数据的个数为偶数,那么就把中间的两个数之和除以2,所得的结果就是中位数。这也是一种衡量数据集中趋势的方法。

三是通过标准化对指标进行无量纲化处理,反映各街道乡镇在全市工作中的实际情况。通过与市社工委、市民政局研讨,以及征求院内大数据战略重点实验室的相关意见,通过对比三种算法,初步确定了"七有五性"指标体系的算法。

### (二)"七有五性"指标算法及权重设计方法

由于"七有五性"指标涉及民生服务的各个领域,统计标准不同、各

指标单位也存在差异。若进行整体比较，就要先进行数据无量纲化处理。无量纲化处理的主要目的是消除变量间的量纲关系，从而使数据可计算。常见的无量纲化处理方法主要有极值化、统计标准化、均值化以及标准差化。综合考虑，在"七有五性"指标体系的计算过程中，使用极值化方法进行数据无量纲化处理。规定每一项指标最大值为满分 100 分，最小值为 0 分，再分别计算各指标实现程度，确定各指标的得分。计算公式：

$$f(x_i) = \frac{x_i - x_{\min}}{x_{\max} - x_{\min}} \times 100$$

式中，$x_i$ 表示 $i$ 地区某单项指标的实际值，$f(x_i)$ 为单项指标 $x_i$ 的标准化得分，取值范围为 [0, 100]，$x_{\max}$ 代表指标最大值，$x_{\min}$ 代表指标最小值（对于逆指标，公式分子部分调整为 $x_{\max} - x_i$）。针对指标权重赋值，由于各项指标对"七有五性"发展的作用不完全相同，为了相对客观地衡量各街道乡镇民生保障、公共服务的总体水平，需分别确定各个指标的权重。在多指标综合评价中，权重的确定直接影响综合评价的结果。"七有五性"指标体系的权重根据各个指标的作用或影响程度而定，并采用德尔菲法即专家意见法进行判断。

指数测算方法采取以加权平均为基础的指标评分方法。其具体操作过程是将所有指标无量纲化处理所得的标准化评分结果，利用加权平均的方法得出指数综合评价值，即各街道乡镇"七有五性"指标体系的综合评价值。综上所述，$i$ 街道乡镇"七有五性"发展指数计算公式表现如下：

$$Z_i = f(X_1) \times W_1 + f(X_2) \times W_2 + \cdots + f(X_n) \times W_n$$

式中，$Z_i$ 表示 $i$ 街道乡镇"七有五性"发展综合评价值，$f(X_n)$ 代表 $i$ 街道乡镇第 $n$ 项指标的评分，$W_n$ 表示 $i$ 街道乡镇第 $n$ 项指标的权数，其中 $n$ 为指标的项数，$i$ 为街道乡镇个数。鉴于"七有五性"指数评价的自身特点，在计算总指数和各分指数得分时 $n$ 有不同的取值，而在市级或区级范围进行比较时，$i$ 有不同取值。

## 六 关于"七有五性"指标体系运用的几点建议

### (一)基于发展实际动态调整,将"七有五性"指标体系打造成具有首都特点、代表首善标准的社会建设标杆

"七有五性"指标体系应该是开放的、不断完善的一套以人为本的高标准指标体系。在构建过程中充分借鉴了国际公认的社会建设标准和评价体系、国内外具有较大影响力的学术研究成果和北京市建设国际一流和谐宜居之都的一系列决策部署和重点任务,并结合北京市自身的发展定位与战略规划。作为一套"管长远"的社会建设指标,随着时代的不断发展进步,"七有五性"指标体系在坚持其构建原则和基本思路不变的前提下,其具体的指标构成和权重设计,将随着时代的发展和社会建设工作的推进进行动态调整。特别是当政府公共服务的硬件设施类指标基本实现时,应适时增加能体现供给方式的"软性指标",推动政府在社会建设的体制机制上进行创新。

### (二)定期开展检测评价,精准发现服务供给与群众需求的差距,适时启动"补短板"工程

与一般的考核评价指标体系不同,"七有五性"指标体系评价的目的是检测、衡量一个地区社会建设的实际情况,不带有考核性质。在实际工作过程中,可以通过使用"七有五性"指标体系,定期对特定空间单元社会建设的实际情况进行检测和衡量,发现基层经验,找准实际问题,并由市社工委、市民政局发布年度检测报告,形成年度决策建议报告。市委、市政府根据实际情况,可以考虑适时启动"补短板"工程,制定并实施"关于补短板的实施意见",补足社会建设领域的短板,不断满足群众多样性、高标准的服务需求。

### (三)从拓面提质两个方面,不断提高社会建设和公共服务水平

"七有五性"指标体系,周期性地对社会建设事业阶段式补足、发展、

再发现新问题、再补足发展的滚动式健全完善,就是要不断提升服务供给的多样性,以服务供给的数量和质量回应群众的需求,在这种阶段性发展中,不断实现社会建设和公共服务水平的提高。

### (四)依托"七有五性"指标体系沉淀数据,探索构建基于大数据的响应型政府服务供给模式

"七有五性"指标体系的背后是一系列公共服务和民生保障的数据。通过对"七有五性"指标体系的使用和测评,在对基层社会建设情况进行持续摸底的过程中,积累和沉淀大量数据信息。在此基础上,要积极探索运用大数据的统计分析技术和治理理念,对数据指标进行统计分析、关联分析。一方面,通过数据化的方式,对重点领域、重点人群形成"标记式"服务,提高公共服务供给的时效性和精准性;另一方面,政府可以通过数据分析,了解实际需求,在硬件设施、政策支持等都具备的情况下,分析是否真正满足群众需求、群众满意度是否真正得到提升,逐步构建基于大数据的民生需求响应型政府服务供给模式。

# B.8
# 北京住房租赁价格研究报告*

王 敏**

**摘 要：** 2017年以来，北京陆续发布了一系列政策，将发展租购并举房地产市场作为北京住房长效调控机制的重要举措。为把脉北京租赁住房价格走势，本研究通过对北京近五年来住房租赁市场价格数据进行量化分析，从宏观、中观和微观层面分析租金走势背后的成因。研究发现：2014~2019年，北京二手住宅租金指数呈现波动式上升趋势；2018年北京租金环比年增速为五年最高，呈"先涨后稳"态势；2019年北京租金价格整体相对平稳，核心城区与非核心城区租金走势分化。基于北京实际数据，宏观层面，北京租金主要影响因素为常住外来人口和房屋销售量。外来常住人口和房屋销售量增加1%，租金分别上涨1.68%和下降0.373%。微观层面，北京租赁中介金融化行为和租赁住房供求不平衡推高租赁住房市场价格，此外，北京房租随房价的同向上涨一定程度上也是对住房市场低租售比的市场化修复。研究最后提出了规范住房租赁市场、稳定住房租金、落实北京房地产市场长效调控机制等相关政策建议。

**关键词：** 住房租赁市场 住房租金 北京

---

* 本文得到北京社科基金基地项目（项目编号：17JDGLB028）和北京工商大学首都流通业研究基地开放课题基金（项目编号：JD-KFKT-2019-YB-08）资助。
** 王敏，管理学博士，北京工业大学文法学部社会科学学院社会学系副教授，北京工商大学首都流通业研究基地特聘研究员，研究方向为社会保障、住房政策。

自 1998 年住房市场化改革以来，北京人口资源环境约束与不断增长的住房需求之间的矛盾越来越突出，房价多年来快速攀升，超过了中低收入和最低收入居民家庭的住房支付能力。2016 年以来，在国家"稳增长"和"去库存"政策诉求及宽松的货币和金融、财税政策刺激下，全国区域住房价格分化显著，中国四大一线城市和二线"四小龙"等热点城市房地产市场加速升温，甚至表现出房价泡沫化风险，而三、四线城市去库存艰难，呈现中国住房市场严重的结构性矛盾。北京在此轮房价上涨过程中，居民有效支付能力进一步恶化，2016 年房价收入比达 19.32。

2016 年 12 月，中央经济工作会议提出"房子是用来住的，不是用来炒的"，要求住房回归居住属性；2017 年 2 月的中央财经领导小组会议以及 2017 年《政府工作报告》等重要会议和文件纷纷要求"加快建立房地产市场平稳健康发展的长效机制"；2018 年《政府工作报告》提出"建立健全长效机制，促进房地产市场平稳健康发展；支持居民自住购房需求，培育住房租赁市场，发展共有产权住房；加快建立多主体供给、多渠道保障、租购并举的住房制度"；2019 年《政府工作报告》则进一步明确将更好解决群众住房问题与城市主体责任连接起来，提出"改革完善住房市场体系和保障体系，促进房地产市场平稳健康发展"。

在此定位下，北京自 2017 年 3 月 17 日以来，18 天内密集出台 10 项限购政策，在进行楼市调控的同时，大力发展住房租赁市场，被视为北京房地产市场长效机制建设的重要一环。自 2017 年以来，陆续发布了《北京市共有产权住房管理暂行办法》和建设导则、《关于加快发展和规范管理本市住房租赁市场的通知》、《关于发展租赁型职工集体宿舍的意见（试行）》等一系列政策。发展租购并举房地产市场作为北京住房长效调控机制的重要举措，对于稳定住房市场、实现"住有所居"的政策目标具有重大意义。住房租赁市场的发育、成熟和规范，有助于有效利用住房资源并更好地改善城镇居民的居住状况，对住房买卖市场和房地产市场整体运行具有举足轻重的影响。

为把脉北京租赁住房价格走势，本研究通过对北京近五年来住房租赁市场价格数据进行量化分析，从宏观、中观和微观层面分析租金走势背后的成因，提出规范住房租赁市场、稳定住房租金、落实北京房地产市场长效调控机制的政策建议。

# 一 北京住房租赁价格走势分析

本部分通过对北京近五年来住房租赁市场价格数据进行量化分析，研判北京租金走势。所分析数据来源包括中国房价行情网（2009年9月至2019年9月）、纬房大数据与人工智能研究院（简称"纬房研究院"）等。

## （一）近五年租金走势基本情况

1. 近五年租金单价走势呈波动式上升趋势

2014~2019年，北京二手住宅租金指数呈现波动式上升趋势，根据中国房价行情网数据，2014年9月至2019年9月，北京租金平均单价从65.06元/（平方米·月）上涨到93.34元/（平方米·月）（见图1），五年租金环比增长速度分别为1.8%、13.6%、5.3%、18.26%、-0.38%。可以看出，北京租金在2016年、2017年和2018年出现了较大幅度的增长。

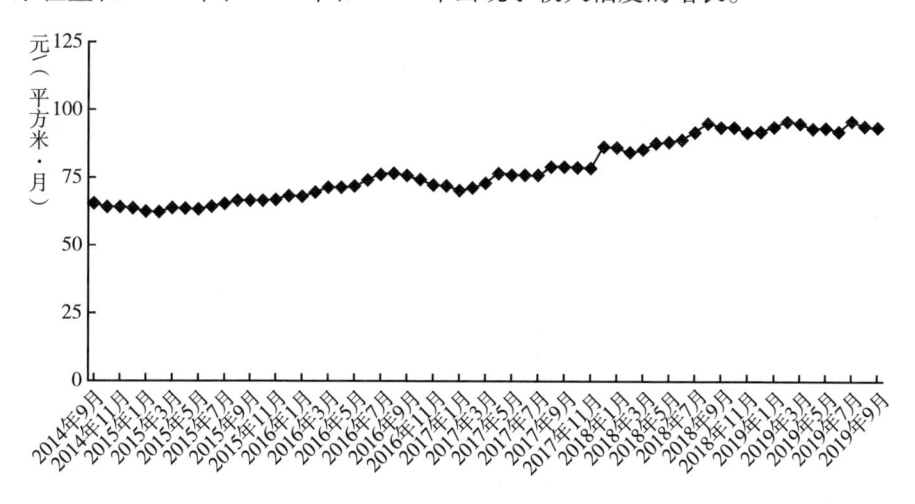

图1 近五年北京租金单价走势分析

资料来源：中国房价行情网（挂牌市场数据）。

### 2. 2018年北京住房租金呈"先涨后稳"态势

2018年北京租金环比增长速度为五年内最高，因此，可以对更加局部的周期进行更细致的考察。纬房研究院对主要一线城市2018年1月以来的租金指数进行了研究，数据显示，北、上、广、深四个一线城市中，深圳2018年1月以来住房租金总体涨幅最高，达10.88%，广州总体涨幅最低，为4.39%。北京和上海总体涨幅分别为5.60%和4.95%（见图2）。

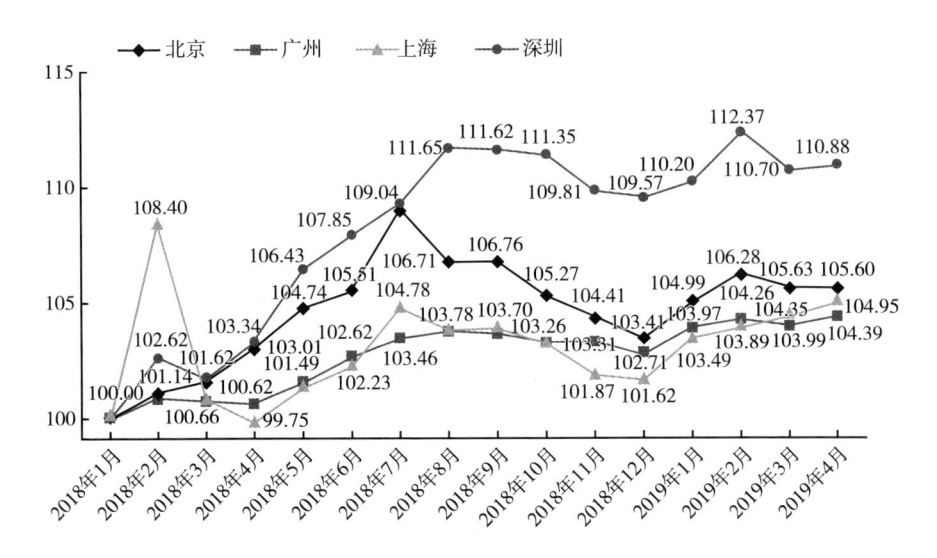

图2 主要一线城市住房租金指数（定基：2018年1月=100）

资料来源：纬房研究院。

2018年，受长租公寓企业炒作、毕业季到来、租房市场清理等因素的叠加影响，北京房租出现一波快速上涨，至2018年7月达到峰值。2018年下半年，在政府整顿市场秩序等诸多因素的综合作用下，租金指数一路下跌，到2018年12月下降到最低点，与2018年7月最高点相比，北京租金指数累计下跌了5.63%或5.16%。①

纬房研究院最新发布的纬房租金指数显示，2019年前2个月租金虽

---

① 《2019，北京房租真下跌了吗？》，中国地产网，http://house.china.com.cn/newscenter/view/1571573.html，2020年1月10日。

有所回升，但3月和4月又小幅回调。进入7月，伴随一年一度毕业季就业季的到来，租房需求有所增加，北京整体平均租金呈现稳中有升态势。

3. 2019年北京租金价格整体相对平稳，核心城区与非核心城区租金走势分化

2019年，房地产经纪机构和住房租赁服务企业以及资本市场对租赁市场的判断更加趋于理性和客观。在人口疏解、需求结构发生变化等因素作用下，总体来看，2019年的租金上涨表现得相对温和，部分城区甚至呈现持续低迷的状态，对部分经营方式相对激进的长租公寓来说，存在一定的经营压力。

2019年，即使多方数据显示北京租金下跌，但北京核心城区与非核心城区租金走势却依然呈现分化状态。2019年，北京核心城区住房租金仍然上涨。与2018年1月相比，2019年7月北京西城、海淀、东城、朝阳的租金累计涨幅分别为17.46%、15.15%、14.01%、6.6%。与上年同月相比，2019年7月北京西城、海淀、东城、朝阳的租金涨幅也分别达到11.37%、3.58%、5.3%、2.62%。

与此同时，2019年北京非核心城区租金总体低迷。与上年同月相比，2019年7月北京昌平、通州、大兴、顺义、门头沟租金涨幅分别为-3.67%、-1.47%、0.147%、0.94%、-12.68%。北京纬房租金指数结果也表明，与2018年1月相比，2019年4月北京大兴、顺义、门头沟租金累计涨幅分别为0.36%、-2.14%、-11.55%，昌平、丰台、门头沟、顺义租金环比跌幅分别为0.99%、1.77%、1.79%、3.04%。可以说，2019年，非核心城区租金的低迷拉低了北京总体租金的涨幅。租金走势的地区分化，也带来不同区域人群对租金走势的不同判断，即有人感受到租金的上涨，有人感受到租金的下跌（见图3）。

**（二）北京及各区租售比情况**

租售比，是指每平方米住房使用面积的月租金与每平方米建筑面积的房

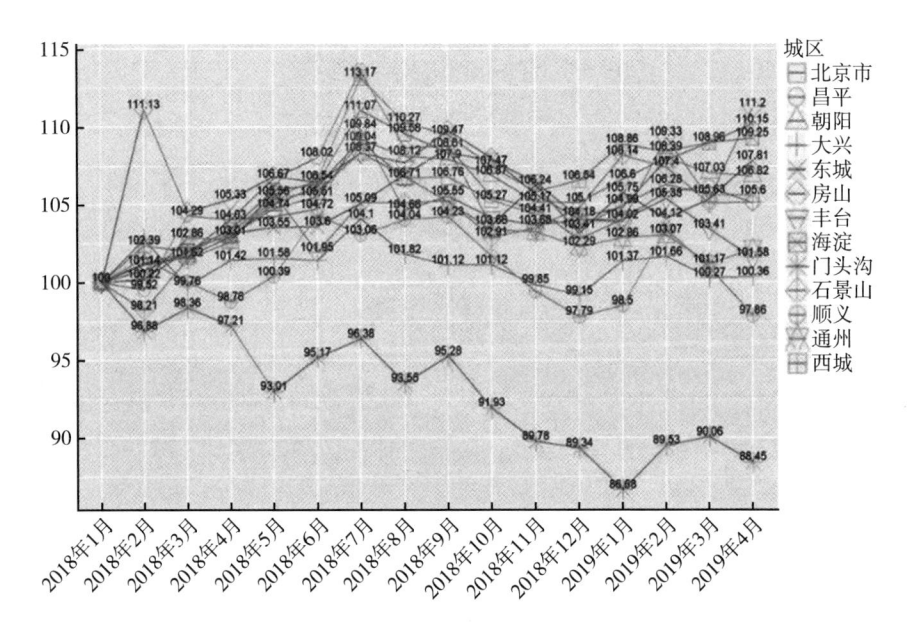

图3 北京不同区域板块住房租金指数（定基：2018年1月=100）

资料来源：纬房研究院。

价之间的比值，是衡量一个区域房产运行状况的指标，也是看待房地产投资价值变动的一个重要参考。住房租赁市场与住房买售市场从来都不能割裂来看，只有当住房租售比趋于合理时，住房租售市场才能实现平衡发展。从市场供求均衡价格机制的角度看，租赁住房最终将会通过上升或下降，达到合理的租售比范围，从而实现买售市场和租赁市场的价格均衡。

国内外的实证研究，一般将合理的"租售比"界定为1∶300至1∶200，即按市场租金出租住房，可以在200个月至300个月内收回购房款。若租售比低于1∶300，租售比越低，则依靠租金收入回收购房成本所需的时限越长，也就意味着房价有虚高的可能。

2019年8月数据显示，北京市平均租售比为1∶695，远低于1∶300的标准界定。即如果购房用于出租，则北京平均需要58年才能收回购房本金，过低的租售比反映了当前北京房地产投资价值较小、房价和房租严重偏离的现实状况（见表1）。

表1 2019年8月北京市各城区房价及租售比

| 行政区 | 销售均价（元/平方米） | 租金均价[元/(平方米·月)] | 租售比 |
| --- | --- | --- | --- |
| 东城区 | 109818 | 139.11 | 1/789（66年） |
| 西城区 | 129667 | 137.74 | 1/941（78年） |
| 朝阳区 | 71958 | 112.20 | 1/641（53年） |
| 海淀区 | 91204 | 110.64 | 1/824（69年） |
| 丰台区 | 59920 | 79.97 | 1/749（62年） |
| 石景山区 | 52661 | 78.39 | 1/672（56年） |
| 顺义区 | 43162 | 59.54 | 1/725（60年） |
| 昌平区 | 41259 | 64.76 | 1/637（53年） |
| 大兴区 | 44662 | 60.82 | 1/734（61年） |
| 通州区 | 47436 | 58.97 | 1/804（67年） |
| 门头沟区 | 37755 | 47.64 | 1/793（66年） |
| 房山区 | 31404 | 37.47 | 1/838（70年） |
| 延庆区 | 25167 | 32.04 | 1/785（65年） |
| 怀柔区 | 32425 | 33.45 | 1/969（81年） |
| 密云区 | 23565 | 26.83 | 1/878（73年） |
| 平谷区 | 24171 | 22.95 | 1/1053（88年） |
| 北京市 | 65401 | 94.04 | 1/695（58年） |

数据来源：根据中国房价行情网整理计算。

通过计算整理2015～2019年北京各区住房租售比数据（见表2），可以看出以下几点。

①北京市及各区在五年内租售比的最低值均出现在2017年，租售比基本呈现"U"形趋势。这一结果也与2016～2017年这一轮北京房价大幅上涨的直观印象相吻合。链家数据显示，在这一轮房价上涨的过程中，从2017年1月起，北京住房成交量集中爆发，接近2016年最高值；截至2017年3月第二周，北京二手房均价已达到67621元/平方米，较2016年"9·30"政策出台时的均价上涨了29%。"U"形曲线的低谷发生在2017年，主要受北京此轮住房销售价格拉升作用的影响。

表2　2015~2019年北京各区住房租售比比较

| 行政区 | 租售比（2015年） | 租售比（2016年） | 租售比（2017年） | 租售比（2018年） | 租售比（2019年） |
| --- | --- | --- | --- | --- | --- |
| 东城区 | 1/615 | 1/740 | 1/942 | 1/784 | 1/789 |
| 西城区 | 1/759 | 1/897 | 1/1084 | 1/981 | 1/941 |
| 朝阳区 | 1/515 | 1/602 | 1/800 | 1/682 | 1/641 |
| 海淀区 | 1/641 | 1/782 | 1/1028 | 1/825 | 1/824 |
| 丰台区 | 1/596 | 1/679 | 1/889 | 1/740 | 1/749 |
| 石景山区 | 1/654 | 1/702 | 1/887 | 1/684 | 1/672 |
| 顺义区 | 1/543 | 1/619 | 1/890 | 1/625 | 1/725 |
| 昌平区 | 1/550 | 1/559 | 1/801 | 1/585 | 1/637 |
| 大兴区 | 1/605 | 1/694 | 1/951 | 1/732 | 1/734 |
| 通州区 | 1/640 | 1/846 | 1/1044 | 1/719 | 1/804 |
| 门头沟区 | 1/729 | 1/796 | 1/1078 | 1/825 | 1/793 |
| 房山区 | 1/629 | 1/708 | 1/1040 | 1/767 | 1/838 |
| 延庆区 | 1/801 | 1/904 | 1/981 | 1/719 | 1/785 |
| 怀柔区 | 1/787 | 1/858 | 1/1245 | 1/1000 | 1/969 |
| 密云区 | 1/729 | 1/870 | 1/1172 | 1/851 | 1/878 |
| 平谷区 | 1/585 | 1/749 | 1/1216 | 1/1006 | 1/1053 |
| 北京市 | 1/561 | 1/654 | 1/820 | 1/669 | 1/695 |

数据来源：根据中国房价行情网数据整理计算（采用每年8月北京租赁和住房销售价格数据计算得出）。

②城六区中，朝阳区租售比最高，西城区租售比最低。人口因素是朝阳区租售比在城六区中最高的重要原因。朝阳区常年拥有最大规模的常住人口和常住外来人口。2018年，朝阳区常住人口360.5万人，其中常住外来人口达157.9万人，常住人口密度达7922人/平方公里。常住外来人口数量是延庆（2018年拥有最少的常住外来人口，仅为4.8万人）的32.9倍（见表3）。常住外来人口构成了对住房租赁市场的刚需，使朝阳区在城六区中即使拥有相对不低的住房交易价格，但其租售比与其他五个区相比处于相对较高的水平。

③2015~2019年，城六区及其他十个区中，租售比最低的均未出现在城六区，延庆区2015年和2016年连续两年拥有最低租售比，怀柔区为

2017年最低，2018年和2019年数据显示平谷区拥有最低租售比。一定程度上反映出地区房产投资价值相对较小、房价被高估、住房租金价格相对不景气等问题。从供需两个方面看，2016~2017年北京这一轮商品住宅价格上涨带动延庆、怀柔和平谷等区住房销售价格大幅上涨的同时，却受外来人口少等因素的制约，租赁住房市场在供给和需求两方面都处于较小的体量（见图4至图6）。

表3 北京部分地区常住人口总量（2018年）

| 行政区 | 常住人口（万人） | 常住外来人口（万人） | 常住人口密度（人/平方公里） |
| --- | --- | --- | --- |
| 朝阳区 | 360.5 | 157.9 | 7922 |
| 海淀区 | 335.8 | 123.4 | 7796 |
| 怀柔区 | 41.4 | 10.3 | 195 |
| 平谷区 | 45.6 | 5.1 | 480 |
| 延庆区 | 34.8 | 4.8 | 175 |

注：本数据根据人口抽样调查数据推算，为年末数。

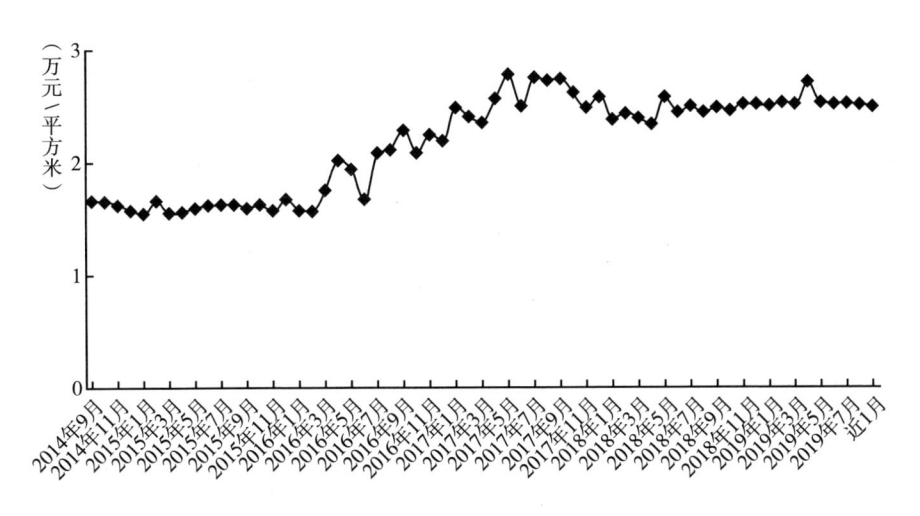

图4 延庆近五年住房价格变化趋势

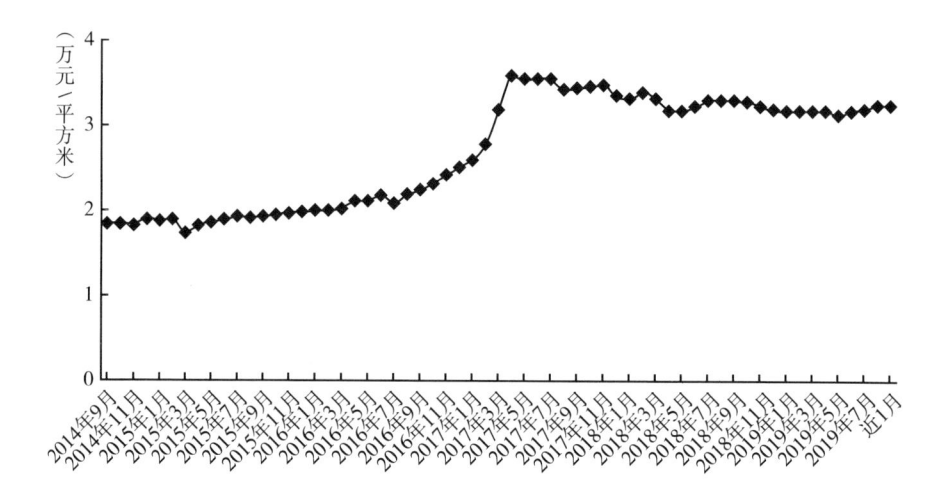

图 5 怀柔近五年住房价格变化趋势

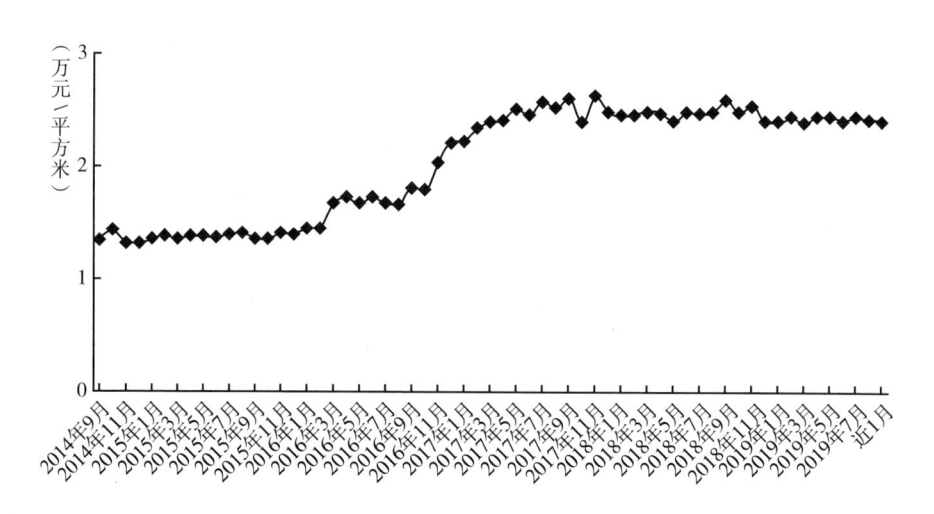

图 6 平谷近五年住房价格变化趋势

## 二　北京住房租赁价格走势成因分析

### （一）宏观层面：人口、经济、收入、房价等因素的影响

从宏观层面看，人口、经济发展水平、居民收入水平、物价水平和房价等因素都会对租赁住房市场价格产生影响。

人口状况一般包含人口数量、家庭规模和结构等方面。理论上说，人口数量与租金水平呈正相关关系，随着人口总量的不断增长，对租赁住宅的需求也会增大，进而也会在一定程度上拉高租金水平。

经济发展水平反映的是一个地区经济的繁荣状况和景气程度。理论上说，经济发展总体水平与地区租金水平呈正向一致，较高的经济发展水平一定程度上增加对租赁住房的需求，从而引起租金上涨。

居民收入水平主要指实际收入或可支配收入。理论上说，不同收入群体由于具有不同的边际消费倾向，当收入增多时，对租金的影响也相对不同。相较于低收入群体和高收入群体，中等收入群体在收入增加时，有更高的改善居住条件的支出。当选择租房而非购房时，则会促使租金水平的提高。

物价水平的变化主要是通过影响住宅建设或装修成本，从而影响租金的价格。房价水平与房租水平在单一市场理论假设框架中通常被视为具有趋同性，但在现实中，并非所有的市场都能实现住房销售市场与租赁市场的均衡发展，一定时期内也可能出现住房销售价格与租赁住房价格的长期偏离。

本着所选取指标的可及性、量化性、简化性、相关性等原则，我们提取一些可以量化的具体因素，剔除那些不可以量化和数据缺乏的因素，通过选取六大影响因素，考察租金与各个变量的二元线性关系，考察宏观层面几大因素对北京租赁住房租金价格的影响（见表4）。

表4 租金价格影响因素

| 影响因素 | 变量 |
| --- | --- |
| 经济增长 | GDP |
| 常住外来人口 | Wpop |
| 城镇居民可支配收入 | Income |
| 城市居民消费价格指数 | CPI |
| 二手住宅销售价格 | Price |
| 房屋销售面积 | Sale |

运用中国房价行情网10年数据考察北京租金与各个变量的二元线性关系，研究表明：GDP增长1%，租金增长1.13%；常住外来人口增长1%，租金增长2.41%；物价增长1%，租金增长3.16%；房地产价格增长1%，租金增长0.55%；房屋销售面积增长1%，租金下降0.512%。

进一步进行多重共线性检验可以看出，GDP、居民收入、房价、CPI等变量存在严重的共线性，而常住外来人口和房屋销售量是北京租金价格的主要影响因素，二者增加1%，租金分别上涨1.68%和下降0.373%。

## （二）微观层面：租赁模式的影响

2018年以来，北京房租价格突然暴涨，总体而言，价格作为供求关系的反映，说明部分地区住房租赁市场出现了阶段性的供求不平衡，同时在信息不对称的情况下，对房价上涨的预期，进一步加剧了市场失衡。具体包括以下几方面。

1.租赁中介金融化行为推高租赁住房市场价格

2018年8月，为解决长租公寓市场中的装修质量问题和哄抬租金问题，北京市住建委集中约谈自如、相寓公寓等主要住房租赁企业负责人，明确提出：不得利用银行贷款等融资渠道获取的资金恶性竞争抢占房源；不得以高于市场水平的租金或哄抬租金抢占房源；不得通过提高租金诱导房东提前解除租赁合同等方式抢占房源。① 本次房租暴涨过程中，租赁中介的金融化行为成为推高租房价格的重要原因之一。从2017年末开始，资本开始大量进入长租公寓市场，也加剧了行业竞争，多数长租公寓在2018年都存在利用融资"抢房"的情况。为获得地理位置好、热门小区的房源，出现了长租公寓以高于市场价格的租金抢占房源的系列事件。占领市场形成的垄断效应，使租房者没有其他选择，只能从中介获得租赁住房房源，从而使房源成本转嫁到承租方成为可能，进而抬高整个租房市场价格。

2. 租赁住房供求不平衡引致租房价格上涨

大量实证研究和国际经验表明，相对于供给总量不足，供给弹性不足是引致房价上涨的更重要原因。在城市人口快速增长阶段，住房需求弹性相对供给弹性更大，供给弹性受土地供应的数量、土地开发和投资的周期等因素影响，弹性非常小，而需求在面对收入、政策等诸多预期变化时，有可能快速释放。因此，当缺少弹性的供给无法应对需求的增长时，必然产生房价压力。

2017年2月，北京市政府印发《关于组织开展"疏解整治促提升"专项行动（2017—2020年）的实施意见》，为实现疏解非首都功能，优化首都发展布局，北京开展了疏解一般制造业、区域性专业市场和部分公共服务功能等行动；棚户区改造、地下空间和公共租房整治等成为工作的重点。2017年北京大兴"11·18"火灾后，为防止群租房产生安全隐患，北京又进一步采取了集中性的排查、清理和整治专项行动。相关数据显示，2017年1月至9月，北京整治违法群租房数量达到11289户，地下空间整治1277处。2018年以来，整治违法群租房依旧以较快速度推进，2019年仅6个月，北京清理整治违法群租房已达4789处。二年以来，北京共腾退清理3000多处地下空间，地下群租房被大量疏解，释放了大量流动人口住房刚需。

同时，虽然北京在2017年提出未来五年将通过集体建设用地安排1300公顷租赁住房供地，建设50万套租赁住房的方案，但住房供给缺乏弹性的

---

① 《北京住建委集中约谈住房租赁企业 浅析北京市长租公寓行业市场现状》，http://news.chinabaogao.com/fangchan/201808/0R03591242018.html，2020年1月27日。

自然属性。面对快速释放的需求，缺少弹性的供给无法应对需求的增长。租赁住房市场短期内很难实现大量供给，是2017年末到2018年初北京租房价格短期快速上涨的重要原因。链家研究院数据显示，从2017年8月到2018年2月，链家新增租赁房源套数连续多个月环比下降，2018年4月租赁住房新增供给仅为2017年高峰时的50%。①

3.房租随房价同向上涨规律对北京住房市场低租售比的市场化修复

长期以来，北京房租价格的上涨显然无法与快速上涨的房价相匹配，住房租售比处于较低水平，租金回报率持续低迷。从2018年9月至2019年8月，北京租售比始终处于1:696至1:660，即如果购房用于出租，则需55~58年才能收回购房本金，反映出租售比严重的不协调与不合理。相关数据显示，2015年末至今，北京市二手住宅租金回报率持续低于2%。2019年数据显示，本年1月至今，北京二手房平均单价为65401元/平方米，平均租金单价为94.04元/（平方米·月），租金年回报率仅为1.725%。这一租金回报率，明显低于商业银行贷款利率和理财收益率，因此，房东对提高房租有较为强烈的意愿。依照房价、房租同方向变动的比价规律，房价上涨，房租也应上涨，可以说，北京住房租金的快速上涨，一定程度上也是对过低租售比的市场化修复。因此，从市场规律看，稳定租赁市场价格的重要前提在于构建住房市场长效调控机制背景下住房价格的稳定。

## 三 规范北京住房租赁市场、稳定住房租金、落实北京房地产市场长效调控机制的政策建议

### （一）建立有弹性的租赁住房供应体系

供给侧方面，首先，规模上多渠道增加租赁住房供给总量，平衡北京住

---

① 《房价涨的多降的少！最严调控近2年大数据分析》，https：//www.sohu.com/a/229046383_100089210，2020年2月16日。

房租赁市场供求关系。通过利用农村集体土地建设、存量商业改造、完善城市交通等基础设施和公共服务，以资源均衡化带动租赁供求的稳定。

其次，结构上调整盘活房地产三级市场，实现梯度消费和住房过滤效应，从而真正实现"租购并举"。健康完整的住房市场应该由三种级别市场构成，土地使用权出让市场是房地产一级市场，新建住房销售或出租市场是房地产二级市场，存量房流通市场是房地产三级市场，只有三种级别的市场并行运转，才能更好地促进房地产市场健康有序发展。只有打通住房买售市场与租赁市场的关系，租赁房源才能有所保证。北京目前由于住房价格过高等客观因素，存在一部分"老市民"换不起房、一部分"新市民"买不起房的现象，没有存量住房的梯度消费，住房过滤机制就很难发挥作用，很难形成有弹性的住房租赁供应体系。

### （二）加强住房租赁市场与买卖市场的联动调控

长期以来，中国人都有"重购轻租"的观念，偏好"有恒产者有恒心"，通常将住房租赁市场与买售市场看成互相割裂的两个子市场。一个健康完善的住房市场，是由住房租赁市场和住房买卖市场这两大部分构成的，随着住房租售比的不断变化，住房租赁市场与住房买卖市场之间相互作用和变化，此消彼长，共同影响住房市场的发展。即在一定的住房市场供应总量前提下，如果住房租赁需求增加、租金上涨，住房买卖则需求减少、价格下降；如果住房买卖市场投资收益（租售比）增加，则住房租赁需求减少、价格下降。北京住房市场在实行"限购"政策之前，由于住房买卖市场需求量大，价格直线上升，导致住房租赁市场相对疲软，市场租金严重背离住房价格；而在实行"限购"政策之后，因住房买卖市场需求受到限制，住房租赁市场开始活跃，租金也随之上涨。

从世界各国住房市场发展经验可以看出，住房租赁市场发育完善的国家，住房租赁市场与住房买售市场的发展相互制衡，因此，住房买售市场的价格受租金和人口制约，形成相对稳定的机制。然而长期以来，我国住房租赁市场的发育程度还很低，住房租买选择机制缺失，这是较长时期以来中国

住房销售价格持续快速上涨的一个重要原因。一个完善的住房租赁市场，不仅应实现一部分中低收入群体福祉的增进，还应有利于实现房地产市场长效调控机制的形成，减少房地产市场非理性波动造成的负面影响，增加房地产市场为经济发展、人民生活的正向贡献。

可以说，住房租赁市场的发展有利于强调住房的居住属性而非投资属性，因此，住房市场长效调控机制的构建要从坚决遏制商品房售价上涨出发，从而形成对开发商与投机者向租赁住房市场发展的倒逼机制，以增大房屋租赁供给量。

### （三）理顺供给政策逻辑，保障政策持续性

由于"重购轻租"的开发模式与经济增长和财政收入密切相关，土地供应方式和配租比例的变化对城市扩张和土地开发模式产生直接影响，直接降低了地方政府在土地出让和房地产开发中的当期收益。在城市层面增加租赁住房用地需要兼顾政府、开发企业、租房者或集体（集体土地方式）之间的利益，建议综合考虑政府土地出让收入、开发企业资金回报、租房者可支付程度、社会需求规模等因素，合理确定租赁土地的供给规模和基准地价，切实降低租赁住房的用地成本，实现房企"自持租赁"等政策的可持续性。

### （四）政府厘清干预边界，加强对租赁行业的监管

为规范住房租赁企业行为，政府应尽快制定行业规则和标准，加快探索建立规范的、多元主体的住房租赁市场管控体系。为防止房租恶性上涨及不可负担，政府有必要对住房租赁实施指导价，并依据市场供需有序调整，惩罚随意涨价和助推租金上涨等行为。同时，北京还应该利用搭建起的政府住房租赁交易服务平台，加强对各中介机构资质信息与出租房源的监管，实现供需的有效匹配。

此外，应重点加强对"租金贷"产品的监管。长租市场发展后，银行等金融机构纷纷推出了面向租客的"租金贷"产品。在当前市场运行中，

"租金贷"成为部分租赁企业套取资金的方式,通过租客的一次性租金支付,而对原房主按月或按季拨付租金,大量资金沉淀在住房租赁企业,并被挪用以扩张抢占房源。因此,在发展租赁住房市场的过程中,金融监管机构要加强对这一资金流的监管,以发挥"租金贷"在稳定长租市场和租金价格方面的正向作用。

**参考文献**

王敏:《北京市保障房发展现状与有效供给的政策思考》,《中国房地产》2017年第10期。

崔裴、胡金星等:《房地产租赁市场与房地产租买选择机制——基于发达国家住房市场的实证分析》,《华东师范大学学报》(哲学社会科学版)2014年第1期。

王艳飞、谢海生等:《国内住房租赁市场供给侧结构性改革研究》,《经济研究参考》2018年第7期。

陈杰:《住房供给侧改革与实现人人住有所需》,《经济资料译丛》2017年第4期。

周琳:《厘清思路,稳定住房租赁市场》,《城乡建设》2018年第9期。

李素文:《中国一线城市房租形成机理和调控对策》,《财经理论与实践(双月刊)》2014年第11期。

陈碧珠:《住房租赁市场的培育与发展研究——以深圳为例》,华中师范大学硕士学位论文,2015。

《"疯狂的房租",如何管束?》,《中国城乡金融报》2018年9月28日。

《发展潜力大 住房租赁市场前景可期》,《中国证券报》2018年6月27日。

# B.9 北京市社区居家养老社会支持体系发展现状与政策建议*

王 雯**

**摘 要：** "居家为基础，社区为依托"是我国多层次养老服务体系的显著特征，社区居家养老具有成本、情感、便捷方面的优势，在养老服务体系中处于基础和关键地位。社区居家养老需要多方参与、优势互补、资源多样的社会支持体系。北京市比较早就重视社区居家养老的发展，形成了"9064""三边四级"的养老服务体系，现处于"补短板""强弱项"的"谋发展阶段"。北京市社区居家养老社会支持体系不断完善，社会支持网络越织越密，部分城区也积极探索具有特色的社区居家养老社会支持举措。本文提出需要进一步统筹好政府、市场和社会的关系，构建"服务支持—技术支持—环境支持—社会参与支持—家庭支持""五位一体"的社会支持体系。

**关键词：** 社区居家养老 社会支持体系 养老服务 家庭支持 社会参与支持

---

\* 北京市社科基金青年项目"平衡与发展视角下北京市家庭养老支持政策体系研究"（18SRC017）。
\*\* 王雯，博士，北京工商大学讲师，研究方向为养老保险与养老服务。

# 北京市社区居家养老社会支持体系发展现状与政策建议

北京市是全国较早进入老龄化社会的大城市之一，老龄化速度较快，老龄化进程不断加深，从1990年进入老龄化社会到2012年进入中度老龄化阶段只用了22年时间，预计2030年将达到重度老龄化，届时户籍老年人口将超过30%。2018年底，北京市60岁及以上户籍老年人口数达352.4万人，占户籍人口总数的25.6%。[①]

"老有所养"是老龄化社会最为紧迫而重要的议题，事关民众最关心、最直接、最现实的利益问题，是影响民众获得感、幸福感和安全感的民生保障制度之一。社区居家养老[②]是多数老年人的首选养老方式，建立贴近老年家庭需求的社区居家养老社会支持体系，对于改善养老服务发展不平衡不充分问题，提高城市管理的精细化、专业化水平，探索超大城市基层社会治理体系建设，促进家庭建设和家庭发展意义重大。

"十一五"以来，我国养老服务业建设步伐逐渐加快，市场和社会参与养老服务业发展的积极性日益高涨，以居家为基础、社区为依托、机构为补充的多层次养老服务体系正在稳步形成和完善。

2013年，国务院对养老服务体系进行顶层设计，发布了《国务院关于加快发展养老服务业的若干意见》，提出要"大力发展居家养老服务网络"。2015年，中共十八届五中全会通过的《中共中央关于制定国民经济和社会发展第十三个五年规划的建议》明确提出建设"以居家为基础、社区为依托、机构为补充的多层次养老服务体系"的具体目标。2016年，国务院办公厅印发了《关于全面放开养老服务市场提升养老服务质量的若干意见》，对养老服务业供给侧结构性改革做出部署，提出"大力提升社区居家养老生活品质"的任务目标。2019年，国务院办公厅印发了《关于推进养老服务发展的意见》，提出"持续完善居家为基础、社区为依托、机构为补充、医养相结合的养老服务体系"，"推动居家、社区和机构养老融合发展"。

---

① 《北京统计年鉴2019》。
② 居家养老和社区养老具有较多的共同点，都依赖家庭和社区，因此越来越多的研究者将这两种方式整合为社区居家养老进行分析。

## 一 社区居家养老是养老服务体系的基础和关键

### （一）社区居家养老相对于机构养老的优势

1. 成本优势

社区居家养老的老年人居住在家中，依靠家人照料和社区养老服务的支持，相对于机构养老而言具有明显的成本优势。对于家庭而言，享受社区养老服务的费用显著低于入住养老机构的费用，节约了家庭支出；对于政府而言，社区老年人日间照料中心、社区老年人活动站、托老所等社区为老服务的设施可以因地制宜地选择闲置资源，投入成本相对低；对于社区养老服务主体而言，社区居家养老服务接近服务对象，服务需求量大，可以发挥规模效应。

2. 情感优势

家庭对于老年人来说有着特殊而且重要的意义，是老年人最为熟悉的生活环境和最重要的情感支持来源。一般来说，在养老机构选址郊区化的大趋势下，机构养老的老年人与家庭成员沟通的频次和深度有所下降，机构养老在满足老年人的情感需求方面存在天然不足。中国人素有安土重迁、叶落归根的文化传统，更倾向于选择社区居家养老。社区居家养老不同于传统的家庭养老，而是通过政府、市场、志愿者群体等多主体的服务供给在社区层面给予家庭养老以更多的支持，不仅让老年人享受专业的服务，而且兼顾了老年人与家人团圆、享受天伦之乐的情感需求，有利于弘扬敬老孝老、和睦相处的家庭文化。

3. 便捷优势

社区居家养老可以提供"嵌入式""小型化""多功能"的养老服务，让老人生活在家庭和社区的环境中，享受便捷、就近的专业化养老服务，如老年餐桌、老年活动站、家政服务等。社区养老服务驿站整合为老服务资源，为区域内各类服务供给主体和老年群体搭建信息平台，对老年人就近就便获得精准的养老服务发挥积极作用。

## （二）"9064""三边四级"养老服务体系下的社区居家养老

2008年，北京市《关于加快养老服务机构发展的建议》中提出了"9064"养老模式，即90%的老人家庭养老，6%的老人社区养老，4%的老人机构养老，这一模式在2015年《北京市养老服务设施专项规划》中再次得到确认。社区居家养老是大部分老年人的主流选择，全面有效的社会支持体系是满足社区居家养老需求，促进社区居家养老高质量发展的关键。2016年以来，北京市提出构建"三边四级"养老服务体系的新思路。"三边"指的是老年人的周边、身边和床边，其核心就是满足老年人就近养老的需求。"周边"主要指老年人可及活动区域范围内（几公里）可以找到提供养老服务的单位和设施；"身边"主要指在社区范围内提供老年餐桌、社区驿站等便捷的为老服务；"床边"主要指为失能、部分失能和有特殊需要的老年人提供上门入户服务。"四级"即建立市、区、街道（乡镇）、社区（村）四级养老服务体系，市一级以市老龄办为牵头，构建一个面向全市的养老政策、规划、体系，立足整体布局；每一个区设一个养老指导中心，负责整合区内的养老资源，兼顾管理和服务职能；每个街道设一个养老照料中心，按照中小型养老机构的地位和功能进行运营，方便老年人就近获得服务；在社区设立养老驿站，并依托社区养老驿站将养老服务延伸到居家。

"9064"养老模式和"三边四级"养老服务体系强化了社区居家养老在养老服务体系中的基础和关键地位，积极回应老年人"就近就便"养老需求。为支持社区居家养老，北京市制定并实施了《关于开展社区养老服务驿站建设的意见》等10多项政策，鼓励引导社会力量积极参与养老服务业发展，努力满足老年人多样化的居家养老服务需求。

2016年，北京市开始大力推广驿站式养老，在城市地区称为"社区养老服务驿站"，在农村地区称为"农村幸福晚年驿站"，其宗旨是实现全市老年人不出社区（村）就可以获得定制化的特色居家养老服务。北京每家社区养老驿站均具备六大基础功能，即日间照料、呼叫服务、助餐服务、文化娱乐、健康指导、心理慰藉。截至2019年8月，北京市已扶持建设275

个街乡养老照料中心，累计建成运营192家；细至社区层面，已建成运营755个社区养老服务驿站。①

## 二 社区居家养老需要社会支持体系

### （一）福利多元主义和社区照顾视角下的社区居家养老

1. 福利多元主义视角下的社区居家养老

福利多元主义包括"福利三角""福利四角"等理论，其核心思想是主张福利责任和供给应由多方主体共同承担，而不仅仅是政府的责任。国家、市场、家庭、社区、志愿组织等多方主体在福利供给领域的特点、优势各不相同，应该互相协作、互为补充。福利多元主义的思想在社区居家养老领域的主要表现是政府建立养老服务体系，提供兜底保障，通过税收、土地等优惠措施推动养老服务市场的发展；认可家庭、社区在提供老年照护服务中的重要性，通过市场、志愿组织为家庭提供有效的外部支持，最终实现多主体的协作治理。

2. 社区照顾视角下的社区居家养老

"社区照顾"起源于英国，指的是给因老年、心理疾病、身体机能障碍等问题需要照顾者提供支持，使其能够尽可能在家中或者社区中"类似家庭"的环境下生活。英国的社区照顾主要包括"社区内照顾"和"由社区来照顾"两种方式，前者强调正式组织为社区生活的老年人提供专业的照顾，后者强调照顾服务的供给主体是通过血缘关系或道德维系的非正式组织。②

社区照顾视角下的社区居家养老将家人、邻居、朋友等非正式照顾网络与正式社会服务系统相结合，以积极老龄化的理念提升老年人的自理能力，

---

① 蒋若静：《北京建成192个街乡镇养老照料中心》，《北京青年报》2019年8月23日，第7版。
② 祁峰：《英国的社区照顾及启示》，《西北人口》2010年第6期。

促使老年人正常生活、社交，最终实现高质量的老年生活。国外养老服务体系的发展经历了从"机构化"到"去机构化"的转变，在福利多元主义和社区照顾相关理论的影响下，"回归家庭/社区""就地老化"的理念日渐兴盛，推动社区居家养老并给予有效支持成为多数国家构建养老服务体系的主导性思路。

### （二）以社会支持体系为支撑提升社区居家养老服务供给能力

我国的居家养老服务建立在社区服务的基础之上，社区为老服务从诞生之日起就与居家养老密不可分，为居家养老提供设施和服务支持。在新时代背景下，发展社区居家养老服务需要更有力的社会支持体系作为支撑，只有构建系统有效、彼此衔接、多主体参与的社会支持体系，才能不断提升社区居家养老服务供给能力，满足老年群体多样化的需求。

社区居家养老服务需要完善的社会支持体系。满足老年人的养老需求需要整合全社会资源，让全社会共同参与到社区居家养老服务体系的建设中来。政府需要发挥制度构建、兜底保障、政策引导、标准制定和监管以及完善法律法规的作用，整合社会资源，构建社区居家养老的社会支持体系，发挥各方主体的积极性和优势。社区应发挥信息枢纽、服务平台的作用，连接养老服务的供方和需方，以需求为导向，为老年人提供多样化的养老服务和支持。养老服务和老年用品供应商应注重提升服务和产品质量与效率。同样，家庭和志愿组织也要充分发挥在社区居家养老服务中不可替代的重要作用。

## 三 北京市社区居家养老社会支持体系的发展现状

### （一）相关政策梳理

1.居家养老受到重视，社区居家养老社会支持体系开始萌芽

自"十二五"后期开始，居家养老服务的重要性日趋增加，并逐渐成为北京市养老服务体系中的核心。2008年"9064"养老服务模式提出后，

北京市为推动居家养老服务的发展，于2009年11月发布了《北京市市民居家养老（助残）服务（"九养"）办法》，明确提出在"政府主导、部门协作、社会参与、个人自愿"的原则下，在九个方面开展居家养老（助残）服务工作，标志着北京市全面启动了居家养老服务工作，社区居家养老社会支持体系开始萌芽。北京市建立万名"孝星"评选表彰制度体现了对社区居家养老的社会文化支持，建立居家养老（助残）服务制度和百岁老人补助医疗制度体现了老年福利支持，建立社区（村）养老餐桌和托老所体现了养老服务设施支持，招聘居家服务养老员体现了服务人员支持，开展养老精神关怀服务体现了精神慰藉支持，实施家庭无障碍设施改造体现了居住环境支持，为老年人配备"小帮手"电子服务器体现了技术支持。

2. 以服务设施建设及法律制度标准建设为重点的社区居家养老社会支持体系

2014年，北京市民政局、财政局和老龄委联合发布《北京市2014年街（乡、镇）养老照料中心建设工作方案》，提出2014年全市建设80个街（乡、镇）养老照料中心的目标，使老年人就近享受生活照料、家政服务、康复护理、精神慰藉等，要具备满足辐射社区和居家养老服务的基础条件，提供助餐、助浴、助洁、助急、助医、康复护理、精神慰藉以及辅助器具租赁等服务；鼓励依托餐饮、家政服务、老年用品企业等其他社会资源为老年人提供专业化服务。

2015年，北京市民政局和财政局联合印发了《关于支持养老照料中心和养老机构完善社区居家养老服务功能的通知》，对落实辐射社区居家养老服务十项基本任务、养老照料中心开展辐射社区居家养老服务的支持办法、项目标准提出具体要求。养老照料中心和养老机构辐射居家养老服务可以有效提升养老服务资源的利用率，更好地回应老年人的社区居家养老需求。

2015年发布的《北京市居家养老服务条例》是全国首个省级层面关于居家养老服务的条例。《北京市关于推进居家养老服务工作的意见》作为配套文件，确定了养老服务设施建设标准和服务标准，规范养老服务市场发展，促进居家养老服务标准化建设。

2015年9月，北京市民政局联合27个部门发布《关于进一步加强北京市老年人优待工作的意见》,提出44项具体优待意见,包括政务服务优待、卫生保健优待、交通出行优待、商业服务优待、文体休闲优待、维权服务优待六大类。

3. 以社区养老服务驿站建设为重点支持社区居家养老

2016年北京市发布了《北京市支持居家养老服务发展十条政策》(以下简称"养十条"),提出构建具有首都特色的居家养老服务体系:建设社区养老服务驿站;健全基本养老服务制度,政府对困难老年人给予经济补贴;实施经济困难老年人家庭适老化改造;建立"幸福彩虹"配送服务网络,为周边居家老年人提供价格优惠的特供产品和配送服务;构建居家养老助餐服务体系;支持医疗卫生与养老服务融合发展;增强社区居家医药卫生服务能力;开展居家老年人紧急救援服务;拓展基层公办养老机构居家养老服务功能;实施"北京养老"品牌战略。

2016年,北京市发布了《关于开展社区养老服务驿站建设的意见》,充分肯定了社区养老服务驿站作为四级养老服务体系的基层基础、满足群众养老需求的暖心工程,以及加快养老服务业发展的重要举措的地位;规定了社区养老服务驿站目标任务、基本功能、规划建设、扶持管理等内容。2017年,北京市发布了《北京市社区养老服务驿站建设规划(2016年—2020年)》,提出按照"政府无偿提供设施、运营商低偿运营"思路开展社区养老服务驿站建设,就近为居家老年人提供日间照料、呼叫服务、助餐服务、健康指导、文化娱乐、心理慰藉等居家养老服务。该规划以社区养老服务驿站的科学布局为手段促进城乡社区居家养老服务全覆盖;[①] 以有效发挥政府养老服务职能和促进养老服务市场发育为手段保障群众居家养老服务需求得到及时响应和有效满足。为鼓励和引导社会力量投资兴办社区养老服务驿站,促进社区养老服务驿站可持续运营,2018年5月,北京市发布了《北京市社区养老服务驿站运营扶持办法》,明确了城市社区养老服务驿站与农

---

① 原则上,每个社区养老服务驿站的服务区域人口规模为7000~10000人,服务半径不超过1000米。

村幸福晚年驿站的界定标准,提出了服务流量补贴、托养流量补贴、连锁运营补贴和运维支持等四个方面的运营扶持政策,并且规定了有关资助审核发放的流程以及监管办法。

**4. 社区居家养老社会支持体系逐步完善**

2017年,北京市民政局、财政局、老龄办印发了《关于建立居家养老巡视探访服务制度的指导意见》。居家养老巡视探访制度通过电话问候、上门巡访等形式,对不少于5万有需求的独居、高龄老年人提供巡视探访服务,不仅可以为有需求的老年人提供精神慰藉,还便于掌握老年人的服务需求,对于养老服务供需对接意义重大。

为帮助经济困难、失能、高龄等状况的老年人及其家庭提高消费支付能力,增强老年人获得专业化、职业化、多元化照护服务的可及性,2019年北京市出台了《北京市老年人养老服务补贴津贴管理实施办法》。该办法将已有的老年人津贴补贴制度整合为三类:困难老年人养老服务补贴、失能老年人护理补贴、高龄老年人津贴。经过评估符合补贴津贴发放条件的老年人可以用津贴补贴支付社区、居家养老服务费用。

2018年,北京市发布了《关于加强老年人照顾服务完善养老体系的实施意见》,将享受老年人社会优待服务政策的对象范围从北京市65周岁及以上常住老年人口调整为北京市60周岁及以上常住老年人口。老年优待政策包括免费乘坐市域内地面公交车,免费逛公园、博物馆等公益性文化设施,免费提供司法鉴定业务咨询服务、基层法律"三优先"服务等。

2019年9月,北京市发布了《关于金融支持养老服务业发展的实施意见》,提出了开展金融领域创新服务,适应老龄化社会的需求等意见,指出"对居家养老、社区养老和机构养老等不同养老服务形式,积极探索和创新与之相适应的金融产品和服务方式,提供有针对性的金融服务"。其中支持社区居家养老的养老领域金融服务项目包括个人税收递延型商业养老保险和老年住房反向抵押养老保险、独生子女家庭保障计划等商业养老保险产品,增加社会养老财富储备;长期护理保险、健康保险、意外伤害保险等保险产品,以化解老年人失能、疾病、意外伤害等风险,减轻家庭的经济负担;优化金融网点布局，对营业网点进行亲老适老化改造，优化业务流程和服务环境等，为老年客户提供便利；积极创新适合养老服务业特点的信贷产品和服务，促进金融资源向养老服务领域配置和倾斜；鼓励金融机构对老年人口进行金融知识普及，加强老年金融消费者教育和权益保护。

2020年5月，北京市人民政府办公厅印发了《关于加快推进养老服务发展的实施方案》，提出"坚持就近精准，构建完善的居家社区养老服务体系"，进一步丰富了居家养老社会支持体系的内容。一是建立养老服务顾问制度。二是试点建设家庭照护床位。三是制定家庭照护支持政策，开展失能老年人家庭照护者技能培训。四是推进居家社区适老化改造。以推动老旧小区加装电梯工作为重点，加快推进社区老年宜居环境建设。五是加强老年助餐体系建设。六是补齐农村养老服务短板。此外，北京市还将编制"养老服务专项规划"，探索实行"物业服务+养老服务"。

## （二）最新实践

### 1. 养老服务大数据平台

2019年北京首个以养老服务为主、以老年用品为辅的养老综合服务平台"怡亲安安"开始试点，先期试点范围覆盖全市70多家养老驿站。该平台整合了养老驿站运营商、产品运营商、服务运营商三方主体，为社区居家老年人提供养老服务和涉老产品。平台建立了备案管理、准入退出、质量监管、投诉处理、纠纷解决等机制，保护老年人权益不受到损害，签约的服务商向平台提供服务的价格要低于市场价格。社区养老驿站收集整合社区老人的需求，老年人或家属通过微信小程序选择就近驿站下单（老年人可通过养老服务机构工作人员来指导和协助下单），驿站直接派工提供服务或者向服务商派单，由服务商提供入户服务。其中，由养老服务驿站提供的生活照料、助餐助洁等19类纳入服务流量补贴的服务项目可使用北京通——养老助残卡消费，享受老年服务补贴。目前已运营的涉老产品和养老服务的项目种类比较丰富，基本实现了老年人多场景需求对接，涉老产品包括床上用品、卫浴用品、代步用品、生活用品、生鲜食品五大类，养老服务包括生活

照护、保姆护工、健康服务、居家改造、文旅康养、家政服务六大类（见图1）。服务的提供方式包括驿站内的服务和上门服务两种，上门服务包括伤口拆线和压疮、吸痰、鼻饲等专业护理服务以及失眠、便秘、中风后遗症的健康服务，满足了老年群体医养结合的服务需求。此外，平台还整合了针对独居老人的居家巡视探访服务。

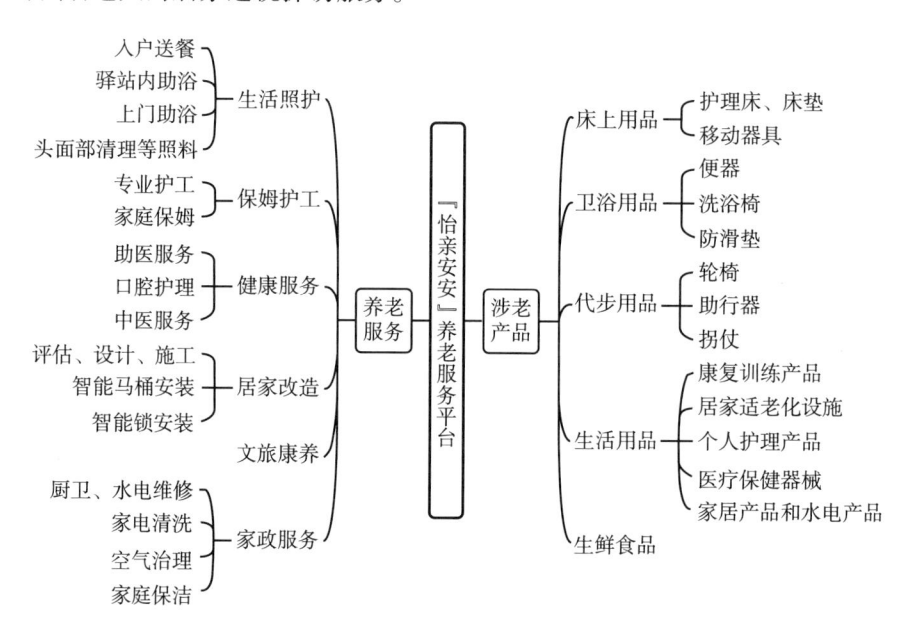

**图1 "怡亲安安"养老服务平台养老服务和涉老产品内容**

资料来源：作者自制。

### 2. 区域养老服务联合体

2019年，北京市制定《关于加快推进养老服务发展的实施意见》，重点涵盖就近养老设施无偿提供、加大设施供给、税费减免、优化服务环境、集中式居家养老机构试点等方面的内容。提出了进一步扩大养老服务供给的计划，包括推动形成以社会治理为特征的区域养老服务联合体。

区域养老服务联合体将以街道行政辖区为范围，以养老驿站和照料中心为核心服务平台，联合区域内外商户、文化服务场所、公益服务力量，组成街道区域养老服务联合体，以多元参与和议事协商等治理手段，营造"15

分钟居家养老宜居圈",破解社区居家老年人服务的"最后一公里"难题。区域养老服务联合体对社区居家养老服务的支持体现在两方面:一是整合社区周边资源,增加社区范围内生活性、服务性便民服务网点的数量,为老年人居家养老提供充分的服务保障,充分体现社区居家养老的"便利性"和"宜居性",为老服务和社会支持的"多样性"。二是发挥单位、企业、志愿组织在城市基层治理中的积极作用,在"街乡吹哨、部门报到"的街道管理体制创新实践中弘扬"尊老、敬老、爱老、助老"的传统美德,"暖心服务"充分体现了单位和企业的责任心、公益心。

2018年,北京市东城区朝阳门街道建立了全市首个区域养老服务联合体,以养老服务驿站和养老照料中心为服务核心,联合区域商户、公共服务商以及区域外的多类型服务商组建养老服务联合体,在老人的生活圈内就近提供全方位的居家养老服务(见图2)。

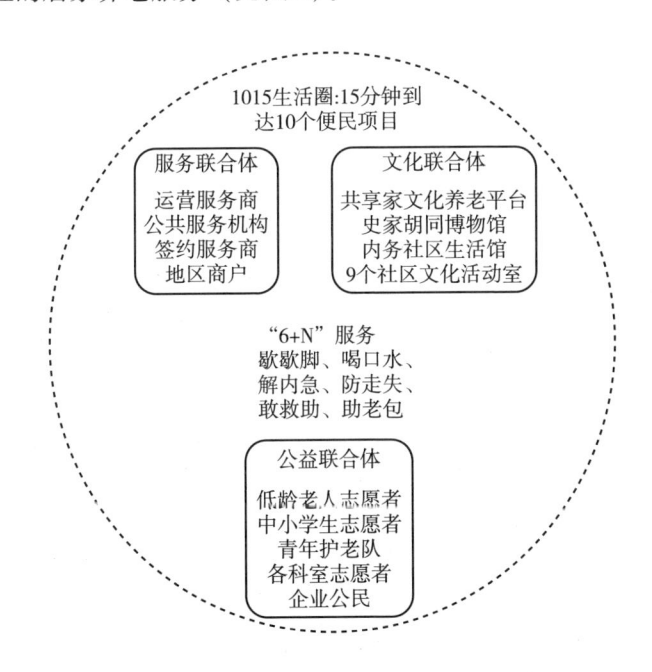

**图2 北京市朝阳门区域养老服务联合体**

资料来源:作者自制。

2020年，北京市西城区什刹海街道"区域养老服务联合体"以线上转播的方式启动。什刹海街道区域养老服务联合体为老年人提供"7+N"暖心服务，与朝阳门街道的"6+N"相比增加了"便利送"的内容。目前，签约成员单位近百家，涵盖餐饮、医疗、便民服务、银行、法律服务、建筑设计、培训学校、旅游等行业，第一批可以为辖区老年人提供暖心服务的商户已经陆续挂牌，共计30家。

3. 东城区典型做法

（1）体育馆路街道养老照料中心

体育馆路街道养老照料中心是北京市首批建设完成的一家民营公助的养老设施，提供机构养老、社区养老、居家养老"三位一体"的养老服务，辖区的老人可以享受到专业优质的长短期托养服务。将社会化服务引入家庭，是家庭养老与社会养老的有机结合。该中心倡导"智能养老、文化养老、融合养老"核心理念。

智能养老方面，照料中心设有智能体检设备，可完成血氧、血压、体重、血常规、尿常规、心电等参数的准确检测，支持检测结果分类储存，建立健康大数据，记录老人健康状态。依托普天技术研发的"智慧养老管理平台"，利用物联网、大数据和云计算等先进技术，追踪、保存、分析和管理老年人的健康数据，实现线下健康体检与线上实时体征检测对接。

文化养老方面，照料中心提供书画间、阅览室等设施满足老年人书画创作交流、阅读书报、上网查找资料的需求；提供心理慰藉区供老年人与心理咨询老师沟通交流，纾解情绪；不定期开展公益类活动，如手工、陶艺、茶艺、书法、棋牌、电影放映、歌咏、舞蹈、健身、养生、电脑大讲堂等，丰富老年人精神文化生活。

融合养老方面，根据老年人的不同需求提供多样化服务，包括入户服务和日托服务、运动健身和康复理疗、安全监护和生活照料等。入户服务主要面向高龄、重残、失独老人，服务情况实时记录，将服务效果和老人评价上传到养老服务平台，接受照料中心和街道主管部门的双重监督。设有6间设施齐全的日间照料室，支持床头呼叫，用于开展老年人日托服务。运动健身区配有低速康复电跑机、卧式磁控单车、立式磁控单车、助行器等设施，康复理疗区配有远红外偏振光治疗仪等多种先进智能的康复理疗、助医设施。

（2）"老幼一体""老残一体"的养老驿站

体育馆路南岗子养老驿站是东城区首家以老幼一体、老残一体为特色的驿站。该驿站将"疏解整治促提升"工作中闲置腾退的场地建设为养老驿站，从社区居民生活的实际需求场景出发，创新性地整合为老服务、助残服务和幼儿托育服务三类服务，实现复合式运营模式。

复合式运营模式的主要理念是，在养老驿站内通过功能分区、设施共享等方式满足不同群体需求，将养老、幼教和助残功能结合起来。在硬件设施方面，设置了儿童活动室，为幼儿提供活动设备、场所和器材；设置了老人日间照料室、心理慰藉室、推拿按摩室、助餐室、活动室，部分设施还可供残障人士一同使用。在服务内容方面，为婴幼儿提供免费活动场所，持续开展公益性早教课程；提供日间照料、助餐助浴、休闲娱乐等六大功能的养老服务；提供残疾人康复护理服务。

"老残一体""老幼一体"的复合式运营模式实现了资源的最大化利用，可以实现多赢效果。首先，为幼儿提供集体活动空间和早期教育指导，解决现代家庭养育难题，完善社区托育服务体系；其次，可以减轻"隔代照料"的负担，实现"幼儿托育"与"站内养老服务"在时间上的同步；最后，部分针对老年人的服务和设施也可供残疾人使用，实现了资源共享。

4. 西城区典型做法

西城区通过政府购买的方式与西城区睦友社会工作事务所（以下简称"睦友"），签订合同，由睦友的专业社工支持社区居家养老，提供专业化服务。[①]

（1）打造社区公益中心，提供老年人社会参与、人际沟通、精神文化生活的平台

睦友承接运营新街口街道西四北三条老街坊社区活动中心（以下简称

---

① 资料来源：西城区睦友社会工作事务所提供的资料及调研所得。

"老街坊"),通过建设"需求汇集—服务提供—资源整合与对接"三个平台,积极回应辖区老年群体需求,集中多专业人才,为老年人提供多元化、专业化、人性化、精准化的社区居家养老服务。"老街坊"是社区老年人的活动和交往场所,每周定期为老年人开展国画、英语、手工、美食等丰富多彩的学习课程。"老街坊"是老年健康护理知识的宣传站,居家防跌倒技能测评、认知障碍症基础筛查等内容被制作成宣传手册供自取,通过专家坐诊和社会工作者咨询、专家讲座相结合的形式宣传健康生活理念。"老街坊"是提供专业为老服务的场所,定期开展老年痴呆预防及照护、防跌倒、音乐治疗等专业小组服务。"老街坊"是为老服务资源的汇集地,对驻区单位和志愿者等资源进行汇集,义务开展健康服务。"老街坊"是社区居家养老服务的中枢站,对接老年人需求和市场化服务供应主体,以会员制度为基础,通过建立同类人群团队、倡导志愿服务等方式,推动居民邻里互助,赋权增能,提升其社会参与度,社会工作者联合志愿者开展入户探访服务。

(2) 多主体参与促进社区老年人心理健康

睦友通过跨专业团队介入为什刹海街道老年人提供心理健康服务,普及心理健康知识,服务内容主要包括老年人心理健康预防服务、心理危机缓解服务以及心理疾病康复服务。心理健康预防服务侧重风险预防,通过设立心理咨询热线,建立老年人心理支持与情绪舒缓的通道,及时排解不良情绪;通过构建社区主题活动为老年人提供社会支持网络,以社会交往和业余活动改善老年人精神状态;为特殊困境老年人主动提供精神关怀服务。心理危机缓解服务侧重风险抑制,为已经受到不良情绪、家庭关系矛盾等困扰的老年人提供关系调适、放松减压、情绪舒缓等服务。心理疾病康复服务侧重全流程风险管理,社会工作者通过链接心理咨询、音乐治疗以及医生等专业资源为处于心理疾病康复期的老年人提供心理评估与转介、环境适应训练等服务,并通过个案管理方式回应服务对象个性化需求,助力其回归健康生活。

2017年7月至2020年4月,什刹海街道老年人心理健康服务共覆盖25个社区近6000人次,2000多位老年人参与了互助体验、生命教育、情绪舒缓主题活动,70位老人获得个性化心理健康支持服务,近200位老年人在志愿者入户中收获情感支持。94%的服务对象表示这些服务和活动对生活很有帮助。现存不足主要体现在老人坚持"家丑不外扬"的习惯和处理原则，主动求助意识较弱，由于情绪及心理压力累积而缺乏释放的出口，日积月累难免会发展成心理及精神疾病，宣教力度有待加大。

（3）提供认知障碍老年人多维介入服务

睦友在养老机构、社区及医院探索开展具有针对性的有效的社会工作服务。从预防、筛查、康复、护理等多层面介入，让社会工作者、医生及音乐治疗师跨学科多主体参与进来。

在服务准备阶段，成立了认知障碍症多维介入跨专业服务团队，包括社会工作者、音乐治疗师及心理咨询师等；组织团队参加认知障碍症相关培训，不断深化对认知障碍症疾病本身及专业服务的意识；多方联系服务落地单位，包括西城区多家养老机构、社区及医院，保障服务惠及更多家庭；开展团队会议，汇集多方需求，团队成员共同讨论并制订了"预防—筛查—康复—护理"多维介入服务方案。

在服务实施阶段，以世界阿尔茨海默病月为契机，在人流密集的广场或者公园通过知识宣讲及义诊、健步行等多种形式倡导社会大众关注认知障碍症；在养老机构推行"老年志愿行动计划"，将入住老人转化为志愿者，激发老人的优势和潜能；开展"记忆健康进社区"大型认知障碍症知识宣讲和筛查活动，增强大众认知和预防意识，针对筛查结果锁定重点跟进的老人，提供康复服务或预防服务；社会工作者联合医生及音乐治疗师运用个案辅导和团体辅导的方式协助认知障碍症老人获得认知训练、记忆训练、居家安全及问题行为干预服务，为认知障碍症照护者提供心理减压、技能培训、支持网络构建等服务。

从结果来看，成效显著。通过多年跟踪观察10位老人，发现其中5位常常参加老年智力运动会的老人各项机能维持较好，其中一位轻微抑郁的老人积极参与活动慢慢恢复，而另外5位从不参加任何活动的老人退化较快，无论是言语表达能力还是记忆力都下降得很快。尽管如此，认知障碍症群体服务仍然具有一定的局限性，由于认知障碍症不可治愈的特殊性，一旦患

病,将不断恶化。即使社会工作者针对认知障碍症患者不断开展综合性介入服务,也无法停止认知障碍症患者疾病的恶化。即使恶化程度减缓,也无法用准确的测量工具评估社会工作服务的成效。

5. 通州区典型做法[1]

(1) 大力推进医养结合养老服务

2018年8月,通州区首家"医养结合"型养老照料中心——北苑街道养老照料中心开始运营,该中心设置床位60张,不仅提供长期托养服务,还为辖区老年人提供日间照料和短期托养服务,充分发挥了养老照料中心的综合辐射功能;提供10项居家服务,包括信息管理、短期照料、助餐、助浴、助洁、助医、精神关怀、教育培训、志愿服务、拓展服务。该中心依托北京泗河中医医院的医疗资源优势,为老年人提供专业的医疗服务,形成集预防、治疗、康复于一体的健康管理闭环,重点服务失能和半失能的老人。该中心服务对象不仅包括北苑街道的户籍老年人,还扩展至60岁以上的常住老人,适应了社区内外地户籍老年人较多的实际情况。

2019年5月,梨园镇半壁店医养结合项目开始动工,这是北京市第二个、通州区首个集中养老社区试点项目。该项目的建设内容包括集中式居家养老公寓、养老机构、医务室及配套用房、幼儿园等,打造医养结合养老服务模式,结合了居家养老、社区养老和机构养老的优势,通过共有产权养老社区这一载体为周边老年人提供便捷的医疗服务。

2020年新冠肺炎疫情期间,通州区民政局联合首都医科大学附属北京潞河医院面向全区老年人、养老机构、驿站开展医养结合专题线上公益直播课,就老年人慢性病的护理、老年人防范新冠肺炎等内容提供专业性的医学指导。截至2020年5月18日,共开展4场直播,共计服务2129人次。

2020年首都医科大学附属北京潞河医院郎府院区开始启用,其中老年医学部提供老年日常医疗、特殊护理服务,安宁疗护病房结合医疗技术和人文关怀,为临终期老年人及其家属提供照顾和支持,让老年人舒适、安详、

---

[1] 通州区相关部门调研所得资料。

有尊严地离世，提高临终期老年人的生命质量。

（2）持续开展特困家庭老年人巡视探访服务

通州区于2018年开展了居家养老巡视探访服务工作，并于2019年制定了《通州区居家养老巡视探访服务实施办法（试行）》，明确了服务对象为日常生活照料存在困难、有精神慰藉需求、高龄、独居、空巢等常住老年人，确定了电话问候、上门探访、集体活动（如生日会、兴趣小组、节日活动）等多种方式，对老年人健康状况、精神状态、安全情况、卫生环境、居住环境等5个大类15小项的指标进行询问、提醒和评估，并对巡视探访中发现的情况进行记录、汇总、反馈以及服务需求转介。附录还提供了巡视探访工作方法技巧，针对老年人的特点和实际需求对上门服务和电话巡视探访的工作流程和注意事项做了细致而周到的规定，如"对老年人的称呼要使用敬语'您'""放慢语速，耐心倾听"等，不仅体现对老年人的尊重，而且有助于实现巡视探访的制度目标。

通州区通过政府购买服务、引进社会力量参与、应用信息化平台、整合各方资源等方式不断提升巡视探访工作的质量和效率；结合服务对象的需求和心理特点，开展针对性、个性化服务。原则上，每月给每位老人打电话4次，上门探访老人2次，针对特殊群体适当调整。2019年通州区已累计巡访老年人5098人、237671人次，其中入户巡访88945人次、电话巡访148726人次；因去世或个人其他因素终止服务的已巡访老年人553人。

## 四 政策建议

### （一）统筹好政府、市场和社会的关系

养老服务领域具有多属性特征：一是公益属性；二是公共服务属性；三是市场属性。首先，养老服务的对象是老年群体，优质的养老服务可以提升老年人福利水平，彰显社会文明进步的程度，传递敬老爱老的价值理念，这些都体现出对老年群体和社会整体的公益性。其次，养老服务也是社会福利

的重要组成部分,具有公共服务的属性,一方面体现为针对全部老年群体的优待、老年活动设施、公共养老机构、公共卫生服务等项目;另一方面体现为向低收入、残疾、孤寡老人等弱势老年群体提供免费或低费的养老服务以及其他福利等。最后,老年群体具有异质性,无论是收入水平、健康状况还是养老服务需求都有很大差别,需要发展养老服务市场,满足不同层次的老年群体需求。

基于养老服务领域的多重属性,需要统筹好政府、市场和社会的关系。政府要制定并落实社区养老服务设施规划,实现社区养老服务设施布局合理、结构优化,重点推动新建住宅小区与配套养老服务设施"四同步";政府要培育、引导、规范养老服务以及老年用品市场的发展,使养老服务供给更加充分、均衡,丰富老年用品的种类,提升产品品质及智能化水平;政府要协调、整合各方资源,形成有利于老年人社区居家养老的政策环境,推进社区为老服务平台建设;政府要切实履行好针对低收入等弱势老年群体的"兜底"责任,在财政可承担的前提下提高养老福利和社会养老服务的水平。

养老服务市场要加强标准化、专业化建设,要重点发展支持社区居家养老的为老服务,增加中心城区的社区嵌入式、多功能、综合性养老服务供给;统筹推进家庭养老、互助养老、志愿服务等养老模式,满足农村居家老年人的养老服务需求;发挥养老行业协会制定行业准则和标准,实施行业自律和行业监管,开展人员培训等方面的作用;通过分层分类进行需求管理的思路,借助信息网络技术等手段提高养老服务供需匹配程度。

积极发挥志愿组织、社区群众自治组织和其他社会组织的力量,形成依托社区、社会组织的"社区养老服务圈"和"社会养老助力圈";整合社区已有的场地、人力资源,为老年人提供便利;支持鼓励公益养老、互助养老的发展。

## (二)构建社区居家养老"五位一体"的社会支持体系

社区居家养老的发展离不开有效的社会支持体系。根据老年人的特点、对养老服务的需求、社区居家养老的特征等因素,需要构建"服务支持—

技术支持—环境支持—社会参与支持—家庭支持""五位一体"的社会支持体系。

1. 服务支持

完善社区居家养老服务网络是支持社区居家养老的重中之重，关系着老年人及其家庭切实得到便利、多样、安全的养老服务。第一，建立多主体参与、规范化管理的服务人员队伍，包括专业社工、家政服务人员、养老护理人员、志愿者等。第二，开展多种形式的互助养老，如老年人互助、社区内青年人与老年人互助等，探索"敬老换住宿""时间银行"等创新性互助养老方式。第三，建立多层次、多样化、个性化服务体系，完善社区居家养老服务网络平台，大力发展上门定制服务。第四，加强社区老年人日间照料机构、小型社区养老院护理型床位的建设，支持在社区养老服务机构配备康复、护理的设施器材，探索街道范围内老年康复辅具的租赁服务。

2. 技术支持

依托大数据、物联网、云计算等信息技术而产生的智慧养老项目不仅利用智能化的服务手段满足老年人生活便利性、安全性的需求，有效降低了人力和时间成本，提高了养老服务的质量和效率，还可以应用于老年健康领域，促进健康老龄化。2020年6月，民政部提出要大力推动智慧健康养老产业发展，包括智能健康养老产品和智慧健康养老服务两类。[①] 智能健康养老产品指具备显著信息化、智能化特征的新型智能健康养老终端产品，包括可穿戴健康管理设备、便携式健康监测设备、自助式健康监测设备、智能养老监护设备、家庭服务机器人等五大类。智慧健康养老服务指充分利用数字技术和智能健康养老产品为民众提供的新型健康养老服务，包括慢性病管理、居家健康养老、个性化健康管理、互联网健康咨询、生活照护、养老机构信息化等六大类。

3. 环境支持

"积极老龄化"和"老年友好城市"的理念强调减少和改善人们在老龄

---

[①]《关于组织申报〈智慧健康养老产品及服务推广目录（2020年版）〉的通知》。

化过程中遇到的居住、出行以及利用城市设施等方面的障碍，强化老年人群的身心健康与社会参与，提升老年人生活质量，构建不同代际人群和谐发展的包容社会环境。

第一，推动城市无障碍设施建设。对新建小区按照标准要求配套建设养老服务设施，并与住宅同步规划、同步建设、同步验收、同步交付使用；坡道、电梯等与老年人日常生活密切相关的公共设施改造；小区内车流路线和行人路线的合理区分；老旧小区的改造不宜"一刀切"式的拆除，建议在充分评估的基础上适量保存、改造提升和再生利用，提升其便捷性和适用性，加大其对社区居家养老的支持力度。

第二，实施居家适老化改造。适宜的居住环境对于老年人非常重要，因其不仅是栖身之所，还影响着老年人的情绪、健康以及生活质量。1982年《维也纳老龄问题国际行动计划》列举了老年人的七项特殊需求，"住宅和环境"排在第二位，"充分的居住条件和令人愉快的物资环境对于所有人的幸福生活都是必要的"。"尽量延长在自己家中居住的时间"也是国外养老实践的重要经验。居家适老化改造主要是根据老年人群的生理特点及生活习惯，对住宅及周边的社区环境进行适当改造，实现老年人居家养老的安全性、便利性和舒适性。居家适老化改造对于老年人、家庭和社会都有重要意义。通过对老年人家庭的居室、厨房、卫生间、通道等生活场所进行调整和改造，方便老年人日常生活，促进老年人居家自理能力的提高，降低老年人跌倒等风险事故的发生概率。减少老年人家庭不必要的医疗和护理投入，节约相关的社会福利与公共卫生开支。

4.社会参与支持

社区居家养老的社会支持体系还应包括社会参与支持。一方面，老年人的社交圈变小，社会交往频次降低，在一定程度上影响着老年人的身心健康；另一方面，老年人并不完全都是需要照顾的对象，大部分低龄老人身体健康状况较好，应倡导其树立自立、积极、参与的生活理念。

第一，引导老年人群形成对"老年"和"养老"的正确认知，减少失落、自卑、恐惧等负面情绪，鼓励老年人发展多种兴趣爱好，开启退而不休的精彩生活。第二，充分发挥各级基层政府、老年协会组织、社区老年活动小组的作用，大力发展老年文化教育、社区教育、远程教育，丰富社区老年活动形式和内容，鼓励老人多沟通交流，引导老人培养自己的兴趣爱好，从居家空间中走出来，老有所为，老有所乐。整合社区内部的养老资源，将闲置场所改建为满足老年人活动需求的设施。第三，鼓励和支持老年人力资源开发和利用，创造有利于老年人发挥余热，参与社会活动和社会治理的环境，充分体现老年人的自身价值，增强其幸福感和自我认同感，延缓其衰老进程。

5.家庭支持

家庭是社会成员相互交往、终身依赖、情感交流的最好场所。家庭为老年人提供经济支持、生活照料、精神慰藉，对老年人的身心健康和生活质量影响深远。家庭的赡养功能不仅仅是儒家文化"养儿防老"的体现，也在法律中得到了确认。《老年人权益保障法》专门用一章的篇幅规定家庭赡养和抚养，其中第13条和第14条明确规定："老年人养老以居家为基础，家庭成员应当尊重、关心和照料老年人"。"赡养人应当履行对老年人经济上供养、生活上照料和精神上慰藉的义务，照顾老年人的特殊需要。"中华文化中孝亲敬老、重视亲情的优良传统是我们宝贵的精神文化遗产，这一优势应得到继承发展而不是摒弃。虽然家庭在提供养老服务方面的功能弱化，但大多数老年人在需要人照顾时，首先想到的还是家人。支持家庭养老，促进家庭养老功能的有效发挥，可以提升养老服务递送体系的效率，防止家庭内部的养老问题外溢为社会问题。[①]

长期承担老年人生活照料的家庭照顾者大多承受较大的精神压力和心理负担，也会影响自身健康，尤其是失能、高龄老人的家庭照顾者面临的照顾任务更繁重、难度更大，亟须给予有力支持。第一，通过宣教、培训等多种形式向家庭照顾者提供老年照护的医学和护理常识，提高照护水平，防范老

---

① 李珍：《关于完善老年服务和长期护理制度的思考与建议》，《中国卫生政策研究》2018年第8期。

年人跌倒、失智等风险，提升老年人的生活质量。第二，为家庭照顾者提供必要的心理疏导、心理干预，减轻其精神压力和心理负担。第三，逐步推广"喘息服务"，让养老机构短期托管照顾老人，或者提供临时居家上门照料服务，给老年人家庭减轻负担，减轻照顾者压力。第四，建议在个税扣除规定方面增加支持家庭养老的内容，比如加大个税中赡养老人的扣除比例。第五，支持老少同住。政策性住房向老少同住的申请者倾斜；鼓励家庭成员与老年人共同生活或者就近居住，为家庭成员照料老年人提供帮助和便利，发挥家庭对老年人的经济保障和生活照料功能。

**参考文献**

陈娜、王长青：《社区居家养老的社会支持系统研究——以南京市雨花区为例》，《南京医科大学学报》（社会科学版）2015年第12期。

陈伟：《英国、我国香港与台湾地区养老服务之理念与经验——对我国内地"社区居家养老服务"的借镜与反思》，《南京工业大学学报》（社会科学版）2015年第2期。

冯喜良、周明明：《北京居家养老发展报告（2016）》，社会科学文献出版社，2016。

葛霭灵、冯占联：《中国养老服务的政策选择：建设高校可持续的中国养老服务体系》，中国财政经济出版社，2019。

唐灿、张建：《家庭问题与政府责任：促进家庭发展的国内外比较研究》，社会科学文献出版社，2013。

张奇林、赵青：《全民社保与社区居家养老模式的发展》，《武汉理工大学学报》（社会科学版）2012年第2期。

赵立新：《社区服务型居家养老的社会支持系统研究》，《人口学刊》2009年第6期。

#  B.10
# 北京城镇居民住房状况分析[*]

赵卫华 毕然[**]

**摘 要：** 本文使用2019年"新时代特大城市居民生活状况"调查的北京数据，从城镇居民的住房产权、居住水平、居住稳定性、居住压力及对住房的主观评价等方面，考察了北京市城镇居民住房整体状况。研究表明，北京城镇居民的住房自有率大约在66.7%，居住水平整体上处于小康水平，但也有一定比例的居住困难群体；大部分居民居住稳定，租住群体中以孩子上学、工作等租房为主。住房支出压力较大的群体为贷款购房群体和租房群体，其中房贷支出占家庭支出的32.5%，租房支出占家庭总支出的33.2%，住房支出占比较高，但仍然在安全范围内。大部分北京市城镇居民对居住住房的评价总体上处于中等及以上水平，但也有大约20%的居民对居住住房评价较低。对于房产税，是否有房、有房数量都影响到被调查者的态度。总之，住房作为城镇居民生活的刚性需求和最大资产，其情况具有复杂性，住房政策应该立足于"房住不炒"的定位，缓解住房困难群体的住房压力，保障和改善民生。

**关键词：** 城镇居民住房 住房状况 住房压力 住房评价

---

[*] 数据来源于中国社会科学院上海市人民政府上海研究院"新时代特大城市社会结构演变及其治理"课题组北京调查数据。
[**] 赵卫华，北京工业大学文法学部社会学系教授，北京社会建设与社会管理研究中心研究人员；毕然，北京工业大学文法学部社会学系研究生。

住房既是城镇居民的生活必需品，也是最重要的资产，居住环境是生活质量的重要方面。在大城市中，高昂的房价和房租对于很多没有住房的人来说是生活压力的最主要来源。北京是全国房价最高的城市之一，房价和房租都远超我国大部分城市，许多在北京居住的城镇居民都面临着很大的住房压力。对于很多北京人来说，买房越来越成为遥不可及的梦，住房压力也成为很多大学毕业生是否留在北京的一个重要影响因素。[1] 本文基于2019年"新时代特大城市居民生活状况"北京入户调查抽样数据，从城镇居民的住房现状、住房压力、住房主观感受三个方面出发，具体从住房产权类型、住房面积、住房数量、搬家情况、房租支出、购房及首付支出、住房满意度、对征收房产税的态度来考察本市城镇居民的住房状况。此次调查采取随机抽样方法，在北京10个区25个街道50个社区共获得1001份调查问卷，调查对象为在北京市居住6个月以上，且调研时在抽样地址中居住了7天及以上或将要居住7天及以上，处于18~65周岁的常住居民。在调查对象中，男性有464人，占46.4%；女性有537人，占53.6%。

## 一 城镇居民的住房产权状况

目前在北京，居民住房来源以自有住房和租房为主。在调查中，有57.5%的居民居住在自有住房中，30.8%的居民属于租住，1.2%的居民居住于和单位共有产权的房子中，还有10.5%的居民住房由单位、政府、亲友等提供（见图1）。总体来看，自有住房是目前北京市城镇居民住房的主要形式，租房居住也占有较高比重。

租房群体中也有一定比例的人有房。调查显示，在租房群体中，36.1%的居民拥有一套及以上数量的住房，有的是在京内有房，有的是在京外有房。除却无效回答，租房群体中在京内有房的比例是15.3%，京外有房的

---

[1] 赵卫华：《居住压力与居留意愿——基于北京外地户籍大学毕业生的调研分析》，《江苏社会科学》2018年第2期。

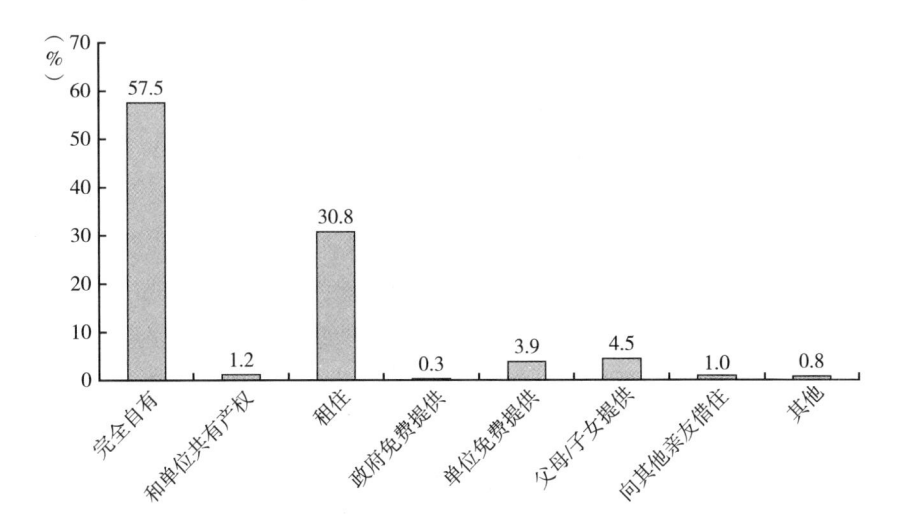

图1 2019年北京市城镇居民现居住房屋的产权类型分布

比例是20.8%（见图2）。京内有房但租房的主要是本地人，在京外有住房但租房的大多是外地人。在京内有房的租房群体中，84.4%都是拥有北京户口的本地人，只有15.6%是外地人；在京外有房的租房群体中，96.9%都是外地人，只有3.1%是本地人。

从住房产权来看，住房的自有率高于自住率。自1997年城镇住房货币化改革以来，城镇居民住房自有率迅速提高，拥有自己的住房也成为城镇居民消费升级的最重要目标。在2000年第五次和2010年第六次全国人口普查的数据中，我国城市人口住房自有率分别是71.98%和69.78%。[①] 从本次调查看，城镇常住居民家庭住房自有率是73.6%。具体来看，26.4%的居民家庭没有房产，57.7%的居民家庭拥有一套房产，12.9%的居民家庭拥有两套房产，3.0%的居民家庭拥有三套及以上房产（见图3）。然而，有的家庭虽然有房，但在居住地北京没有住房，严格来说也不能算有房群体。扣除那些京外有房但在北京无房的群体后，将"完全自有住房"、"和单位共有产

---

① 《第五次人口普查数据》《第六次人口普查数据》，国家统计局普查数据库，http://www.stats.gov.cn/tjsj/pcsj/。

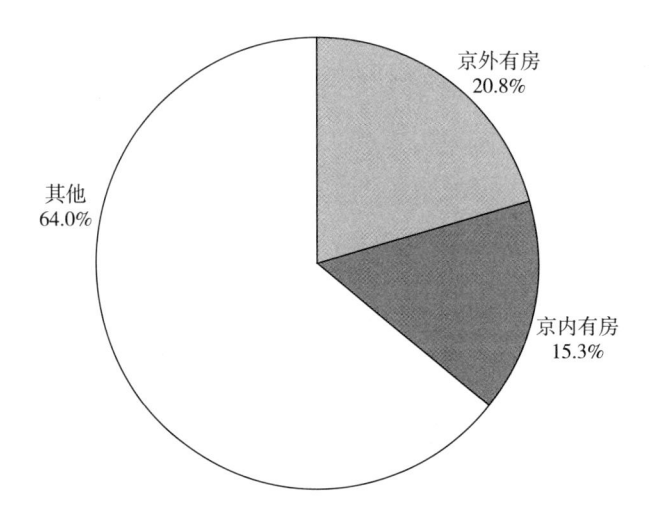

**图2 租房群体中的自有住房情况**

（京外有房 20.8%；京内有房 15.3%；其他 64.0%）

权"、"租房但京内有房"以及"住父母或者子女房"作为有房来计算，北京常住居民的住房自有率是66.7%，约为2/3，该住房自有率同全国平均水平相差不大。

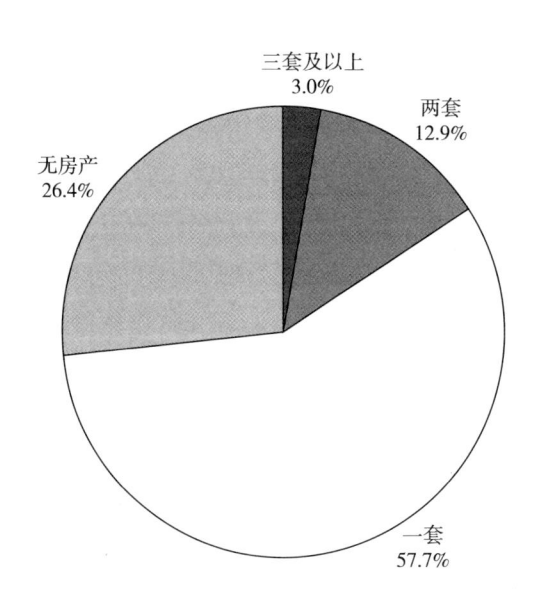

**图3 2019年北京市城镇居民家庭房产数量分布**

（三套及以上 3.0%；两套 12.9%；无房产 26.4%；一套 57.7%）

## 二 城镇居民的居住水平

住房水平这里主要指北京城镇居民的住房面积。住房多大是合理的，这个实际上没有确切的标准。《关于解决城市低收入家庭住房困难的若干意见》（国发〔2007〕24号）[①]中，对于我国廉租房及经济适用房的住房面积标准进行了划定，规定新建廉租住房套型建筑面积控制在50平方米以内，经济适用住房套型建筑面积控制在60平方米左右；北京市人民政府在《关于印发北京市限价商品住房管理办法（试行）的通知》（京政发〔2008〕8号）[②]中，将限价商品住房套型建筑面积划定为90平方米以下；北京市住房和城乡建设委员会在《关于公布本市享受优惠政策普通住房平均交易价格的通知》[③]中，将享受税收优惠的普通住房面积划定为140平方米以下。根据这些文件规定，我们以家庭住房面积50、60、90、140平方米为分界点，将城镇居民人均住房面积划分为5个层次，分别为保障型（小于50平方米）、经济型（50～60平方米）、小康型（60～90平方米）、富裕型（90～140平方米）、豪华型（140平方米以上）。本次调查显示，家庭住房面积均值为74.04平方米，中值为70平方米，众数为60平方米，总体处于小康水平。20.8%的居民家庭住房面积小于50平方米，属于保障型；17.8%的居民家庭住房面积处于50～60平方米，属于经济型；37.9%的居民家庭住房面积处于60～90平方米，占比最大，属于小康型；18.6%的居民家庭住房面积在90～140平方米，属于富裕型；还有4.8%的居民家庭住房面积大于140平方米，属于豪华型（见图4）。

---

[①] 中华人民共和国国务院：《关于解决城市低收入家庭住房困难的若干意见》（国发〔2007〕24号），http://zjw.beijing.gov.cn/bjjs/zfbz/zcfg/zywj/107130092525/index.shtml，2007年8月。
[②] 北京市人民政府：《关于印发北京市限价商品住房管理办法（试行）的通知》（京政发〔2008〕8号），http://zjw.beijing.gov.cn/bjjs/xxgk/fgwj3/fggz/315125/index.shtml，2008年3月。
[③] 北京市住房和城乡建设委员会：《关于公布本市享受优惠政策普通住房平均交易价格的通知》，http://zjw.beijing.gov.cn/bjjs/xxgk/fgwj3/qtwj/fwglltz/353514/index.shtml，2011年11月。

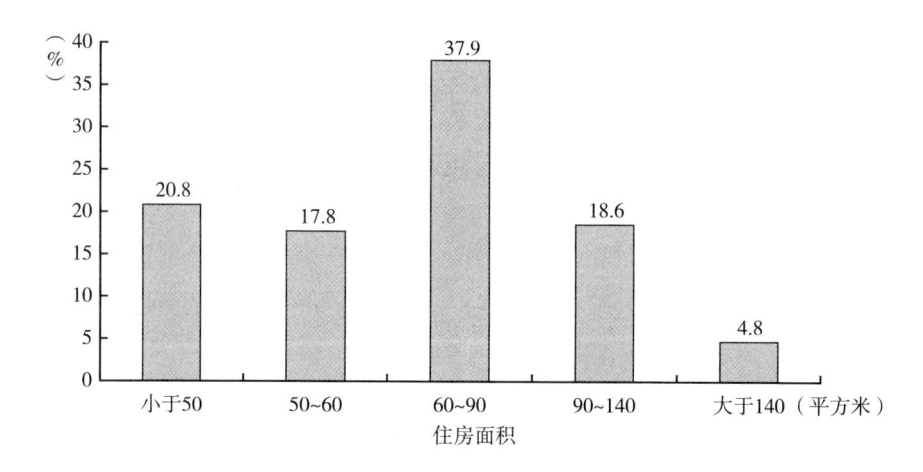

```
 （%）
 40                37.9
 35
 30
 25
     20.8
 20          17.8          18.6
 15
 10
  5                                 4.8
  0
     小于50  50~60  60~90  90~140  大于140（平方米）
                   住房面积
```

**图4　2019年北京市城镇居民家庭住房面积分布**

考虑到不同家庭人口数对居住需求的差异，人均住房面积能够更好地反映住房水平。从人均住房面积看，北京城镇居民居住面积偏低，内部分化明显。本次调查显示，2019年北京市城镇居民人均住房面积为28.25平方米，中值为23.33平方米，众数为20平方米。2018年北京市统计局公布的数据显示，北京市城镇居民人均住房建筑面积为33.08平方米[1]，本次调查与北京市统计局2018年公布的数据相比略低。北京市住房和城乡建设委员会等部门规定，本市出租房屋人均居住面积不得低于5平方米，每个房间居住的人数不得超过2人[2]，在住房和城乡建设部推出的《2020年全面建设小康社会居住目标》中，城镇人均住房建筑面积为35平方米，城镇最低收入家庭人均住房建筑面积大于20平方米。据此，以人均居住面积5、20、35平方米为界，将城镇居民人均住房面积划分为4个层次，称之为贫困型（小于5平方米）、经济型（5~20平方米）、小康型（20~35平方米）和富裕型（大

---

[1] 北京市统计局：《北京市宏观经济与社会发展基础数据库》，http://43.254.24.2/query/queryReport/queryReportAction? method = queryHtmlStyle&yhid = guest&netType = 2&queryCondition. reportNumber = LS – 9 – 01 – 1。

[2] 北京市住房和城乡建设委员会、北京市公安局、北京市规划委员会：《关于公布本市出租房屋人均居住面积标准等有关问题的通知》，http://zjw.beijing.gov.cn/bjjs/xxgk/fgwj3/gfxwj/zfcxjswwj/315495/index.shtml。

于35平方米）。调查显示，有3.5%的城镇居民人均住房面积小于5平方米，住房水平较低；39.7%的城镇居民居住水平属于经济型；34.7%的城镇居民居住水平属于小康型；22.0%的城镇居民居住水平属于富裕型（见图5）。总体而言，北京城镇居民居住水平大多为经济型和小康型，居住分化明显。

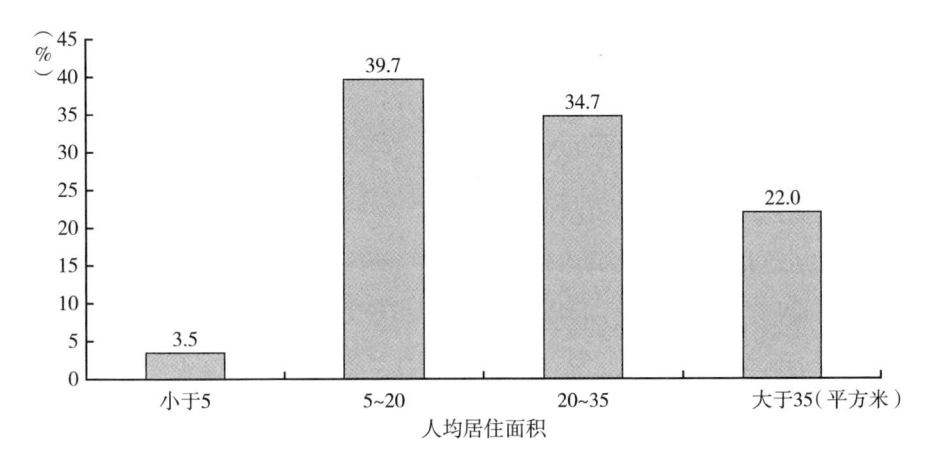

**图5 2019年北京市城镇居民人均住房面积分布**

## 三 城镇居民的居住稳定性

大部分居民居住稳定，少数人搬家频繁。居住状态的稳定性不仅同个体的社会融入有密切关系，还同社区中社会资本的培育有密切关系。在调查中了解到，许多居民家庭的居住场所具有流动性。在本次调查中，有74.3%的居民在五年内未搬过家，更换住所1~2次的占比为19.5%，更换住所3~4次的占比5.0%，还有约1%的居民更换5次及以上（见表1）。总体来看，大部分居民在五年内都有着较为稳定的住所，小部分群体更换住所比较频繁。

从迁入地与迁出地来看，大部分居民更换住所的场景都发生在北京市内，即在北京市内更换住所。在第一次更换住所时，17.8%的居民由较低

表1　北京市城镇居民住所更换频率分布

单位：人，%

| 搬家次数 | 频数 | 有效百分比 |
| --- | --- | --- |
| 0次 | 743 | 74.3 |
| 1次 | 151 | 15.1 |
| 2次 | 44 | 4.4 |
| 3次 | 35 | 3.5 |
| 4次 | 15 | 1.5 |
| 5次 | 9 | 0.9 |
| 6次 | 3 | 0.3 |
| 合计 | 1000 | 100.0 |

行政等级的区域更换到较高行政等级的区域，79.5%的居民在同级行政区域内进行流动，还有2.7%的居民由较高行政等级的区域更换到较低行政等级的区域。在最近一次更换住所时，12.5%的居民由较低行政等级的区域更换到较高行政等级的区域，87.5%的居民在同级行政区域内进行流动。总体来看，无论是在第一次更换住所还是在最近一次更换住所时，大部分居民都是在同等级行政区域内部更换住所。于北京市而言，大部分居民更换住所都在北京市内。调查显示，无论是在第一次还是最近一次的搬家中，在五年内搬家的居民大部分是在北京市内迁移（见表2）。

表2　北京市城镇居民五年内搬家的情况

单位：人，%

| 搬家迁移情况 | 第一次搬家迁移情况 ||| 最近一次搬家迁移情况 |||
| --- | --- | --- | --- | --- | --- | --- |
|  | 频数 | 有效百分比 | 累计百分比 | 频数 | 有效百分比 | 累计百分比 |
| 五年内未有搬家 | 899 | 89.8 | 89.8 | 768 | 76.7 | 76.7 |
| 京内迁移 | 70 | 7.0 | 96.8 | 196 | 19.6 | 96.3 |
| 北京向外地迁移 | 1 | 0.1 | 96.9 | — | — | — |
| 外地向北京迁移 | 19 | 1.9 | 98.8 | 34 | 3.4 | 99.7 |
| 京外迁移 | 12 | 1.2 | 100.0 | 3 | 0.3 | 100.0 |
| 合计 | 1001 | 100.0 |  | 1001 | 100.0 |  |

从搬家的原因来看，有的是个体自身为了寻求更好的发展环境，有的则是出于外在因素。在第一次搬家的原因中，有51.7%的人群是因为工作原因

而更换住所，有18.8%的人群是因为想要改善自身居住条件，还有较小比例的人群出于结婚或升学等原因而搬家，8.9%和4.5%的居民分别因为房租上涨和拆迁等外界原因而被动更换住所。在最近一次搬家的原因中，本人或家人上学的占比由第一次的5.4%变为18.8%，本人结婚的占比由第一次的1.8%变为3.1%，同时个人或家人找工作或更换工作的占比由32.1%变为23.1%（见表3）。通过将第一次更换住所与最近一次更换住所的原因进行对比可以看到，孩子上学取代工作，成为搬家的主要原因。

表3　北京市城镇居民五年内搬家的主要原因

单位：人，%

| 搬家的主要原因 | 最近一次搬家 | | 第一次搬家 | |
|---|---|---|---|---|
| | 频数 | 有效百分比 | 频数 | 有效百分比 |
| 本人或家人找工作或更换工作 | 59 | 23.1 | 36 | 32.1 |
| 本人或家人工作地点变动 | 31 | 12.2 | 22 | 19.6 |
| 房租上涨 | 15 | 5.9 | 10 | 8.9 |
| 改善居住条件 | 48 | 18.8 | 21 | 18.8 |
| 本人或家人上学 | 48 | 18.8 | 6 | 5.4 |
| 拆迁\单位分房\集资建房 | 16 | 6.3 | 5 | 4.5 |
| 本人结婚 | 8 | 3.1 | 2 | 1.8 |
| 其他 | 30 | 11.8 | 10 | 8.9 |
| 合计 | 255 | 100.0 | 112 | 100.0 |

## 四　城镇居民的住房支出压力

对于很多家庭而言，住房是影响家庭生活质量的重要方面，住房支出是家庭财产投资的重要部分，本文从购房首付支出、房贷支出、房租支出及日常住房支出四个方面出发，对北京市城镇居民的住房支出进行描述。从时间跨度来说，住房购买支出常常关乎一个家庭长时间的资产配置，为了深入了解居民的住房购买支出压力，下文将对购房首付状况、购房资金来源及结构、日常住房支出情况进行分析，以了解住房消费对居民日常生活压力的影响。

1. 购房首付支出

购买住房是家庭生活中的重要一环，住房购买支出常常会影响长时间内居民财务状况。购房首付是家庭的最大额支出，在北京市，家庭购房首付支出普遍较高，高额首付对于普通工薪家庭来说是一笔巨大的开支，购房对家庭造成很大的经济压力。本文研究的是2018年发生的购房首付支出。在所有样本中，2018年进行购房首付消费的个案数为18个，占调查对象的1.8%。在这18个家庭中，购房首付消费的平均值为1287555.56元，中值为1150000元，众数为2000000元，标准差为1070490.49。在553个有购房经历的样本中，在购房或者建房资金的来源方面，有73.41%的人动用了自己或夫妻的存款来购房，有32.55%的人获得了自己父母的资助，有15.73%的人获得了配偶父母的资助，有20.8%的人采用了银行商业贷款，有8.14%的人采用了公积金贷款，有14.83%的人向亲友借款，还有6.5%的人通过住房置换来购房。

居民住房购买的时间不同，其付款方式也不相同，早期购买房改房、经济适用房者，很多都是全款购买，近些年随着房价不断上涨，贷款成为住房购买资金的主要来源之一，但是总体来看，自有资金在总体上占比还是很高的。各种建房和购房资金来源所占比重如下：在497个有效样本中，个人或夫妻存款平均占比为41.21%；自己父母资助占比较多，其平均占比为15.48%，配偶父母资助与亲友借款比重大致相近；在来自个人关系网络外的外部贷款资源中，银行商业贷款资金占比较高，其平均占比为18.90%，而公积金贷款资金占比相对较低，其平均占比为5.00%；房屋置换在购房资金来源中占比的均值为8.84%，也承担了一部分比重（见表4）。

表4 购房资金来源分布

单位：元，%

| N=497 | 个人或夫妻存款 | 自己父母资助 | 配偶父母资助 | 银行商贷资金 | 公积金贷款资金 |
|---|---|---|---|---|---|
| 均值 | 410880.8048 | 154358.1489 | 45873.2394 | 188406.4386 | 49849.2153 |
| 平均占比 | 41.21 | 15.48 | 4.60 | 18.90 | 5.00 |

| N=497 | 亲友借款资金 | 房屋置换资金 | 其他资金来源 | 总购房款 |
|---|---|---|---|---|
| 均值 | 26882.2938 | 88108.6519 | 32670.0201 | 997028.8129 |
| 平均占比 | 2.70 | 8.84 | 3.28 | 100.00 |

2. 房贷支出

分期付款是住房商品化后居民购房的主要方式，房贷压力对于很多贷款购房的居民家庭来说都是一项大额支出。除购房首付支出外，房贷支出在居民家庭生活支出中也占有很大比重。不同于购房首付支出所具有的积累性，房贷支出与居民每个月的收支状况息息相关。从房贷的支出情况来看，在1001个样本中，有12.5%的家庭有住房贷款。在这些存在房贷支出的家庭中，2018年人均房贷支出的均值为29095元，中值为20000元，众数为50000元，标准差为30120；户均房贷支出的均值为93553元，中值为60000元，众数为50000元，标准差为115078。从房贷支出占家庭总支出比重来看，在120个有效样本中，房贷支出占家庭总支出比重的均值为32.51%，中值为30.87%，众数为33%，标准差为21.54%，房贷在家庭总支出中所占比重较高，但总体来看处在正常范围内。

3. 租房支出

北京市流动人口众多，租房常常是这类群体的主要居住形式。从数据来看，租房群体在被调查居民中占了很大比重，并且房租支出在该类家庭总支出中占比较大。从居民整体的租房状况来看，在1001个样本中，共有191个家庭存在租房支出，占比为19.08%。在这些租房家庭中，月人均租房支出的均值为1388.15元，中值为1041.66元，众数为833.33元，标准差为1291.16。从租房支出占家庭总支出比重来看，在177个有效样本中，租房支出占家庭总支出的比重均值为33.20%，中值为30.77%，标准差为22.24%，租房支出在家庭总支出中所占比重较高。

总体来看，有住房贷款和租房支出的家庭其住房消费支出占比较高，都在30%以上，对家庭造成较大的经济压力，但总体来看还处在安全范围内。家庭在购房资金方面来自父母和亲友的支持很重要，商业贷款也是资金来源的重要渠道之一，近年来，房价高企超过了很多人的购买力，首次购房的难度越来越大，房屋置换成为购房资金的重要来源。

4. 日常住房支出

随着住房商品化的发展，物业费成为与住房紧密关联的一项支出。北京

自有住房居民大部分需要交物业费，对于有房居民来说，物业费是日常住房支出的主要部分。从物业费支出的整体情况来看，在576个自有住房家庭中，有71%的居民缴纳物业费，在这些缴纳物业费的自有住房家庭中，平均每月每平方米物业费为5.1元，如果按照人均28.25平方米计算，则月人均物业费支出约为144元。自有住房家庭的居住压力比较小。

## 五 对住房相关问题的主观评价

居民对住房水平的主观评价与其需求水平密切相关，同样的住房，需求水平高者评价会相对较低。分析城镇居民对住房水平的主观评价，能够帮助我们更好地了解其住房需求满足状况。房子有好与坏、豪华与普通等层次的区别，如果用1～10分来代表住房的分层现象，其中"1"分代表最差的住房，"10"分代表最好的住房，让被调查者对自己所居住的房子等级进行划分，以此来了解城镇居民对自身居住等级的主观评价。从调查结果看，居民对自己住房进行评级的平均值是6级，众数为5级，中值为6级，图6为2019年北京市城镇居民对所居住房屋的评级分布。共有73.7%的居民对自身所居住的住房评级为5级到8级；有6.1%的居民对自身所居住的住房评级为高于8级，但也有20.3%的居民对自身所居住的住房评级低于5级。总体来看，北京市城镇居民对所居住房屋的满意度还比较高，大部分居民对自己的居住状况评级位于中等及偏上位置。

房产税是大家都比较关心的问题，按照2011年我国新修订的《房产税暂行条例》，除重庆和上海两个房产税试点城市以外，目前我国的房产税征收对象为生产性经营用房，对于个人生活性用房是免征房产税的。但关于征收房产税的传闻不断，一些学者主张扩大房产税的征收范围，但对多套房与一套住宅的征收应该有差别。[①] 关于在全国范围内对拥有多套住房的家庭征收房产税问题，调查显示，16.6%的居民表示非常赞同，28.2%的居民表示

---

① 王树玲、杨鑫杰：《我国房产税改革的思考》，《商业经济》2020年第5期。

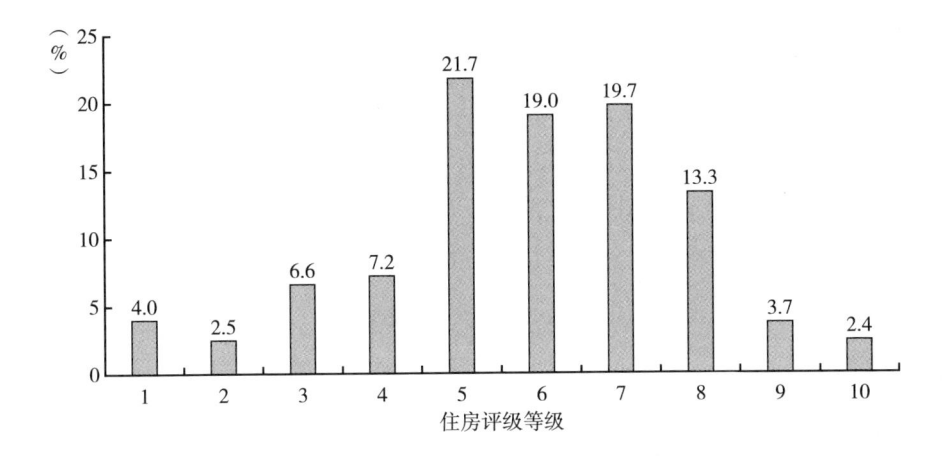

图 6 2019年北京市城镇居民对所居住房屋的评级分布

比较赞同，18.7%的居民表示不太赞同，6.7%的居民表示很不赞同，还有29.8%的居民表示说不清。

是否拥有住房及拥有多少套住房都对房产税的态度有很大影响。无房者群体中，较大比例的人群倾向于比较赞同和说不清，其中比较赞同的人群占比为31.8%，说不清的人群占比为37.9%；拥有一套房的群体中，不太赞同的比例上升了10个百分点；拥有两套及以上房产者，不太赞同和很不赞同的比重进一步上升到39.9%（见表5）。

表 5 关于对拥有多套住房的家庭征收房产税的态度

单位：人，%

| 类 目 | | 关于对拥有多套住房的家庭征收房产税的态度 | | | | | 合计 |
|---|---|---|---|---|---|---|---|
| | | 非常赞同 | 比较赞同 | 说不清 | 不太赞同 | 很不赞同 | |
| 没有自有住房 | 计数 | 41 | 83 | 99 | 28 | 10 | 261 |
| | 占比 | 15.7 | 31.8 | 37.9 | 10.7 | 3.8 | 100.0 |
| 一套 | 计数 | 105 | 155 | 160 | 118 | 32 | 570 |
| | 占比 | 18.4 | 27.2 | 28.1 | 20.7 | 5.6 | 100.0 |
| 两套及以上 | 计数 | 18 | 41 | 36 | 39 | 24 | 158 |
| | 占比 | 11.4 | 25.9 | 22.8 | 24.7 | 15.2 | 100.0 |
| 合计 | 计数 | 164 | 279 | 295 | 185 | 66 | 989 |
| | 总计 | 16.6 | 28.2 | 29.8 | 18.7 | 6.7 | 100.0 |

## 六 总结

通过对2019年北京市城镇居民住房状况的分析，得到以下研究结果。

首先，北京常住人口居住状况以自有住房为主，然后是租房，但住房自住率低于住房自有率，一部分有房居民因为子女上学、工作等不得不租房。对于部分租房群体来说，租住具有一定的不稳定性，大约1%的租房者换房比较频繁。

其次，有房居民的居住成本较低，居民住房压力较大的群体是贷款购房群体和租房群体，他们还贷和租房支出在消费支出中的占比都比较高。

再次，城镇居民住房水平总体上处于小康水平，但是内部分化明显，部分群体住房水平较低，住房困难问题需要社会各界关注。

最后，北京市城镇居民对所居住房屋的主观评价较高，整体处于中上水平，但也有20%左右的居民对居住房屋的评价较低。对于征收房产税，大约1/4的人不赞成，有房和无房群体之间、一套房和多套房群体之间存在显著差异。

作为一个超大城市，北京的房价和房租都是比较高的，居住的压力也非常大，但对于有房但无贷款的家庭来说，其居住压力并不大，住房压力集中体现在贷款购房和租房群体上。总体而言，北京城镇居民对其住房水平的评价还是比较积极的，但也存在部分住房困难群体，他们的居住问题需要从政策上予以关注。住房政策应坚持"房住不炒"的定位，着眼于住房困难群体的居住问题，保障和改善民生。

**参考文献**

赵卫华：《居住压力与居留意愿——基于北京外地户籍大学毕业生的调研分析》，《江苏社会科学》2018年第2期。

王敏：《住房、阶层与幸福感——住房社会效应研究》，《华中科技大学学报》（社会科学版）2019年第33（4）期。

边燕杰、刘勇利：《社会分层、住房产权与居住质量——对中国"五普"数据的分析》，《社会学研究》2005年第3期。

邹湘江：《我国城市人口住房状况特征及变化分析——基于"五普"和"六普"数据的比较》，《广州大学学报》（社会科学版）2013年第12（1）期。

中华人民共和国国务院：《关于解决城市低收入家庭住房困难的若干意见》（国发〔2007〕24号），http://zjw.beijing.gov.cn/bjjs/zfbz/zcfg/zywj/107130092525/index.shtml，2007年8月。

北京市人民政府：《关于印发北京市限价商品住房管理办法（试行）的通知》（京政发〔2008〕8号），http://zjw.beijing.gov.cn/bjjs/xxgk/fgwj3/fggz/315125/index.shtml，2008年3月。

《第五次人口普查数据》《第六次人口普查数据》，国家统计局普查数据库，http://www.stats.gov.cn/tjsj/pcsj/。

邓蕾、黄洪基：《租房青年的居住现状和居住观念研究——来自上海的调查》，《青年探索》2011年第6期。

王树玲、杨鑫杰：《我国房产税改革的思考》，《商业经济》2020年第5期。

# B.11 北京市流动儿童家庭教育的实证研究[*]

魏爽 唐甜甜[**]

**摘　要：** 本研究基于北京市流动儿童家长的问卷调查数据，通过建立多元线性回归模型的方法，重点从与家庭教育关联的"社会经济地位—家庭因素—自身因素"三个维度，分析流动人口子女家庭教育状况及其影响因素。研究结果发现：三个维度均对流动儿童家庭的教育水平产生显著影响，其中最为重要的就是家庭因素，即家庭中教育支出占比越高、家长陪伴子女时间越长、家庭接受教育公共服务越充分，则家庭教育水平就越高。由此可见，流动人口子女的家庭教育水平受流动人口家庭再生产过程的直接影响。流动人口家庭在流动过程中受到结构性因素的约束，因此，在对流动人口的家庭教育支持与保障方面，应加大支持力度，完善服务体系，最大限度地弱化流动人口社会融入的不利因素对代际教育再生产的消极影响。

**关键词：** 流动儿童　家庭教育　社会服务

---

[*] 本研究受到北京市教育委员会社科计划重点项目"社会融合视角下随迁子女教育模式研究"支持（项目编号：SZ202010005004）。
[**] 魏爽，北京工业大学文法学部社会工作系副教授，博士，硕士生导师；唐甜甜，北京工业大学文法学部社会工作专业硕士研究生。

## 一 问题的提出

北京的流动儿童数量为48.6万,其中,处于义务教育阶段的学生34.3万,85%就读于公立学校[①]。研究显示,流动人口家庭普遍存在教育困境,表现为家长工作强度大,无法陪伴孩子;文化水平低,辅导孩子吃力;教育经验不足,无法给予孩子正确的引导;经济条件不佳,无法满足孩子学习及发展的多样化需求。总之,流动儿童的家庭教育问题已刻不容缓、不容忽视,需要多方整合社会资源,发动全社会的力量给予援助和支持,共同促进流动儿童健康成长。

本研究希望通过数据的分析,找出制约流动儿童家庭教育支持的核心因素,把握流动儿童家庭教育支持的主要问题,从而提出更具可操作性的对策建议。

## 二 数据、变量和模型

### (一)数据来源

本研究以外地户籍在京务工、居住时间一年以上、家中至少有一名流动儿童的家庭为调查对象,采用问卷调查的方法收集数据,调查中共发出问卷519份,有效填答468份,有效率达90.2%,文中所有调查数据均用SPSS 23统计分析。

### (二)变量测量

1.因变量的测量

本研究将因变量设置为流动儿童的家庭教育水平。由于流动儿童家庭教

---

① 北京市统计局、国家统计局北京调查总队编《北京统计年鉴2017》,中国统计出版社,2017,第758页。

育主体主要是父母,选取父母在家庭教育中的具体内容作为因变量的具体指标,之所以选取这个指标是因为家庭教育与父母具体陪伴孩子做的事情息息相关,从这个指标更能看出家庭教育的整体状况。

在具体的测量操作化方面,涉及父母教养孩子的具体内容中主要包含8个类别,即与孩子玩耍、辅导孩子课业学习、与孩子沟通交流、传授孩子生活技能、对孩子进行品行教育、陪孩子锻炼身体、陪孩子发展兴趣爱好、鼓励孩子参与公益活动。对每个类别分别赋值,"从不"赋值为"1","很少"赋值为"2","有时"赋值为"3","经常"赋值为"4","总是"赋值为"5",然后将8个类别的赋值变量进行家庭内部加总并除以流动儿童数量,形成流动儿童家庭教育水平的因变量。指标得分越高,表示该流动儿童的家庭教育水平越高。

2.自变量的测量

基于已有研究对流动儿童家庭教育影响因素的讨论及调查问卷的问题设计,本研究将作为影响因素的自变量依照四个维度(基本人口学因素、社会经济地位因素、家庭因素、自身因素)进行划分。①基本人口学因素维度,分析的变量有性别、年龄、户口类型;②社会经济地位因素维度,分析的变量有职业、学历、月收入;③家庭因素维度,分析的变量有家庭教育投入、家庭教育每周时长、家庭教育服务;④自身因素维度,分析的变量有家庭教育理念、家庭教育期望、家庭教育方式。相关变量的赋值情况及描述性统计结果见表1。

表1 相关变量的赋值情况及描述性统计结果

单位:人,%

| 类别 | 变量及赋值情况 | 频数 | 相关统计 |
| --- | --- | --- | --- |
| 因变量 | 流动儿童家庭教育水平 |  | 均值(标准差)<br>10.04(3.071) |
| 自变量:基本人口学因素 ||||
| 性别 | 男 | 188 | 40.2 |
|  | 女 | 280 | 59.8 |

续表

| 类别 | 变量及赋值情况 | 频数 | 相关统计 |
|---|---|---|---|
| 年龄 | 25岁及以下 | 3 | 0.6 |
| | 26~30岁 | 5 | 1.1 |
| | 31~35岁 | 109 | 23.3 |
| | 36~40岁 | 153 | 32.7 |
| | 41~45岁 | 114 | 24.4 |
| | 46~50岁 | 67 | 14.3 |
| | 51岁及以上 | 17 | 3.6 |
| 户口类型 | 外地城市户口 | 89 | 19.0 |
| | 外地农村户口 | 379 | 81.0 |

自变量:社会经济地位因素

| 类别 | 变量及赋值情况 | 频数 | 相关统计 |
|---|---|---|---|
| 职业 | 农、林、牧、渔业 | 45 | 9.6 |
| | 制造业 | 16 | 3.4 |
| | 电力、热力、燃气及水生产和供应业 | 3 | 0.6 |
| | 建筑业 | 30 | 6.4 |
| | 批发和零售业 | 200 | 42.7 |
| | 交通运输、仓储和邮政业 | 12 | 2.6 |
| | 住宿和餐饮业 | 38 | 8.1 |
| | 信息传输、软件和信息技术服务业 | 8 | 1.7 |
| | 金融业 | 7 | 1.5 |
| | 房地产业 | 7 | 1.5 |
| | 租赁和商务服务业 | 19 | 4.1 |
| | 居民服务、修理和其他服务业 | 56 | 12.0 |
| | 教育 | 3 | 0.6 |
| | 卫生和社会工作 | 11 | 2.4 |
| | 文化、体育和娱乐业 | 13 | 2.8 |
| 学历 | 初中以下 | 47 | 10.0 |
| | 初中 | 221 | 47.2 |
| | 高中或中专 | 136 | 29.1 |
| | 大专或高职 | 48 | 10.3 |
| | 本科及以上 | 16 | 3.4 |
| 月收入 | 4000元以下 | 27 | 5.8 |
| | 4000~6000元 | 85 | 18.2 |
| | 6000~8000元 | 89 | 19.0 |
| | 8000~10000元 | 95 | 20.3 |
| | 10000~15000元 | 102 | 21.8 |
| | 15000~20000元 | 70 | 15.0 |

续表

| 变量及赋值情况 | | 频数 | 相关统计 |
|---|---|---|---|
| 自变量：家庭因素 | | | |
| 家庭教育投入 | 10%以下 | 30 | 6.4 |
| | 10%~20% | 110 | 23.5 |
| | 20%~30% | 117 | 25.0 |
| | 30%~40% | 95 | 20.3 |
| | 40%~50% | 48 | 10.3 |
| | 50%~60% | 43 | 9.2 |
| | 60%~70% | 10 | 2.1 |
| | 70%~80% | 6 | 1.3 |
| | 80%~90% | 7 | 1.5 |
| | 90%以上 | 2 | 0.4 |
| 家庭教育每周时长 | 7小时及以下 | 119 | 25.4 |
| | 8~14小时 | 121 | 25.9 |
| | 15~21小时 | 130 | 27.8 |
| | 22~28小时 | 51 | 10.9 |
| | 29小时及以上 | 47 | 10.0 |
| 家庭教育服务 | 接受过 | 75 | 16.0 |
| | 未接受过 | 393 | 84.0 |
| 自变量：自身因素 | | | |
| 家庭教育理念 | 以生命健康为核心，包括生理保健、心理健康、安全适应 | 232 | 49.6 |
| | 以生命价值为核心，包括生命角色、人格人生、处事修养 | 77 | 16.5 |
| | 以生命智慧为核心，包括学习品质、综合素养、自主专长 | 155 | 33.1 |
| | 其他 | 4 | 0.9 |
| 家庭教育期望 | 完成九年义务教育 | 5 | 1.1 |
| | 高中毕业 | 10 | 2.1 |
| | 大专毕业 | 23 | 4.9 |
| | 大学本科毕业 | 240 | 51.3 |
| | 研究生毕业 | 190 | 40.6 |
| 家庭教育方式 | 朋友式的平等沟通 | 206 | 44.0 |
| | 说教式的教育 | 209 | 44.7 |
| | 强制孩子服从 | 25 | 5.3 |
| | 任其发展 | 28 | 6.0 |

## （三）变量的描述性分析结果

### 1. 因变量描述

从表1的统计结果可以看出，在分析的样本数据中，流动儿童家庭教育水平的最高得分是19分，最低得分是1分，平均得分为10.04分，中位数是12。整体来看，流动儿童家庭教育处于因变量测量范围内整体偏下的水平，表现出相对偏弱的特征，尽管国家大力提倡加强流动儿童家庭教育的社会支持服务，但目前看来效果仍不明显。

从表2的分析数据来看，在流动儿童家庭中，子女数量会进一步影响家庭教育水平，即家庭中的子女数量对家庭教育水平具有分散效应，两者呈现规律性的变化。在只拥有一个子女的流动家庭中，家庭教育水平为10.2分，在有四个及以上子女的流动家庭中，家庭教育水平降至8.5分。由此可见，流动家庭中子女数量越多，其家庭教育水平越低，不同子女数量的家庭之间教育水平存在明显差异。

表2 流动儿童家庭教育水平与子女数量的交互结果

单位：分，个

| 类别 | 流动人口家庭子女数量 ||||
|---|---|---|---|---|
| | 一个 | 两个 | 三个 | 四个及以上 |
| 家庭教育水平（均值） | 10.2 | 9.97 | 9 | 8.5 |
| 有效分析的样本频数 | 128 | 283 | 52 | 5 |

### 2. 自变量描述

第一，从表1的数据统计可以看出，被调查者中男性占2/5，女性占3/5，且年龄多为31~45岁的中年群体，其中，户籍为外地城市户口的占19%，为外地农村户口的占81%。

第二，流动人口相对低学历化、低收入化，所从事的职业倾向于劳动密集型产业，在社会经济地位上处于弱势。从数据结果来看，高达72%的被调查家庭在京居住时间超过10年，他们中绝大多数从事批发和零售业，居

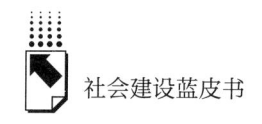

民服务、修理和其他服务业等行业，专业性技术人才稀少。总体来看，流动儿童家庭的经济收入水平在北京处于中等偏低水平。家庭月收入主要集中在8000~15000元，24%的家庭月收入在6000元以下。从学历状况看，初中及以下学历的流动儿童父母占比57.2%，大专及以上学历仅占比13.7%。

第三，家庭教育投入低，家长陪伴孩子时间少，家庭教育服务匮乏。家庭教育投入主要包括学杂费（含书本费）、补习班、特长班、购买学习用品、辅导书（含课外读物）和参加各类竞赛或校内外活动的支出费用。从数据结果来看，家庭教育投入占家庭总支出比重低于30%的家庭占到了被调查家庭的约55%，家庭教育投入占家庭总支出比重高于60%的家庭仅占约5%。流动儿童的家庭教育支出主要集中在学杂费、补习班、购买学习用品和辅导书这些方面，而用于发展孩子特长，以及鼓励支持孩子参加各类竞赛或校内外活动的支出非常有限。由于流动儿童的家长在京主要从事劳动密集型行业，工作时间长且不规律，因此，陪伴孩子的时间非常有限。调查数据显示，每周陪伴孩子的时间低于7小时的家庭占到了25.4%，意味着每天的陪伴时间不足1小时。在被调查的流动家庭中，有84%的家庭从未接受过相关机构或组织提供的家庭教育服务，如社区组织的家庭教育讲座、课后托管服务、社区组织的家庭亲子活动、社区儿童活动室（图书室）活动、政府提供的教育救助（如学费减免、提供学习用具和图书、心理辅导）、学校组织的家长学校等。在接受过的家庭教育服务中，有50%的家庭参加过学校组织的家长学校，有26%的家庭参加过社区或学校组织的课后托管服务，90%的家庭未享受过政府提供的教育救助（如学费减免、提供学习用具和图书、心理辅导等）。

第四，关注身心健康优于学习成绩，教育期望很高，教育方式呈现两极分化。从数据结果来看，流动儿童家长最关心的是孩子的身心健康，占到被调查家长的近60%，其次是学习成绩，占到被调查家长的近30%，极少数家长关注孩子的思想品德、特长培养和生活技能。约50%的家长认为家庭教育的首要任务是以生命健康为核心，包括生理健康、心理健康和安全适应；约33%的家长认为培养孩子的生命智慧才是家庭教育的核心，包括学习品质、综合素养和自主专长。流动家庭对子女的教育期望普遍很高，51.3%的家庭期望孩子的学历为大学本科，40.6%的家庭期望孩子的学历为研究生，而期望孩子学历为大专的家长只有4.9%，这里能够明显感受到代际压力的转移，父代的"大学梦"需要子代来圆，这也是很多进城务工人员举家进城的主要目的。从统计结果来看，流动儿童家庭的教育方式呈现非常明显的两极分化现象，44%的家长能够做到跟孩子进行朋友式的平等沟通，50%的家长则采用说教和专制的教育方式。在奖励方式上，48%的家长主要采取口头表扬的方式，42%的家长倾向于物质奖励。在惩罚方式上，74%的家长会给孩子讲道理，16%的家长会给予一定的物质惩罚，如减少零用钱、减少玩游戏时间等，采用打、骂等简单粗暴的教育方式的家长占比很小。这从一个侧面也反映出农民工家庭的教育方式也在发生正向的变化。遇到困难能够主动向家长求助并经常与家长沟通的孩子占到近六成。

3. 模型拟合

由于因变量即流动儿童家庭教育水平为数值型连续变量，因此本研究主要采用多元线性回归模型对影响流动儿童家庭教育的因素进行验证分析。模型公式如下：

$$Y = \beta_0 + \beta_1 X_1 + \beta_2 X_2 + \cdots + \beta_k X_k + \Sigma$$

其中，$Y$代表因变量，即流动儿童家庭教育水平，$\beta_0$代表常量，$\Sigma$代表随机误差项，$X_k$表示第$k$个影响因变量的自变量，$\beta_k$是自变量的回归系数。为保证量化分析结果的准确性，本文将0.05的显著性水平作为临界值，选取通过显著性水平检验的变量建立线性回归模型，最终确定拟合较优的四个估计模型进行数值分析。

## 三 数据分析结果

本研究一共建立了四个回归模型，如表3所示。模型1分析了基本人口学因素（性别、年龄、户口类型）变量，模型2分析了社会经济地位因素

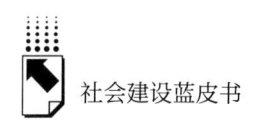

(职业、学历、月收入)变量,模型3分析了家庭因素(家庭教育投入、家庭教育每周时长、家庭教育服务)变量,模型4分析了自身因素(家庭教育理念、家庭教育期望、家庭教育方式)因素,通过方差分析可以看到,四个模型的显著性水平都小于0.05,模型均具有显著作用。

表3 流动儿童家庭教育水平的影响因素分析(多元线性回归模型)

| 自变量 | | β(标准误差) | 模型1 |
|---|---|---|---|
| 基本人口学因素 | 性别 | 0.144(0.423) | 常量:19.312<br>NagelkerkeR$^2$:0.045<br>P(sig):0.000 < 0.05<br>F:8.391<br>DW:2.077<br>$Y = 19.312 + 0.144X_1 - 0.467X_2 - 2.274X_3$ |
| | 年龄 | -0.467(0.179) | |
| | 户口类型 | -2.274(0.519) | |
| | | | 模型2 |
| 社会经济地位因素 | 职业 | -0.095(0.045) | 常量:5.901<br>NagelkerkeR$^2$:0.076<br>P(sig):0.000 < 0.05<br>F:13.754<br>DW:2.086<br>$Y = 5.901 - 0.095X_1 + 1.289X_2 + 0.119X_3$ |
| | 学历 | 1.289(0.232) | |
| | 月收入 | 0.119(0.144) | |
| | | | 模型3 |
| 家庭因素 | 家庭教育投入 | 0.004(0.078) | 常量:10.120<br>NagelkerkeR$^2$:0.101<br>P(sig):0.000 < 0.05<br>F:18.436<br>DW:1.880<br>$Y = 10.120 + 0.004X_1 + 0.728X_2 - 1.044X_3$ |
| | 家庭教育每周时长 | 0.728(0.107) | |
| | 家庭教育服务 | -1.044(0.368) | |
| | | | 模型4 |
| 自身因素 | 家庭教育理念 | 0.198(0.154) | 常量:8.592<br>NagelkerkeR$^2$:0.019<br>P(sig):0.008 < 0.05<br>F:3.988<br>DW:1.856<br>$Y = 8.592 + 0.198X_1 + 0.397X_2 - 0.359X_3$ |
| | 家庭教育期望 | 0.397(0.190) | |
| | 家庭教育方式 | -0.359(0.174) | |
| N | | | 468 |

在基本人口学因素中，统计结果表明，年龄同流动儿童家庭教育水平之间的关系为负相关，父母较为年轻的流动儿童家庭，如"80后""90后"流动儿童家庭父母能够给予孩子更完善的家庭教育，这也反映出不同年龄阶段家庭在教育观念和家庭教育知识储备上的显著差异，年轻的父母们能够用更多元的价值观开展更好的家庭文化建设。家庭教育水平也存在明显的城乡差异，虽然都是进京务工，但外地城市户口的家庭教育水平要高于外地农村户口的家庭教育水平。需要注意的是性别变量的差异，尽管填答问卷多为家庭中的母亲，但研究是以整个家庭为基础单位的，所以结果更多表现为实际家庭教育水平的描述。

在社会经济地位因素中，统计结果表明，职业、学历状况和家庭月收入对家庭教育水平都有显著影响。在流动儿童家庭中，父母学历越高，家长就越能向孩子输出较多的知识，也更懂得用科学的方法来教养孩子，因此，流动儿童的家庭教育水平也就越高，两者呈正相关关系。流动儿童家庭教育水平的差异还在夫妻二人的职业和月收入上有所体现，家庭月收入越高，则从事的职业就越偏向于专业技术类，越能更好地保障家庭教育的开支。

在家庭因素中，统计结果表明，家庭教育支出占比越高的家庭，父母就越重视儿童的家庭教育问题，同时，家长在家庭教育上所花的时间越多也会使流动儿童家庭教育水平提高。需要注意的是家庭教育服务这个变量，统计发现，接受过相关家庭教育服务或培训的家长更懂得如何认识亲职教育责任，如何处理好亲子关系；反之，没有接受过相关服务和培训的家长，在家庭教育方面就显得束手无策。家庭中儿童的数量也是影响家庭教育质量和水平的一个因素，家里孩子数量越多，家庭教育的分散效应就越显著。

在自身因素中，统计结果表明，家庭教育理念、家庭教育期望和家庭教育方式等都和家庭教育水平有着密切的联系。只追求孩子学习成绩的提高，奉行说教式教育方式的家长，可能其家庭教育水平较低；关注孩子身心健康、思想品德，认为家庭教育需要用健康、价值和智慧来构筑的家长，其家庭教育的水平较高。

整体来看，四个回归模型都对流动儿童家庭教育水平具有解释力，但其

中家庭因素模型的拟合度最高，因此，家庭因素也成为影响流动儿童家庭教育的核心因素，这也使我们不得不重视流动儿童家庭对家庭教育的投入以及组织和机构应该为流动儿童家庭提供家庭教育支持服务。

## 四 结论与讨论

在流动儿童家庭教育的讨论中，除社会因果论强调的社会经济地位对家庭教育具有决定性作用之外，家庭教育的内在机制分析仍是十分必要的。由于中国流动人口在社会结构中所处的流动性与弱势性的特殊位置，流动人口子女的家庭教育问题实质上关联了家庭代际的教育再生产与教育不平等问题。本文基于北京市流动儿童家庭教育的调研数据，在基本人口学因素分析的基础上，重点从与家庭教育关联的社会经济地位因素、家庭因素和自身因素三个维度，对影响流动儿童家庭教育水平的结构性因素进行了实证分析。主要研究结论如下。

第一，社会经济地位因素与流动人口子女的家庭教育水平显著相关。实证结果验证了社会因果论提出的社会经济地位假设，即文化水平高、经济收入高、职业地位高的流动人口子女更易获得较高的家庭教育水平。社会经济地位高的群体容易得到丰富的资源与机会，倾向于对子女教育给予更多的投入，这些资源机会能够作用于其子女获得的教育支持。对于流动儿童家庭而言，尽管社会因果论的假说成立，但由于整体上仍处于社会经济地位及社会保障上的弱势群体，因而其下一代的家庭教育也会处于相对的弱势位置。或者说，正是因为教育差异的社会阶层性特征，不同社会群体通过代际效应使其对下一代的教育状况产生影响，从而在有差别的家庭再生产过程中带来教育再生产的不平等问题。

第二，自身因素与流动人口子女的家庭教育水平显著相关。实证结果证明了家庭教育理念、期望和方式对流动人口子代家庭教育具有重要意义。相较于学习成绩，流动儿童家庭更关心孩子的健康和安全问题，这与其家庭的流动性及城市融入状况密切相关。受家庭经济条件和父代教育水平的制约，家庭教育较少关注子代爱好特长的培养和社会实践的参与，子代发展空间受限。高教育期待和低教育成就形成强烈反差，导致流动家庭的父代产生高度的教育焦虑，并将这种焦虑通过家庭教育方式向子代转移。说教、强制和打骂的教育方式依然存在。

第三，家庭因素与流动人口子女的家庭教育水平显著相关。作为模型当中拟合度最高的一个维度，家庭因素相较于社会经济地位因素与自身因素而言，成为影响流动人口子女家庭教育水平的最具解释力因素。实证结果表明，家庭教育的投入、时长以及是否接受过相关培训与服务均对流动人口子女的家庭教育水平存在显著影响。父母的教育投入越大，陪伴时间越长，获得社会支持服务越丰富，其子女获得更多家庭教育的可能性就越高。研究结果表明，代际联结越紧密的流动人口，其子代获得更多家庭教育支持的可能性越大。

从上述结论可以看出，当前中国流动儿童家庭教育水平与其家庭所处的结构性位置紧密相关，并受到家庭再生产过程的直接影响。由于流动人口整体上仍处于社会结构中的弱势性与流动性位置，因而家庭再生产过程中的教育不平等问题亟须解决。尽管新生代流动人口无论是从自身素质还是从外部环境来看，都有着比老一代流动人口更好的条件和机遇，但受成长环境及相关制度性的制约，其家庭整体并不完全融入城市生活环境。由于流动家庭在流动过程中受到结构性因素的制约，除了要在国家层面进行干预，在教育部门改革中加以重视和强调，更要将其置于一个宏观的背景和政策框架下综合考虑。在完善流动儿童教育政策等制度的同时，更应注重构建流动家庭教育支持体系，保障最大限度地消除流动人口社会融入的不利因素对教育再生产的消极影响。

**参考文献**

邹玉龙：《家庭教养方式研究综述》，《赤峰学院学报》（科学教育版）2011年第1期。

刘军萍、李彦：《流动的关怀：家庭公共政策视角下城中村流动儿童学前教育支持研究》，《少年儿童研究》2019年第8期。

Betty Cooke., "Competeneies of a Parent Educator: What Does a Parent Educator Need to Know and Do?" *Child Welfare League of America*, Vol. 85, Issue 5 (September 2006).

于伟溢、陈璇：《流动少年儿童的社会支持研究述评》，《中国青年研究》2012年第5期。

张翠娥：《武汉市流动儿童家庭教育调查报告》，《当代青年研究》2004年第5期。

陈香：《流动儿童家庭教育问题与策略探索》，《中小学心理健康教育》2019年第2期。

李敏贤：《流动人口小学生家庭教育的现状、原因及措施研究》，《中国校外教育》2015年第10期。

张生、陈丹、苏梅、齐媛：《流动儿童家庭教育研究现状与对策》，《中国特殊教育》2017年第7期。

刘伟：《农民工儿童家庭教育困境与社会工作的介入——以武汉市江汉区汉兴街H社区为例》，华中科技大学硕士学位论文，2013。

陈少娜：《农村流动儿童受教育问题研究》，《中国青年研究》2012年第10期。

李良玉：《我国当代家庭教育存在的主要问题及对策研究——基于唯物史观理论》，西安建筑科技大学硕士学位论文，2017。

许弘智、王英伦、靳天宇：《同辈社会网络与农民工子女的文化再生产——基于Q市流动儿童与留守儿童的比较研究》，《青年研究》2019年第5期。

# B.12 公共卫生事件下北京对中小微企业扶持政策的分析报告

王 敏 张雨薇*

**摘 要：** 受新冠肺炎疫情的影响，中小企业的正常运营受到严重冲击，正常的采购、加工、生产、销售等环节受到严重影响，营业收入剧减、刚性支出负担加重、本就存在的投融资困难等问题严重困扰并威胁着中小微企业的生存。对此，中央及北京市政府及时出台专项政策，减轻中小微企业负担，力图帮助中小微企业渡过难关。本文梳理了新冠肺炎疫情对北京市不同行业的中小微企业造成的影响，从降税减费、降低成本、加强资金支持、发放优惠券等角度梳理总结北京市政府和各区政府发布的支持中小微企业抗击疫情的各类扶持政策，同时对相关政策进行分析。研究认为：政策存在正向的作用，可以在相当大的程度上帮助企业渡过危机，但同时存在政策未涉及现有制度改革、政策精细化程度有限、尚未建立有效的协调机制、政策惠及行业有局限性等问题。在此基础上，本报告提出相关政策建议：积极引导社会、市场力量帮扶中小微企业，重点加强面向民营中小企业"补血造血"的救助措施，在帮扶的同时注重公平和效率的平衡，加大税收优惠力度、丰富税收减免内容，完善并改进消费券发放的思路措施。

---

\* 王敏，管理学博士，北京工业大学文法学部社会学系副教授，研究方向为社会保障理论与政策；张雨薇，北京工业大学文法学部社会工作系2019级硕士研究生。

社会建设蓝皮书

**关键词：** 中小微企业　政策扶持　降税减费

2020年，新冠肺炎疫情暴发，成为重大突发公共卫生事件。截至2020年6月15日24时，据31个省（自治区、直辖市）和新疆生产建设兵团报告，累计确诊病例83221例，累计治愈出院病例78377例，累计死亡病例4634例。[①]

此次疫情，我国各行业都受到巨大冲击，交通、旅游、住宿餐饮等行业恰恰是中小企业的重要领域。调查显示，85.74%的文化、体育和娱乐业，78.02%的住宿和餐饮业，63.47%的居民服务、修理和其他服务业，62.50%的交通运输、仓储和邮政业，57.38%的制造业和56.82%的批发和零售业反映形势严峻，生存压力巨大。[②] 北京统计局的数据显示，2020年上半年，北京市中小微企业中住宿和餐饮业营业收入同比下降55.4%，营业利润下降62.9%，文化、体育和娱乐业营业收入同比下降43.1%，营业利润下降3.4%。[③]

新冠肺炎疫情给中小微企业的生存和发展带来了巨大压力，我国市场主体以中小微企业为主，帮扶中小微企业对稳定就业、维持经济、促进发展都具有重要意义。2020年2月12日，习近平总书记主持召开中共中央政治局常务委员会会议指出："要以更大力度实施好就业优先政策，完善支持中小微企业的财税、金融、社保等政策。"随后，北京市政府及北京市各区政府出台了一系列举措与通知，帮助中小企业渡过难关。本文梳理了新冠肺炎疫情对北京市不同行业的中小微企业造成的影响，从降税减费、降低成本、加强资金支持、发放优惠券等角度梳理总结北京市政府和

---

① 《2020年6月16日疫情通报》，搜狐网，https://www.sohu.com/a/402275640_428505?_f=index_pagefocus_5，2020年6月17日。
② 中国中小企业协会：《关于新冠肺炎疫情对中小企业影响及对策建议的调研报告》，中国经济网，2020年2月18日。
③ 《中小微企业经营情况》，北京统计局网站，http://tjj.beijing.gov.cn/tjsj_31433/yjdsj_31440/xwqy_31906/2020/202008/t20200814_1983041.html，2020年7月14日。

各区政府发布的支持中小微企业抗击疫情的各类扶持政策,并对相关政策进行分析评估。

## 一 疫情对中小微企业造成的影响

### (一)企业订单减少,消费疲软,收入降低

重大突发公共事件所特有的紧迫性与不确定性给全球经济的发展带来了极大的挑战,2020年初新冠肺炎疫情的快速蔓延使得全球股市剧烈震荡。在此背景下,如何准确考察新冠肺炎疫情等突发公共事件对我国宏观经济与金融市场的冲击,有效防范化解系统性金融风险并保障经济平稳运行,已成为影响我国经济发展全局的重大问题。受此次新冠肺炎疫情影响,北京市第一二季度地区生产总值为16205.6亿元,同比下降3.2%,尤其是第一产业,降幅更是高达20.8%。同时,北京市第一二季度全市居民人均消费支出下降11.9%,城镇居民人均消费支出下降12.6%。①

消费需求和消费行为的减少,会造成总体市场需求下降。随着全球疫情的不断扩散,国际市场需求不足,出口、物流均受到一定的限制,产业链、供应链均受到冲击。服务业中的中小微企业大多处于消费市场的末端,其中相当一部分直接服务于消费者,因此,总体市场需求对其收入的影响较大。处在制造业夹缝中的中小微企业受疫情影响,各类企业的复工复产不同步,导致原材料、配件的供应和配套不足,进一步制约了中小微企业的正常运营。一方面,面临上游原材料供应短缺,价格上涨的压力;另一方面,由于总体需求下降,下游集成制造商开工不足导致订单减少。

### (二)企业刚性支出带来的现金流压力

由于新冠肺炎疫情暴发的时间与新年接近,居家隔离、抗疫停工导致中

---

① 《居民人均消费支出情况》,北京市统计局网站,http://tjj.beijing.gov.cn/tjsj_31433/yjdsj_31440/jmsz_32036/2020/202007/t20200720_1952462.html,2020年7月20日。

小企业资金回流受阻,零售业、制造业不仅资金回笼受限,还因资金回流受阻而产生极大的坏账风险。

在此期间,企业仍需支出员工的工资、社会保险费用、企业房屋租金、贷款利息等刚性成本的支出。2020年2月,清华大学、北京大学联合对995家中小企业进行调研,数据显示:员工工资及五险一金、租金和偿还贷款这三项刚性支出合计占中小企业总支出的90%,其中员工工资和五险一金占62.78%。加之中小企业对抗风险的能力相对较低,更容易受到疫情冲击,出现资金紧张的问题。

## 二 政府相关措施

### (一)通过减税来为中小企业减负

通过减税实现对中小企业的减负,主要包括以下几方面措施:一是减免增值税;二是税前抵扣;三是缓缴所得税;四是延长亏损结转弥补年限。具体政策总结如表1所示。

表1 通过减税为中小企业减负的政策措施

| 政策 | 主体 | 内容 |
| --- | --- | --- |
| 《关于延长小规模纳税人减免增值税政策执行期限的公告》 | 除湖北省外,其他省、自治区、直辖市的增值税小规模纳税人 | 适用3%征收率的应税销售收入,减按1%征收率征收增值税;适用3%预征率的预缴增值税项目,减按1%预征率预缴增值税 |
| 《关于支持新型冠状病毒感染的肺炎疫情防控有关税收政策的公告》 | 疫情防控重点保障企业 | 对疫情防控重点保障物资生产企业为扩大产能新购置的相关设备,允许一次性计入当期成本费用在企业所得税税前扣除 |

续表

| 政策 | 主体 | 内容 |
|---|---|---|
| 《国家税务总局关于小型微利企业和个体工商户延缓缴纳2020年所得税有关事项的公告》 | 按月纳税,月销售额不超过10万元;按次纳税,每次(日)销售额不超过300~500元 | 小型微利企业在2020年剩余申报期按规定办理预缴申报后,可以暂缓缴纳当期的企业所得税,延迟至2021年首个申报期内一并缴纳 |
| 《关于支持新型冠状病毒感染的肺炎疫情防控有关税收政策的公告》 | 交通运输、餐饮、住宿、旅游(指旅行社及相关服务、游览景区管理两类)四大类困难企业 | 企业2020年度发生的亏损,最长结转年限由5年延长至8年 |

资料来源:中华人民共和国中央人民政府官方网站, http://www.gov.cn。

上述为企业减负、帮助企业渡过难关的政策,可以直接对中小企业发挥作用,且政策清晰直接,范围划分准确全面。这使得企业可以通过利好政策,实实在在地缓解中小微企业的困难,加快企业的资金流动,减少企业的部分成本,保障生存发展环境,扩大中小企业的盈利空间,以便更好地渡过危机。

## (二)降费部分

### 1. 减少或缓缴中小微企业社会保险费

受此次新冠肺炎疫情影响,大量企业停产停工,经济发展受到严重挑战,且随着疫情在全球范围的扩散,影响更大、更持久。对此,北京市在3月8日发布通知,自2020年2月至2020年6月,免征中小微企业(包括以单位形式参保的个体工商户)和其他特殊类型单位(不含机关事业单位)三项社会保险单位缴费部分。对受疫情影响生产经营出现严重困难的参保单位,可申请缓缴三项社会保险费。[1] 仅2020年2月,便为全市企业减免社保费109亿元;2020年3月,北京市共有1万余家通过了审核,每月可为企业缓解资金压力3.1亿元。[2] 2020年6月9日发布北京市阶段性降低工伤保

---

[1] 北京市人力资源和社会保障局、北京市财政局、国家税务总局北京市税务局:《关于做好北京市阶段性减免企业社会保险费工作的通知》,首都之窗,http://www.beijing.gov.cn/zhengce/zhengcefagui/202003/t20200308_1682614.html,2020年3月8日。

[2] 《北京:阶段性减免社保费,2月份为企业减负109亿》,人民网,2020年4月17日。

险费率20%的通知，从2020年5月1日至2021年4月30日，本市一类至八类行业用人单位工伤保险费率，在现行费率的基础上下调20%。按项目参保的施工企业，2020年5月1日至2021年4月30日期间的缴费费率统一调整至0.8%。① 2020年2月20日，住房和城乡建设部会同财政部、中国人民银行提出了企业可以在2020年6月30日前，在不影响每个职工正常提取和申请住房公积金贷款的情况下按规定申请缓缴住房公积金。

企业社会保险费用的缴纳具有强制性，疫情背景下这部分支出成为小微企业较为沉重的负担，用人成本高，成为减薪、停缴费用甚至辞退员工的理由。充分就业作为经济复苏的关键，对于保持社会稳定、刺激经济发展、拉动消费具有十分重要的作用。因此，减少或缓缴小微企业社会保险缴费充分发挥了其逆经济周期的功能，稳定企业生产规模和就业岗位，为经济的良性运行提供基础和保障。

2. 降低企业运营成本，帮助企业渡过难关

为缓解现阶段小微企业的经营压力，北京市各政府部门纷纷出台政策，帮助企业减少支出，顺利渡过此次难关。

具体措施包括以下几方面：一是降低或免除行政事业性收费，北京通过停征特种设备检验费、污水处理费、占道费等为中小企业减负减重，同时，国家发展改革委发布通知，除高耗能行业用户外，其他电力用户统一延续按原到户电价水平的95%结算。国家发展改革委提出延长阶段性减免部分征信的服务。二是减免房租，国家发展改革委、住房和城乡建设部等八部门联合印发的《关于应对新冠肺炎疫情进一步帮扶服务业小微企业和个体工商户缓解房屋租金压力的指导意见》中，明确了房屋租金减免和延期支付的政策，主要支持经营困难的服务业小微企业和个体工商户，优先帮扶受疫情影响严重、经营困难的餐饮、住宿、旅游、教育培训、家政、影院剧场、美容美发等行业。② 北

---

① 《北京工商保险费率阶段性下调20%》，腾讯网，2020年6月9日。
② 八部门联合印发《关于应对新冠肺炎疫情进一步帮扶服务业小微企业和个体工商户缓解房屋租金压力的指导意见》，中华人民共和国中央人民政府门户网站，http：//www.gov.cn/xinwen/2020-05/09/content_5510292.htm。

京市在2020年2月对从事生产经营活动的企业单位实行了免租金政策,对从事办公单位进行了租金减半。三是对旅游行业暂退保证金:文化和旅游部向旅行社暂退部分旅游服务质量保证金(以下简称保证金),暂退范围为全国所有已依法缴纳保证金、领取旅行社业务经营许可证的旅行社,暂退标准为现有缴纳数额的80%。[①] 北京市各区的政策如表2所示。

表2 北京市各区对中小微企业的扶持政策

| 发布日期 | 发布机构 | 文件名称 | 主要措施 |
| --- | --- | --- | --- |
| 2020年4月21日 | 北京市昌平区人民政府 | 北京市昌平区人民政府办公室关于印发昌平区对减免中小微企业房屋租金支持措施的通知 | 对符合要求的企业按照不同比例减免房租 |
| 2020年4月27日 | 北京市东城区人民政府 | 北京市东城区人民政府办公室关于印发东城区落实《进一步支持中小微企业应对疫情影响保持平稳发展若干措施》实施细则的通知 | 减免房租,发放消费券,强化对中小微企业的多元金融支持,引导创投机构支持优质科技型中小微企业,给予科技型中小微企业贷款贴息及研发补贴支持 |
| 2020年4月29日 | 北京市朝阳区人民政府 | 北京市朝阳区人民政府办公室关于落实北京市人民政府办公厅进一步支持中小微企业应对疫情影响保持平稳发展若干措施的通知 | 加大租金减免政策实施力度;强化对中小微企业金融支持;支持科技创新和文化创意类中小微企业发展;保障中小微企业有序复工复产;加大援企稳岗支持力度;加大对中小微企业服务保障力度 |
| 2020年4月29日 | 北京市大兴区人民政府 | 北京市大兴区人民政府办公室关于印发《大兴区关于进一步支持中小微企业应对疫情影响保持平稳发展若干措施》的通知 | 对符合首都城市战略定位、不列入疏解整治范围且经营困难的中小微企业给予补贴,发放消费券,加大社会保险资金支持力度;引导驻区金融机构加大政策性贷款投放力度;保障中小微企业有序复工复产 |
| 2020年5月6日 | 北京市顺义区人民政府 | 顺义区支持和鼓励非国有产权经营用房业主疫情期间减免中小微企业房租的实施细则 | 对部分企业实行按照实际减免租金额的40%予以专项支持 |

---

① 《文化和旅行部:暂退旅行社80%质保金?》,《中国旅游报》2020年2月7日, https://news.cncn.net/c_873691。

续表

| 发布日期 | 发布机构 | 文件名称 | 主要措施 |
| --- | --- | --- | --- |
| 2020年5月7日 | 北京市石景山区人民政府 | 北京市石景山区关于支持中小微企业应对疫情影响保持平稳发展的若干措施 | 对符合区域产业发展定位、未享受其他租金减免、依法合规经营但存在困难的区内中小微企业给予租金补贴;对符合区域产业发展定位的区内中小微企业,按照企业本年度实际支付贷款利息的50%给予贴息;对符合本区重点领域的企业,给予企业补贴;对疫情期间为区内中小微企业提供职业介绍服务的经营性人力资源服务企业给予补助 |
| 2020年5月11日 | 北京市西城区人民政府 | 北京市西城区人民政府办公室关于落实北京市人民政府办公厅进一步支持中小微企业应对疫情影响保持平稳发展若干措施的通知 | 继续实施租金减免支持政策;强化对中小微企业金融支持;促进大中小企业融通创新发展;支持科技型中小微企业发展;保障中小微企业有序复工复产;加大援企稳岗支持力度 |
| 2020年5月13日 | 北京市丰台区人民政府 | 北京市丰台区人民政府办公室关于印发《丰台区进一步支持中小微企业应对疫情影响保持平稳发展若干措施(暂行)》的通知 | 给予5亿元的专项基金支持;加大租金减免政策支持;加大多元化金融支持;加大商务消费领域支持;加大援企稳岗支持;加大复工达产支持;加大中小微企业服务支持 |

资料来源:北京市人民政府官方网站,http://www.beijing.gov.cn。

## (三)加大资金支持力度

2020年1月31日,银保监会、中国人民银行等五部门下发《关于进一步强化金融支持防控新型冠状病毒感染肺炎疫情的通知》,要求金融机构加大为与疫情相关行业提供信贷的支持力度,提供差异化金融服务,尤其是加大对制造业、小微、民营等重点领域的信贷支持力度。[1] 同时,中央财政在对疫情

---

[1] 《关于进一步强化金融支持防控新型冠状病毒感染肺炎疫情的通知》,中华人民共和国中央人民政府门户网站,http://www.gov.cn/zhengce/zhengceku/2020-02/01/content_5473639.htm。

防控重点保障企业给予贴息支持的同时加大创业担保贷款贴息支持力度。

2020年2月25日，国务院常务会议决定增加再贷款、再贴现额度5000亿元，重点用于中小银行加大对中小微企业信贷支持力度。同时，下调支农、支小再贷款利率0.25个百分点至2.5%。国有大型银行上半年普惠型小微企业贷款余额同比增速要力争不低于30%。政策性银行将增加3500亿元专项信贷额度，以优惠利率向民营、中小微企业发放。[1]

数据显示，疫情期间，北京市中小企业公共服务平台、北京银行等金融机构，为助力企业有序复工复产，为1078家企业发放41.6亿元的支小再贷款；同时，仅"平安中小福"一项专项保险，便已为8600家中小企业提供了百万保额。

**（四）推进企业稳岗政策，帮助企业恢复正常运营**

2020年2月5日，人力资源和社会保障部等五部门发布《关于做好疫情防控期间有关就业工作的通知》，对参保职工30人（含）以下的企业，裁员率放宽至不超过企业职工总数的20%，统筹使用工业企业结构调整专项奖补资金，用于支持受疫情影响企业稳定岗位、保障基本生活等支出。[2]随后2月7日，人力资源和社会保障部发布《关于做好新型冠状病毒感染肺炎疫情防控期间稳定劳动关系支持企业复工复产的意见》，协调帮助处理疫情期间员工的工资待遇问题。

北京市在国家原有政策的基础上，创造性地提出中小微企业社会保险费返还的福利补贴。同时，对受影响较大且坚持不裁或少裁员的企业，按照6个月的上年度本市月人均失业保险金标准和参保职工人数，返还失业保险费。对符合首都功能定位和产业发展方向的中小微企业，截至2020年4月

---

[1] 《李克强主持召开国务院常务会议 推出鼓励吸纳高校毕业生和农民工就业的措施等》，中华人民共和国中央人民政府门户网站，http://www.gov.cn/premier/2020-02/25/content_5483215.htm。

[2] 《人力资源社会保障部、教育部、财政部、交通运输部、国家卫生健康委关于做好疫情防控期间有关就业工作的通知》，中华人民共和国中央人民政府门户网站，http://www.gov.cn/zhengce/zhengceku/2020-02/06/content_5475179.htm。

底人数相比持平或增长20%以内的，给予3个月应缴纳社会保险费30%的补贴；人数增长20%以上的，给予3个月应缴纳社会保险费50%的补贴。享受上述政策且组织职工参加职业技能培训的可以享受每人1000元的一次性技能提升培训补贴。

### （五）通过线上线下发布消费券，拉动消费

疫情不但对中小微企业造成较大冲击，对于中低收入家庭的冲击也相对较大。因此，通过特定消费券补偿来刺激消费，带动市场活力势在必行。对此，国家发展改革委、财政部、商务部等23个部门联合印发《关于促进消费扩容提质加快形成强大国内市场的实施意见》，强调"着重增强中低收入群体消费能力"。[1] 为进一步拉动消费，促进经济回暖，北京市2020年6月发布122亿元消费券，7月发布150亿元消费券，面向在京消费者发放专项消费券、智能产品消费券和特定消费券三类消费券，涉及餐饮、购物、旅游、教育等受疫情影响较为严重的十大领域。

## 三 当前政策评述

### （一）中央政府迅速作出反应，北京市政府迅速响应

在突发重大公共卫生事件的应对解决中，存在相关需求的快速扩张与资源供给能力有限之间的矛盾，很难依靠市场机制的自我调节与单一组织力量来应对。因此，必然需要政府统筹协调，充分调动和运用社会资源来解决问题。

自新冠肺炎疫情暴发，党中央、国务院迅速作出反应，在防控疫情的同时出台了一系列复工复产、帮助中小微企业等政策。北京市各区政府在严格落实国家政策的同时结合本区的财政与实际情况，制定了更为具体的中小微

---

[1] 资料来源于人民网。

企业扶持政策。这些政策的出台实施体现出各级政府较强的执行力以及各区政府对政策落地及执行的强烈愿望。

### （二）政策并未涉及现有制度的改革

为顺利渡过此次疫情，从中央到地方纷纷出台各类政策，都是在现有制度框架下的临时性安排，并未涉及相关政策和制度的改革和调整。缓缴税收、社保费和住房公积金的扶持政策，并未减少和免除企业的支付义务，只是通过履行义务的时间调整安排来缓解企业当前的支付压力，防止企业因为资金链断裂而出现倒闭破产问题。

### （三）政策精细化程度有限

由于不同企业受疫情冲击的程度不同，应对风险的能力也不同。但当前出台的各项政策并没有针对不同类型的企业设置不同的帮扶标准。从表2北京市各区政府出台的政策可以看出，北京市不同的区域有不同政策，优惠政策多而复杂，这些都会使企业在正确理解及享受政策红利上存在一定的困难。从政策的实际落地情况来看，优惠政策的申请手续、办理过程等细节还有进一步完善的需求，且政策的实际落实与中小微企业的期望值还有一定的差距。

### （四）尚未建立有效的协同机制

当前出台的政策仍然处于碎片化状态，没有建立统一、高效、精准的社会保障协同机制，虽然民政部曾发布《关于动员慈善力量依法有序参与新型冠状病毒感染的肺炎疫情防控工作的公告》，但在此次对抗疫情过程中，社会、市场力量参与不足，且政策重物质轻服务，单纯依靠政府力量无法有效地拉动经济，帮扶中小微企业。

### （五）政策所惠及的行业具有一定的局限

从政策内容来看，许多针对中小微企业的政策也并不是所有中小微企业都能享受到的，以东城区人民政府发布措施为例，给予科技型中小微企业贷

款贴息及研发补贴支持，对通过科技信贷产品融资且符合条件的科技型中小微企业给予贷款贴息，贴息比例为50%。那么一些服务业或者零售业企业便没有办法享受到类似的福利与优惠。再如，北京市虽然给予小微企业一定的社保补贴，但也指出需要符合北京市的功能定位和产业发展方向，也就将范围缩小到"三城一区"或者高精尖产业的企业，这就把大部分中小微企业排除在外，一些服务业或者零售业企业便没有办法享受到类似的福利与优惠。而目前出台的有关中小微企业的政策中，企业所处的行业、地理位置等都会对中小微企业具有一定的过滤作用，使得许多中小微企业无法享受到更多的优惠，而且享受到优惠的企业所得到的切实帮助与在疫情中所承担的损失相比也是不充分的。

## 四 帮助中小微企业渡过难关的政策建议

### （一）积极引导社会、市场力量帮扶中小微企业

鼓励和引导各行业协会编写政策指南书，组建线上咨询平台，帮助指导中小微企业理解并享受各项优惠政策；为中小微企业提供法律援助和法律咨询等服务，协助其及时化解劳资、债务、合约等方面的纠纷。

### （二）重点加强面向民营中小微企业的"补血造血"救助措施

截至2020年7月31日，全球累计确诊新冠肺炎病例17432777例。因此，全球范围内的疫情还将持续相当长的一段时间，企业还将面临需求不足、出口不畅等诸多问题。我国的中小微企业对拉动经济增长、吸纳就业等具有重要作用。已有的调研数据表明，2月已出台的救助政策更多有利于国有企业，民营企业的现金流压力未得到实质性缓解。建议各级政府因业定策，因业施策，出台面向民营中小微企业的税费减免定向扶持政策，避免中小微企业大范围破产倒闭。同时，引导部分外向型出口企业积极开拓国内市场，开发国内订单，帮助其修复自身"造血"能力。

## （三）在帮扶的同时注重公平和效率的平衡

在帮扶中小微企业的过程中，应遵循"公正、公开、公平"的原则，接受社会舆论的监督，做好阶段性评估，重点关注帮扶过程中能够收到实效的方式和项目。

此外，在注重公平的同时，也要避免对效率的损伤。应建立政府与企业的有效沟通机制，同时完善市场监管机制，以确保在帮扶特定企业的同时不会对其他企业或者行业造成负面的影响，进而引发更大范围的伤害。

还需注意的是，对企业的帮扶应以激活企业自身"造血"功能为目的，避免企业长期、过度依赖政府的帮扶政策，以至于造成自身市场竞争力退化的现象。

## （四）加大税收优惠力度，丰富税收减免内容

目前的税收优惠政策，大多集中在企业层面，例如企业所得税和增值税方面的减免，今后应在此基础上加大对金融投资和金融服务行业针对中小微企业业务的税收优惠力度。

主要可以包括：为给中小微企业提供贷款的金融机构实行部分减免税收的优惠；特别是对受疫情冲击较大的中小微企业投资人可参照国家对符合条件的初创科技型企业天使投资人予以税前扣除优惠；为中小微企业提供设备融资租赁等金融服务的企业适当减免部分税收。

## （五）进一步完善消费券

消费券的设计思路建立在启动消费乘数效应的基础上，政府通过发放消费券在短期之内刺激消费、拉动经济增长，产生一系列正面积极的效果。但从长远来看，消费券不能成为持续拉动消费，增加居民购买力的主要途径，更不应该将其作为帮扶弱势群体和老年群体的手段。

同时，消费券的投放存在需要改进与升级的地方。应通过多种途径，结合大数据和消费行为偏好进行精准投放。例如可在大型商业综合体或者地铁

广告牌等显著位置投放消费券的广告或宣传，以便更多的消费者可以看到并使用。其使用也应设定不同的等级，根据不同类型的产品进行组合，充分挖掘消费潜力。以2020年6月发布的智能产品消费券为例，需单笔订单满2000元，才可享受9折券，最高享受400元补贴。这种高额满减的行为会影响消费券的使用及核销。

消费券应当进一步向中小微企业倾斜，向终端门店倾斜，与消费场景相结合。可考虑为一定规模的中小微企业设置小规模不设门槛的消费券，以便中小微企业可以充分享受政策红利，摆脱困境。

消费券也应该严禁转手倒卖及套现等行为，应设计一套完备的监督和审计机制，防止商家与发券机构暗箱操作，造成权力的寻租。

**参考文献**

孟秋：《众志成城共克时艰 应对疫情冲击下的经济变化》，《中国对外贸易》2020年第2期。

杨子晖、陈雨恬、张平淼：《重大突发公共事件下的宏观经济冲击、金融风险传导与治理应对》，《管理世界》2020年第5期。

郑毅：《瘟疫环境下个体生活条件模式与行为的理性化——以20世纪初哈尔滨的瘟疫事件为例》，《医学与哲学》（人文社会医学版）2007年第4期。

魏江：《因业因地长短结合精准施策——应对新冠肺炎疫情的产业政策建议》，《浙江经济》2020年第2期。

# B.13
# 北京市近郊农村居民就业调查报告

张秀娟[*]

**摘　要：** 为促进北京市近郊农村居民在城市化进程中的就业，以北京市大兴区农村居民为对象展开了调查。调查发现，近郊农村居民就业率呈较高水平，就业质量较为理想，就业满意度较高，对就业能力提升持强烈需要，但参与就业培训积极性不足，以及对参与的职业培训效果评价不高。此外，近郊农村居民中有小部分处于无业失业状态，原因主要是找不到合适的工作。基于调查发现，提出政策建议包括建立多方位就业机制，充分考虑不同群体的就业培训需求，重视潜在的社会不稳定因素。

**关键词：** 城市化　就业　农村居民　就业质量

为更好地促进城市化进程中的农村居民就业，为政策制定提供相关信息支撑，2019年6~8月对北京市近郊农村适龄劳动力就业状况、就业需求开展了专项调研。本次调查选取北京市大兴区农村18~59岁适龄劳动力为调研对象，调查内容主要包括：农村居民就业状况；农村居民主要群体就业特征；农村居民就业需求及对策建议。大兴区作为北京市近郊区，农村适龄劳动力规模大，代表性强。调研以问卷调查为主，问卷调查选取大兴区某乡，根据年龄与性别采取非随机配额抽样方式，最终收回问卷923份。在开展问

---

[*] 张秀娟，中共北京市大兴区委党校副教授，主要研究方向为党的建设、社会建设与社会治理、教育政策。

卷调查的同时，对5个社区共计50余名居民及社区干部开展了5次访谈。主要调查发现如下。

# 一 农村居民就业状况

## （一）就业率呈较高水平

本次调查结果发现，被调查的大兴区农村居民就业率为93.7%，这与北京市调查就业率大体相当，表明大兴区农村居民就业情况良好。进一步分析不同性别群体就业率情况，男性就业率略高于女性，二者基本持平，分别为女性93.2%和男性94.8%。在不同学历群体就业率方面，可以看出，学历越高，就业率也越高，其中研究生及以上学历群体就业率超过96%，而初中及以下学历群体就业率为91.6%。这表明人力资本的提升能够积极推进大兴区青壮年农民的就业。

## （二）就业质量较为理想

本次调查发现，大兴区农村居民就业质量整体上较为理想，具体表现在如下几方面。

第一，在职业方面，大多数拥有正式职业，非正规就业所占比例极小。调查发现，被调查大兴区农村居民职业呈现多元化的特征，涉及诸多职业类型，但是也呈现相对集中的特征。其中有31.2%为企业员工，占比最多；其次是社区工作，占比25.4%，这表明就地就业是突出特征；然后是事业单位工作人员，占比9.5%。比较而言，从事个体经营、打零工散工、从事农业生产的情况所占比例极小。

第二，从就业单位来看，就业单位主要为正规就业部门，且呈现就地就业的特征。调查表明，大兴区农村居民就业单位占比最多的是社区居委会、村委会等自治组织，占到近三成；其次是国有企业，占比15.8%；再次是事业单位，占比15.4%。私营企业占比与事业单位接近，为13.8%。可以看出，大兴区被调查青壮年农民就业单位相对集中，其中就地就业的社区居委会、村委会等自治组织占据首位。

第三，就业保障覆盖面较好，收入较为理想。调查表明，超过九成就业者与用人单位签订了书面劳动合同并且工作单位为其缴纳养老、医疗、生育、工伤保险与公积金。在月收入方面，有一半被调查者收入集中于5000~10000元，近15%收入超过10000元，当然也有36.2%的月均收入在5000元以下。整体来看，青壮年农民收入大体处于正常水平，部分群体收入处于较高水平，同时大多数与工作单位签订了正式的书面劳动合同并缴纳社会保险，因此就业质量相对处于较高的水平。

### （三）就业满意度较高

由于就业质量相对较高，大兴区农村居民就业满意度呈现较高的水平。从调查结果来看，有六成左右被调查者对工作状况持十分满意和比较满意的态度，近三成就业满意度处于一般水平，表示不满意的不到一成。进一步分析不同群体的就业满意度，从性别来看，对工作非常满意的女性达23.6%，男性为18.8%，而对工作很不满意的女性仅占0.5%，远低于男性的4.3%，女性的就业满意度要高于男性。从学历来看，大学学历就业者的就业满意度要显著高于没有上大学的就业者。一般来看，拥有大学学历，意味着获得更高水平的就业质量，因此就业满意度也相对要高。

## 二 无业失业农村居民状况

根据本次调查，大兴区无业失业农村居民所占比例较小，调查失业率仅为6.3%。从无业失业原因来看，有六成左右找不到合适的工作是最主要的原因，这表明提升无业失业农村居民就业能力，对于促进其就业具有重要的意义。整体来看，无业失业青壮年群体呈现如下特征。本次还调查了无业失业群体的求职情况。从调查情况来看，其中有一半的失业人群已经连续五年以上没有工作，由于失业时间过长，只有两成的受访者最近三个月找过工

作，准备自主创业的仅占整体的3.2%，剩余多数持有"没有找工作，不打算继续工作"和"暂时不找工作，过段时间再说"的想法，导致存在适合的工作时开始工作的意愿不强烈，仅有一半的被调查者能接受在一个月内正式工作这一想法。针对在最近三个月内采取不同方式寻找工作的被调查者而言，多数选择了委托亲友找工作，剩余的则倾向于利用网络及其他媒体求职、参加招聘会或者自己上门询问这几种情况。

那么，哪些无业失业青壮年群体的求职意愿低呢？我们进一步进行了分析，主要呈现如下特征。一是女性求职意愿低于男性。从调查发现来看，男性受访者近六成失业时间不足五年，而一半女性失业者已经超过八年未工作，导致女性求职意愿降低——有72.5%的男性失业者愿意在一个月内开始工作，而女性失业者中仅有43.3%的群体愿意工作。在求职意愿方面，近三月寻找过工作的男性失业者达四成，而女性不足两成。就求职方式而言，男性多采用"利用网络及其他媒体求职""参加招聘会或者自己上门询问"，而女性则更倾向于"委托亲友寻找工作"。总的来说，男性失业者较女性表现出更强烈的就业欲望。二是低学历群体求职意愿低。从失业时长来看，初中及以下学历的近七成受访者失业时长超过五年，随着学历层次的提升，失业时长逐渐缩短，受访中研究生及其以上学历者七成以上失业时长不足一年。调查结果显示，学历在初中及以下的受访者且近三个月找工作者约一成，高中与本科学历的受访者占比约三成，而研究生及以上学历受访者寻找工作的达一半。不同学历寻找工作的方式也存在差别，其中初中及以下学历人群多采取"委托亲友寻找工作"这一方式，高中和本科学历人群除了"委托亲友寻找工作"外，同时采用了"利用网络及其他媒体求职"这一方式，研究生及以上学历人群则更倾向于"参加招聘会或者自己上门询问"。学历越高的群体在就职方式上越倾向于利用弱关系。

## 三 就业自我评价及需求

本次调查涉及大兴区农村居民就业自我评价及需求，调查发现如下。

## （一）就业能力自我评价相对较高

本次调查结果显示，农村居民就业能力自我评价处于较高水平，有57.5%的被调查者认为自己完全胜任工作需要，有34%的认为自己基本胜任工作需要，只有8.5%的农村居民认为自己工作有点吃力，不胜任目前工作的需要。大兴区农村居民对自己的就业能力表示足够认可。从群体差异来看，不同性别群体对就业能力的评价存在差异。其中，男性中只有3.9%认为自己工作吃力和不胜任工作的需要，而女性这一比例超过了10%。从学历来看，受教育程度越高的居民对自己的就业能力评价也越高，特别是本科以上学历者几乎都认为自己能够胜任工作的需要，而在初中及以下学历群体中，高达三成认为自己工作吃力和不胜任工作的需要。可以看出，受教育程度对农村居民就业能力有重要的影响。

## （二）对政府就业服务满意度高

从本次调查结果来看，大兴区农村居民对政府提供就业服务的满意度呈现较高的水平。无论是政府提供就业服务还是就业信息，居民对政府就业服务的满意度评价都比较高，按评价从低到高赋值1~5分，大兴区农村居民对政府就业服务评价均值为3.8分，处于比较满意的水平。

## （三）对就业持积极的态度

近年来随着城市化的快速推进，大兴区农村居民在征地拆迁中获得了不菲的补偿，从而使得生活水平有了显著提高。但是从调查结果来看，大多数农村居民并没有因为获得了不菲的补偿而对就业持消极的态度，相反，他们中的大多数对就业持重视的态度，其中有80.1%的居民认为就业对他们的生活有重要的影响，只有8.8%的农村居民认为就业对自己而言并不重要，还有11.1%持不确定的态度。从性别上看，大多数男性和女性对就业的重要性均持认可的态度。从受教育程度上看，不同学历背景的居民对就业重要性态度存在异质性，学历越高的群体越认同就业的重要性。

### （四）就业能力提升需求强烈，但参与就业培训积极性不足

本次调查结果显示，有32.7%的居民参加过就业相关的培训，而67.3%没有参加过就业培训。可以看出，当地居民缺乏一定的就业培训积极性或者缺少就业培训的机会。因此，一方面，社区工作人员应该积极带动居民参与就业培训；另一方面，也需要政府相关部门和社区多组织一些就业相关的知识讲座、技能培训、素质提升教育活动等，加强和调动本地区居民参与就业培训的积极性。农村居民对自己就业能力的提升需求欲望强烈，调查结果显示，超过2/3的居民希望提升自己的就业能力，只有18.2%的人没有提升就业能力的欲望。可见，大兴区农村居民还是想通过培训的机会提升自己的就业能力，从而在社会中获得更高和更好的收入回报。

### （五）技能型职业培训需求高，对职业培训效果评价高

对于农村居民职业培训需求的精确把握，能够推动政府、社区组织更好地开展就业工作布局和规划，本次调查结果显示，农村居民最希望接受的培训主要是职业资格培训、电脑技术培训。可见，居民对于职业培训的需求主要侧重于技能型硬本事的掌握。从受教育程度上看，本科以上学历的居民对职业培训的需求主要是参加职业资格的培训，而高中和本科学历的居民更希望能够接受电脑技术相关培训，初中及以下学历的居民则是希望能直接接受上岗培训。可以看出，不同受教育程度的群体虽然都有参加职业资格培训的欲望，但是他们结合自身的实际状况，有不同的培训需求和发展目标。

本次调查结果显示，居民对政府或者社区组织提供的职业培训效果整体评价较好，其中，77.7%的人认为接受职业培训的效果很好，只有不到1%的人认为就业培训没有实用性。

从性别上看，女性居民认同就业培训效果很好的比例明显高于男性居民，女性居民对就业培训效果的感知更好一些，整体上看，无论是男性居民还是女性居民，他们都非常认同就业培训的效果和作用。从研究结果看，农

村居民对就业培训效果评价的性别差异并不显著。从受教育程度看，高中及以上学历的人群大多认为培训效果较好，人数所占比例无明显差异，但是初中及以下学历的人群对培训效果的评价并不是很好。而从研究结果看，农村居民对就业培训效果评价的学历差异并不显著。

### （六）就业追求的积极性高

对就业的追求，代表了农村居民希望有一份自己热爱的工作。本次调查结果显示，绝大多数居民有明确的就业追求，希望自己有份理想的工作，希望自己能够有一技之长。有少数群体对自己就业追求的态度不明确，处于徘徊状态。从性别差异来看，男性群体比女性群体有更高比例的就业追求欲望，相比女性，男性居民更加希望能够有一份好的工作或工作技能。可见，男性农村居民的就业追求欲望是明显高于女性的，符合"男主外，女主内"的社会现实景象。受教育程度的差异化社会特征会在一定程度上影响农村居民对社会的认知和深入了解。同时，不同受教育背景的居民在就业追求的态度上有明显差异。结果表明，学历越高，居民对就业追求的欲望也越高，特别是本科及以上学历群体，而初中及以下学历人群对就业追求的欲望最弱。

## 四 农村居民主要就业群体分析

在农村居民就业状况调查中，我们重点关注两类群体的就业情况：一类是青年群体，主要是"80后"和"90后"群体；另一类是"4050"群体，即"60后"和"70后"群体。主要发现如下。

### （一）青年群体

本次调查中，青年群体占所有被调查者近六成，整体上看，青年群体素质较高，超过七成拥有大学文凭，拥有研究生学历的也占到12.5%。在就业方面，青年群体呈现如下特征。

### 1. 就业率高

根据调查发现,青年群体就业率为94.2%。整体来看,青年就业率呈现较高水平。从社区干部和居民的访谈中发现,青年群体普遍实现就业,尤其是近年来随着大兴区近郊的开发,经济社会不断发展,提供了更多的就业岗位。尤其是就地就业工作推进有力,使得青年群体基本上能够充分就业。从本次调查来看,调查失业率为5.8%。在没有就业的青年群体中找不到合适的工作是最重要的失业原因,占70%;不想工作和健康原因占比仅为一成。另外,在无业青年群体求职意愿方面,近一半青年群体表示"暂时不找工作,过段时间再说"。这表明进一步引导和帮助大兴区农村无业青年找到合适的工作对于提升就业率有着重要的意义。

### 2. 就业多元化

本次调查表明,青年群体就业呈现多元化的特征。从结构和单位类型两方面来看,青年群体就业涉及各种职业与单位类型,不过,可能由于调查对象的问题,在数据上呈现一定的集中趋势。一方面,从职业结构整体来看,青年群体从事的职业主要集中在企业单位工作人员和社区工作者这两个类型,二者各占三成左右;另一方面,从就业单位来看,有1/3在社区层面就业,国有企业及国有控股企业和事业单位分别各占一成多,还有1/3在其他单位就业。社区与党政企事业单位吸纳就业人口的能力可能较强,从侧面表明了就地就业稳步推进的情况。在访谈中,这一结论也得到了一定程度的验证。

### 3. 就业质量相对较高

本次调查结果表明,青年群体就业质量相对较高。这主要表现在以下两方面。一方面,收入情况相对良好。有55%的被调查青年群体月收入在5000~10000元,不到5000元的占31%,其他人群收入则超过10000元。对于青年群体来说,参加工作时间相对较短,上述收入水平相对良好。另外我们在访谈中了解到,大兴区作为近郊区,近年来随着城市化进程中的征地拆迁,多数家庭拆迁补偿的住房除了自住外,富余的住房用来出租,每月还有较为可观的租金收入。另一方面,就业规范。从调查情况来看,超过九成的就业青年群体与用人单位签订了书面劳动合同,在劳动权益保护方面,青年群体享有五险一金的比例在九成以上。上述情况从一个侧面表明大兴区农村青年就业质量较高。

4. 职业追求积极向上

从调查结果来看,大兴区农村青年对自己目前的就业能力评价中有60%认为完全胜任工作需要,还有36%认为基本胜任,只有极少数认为工作有点吃力和不胜任现在的工作需要。可以看出,青年群体对工作能力持有较强的信心。进一步看,八成以上青年群体希望在工作上有所追求和有所成就,超过九成希望有一技之长和自己喜欢的工作。整体来看,大兴区农村青年在职业追求方面呈现积极向上的心态。

5. 职业能力提升需要强烈

在职业能力提升方面,有3/4的青年群体希望参加相关就业能力提升的培训。从培训需求上看,排前三位的是职业资格培训、学历提升、电脑操作技能,分别占比65.7%、37.0%和30.9%。可以看出,虽然青年群体普遍实现就业并且就业质量相对较高,但是对于职业能力提升依然持有强烈的愿望。

## (二)"4050"群体

在本次调查中,"4050"群体占样本总数的三成。在文化程度方面,有1/3的人群属于初中及以下学历,有41.7%的人拥有高中学历,本科及以上学历的人口占比为25.4%。"4050"群体处于职业生涯的中后期,即将退出劳动力市场。从我们的调查与访谈来看,他们中的大多数依然持有较为积极的就业意愿,但是从就业能力来看,他们和青年群体相比在劳动力市场中属于弱势群体,大多经历过求职不顺的情况。整体来看,"4050"群体的就业情况呈如下特征。

1. 就业率较高

从调查结果来看,"4050"群体中有90.7%处于在业工作,在9.3%的无业失业群体中,最主要的原因依然是找不到合适的工作。此外,调查还发

现,"4050"群体中相当一部分提前退休,目前没有工作就是因年龄关系已经处于退休的状态。

2. 就业同质性强

调查发现,"4050"群体就业同质性较强。在就业单位类型方面,在事业单位工作的占比27.7%,居首位;其次是国有企业和集体企业,占比18.5%。可以看出,该群体就业单位主要集中于较为稳定的体制内单位。

3. 就业质量一般

从调查结果来看,"4050"群体中月平均收入在5000元以下的占总人数的49.2%,也就是说,近一半人群收入处于偏低水平。其次,平均月收入在5000元以上10000元以内的占比40%,剩下10.8%的人群属于高收入人群。大部分"4050"人群收入还在中等偏低水平。但是调查结果也表明,"4050"群体工作单位缴纳社会保险的情况基本上较为理想。

4. 就业能力有待提升

调查结果表明,"4050"群体中仅有19.2%参加过就业培训。这表明该群体接受就业培训的机会相对较少。从培训需求来看,"4050"人群面对就业培训的需求相对广泛,无论是电脑操作技能还是经商能力培训,均有较高比例的需求。

## 五 政策建议

### (一)建立多方位就业机制

整体上看,大兴区农村居民在就业需求上,不仅对自己的就业能力很认可,同时也对政府提供的就业信息和服务持有比较满意的态度。但是,他们对于就业的重视程度较弱,主要原因在于其生活的主要经济收入并非来自就业工资,大部分群体的经济来源主要是房租以及政府的补贴等。可以因地制宜地深入挖掘本地就业资源(比如乡办劳务公司、物业公司等),调动居民就业积极性,使当地居民实现就近就业。在访谈过程中,许多待业的家庭主妇等都有强烈的就业欲望,但大多也陷于家庭与就业的冲突之中。因此,我们需要大力推动就地就业这一政策在当地的深入落实。这样不仅可以满足当地的就业需求,增强居民的幸福感和民生福祉,促进其全面发展,还可以发挥其经济价值,为社会主义现代化建设贡献出自己的力量。

### (二)充分考虑不同群体的就业培训需求

在培训意愿上,全部人群与特定群体均表现较为积极。但是在期望接受培训的种类上,不同的年龄群体存在差异。青年群体职业能力提升需求很强烈,尤其是在职业资格与学历层次的提升上。而"4050"群体更倾向于一些实用技能培训,实地调研考察中发现其中多数人希望得到维修小家电、美容、美甲、美发等技能培训。除此之外,大部分居民期望加强培训课程的连续性,将培训做到实处,从而真正学到一些技能。总之,关于如何统筹加强相关方面的促进工作,存在着进一步探索的空间。

### (三)重视潜在的社会不稳定因素

本次调查发现,在无业失业农村青年群体中有2/3表示未曾有工作的计划与打算,处于劳动力市场中最具优势的年龄阶段却表现出极低的就业意愿,可能是由于近年来城市化的快速推进,大兴区农村地区许多家庭因征地拆迁而获得不菲的补偿,使拥有工作的重要性被忽视。虽然就业意愿不高的无业青年是极少数,但是易因此而染上不良生活习惯,成为潜在的社会不稳定因素。而且随着时间流逝,该群体年龄逐渐增加,将失去在劳动力市场的年龄优势,又缺乏必要的人力资本优势,其社会不稳定性将日益显现,这些潜在问题需要得到重视。

# 治理篇
## Social Governance

## B.14
## 路径与理念：首都信息治理能力与基层社会治理转型
### ——以北京市大兴区"接诉即办"工作为例

冯若谷[*]

**摘　要：** 作为首都信息治理和基层社会治理转型发展的代表性案例，大兴区"接诉即办"信息平台的核心优势在于信息治理能力的整合优化。在实践路径层面，提升"连续性管理"能力与"数据素养"，催化社会治理的联动效应，实现信息资源向治理效能的关键转换。在治理理念层面，化被动为主动，积极介入复杂舆情，利用新型技术，真正实践"为人民服务"的执政理念。本文建议未来首都信息治理应注重公众监督、公

---

[*] 冯若谷，北京工业大学文法学部社会学系、首都社会建设与社会管理协同创新中心研究人员，新闻传播学博士，讲师。

民隐私权保护以及针对利益矛盾和价值冲突的管理艺术，同时避免信息治理的"技术中心主义"倾向。在信息治理经验的适用和推广问题上，应区分和调适治理经验的普遍性与地方性双重特征，同时统筹把握治理经验在常态与非常态情境下的"变与不变"。

**关键词：** 接诉即办　信息治理　社会治理

## 一　数字化传播时代的信息治理与社会治理

信息治理，是以信息资源为依托，以信息技术为方法和手段的社会治理实践，是包括信息获取与利用、保护与管控的全要素社会管理过程。[①] 党的十九大报告指出，要加强社会治理制度建设，完善党委领导、政府负责、社会协同、公众参与、法治保障的社会治理体制，提高社会治理社会化、法治化、智能化、专业化水平。在数字化传播时代，提升信息治理与社会治理的能力与质量，是国家治理能力和治理体系现代化转型的必然走向。

一方面，进入数字化传播时代以来，传播权力从中心走向分散，多元主体复杂共生的新型话语权结构逐渐形成，在社会管理过程向纵深开放的同时，社会矛盾与社会风险在现实与虚拟两个维度交互滋长，对社会基层治理提出了一系列新的挑战；另一方面，信息时代的来临也给基层社会治理能力提供了技术的驱动和引领，特别是大数据、云计算、人工智能、区块链技术的出现和发展，为社会治理，特别是信息治理能力的转型提升提供了新的可能。

---

① 冯卫国、荀震：《基层社会治理中的信息治理：以"枫桥经验"为视角》，《河北法学》2019年第11期。

## 二 大兴区"接诉即办"工作模式及信息治理经验

大兴区"接诉即办"调度指挥中心，作为全市首家综合性社会治理信息平台，全面协调全区 22 个属地部门、50 余个职能部门，将 12345 热线、人民网地方领导留言板、国务院互联网+督查、市政府首都之窗、区政府领导信箱与大兴人大公众号等信息渠道进行梳理统合，与大兴区城市管理指挥中心对接，形成信息平台与网格管理相结合的治理系统。在"接诉即办"的工作中，大兴区形成了诸多具有示范价值和启发意义的实践经验，如"六步"工作法、八项工作机制、接诉即办"十三要"以及"三上门"群众工作法等。这些鲜活的治理策略和工作方法，让大兴区市民服务热线响应率、解决率与满意率位列全市前茅，也是首都信息治理与基层社会治理转型提升的具体体现。

从信息治理能力构建的角度来看，大兴区"接诉即办"工作的实质，是信息治理实践路径的优化，更是治理导向和治理理念的更新。

首先，数据与信息的"连续性管理"催化了社会治理的联动效应。大数据之"大"，在于巨量信息的充分整合，事物运行发展的内在机制和规律得以充分呈现。"连续性管理"，意指信息的综合集成效果，强调跨地区、跨部门、跨层级的信息共享能力，以及社会、政府与业务的信息连接能力。[1] 长期以来，受限于传统的管理机制，各个社会治理部门的数据彼此隔绝，"信息孤岛"问题十分严峻。[2] 大兴区"接诉即办"工作在信息与数据"连续性管理"方面的尝试，主要体现为两个层面的整合。一是整合信息与数据的来源渠道，将 12345 热线、各网络舆情与传统信访整合起来；二是整合信息与数据的分享利用，延续"街乡吹哨，部门报到"的经验，将基层治理所涉及的各个管理服务部门统一接入信息平台，有效提升了数据的流动

---

[1] 安小米：《现代国家治理的云端思维——信息治理能力与政府转型的多重挑战》，《人民论坛·学术前沿》2015 年第 2 期。
[2] 松泽：《基层社会治理要善用大数据》，《人民日报》2016 年 11 月 11 日。

和分发效率。

其次,"数据素养"的提升推动了信息资源向治理效能的转换。"数据素养"(data literacy)指的是信息时代背景下,对巨量化数据的综合处理能力。数字化传播语境下,信息过载(information overload)、信息垃圾是困扰政府管理部门和个人使用者的重大障碍。一方面,信息资源的价值具有时效性,信息的收集与传递必须快速完成,否则,时过境迁,信息的效用迅速降低甚至丧失;另一方面,在纷繁变化的原始信息中,如何有效鉴别、整理和提炼,直接影响决策和行动的效果与质量。[①] 因此,如果说信息时代中公民的"媒介素养"或"新闻素养"关乎其参与公共生活的能力,那么,在复杂舆情面前的"数据素养",则成为政府管理与服务的一门必修课。大兴区"接诉即办"工作中"数据素养",主要体现在机器智能与人工介入相结合的信息处理模式上。机器智能在识别重复信息、简单信息方面具有独特优势;人工介入则善于对信息文本内容的分析与理解。二者相结合,快速实现信息资源与管理服务的对接,始终保持社会治理在民意面前的主动态势。

最后,治理导向与理念的更新是社会治理转型发展的深层意涵。进入互联网时代以来,在"技术赋权"潮流的推动之下,民意表达的容量、范围与深度都大为扩展。近年来,随着移动互联网技术的快速发展,中国网络舆论的活跃度与影响力进一步提升。面对日益增长的网络舆情,一些基层政府管理部门常选择被动应对的策略;同时,对于网络舆情背后的新型信息技术,则采取相对克制的态度。这种状况的直接后果,就是控制和抗拒的效果越来越差,疏导和管理的能力止步不前。大兴区"接诉即办"工作中体现出来的信息治理导向与理念,则是一种相反的思维,被动面对舆情滋长,不如主动接触、积极解决;新技术扩展民意表达的空间,同时也应该成为舆论管理善加利用的方法和手段。这种化被动为主动的理念转型,形成了管理服务部门与社会公众的良性互动,切实提升了公共舆论对职能部门的满意率与

---

[①] 冯卫国、荀震:《基层社会治理中的信息治理:以"枫桥经验"为视角》,《河北法学》2019年第11期。

信任度。这种理念转型的本质，生动诠释了中国共产党"为人民服务"的执政理念：下级调动上级解决问题，而不仅仅是上级命令下级完成任务。"人民"从来不是被空置的政治概念，而是被始终置于首位的价值追求，是评价政策得失的最终标尺。①

## 三 建议与展望

从"连续性管理"与"数据素养"的路径探索，到导向与理念的内在更新，大兴区"接诉即办"工作已经走在了区域信息治理与社会治理的领先位置，对于其他各区乃至全国都具有示范和借鉴价值。随着基层治理的新问题、新矛盾不断出现，以及信息技术的持续影响，信息治理在社会治理中的功能和价值日益彰显。基于对大兴区"接诉即办"工作的调研考察，展望首都信息治理与基层社会治理的未来发展，本文提出如下建议。

首先，"接诉即办"信息与数据平台，不仅是政府管理与服务基层治理问题的枢纽，也应成为公众监督社会治理过程和效果的管道。目前，"接诉即办"平台在管理对接问题的向度方面已经取得了显著的成效；而公众监督管理的向度还有不少空间值得发掘。作为基层社会治理的全信息系统，"接诉即办"平台不仅可以"上对下"解决矛盾与问题，也同样具备满足公众对社会治理过程知情权的优势条件。公众监督管理，不仅仅是信息治理能力的题中应有之义，也是打造"共建、共治、共享"社会治理格局的必然要求。在实践中，社会治理信息公开的范围、层次和方式，公众获取信息和监督治理的角色定位，这些问题还有待政策和制度层面的综合考量。

其次，信息治理包括信息的获取与利用、保护与管控两个范畴，其中，公民隐私权的保护是一项重要工作。信息技术发展与资本逻辑的双重作用之下，互联网环境下的公民个人隐私问题不断出现，同时社会公众的个人信息安全意识也显著增强。社会治理信息系统对相关数据与信息的挖掘、收集与

---

① 张砥：《接诉即办是以民为本的时代表达》，《北京日报》2019年9月11日。

整合能力提高的同时,强化个人信息安全保护应该成为社会共识。社会治理的效率和质量提升需要巨量数据,而巨量数据则必然与公民个人隐私密切相关。在社会治理过程中涉及的个人信息保护,应充分适应互联网信息传播的特殊情境,在法制原则下开展沟通和协商,制定相应的政策规范,最终实现个人信息安全需求与社会治理需求的协调兼顾。

再次,作为社会治理的信息化过程,信息治理与社会治理同构,面临着多元利益主体和多元价值取向的交互作用;同时,社会问题与社会矛盾在线下与线上的延伸与叠合,让信息治理与社会治理共同面对着更加复杂的利益矛盾与价值冲突。在信息治理中,矛盾与冲突的纾解,需要更具灵活性与适应性的管理艺术。例如,信息公开与信息保密的平衡,实际上是公权力的信息公开义务与公众知情权的冲突;信息管控与自由传播的关系,则是政府对信息流动的管控与相关社会主体信息近用权(information access)与传播权的冲突;信息共享与信息专有的矛盾,是公民对信息资源的使用权与信息产品提供者相关权利(如著作权、商业机密等)的冲突。[1] 解决这些冲突,不仅需要制度层面的宏观设计,更要求管理者在具体的问题情境中,恰当运用管理艺术,实现各方利益与各种价值之间的动态平衡。

最后,就社会治理的价值本位而言,信息技术本身并非信息治理实践的最终目标,通过提高信息治理效能,回应社会治理的信息化变迁和挑战,以治理模式转型升级,服务公共利益和人民利益,这才是信息治理及社会治理的核心价值旨归。在信息治理实践中,缺乏"人文关怀"的信息治理行为以"事件"为中心,过度依赖技术手段,常常会让群众产生反感甚至抵触情绪,同时间接割裂了信息工作与社会的联系,这种信息治理中的"技术中心主义"倾向有丧失居民支持和脱离服务目标的可能性。[2] 一些基层治理部门把"非人化"信息系统建设作为治理工作的中心,片面追求信息和数

---

[1] 冯卫国、荀震:《基层社会治理中的信息治理:以"枫桥经验"为视角》,《河北法学》2019年第11期。
[2] 李佳薇:《重返枫桥:新冠疫情防控背景下的社区信息治理刍议》,《云南社会科学》2020年第3期。

据的"快速"与"精确",这种做法不但将信息治理置于社区生活之外的真空地带,更偏离了社会治理的核心理念与价值追求。事实上,由于无法实现对社区治理具体情境和互动生态的真实介入,"快速"与"精确"可能沦为治理工作中的一种"科学的修辞"和"策略性仪式","技术中心主义"的信息治理模式也无法实现真正的"及时"和"准确"。唯有保持虚拟层面的信息治理与实体层面的社区治理之间的紧密同构关系,保持实体对虚拟的真实投射,实现虚拟对实体的完整表达,才能使信息治理的价值在社会治理全局中得到充分的释放。

## 四 总结：关于社会治理经验的再思考

作为基层社会治理转型发展的代表性案例,大兴区"接诉即办"工作的经验在于信息治理能力的整体优化。在实践路径层面,提升"连续性管理"能力与"数据素养",催化社会治理的联动效应,实现信息资源向治理效能的关键转换。在治理理念层面,化被动为主动,积极介入复杂舆情,利用新型技术,真正践行"为人民服务"的执政理念。

治理经验具有普适性与地方性的双重特征。一方面,治理经验得以跨区域复制和推广,源于对信息治理及社会治理普遍性规律的理解和把握。例如,新时代"枫桥经验"之所以具有广泛的适用价值,原因在于这一经验对单位制解体后城乡社区发展普遍规律的准确把握,特别是对群众主体价值的系统性构建。[1] 大兴区"接诉即办"信息治理经验的适用性价值,体现在社会信息化变迁背景下的治理效能转换及理念更新,这一经验对首都及全国其他地区的基层社会治理转型发展具有借鉴意义。另一方面,治理经验又根植于本区域特殊的技术条件与社会环境,并不能完全匹配和适应其他区域的具体状况。作为首都社会治理机制创新的先导,大兴区拥有显著的技术优势和人才优势,与信息治理相适应的组织条件也相对完善;同时,首都

---

[1] 吴锦良：《"枫桥经验"演进与基层治理创新》,《浙江社会科学》2010年第7期。

"面向京津冀的协同发展示范区""城乡发展深化改革先行区""国际交往新门户"的发展定位,决定了大兴区信息治理及社会治理的价值与内涵具有一定的区域特殊性。

此外,就某种特定的社会治理经验本身而言,也存在常态与非常态的转换与调整问题。在常态情境下,信息治理总体目标和系统运行相对稳定;在非常态情境下,由于社会应急管理需求的出现,信息治理的功能和机制应随之变化,以适应特殊社会情境和应急管理目标。新冠肺炎疫情暴发以来,社区信息治理面临严峻考验,疫情防控中的社会治理出现"信息症结"。日常管理中的一般细节都可能成为矛盾点和风险点,如人员出入登记、快递收寄投放、群众心理疏导、特殊需求统计等,在这些问题上的信息延误和信息偏差,有可能造成管理瘫痪和基层矛盾。[①] 在稳定到突变的过程中,对治理经验在不同情境下的区分与调适,统筹把握治理经验在常态与非常态中的"变与不变",这些问题有赖于学界和业界的持续探索和创新实践。

---

① 李佳薇:《重返枫桥:新冠疫情防控背景下的社区信息治理刍议》,《云南社会科学》2020年第3期。

# B.15
# 新时代基层社会治理实现方式研究报告

委局基层政权和社区建设处

**摘 要：** 我国社会治理已经进入了一个新时代。新时代的社会治理实现方式有着深厚的社会基础和悠久的历史传统，其治理方式不仅有法治方式和道德方式，也有共治方式和自治方式等。北京基层社会治理的实现方式在政治、德治、法治、自治、共治和智治六个维度上展开探索；并存在多元主体参与不足、公共权力短缺、联动方式滞后、社区自治空间不足和系统化方式有待完善的问题；建议加强政策法规建设、细化街道社区责任、增强社会动员弹性、强化多元自治、加强统筹治理。

**关键词：** 社会治理　多元主体　治理方式

社会治理是党的十八届三中全会首次提出"推进国家治理体系和治理能力现代化"总体改革目标和"创新社会治理体制"的具体改革要求，创新我国基层社会治理方式正是基于这一目标和要求而做出的实践方案设计。从表面上看，正是在国家治理这一宏观政策背景的推动下，我国基层社会治理创新和实践得以开展，在政策运行路径上反映为自上而下的推动；但从实质上分析，我国基层社会治理创新与国家治理之间存在着清晰的逻辑关联，它是基层社会治理问题进入政策议程，最终成为政策方案并指导实践的现实反映，或者说我国基层社会治理是政府为突破现实管理难题而依据环境做出的根本性变革，国家治理据此而产生并以此为实现条件，在政策运行路径上反映为上下互动作用的结果。

基层社会治理作为国家治理体系中的一个重要层级，它的有效运行是整个国家和社会治理的坚实基础之一。党的十九大报告指出，"要推动社会治理重心向基层下移，实现政府治理和社会调节、居民自治良性互动。提高社会治理社会化、法治化、智能化、专业化水平"。因此，在新时代如何实现基层社会治理，解决纠纷促进社会的和谐、秩序与进步是必须着重考虑的问题。特别是面对新时代出现的多种基层社区、多种社会需求，找到基层社会治理的实现方式具有重要的现实意义和深远的历史意义。

国家治理方式有全面的系统治理，也有道德治理和法律治理，从治理手段看，既有法律手段也有道德手段；从治理方式看，既有法治方式也有道德方式。作为国家治理体系的基层社会治理，有着深厚的社会基础和悠久的历史传统，其治理方式不仅有法治方式和道德方式，也有共治方式和自治方式等。基层社会治理的实现方式应在德治、法治、共治和自治四个维度上展开探索，应以共治和自治为切入点，在方式上适应新时代的要求，在手段上适合基层社会的发展，因此，建立和采取什么样的治理手段、治理方式和治理路径，实现基层社会的有效治理是亟须破解的难题。

## 一 基层社会治理实现方式的重要性和释义

社会治理是一种社会、国家、政府和社会中的不同主体互动，在一定的运行框架中相互协调、共同参与社会发展治理的过程。新时代基层社会治理实现方式有着深刻的社会背景，探讨研究基层社会治理实现方式是新时代国家治理的重要议题。

### （一）基层社会治理实现方式的重要性

进入新时代，随着我国社会主要矛盾发生新变化，基层社会面临诸多风险矛盾，基层社会治理面临诸多难题挑战，迫切需要我们积极探索创新基层社会治理方式和途径，推进基层社会治理现代化，努力打造共建共治共享的基层社会治理新格局。

首先，新时代社会治理环境日益复杂化，民众的利益诉求逐渐多元化，复杂的利益纠纷交织在一起，加深了社会治理的难度，这些因素构成了新时代我国基层复杂的社会治理环境，并时刻考验着基层政府的管理能力和管理水平。同时，随着全球化和后工业化时代的来临，社会治理环境具有高度不确定性，外在表现为社会治理实践中难以应对的各种危机和风险，传统治理方式不仅不能适应社会治理的现实需求，而且自身的种种弊病也成为风险和危机产生的根源。政府在社会治理过程中要承担更高成本，不同形式的公共突发性危机以及未曾涉足的网络虚拟社会管理都使政府无法用常态方法去应对，如何规避风险和分摊治理成本已成为基层政府不得不面对的难题，创新和改进社会治理方式便成为政府改革的重要内容。

其次，传统政府管理模式强调政府作为单一主体依靠法律对社会资源的调配和控制作用，科学管理技术为管理目标的实现提供了组织保障和技术支持，为低度复杂和低度不确定性社会的飞速发展提供了高效率的保障和稳定的发展环境，在一定程度上弥补了市场在供给公共服务方面的缺陷。但随着社会治理环境的复杂性和不确定性增强，传统政府的管理能力和公共服务供给机制已不能满足社会主体的多样化需求，基层社会治理常因基层政府能力不足而陷入困顿状态，针对传统政府在社会治理过程中越来越明显的局限性，改进基层社会治理方式已显得非常必要。

最后，基层社会治理主体的治理意识增强对治理实现方式提出了更多的要求。社会治理主体的治理意识主要表现在对治理过程的能动参与。一方面，随着我国法治化进程的推进，民众更加注重对自身权利诉求的满足与实现，参政议政已成为社会公众日常生活中的一项重要追求。同时，社会团体及个人也开始担负起提供公共物品和服务的责任，他们愿意与政府以合作的方式共同治理社会。另一方面，信息技术的发展和应用打破了长期以来政府对信息的垄断，更多社会公众和团体可以通过各种平台参与到政府管理的过程，信息技术为政府与社会主体合作治理提供了必要的技术支撑，这使得社会治理创新具备了现实的可能性。基层社会治理主体不仅包括基层政府，而且包括基层社会团体及个人。在基层政府层面，治理意识的增强不仅表现为服务型政府建设目标和引导性职能定位，也表现为对公共权力行使和"公共"属性的根本认知。在社会层面，社会组织及个体不仅拥有积极的参政议政能力，而且在解决社会问题时表现出与政府共同治理的意识和能力，政府与其他社会治理力量在平等协商基础上的合作共治态势也在现实实践中逐渐形成。所以创新基层社会治理实现方式是新时代社会治理主体的重要议题。

改进基层社会治理方式的要求，既不同于我国传统的社会管理，也不等同于西方国家的政府治理，而是在有效整合二者理论内容的基础上根据当前我国社会治理环境做出的科学决策。进行基层社会治理实现方式的研究不仅可以为我国现实中以网格化管理和社会化服务为方向的基层社会治理实践提供新的思路，而且可以从国家治理层面找到化解社会矛盾、调节社会利益关系和满足社会需求的措施。因此，基层社会治理实现方式研究具有重要的理论价值与现实意义。

### （二）基层社会治理实现方式的内涵释义

随着政府和社会改革的不断深化与社会的进步，新时代社会治理实现方式所涉及的内涵主要包括以下几个方面。

1. 基层社会

基层是国家治理的最低层级，范围包括"县、城市的区、不设区的市的党组织、国家机构和社会团体、企（事）业单位以及村民委员会和居民委员会"。我们所指的基层社会治理，包括两个层级，一个是"权力层"，另一个是自治层。"权力层"是指乡镇、街道，"自治层"是指城乡社区，因此衍生出"三基"即基层政权（包括基层党委、城乡政府、街道办事处）、基层组织、基层自治。基层社会治理主要包括"两线两层"，所谓"两线"是指"基层党委、基层组织"和"基层政府、基层自治"。因此，我们的研究在这两个层面的范畴内展开。

基层层面具有较为完备的社会治理体系，具有解决社会治理中重大矛盾问题的资源和能力，是将风险隐患化解在萌芽、解决在基层的最直接与最有

效力的治理层级，处于推进国家治理现代化的前线位置。基层社会治理，事关顶层设计落实落地，事关基层社会和谐稳定，事关党和国家长治久安。

2. 新时代治理格局

进入新时代，我国发展站到了新的历史起点上，经济由高速增长阶段转向高质量发展阶段，社会主要矛盾由人民日益增长的物质文化需要同落后的社会生产之间的矛盾转化为人民日益增长的美好生活需要和不平衡不充分的发展之间的矛盾。发展环境和发展条件有重大变化，发展水平和发展要求变得更高。面对新时代、新形势、新要求，社会治理面临新的问题、迎来新的挑战。如何以社会治理方式的创新为新时代高质量发展提供保障、激发动力，是这个时代对社会治理提出的新要求，因此，新时代社会治理格局更加强调多元化、社会化、专业化、法治化、智能化，也更加注重公共性与合作性，其治理的方式也更加多元化。

3. 社会治理方式

"方式"一词在汉语词典中的解释是言行所采用的方法和样式，在一定的生产力发展水平条件下，表现人类的朴素的自然科学技术和社会科学技术发展水平，以及经济、文化发展水平，新近的管理科学技术发展水平等。这里所涉及的治理方式是指在基层治理中形成的行之有效的方法、做法、机制、路径、手段等，是一个具有较为宽泛的概念。

社会治理方式，顾名思义就是社会治理过程中所采取的手段，它可以分为法律、行政、经济、道德、教育及协商等多种方式。新时代基层社会治理方式不是传统的以权治或法治为主导，而是建立在德治基础上的三种治理方式的结合，其目标是实现政府与其他社会治理力量的合作共治。治理方式的选择与运用关系到社会治理总目标的实现。

### （三）基层社会治理实现方式的理论基础

基层社会治理的共建共享格局，建立在以下三个理论的基础上。

1. 多中心治理理论

多中心治理理论是由埃莉诺·奥斯特罗姆等西方学者提出的，建立在治理理论的基础上。其基本观点是转变政府行政管控，允许多个服务中心和权力中心并存，通过相互合作实现共同治理并提供更好的服务。随着治理领域的深化，我国学者对其的研究已不局限于制度经济学方面，而是扩展到更广阔的公共领域。与单中心治理理论相比，多中心治理理论提倡有限政府理念，通过相互合作、共同参与使公民、公共部门、私人部门等在对话、冲突、协商过程中建立多元化的合作管理网络，实现治理过程中的利益整合机制。这也能够在实践过程中，通过多方联动机制有序地将社会组织、社会工作者和社区等多元组织吸纳到基层社会的治理中，打破了传统社会治理一元领导、政府主导或少数精英管理的僵局，通过多种途径和手段维护居民和各个群体参与治理、发挥自我能力和平等协商的权利，提升治理效率。

2. 公民参与理论

"公民参与"概念起源于古希腊时期的城邦自治，民主政治发展到古代世界的巅峰，主要是从平民政体、权力制约、法律至上、公民意识四个方面，强调民众所拥有的权利，并在20世纪70年代形成系统的理论体系。公民参与通常又称为公共或公众参与，是公民试图以自我参与的方式影响公共生活和公共政策的一切活动。近代民主兴起之后，仍然强调精英主义，漠视普通民众的参与。但历史经验反复验证，精英主义模式无法满足人们的实际需要，更不能实现个人价值，只有当普通民众积极而广泛地介入政治生活中，自由发展、公民平等、社会和谐进步等基本价值才有可能实现。而社区就是由一定范围的地域、一群相互关联的人、一定特征的文化、一些共同的生活、一定的认同感或归属感的人们所组成的社会生活共同体。因此，公民参与是社会治理的主旋律，是基层社会治理格局中不可或缺的组成部分。

3. 利益相关者理论

利益相关者理论源于西方学者对长期实行外部控制型公司治理的反思，由美国斯坦福研究院提出，之后由弗里曼等人完善，现已广泛应用于经济学、管理学等领域。与传统的股东至上相比，它强调企业追求的是利益相关者的整体利益。这与新时代"共建共治共享"的社会治理具有高度的耦合性，基层社会的治理过程，就是基层的利益相关者之间（社区居民、社区

社会组织、政府、辖区单位等）通过沟通协商、合作互动、消除分歧增进共识，共同解决社会问题的过程。在治理过程中要充分考虑政府、社会、居民和社会组织等各方面的利益诉求，包括合理的物质权利需求和自我发展的精神渴望，同时，依据职能发挥各自的作用，承担各自的责任，选择最为有力可行的方式最终实现党委领导、政府负责、社会协同、公众参与、法治保障的治理体制。

随着经济全球化，多中心治理理论、公民参与理论和利益相关者理论在我国广泛应用并逐渐趋于完善。其兼具工具理性与价值理性，是新时代以"人"为基础的可操作性指导理论，为基层社会治理的实施指明方向和路径，使新时代共建共治共享下的基层社会治理方式更加趋于合理和可行。

## 二 习近平总书记关于社会治理的重要论述

治理是人类社会发展史上永恒的主题，如何治理社会，是世界社会发展史上没有回答的问题。习近平总书记针对中国社会的发展，从理论和实践上进行了有效的思考和探索，他强调："创新社会治理，要以最广大人民根本利益为根本坐标，从人民群众最关心最直接最现实的利益问题入手。"这就为社会治理方式的选择提供了突破口。

### （一）社会治理实现方式的价值取向

"为谁治理、靠谁治理"是社会治理的首要价值问题，正如习近平所说："为什么人、靠什么人的问题，是检验一个政党、一个政权性质的试金石。"我们推进社会治理现代化必须牢牢站稳人民立场。习近平强调，人民立场是党的根本政治立场，是党战胜一切困难和风险的根本保证，也是我们永远保持艰苦朴素作风的重要保证。创新社会治理，坚守人民立场，一方面是需要人民群众的积极性与创造性；另一方面是需要人民群众的耐心与认同，前者自不必说，后者事关党执政的合法性基础。党的十八大以后，习近平总书记就宣告全党，人民对美好生活的向往是我们的奋斗目标；全面深化改革必须以促进社会公平正义、增进人民福祉为出发点和落脚点；坚持以人为本，尊重人民主体地位，发挥群众首创精神，紧紧依靠人民推动改革。

依靠人民是社会治理实现方式的价值依归，革新社会治理首先要制定一个根本标准，即人民拥护不拥护、赞成不赞成、高兴不高兴、答应不答应。这样的价值理念为基层社会治理方式的选择奠定了坚实的价值基础。

### （二）社会治理实现方式的根本原则

党的十八届五中全会提出共享发展理念，确认共享是中国特色社会主义的本质要求，其内涵主要有四个方面，即全民共享、全面共享、共建共享与渐进共享。其中共建共享是就共享的实现途径而言的，共建才能共享，共建过程也是共享的过程。社会治理也要遵循共建共享的原则，正如习近平总书记所指出的："社会建设要以共建共享为基本原则。"共建是社会治理的本质规定。社会治理的实质是在党委和政府领导下的多元治理、多中心治理。随着市场化、工业化、城市化的发展，我国社会格局由党政一体、政企一家、政社不分过渡为党政分开、政企分开、政社分开，社会治理手段也由管控变为管理再变为治理，这是社会分化的结果。一方面，需要做到在体制机制、制度政策上系统谋划，"从保障和改善民生做起，坚持群众想什么、我们就干什么，既尽力而为又量力而行，多一些雪中送炭，使各项工作都做到愿望和效果相统一"。另一方面，需要直面现实，深入基层，深入实践，"从解决群众最关心最直接最现实的利益问题入手，做好普惠性、基础性、兜底性民生建设，全面提高公共服务共建能力和共享水平，满足老百姓多样化的民生需求，织就密实的民生保障网"。一言以蔽之，实现共治共建共享就是"要充分发扬民主，广泛汇聚民智，最大激发民力，形成人人参与、人人尽力、人人都有成就感的生动局面"。

### （三）社会治理实现方式的根本遵循

习近平总书记强调："法治是人类文明的重要成果，是现代社会治理的

基本手段。"依法治理是社会转型发展的必然要求。在前工业社会,社会结构较为单一,社会事务也相对简单,人治拥有适用的空间;但是,人类步入工业社会以后,社会分工越来越精细,社会结构越来越分化,人也越来越异化、原子化并拥有单向度,人治已难以适应社会需要——无论是效率还是公正,法治因此而生。依法治理最大的优势有两点:一是节约社会交易成本;二是增强政府的合法性。习近平总书记指出,法治的精髓和要旨对于各国国家治理和社会治理均具有普遍意义。

依法治理首先要有法,正如习近平总书记所指出的,创新社会治理体制、维护社会和谐稳定等都需要密织法律之网、强化法治之力。一方面,需要加强重点治理领域的立法,做到有法可依。立法应该关注和国家事业发展的要求、人民群众的关切和期待,对涉及完善社会治理、保障人民生活、维护国家安全的法律要抓紧制定、及时修改。另一方面,需要提高公民的法治意识,综合运用多元方式培养公民依法办事的习惯,在这一过程中要充分发挥城乡社区的作用。习近平总书记认为,社区在全面推进依法治国过程中具有不可或缺的作用,要通过群众喜闻乐见的形式宣传和普及法律,发挥市民公约、乡规民约等基层规范在社会治理中的作用,培育社区居民遵守法律、依法办事的意识和习惯。习近平总书记的依法治理理念为基层社会治理的实现方式制定了法制的准则。

### (四)社会治理实现方式的根本目标

社会治理实现方式的根本目标是活力有序。正如习近平总书记所指出的:"社会治理是一门科学,管得太死,一潭死水不行;管得太松,波涛汹涌也不行。要讲究辩证法,处理好活力和秩序的关系。"活力与有序是理想社会应有的状态,习近平总书记强调:"我们要通过深化改革,让一切劳动、知识、技术、管理、资本等要素的活力竞相迸发,让一切创造社会财富的源泉充分涌流。同时,要处理好活力与有序的关系,社会发展需要充满活力,但这种活力又必须是有序活动的。死水一潭不行,暗流汹涌也不行。"

如何在具体实践中处理好活力与秩序的关系是一个具有挑战性的难题。

要贯彻全面的治理方法论，坚持系统治理、依法治理、综合治理和源头治理。正如习近平总书记所说，治理是一项复杂的社会工程，要增强治理的整体性与协调性，要治标也要治本。总之，社会治理要实现活力与有序的目标，既需要总的治理理念、方针与政"体"，也需要分的治理方法、艺术与技巧管"用"，"体""用"结合才能实现社会的大治。习近平总书记的活力与有序的社会治理目标直接为基层社会治理方式指明了选择方向。

习近平社会治理思想超脱了国家本位、社会本位之间的理论纷争，提出了构建"党委领导、政府负责、社会协同、公众参与、法治保障"的社会治理格局，力求达到政党、国家、社会与公众的法治、德治、自治和共治的多元实现方式。

## 三 基层社会治理"六治"方式的探索

针对北京基层社会治理实现方式的状况，我们进行了多方位、全覆盖的调研，调研覆盖11个区，密集调研20天，座谈调研115小时，涉及街道办事处、镇31个（东城区、西城区、昌平区、海淀区、大兴区、朝阳区、丰台区、密云区、门头沟区、通州区、石景山区、"回天地区"街道办事处和镇）。结合我们的调研发现，北京近几年的基层社会治理主要集中在乡镇、街道以及城乡社区治理层面，多种方式并存，表现为末梢方法多、块块机制多、条条政策多，主要形成了"六治"模式，即政治、德治、法治、自治、共治和智治。

### （一）政治统领：党建引领方式形成模式

党建引领是基层社会治理的最大政治方式。坚持党建引领，加强基层党的建设，充分发挥基层党组织战斗堡垒作用和党员先锋模范作用，真正把基层党建的政治优势转化为基层社会治理的工作优势。

在我国，中国共产党是基层社会治理的领导核心，是基层社会的组织轴心。党的十九大对党章的修改，专门增加了"第三十四条"：党支部是党的

基础组织，担负直接教育党员、管理党员、监督党员和组织群众、宣传群众、凝聚群众、服务群众的职责。这显示出新时代城市基层党建引领社会治理创新的重要性。

从当今基层的合法性资源和制度力量上看，基层社会秩序确立在由党政系统、派生系统和辅助系统所构成的治理体系上——党政系统。由两个权力系统即党的组织系统和国家的行政系统构成，前者代表政治权力，后者代表行政权力。党政统合体系的治理意义在于：执政党通过政党组织系统将其政治意图贯彻于各级行政治理体系当中，将党的实质性领导这一原则嵌入政府治理模式之中。所以，党建引领方式是政治统领方式的重要形式。

习近平新时代中国特色社会主义思想以坚持和发展中国特色社会主义为核心要义，从理论和实践结合上系统回答了新时代坚持和发展什么样的中国特色社会主义、怎样坚持和发展中国特色社会主义这个重大时代课题。新时代党建工作做了全面系统部署：提出坚定不移全面从严治党，不断提高党的领导水平和执政能力。要以提升组织力为重点，突出政治功能，把企业、农村、机关、学校、科研院所、街道社区、社会组织等基层党组织建设成宣传党的主张、贯彻党的决定、领导基层治理、团结动员群众、推动改革发展的坚强战斗堡垒。为新时代城市基层党建引领社会治理创新提供了重要理论依据。北京市建立的党建引领基层社会治理模式即"街乡吹哨，部门报到"，在引领方式上积累了可借鉴、可传播的经验。

1. 强化组织引领，创新党组织设置方式

在我们调研的街道、乡镇和社区，不同的层级分别设立了党建工作协调委员会，发挥了重要的作用。一是社区以党建工作协调委员为依托形成共治。特别是回天地区社区党建工作协调委员会每个月召开一次党建工作协调委员会例会，社区党支部、居委会、物业公司、业委会通过这一平台来处理社区公共事务和讨论社区事情，汇总社区居民反映的问题，然后通过共商共建共治来解决社区问题。二是辖区单位党组织以各级党建工作协调委员会为依托，积极参与区域化党建工作，把自身优势资源沉入社区（村），开展服务活动或服务项目。三是党员依托各级党建工作协调委员会、基层党组织和在职党员"双报到"等工作机制，主动向社区（村）党组织说明职业特长、所在单位优势资源等情况，根据居（村）民群众需求，对接服务活动或服务项目，推动优势资源沉入社区（村）。社区党组织积极搭建平台，拓展在职党员带动群众参与社会服务的途径和方式。积极引入社会组织，努力构建社会组织承接、专业社会工作团队参与的工作体系，发挥社会力量协同作用。

2.强化先锋引领，发挥党员模范带头作用

在社会治理末梢系统社区（村），党建引领最直接、最有效的方式是党员的先锋模范带头作用，群众看党员、群众学党员，党员干啥我干啥。特别是在昌平、密云等农村，美丽乡村建设要打造安全、生态的新农村环境，拆违还道、拆违还林、拆违还耕等成为非常难做的工作，但是在我们调研的村，他们做到了，村里的街道整洁宽敞，没有占道，环境美丽，与过去几年相比变化非常大，村落的邻里血缘纽带关系非常紧密，如何动员村民主动、自动拆违，采取怎样的方式让拆违在和谐友好的环境下进行是个难题。村党支部书记的回答道出了玄机：班子成员带头拆，所有党员带头拆，然后再动员群众拆。农村社会治理的灵丹妙药就在于党员的模范带头作用，在于党组织的坚强有力和示范先行。

3.强化党的引领地位，发挥街道统筹功能

街道层面的基层社会治理重点的探索是强化党组织在同级组织中的领导地位。打造基层党建网络，发挥党支部在社会治理中的战斗堡垒作用。街道以党建为龙头，统筹领导、综合协调街道内外的"条块"资源，将基层治理与基层党建有机结合，构建区域化党建体系。强化"双先进"作用，党的工作开展到哪里，党支部就建到哪里。在城市基层治理和"疏解整治促提升"等重点工作中，一线党支部发挥了核心作用。全市8.8万个党支部开展规范化建设，全面提高了党支部的凝聚力、战斗力。建立联席会议制度，动员在职党员融入基层治理。推动"双报到"，要求基层党组织到所在街乡报到、在职党员回社区报到，积极融入城市基层治理，形成以党组织为中心、多元主体参与的基层社会治理新格局。实现党委统筹领导，引领社会

领域各类组织参与基层治理。发挥街道党工委统筹领导功能,将相关职能部门下沉街道人员的组织关系全部转至所在街道,由街道党工委行使对派驻人员的考核权及任免建议权。部分街道探索建立综合执法"大党委",进一步加强党组织的统筹领导。推动"双覆盖",大力推进党的组织和党的工作有效覆盖。全市3100多个社区全部建立党组织,非公企业党组织覆盖率达到83.9%,登记注册的社会组织党组织覆盖率达到75%,基本实现应建必建。

## (二)德治先导:社会动员方式常态发展

德治是中国数千年的历史传统。道德教化既治心又治本,在基层社会治理中具有不可替代的先导性、基础性作用。要提高城乡居民的道德修养,促进基层社会和谐稳定。北京市在德治的先导方式中,更多地采用了社会动员方式,通过动员,加强道德教化,加强居(村)民的责任意识,加强社会治理的主体力量。

中国社会动员的内容根植于社会变迁与自身经济发展之中,具有鲜明的中国特色。社会动员具有嬗变性、目的性、适度性和参与性。

社会动员方式又可称为社会动员机制,它既是一种德治的方式,因为动员需要的是政策和秩序;又是一种德治和自治的过程。它是一种为实现特定目标,通过利益机制或者政策引导,调动人们的参与积极性,进而调动社会资源和整合社会力量的工作方法,而社会动员机制是与社会动员的主体、程序、方式等相关的制度安排。现代条件下的社会动员机制,是党和政府或社会团体通过多种方式引导、改变社会成员的态度、期望与价值取向,发动和组织社会成员积极参与某一社会治理活动的过程,以实现共同的社会良性秩序目标。北京市社会动员方式在多个城区普遍开展,收到了良好的成效,形成了东城区的"社区参与行动"、朝阳区的"创想计划"、西城区的"社区会客厅"、回天地区的"社会信用和履行社会责任评价"体系、房山老旧小区的"爱我家园行动"、海淀区的"社区自治项目创想空间"等,形成了基层社会治理的常态,社会动员方式成效显著,被百姓所接受,被政府、社会组织、社区广泛使用。

1. 主客体多元发展方式

为完成不同的社会治理工作，社会动员主体在某些条件下也可能成为社会动员客体，社会动员客体在某些条件下也可能成为社会动员主体。一般而言，在传统社会动员工作实践中，社会动员主体是动员活动的组织者和发起者，在基层社会动员中，最重要的社会动员主体是党和政府以及街道、社区相关部门，动员尽可能多的群众参与到社会管理中。例如，作为政治中心的首都北京，全国两会期间、重大节假日期间，政府"自上而下"的社会动员机制便会提前启动，在社区层面呈现诸多的"朝阳群众""西城大妈"等志愿者群体，维护社会秩序安定。在社会治理工作实践中，社会动员主体可能仍以政府"自上而下"的方式为主，但是，党组织动员引领作用更加凸显，社会单位、社会组织、社区社会组织、社区带头人等"自下而上"的多元化社会动员主体也已呈现，动员更多群众参与社区等基层各种实践工作中。社会动员客体通常是指社区居（村）民、驻区单位以及各种社会组织、社区社会组织等。例如，昌平区在社区层面，通过"五方共建"社会动员机制，社区党支部（组织）、居委会、业委会（居民代表）、物业公司、社会组织或驻社区党政机关、企事业单位等各类组织和个人均被吸纳到参与社区治理、服务群众的工作中。因此，将社会动员纳入社会治理体系，居民及不同组织参与基层社会治理，在特定条件下其可能是被组织者，也可能是组织者，最庞大的社会动员客体仍是社区居（村）民群众。但共性的问题是，社会动员的主体不再是以往政府"自上而下"独奏，而是党和政府、社会、市场以及居民的协奏。

2. 融汇治理方式

一般而言，在传统社会动员工作实践中的社会动员内容，主要与维护社会稳定、应急管理、公共安全等内容直接相关。在社会治理工作实践中，社会动员内容更倾向于与基层社会治理工作直接有关。例如"街乡吹哨，部门报到""12345""接诉即办""在职党员社区报到"等，动员政府相关部门及在职党员参与社会治理。又如，回龙观社区网举办"爱上回龙观"征文、随手拍、意见征集等活动，有2.8万人次反映问题、提出建议，其中有近80%是反映公共服务配套和基础设施问题；利用网络动员下去，居民建言

献策，参与社区治理。东城区三里屯街道通过购买社会组织服务，借助社工事务专业力量，将居民有效地组织起来，参与到"创想计划"中，直接参与社区治理。基层社会治理内容的丰富性，决定了社会动员内容的丰富性，凡是涉及群众切实利益的诉求，都需要启动动员方式，各方参与基层治理。

3. 社会信用方式

基层社会治理的开展，使社会动员动力发生了深刻变化。一般而言，在传统社会动员工作实践中的社会动员动力主要来自"自上而下"的行政命令、宣传动员、会议动员、榜样动员等方式直接或间接组织社会动员积极参与。在社会治理工作实践中，社会治理内容的丰富性涉及诸多主体，社会治理问题的复杂性涉及多个方面。例如社区中的群租房问题、小区中的私搭乱建等，为实现个人利益而产生的成本转移给社会，提高了社会治理成本，而回天地区将社会信用作为新时代社会动员的着力点，将每位社区居（村）民、每个组织法人纳入社会信用体系，形成"一处失信，处处受限"，提高失信成本，这样才能降低社会治理成本，才能使社区居（村）民、每个组织法人自觉履行法定或约定义务，才能动员社会成员共同参与社区治理，营造人人有责、人人负责、人人尽责共建共治共享的社会治理格局。

## （三）法治保障：职责分明方式简约高效

法治是治国理政的基本方式。所谓的依法治国，就是要坚持把群众路线与法治方式结合起来，善于运用法治思维和法治方式谋划思路、推进基层社会治理。

北京市在基层社会治理的实践中，强化法治的理念、法治的保障，有机利用社会的组织方式，把社会组织起来，包括政党、政府、社会组织、单位和社区等对基层社会治理有计划、有准备、有实施、有政策、有方向。在这些方面，北京走在了全国的前列。

1. 政策先行方式

北京在党建引领的基层社会治理模式中，首先明确"街乡吹哨"，奠定管理重心下移的组织基础。制定职责清单，明晰街道职能定位。《北京市街道党工委和办事处职责清单（试行）》《关于加强新时代街道工作的意见》为街道提供了履职底单，是向街道赋权和划分条块事权、理顺职责关系的依据，避免上级职能部门的无序委托，遏制了街道负担日益加剧等问题。实行大部制模式，提升街道服务管理能力。整合街道党工委、办事处内设机构，分别对应街道职责清单6项基本职能，与基层治理紧密结合，从机构和机制上改变了以往向上对口的观念，减少行政管理层级，有效解决职责交叉、多头分散、条块分割、管理碎片化等问题，提高街道乡镇综合协调处理问题能力。实现扁平化管理，提高社会治理的精细化水平和协同效率。充分考虑区域内常住人口、社会单位、辖区面积、流动人口等诸多要素，科学合理配置人员资源，为街道机构有效运转提供了组织和人力的双重保障。推行"街巷长制"，实现管理力量延伸下沉。街巷长直接面对居民和实际问题，协调相关服务管理力量，对街巷实行更加精细的管理。街巷长制的核心是将干部推到第一线，使之成为街巷治理的吹哨人、调度员、组织者、召集人和监督人，创新性地解决街巷治理条块结合、上下联动、综合协调问题。

2. 规范实施方式

在法治的方式中，北京市注重对基层的规范管理，以保障治理主体科学履职。实施了双向考评制度，让人民群众参与到社会治理的主体评估中。将自下而上与自上而下考评相结合，扩大群众的参与权、评价权，把群众满意度作为重要的评价指标。提供自主经费，保障基层服务能力。各区每年列出专项经费，作为街道自主经费。突出服务民生导向，更好地解决社区居民文化体育、困难救助等事项；突出社会治理导向，改善人居环境，保持整洁有序；提高薪酬待遇，稳定社区工作队伍。修订印发《关于进一步规范社区工作者工资待遇的实施办法》《北京市社区工作者管理办法》。从各层面组织基层社会治理。

## （四）自治参与："接诉即办"方式双向监督

人民群众是基层社会治理的力量源泉，居（村）民自治是基层自治的

重要载体。让人民群众成为推进基层社会治理现代化的最大受益者、最积极参与者和最终评判者,最大限度调动群众参与基层社会治理的积极性、主动性、创造性,打造人人有责、人人尽责的基层社会治理共同体,是自治方式的终极目标。

北京市基层社会治理的参与、自治和共治的方式集中体现在"接诉即办"的总体方式中,即 12345 市民热线。在我们的调研中,群众访谈对 12345 高度赞扬,认为这是一个可以依赖的平台,无论有什么需求和诉求,只要拨通热线,街道、乡镇和社区(村)就会有反应、有反馈,百姓称为"百姓热线"。例如,12345 市民服务热线回天地区所述街乡社区情况,2019 年 6 月 9 日 12 时至 6 月 10 日 12 时,12345 热线受理市民来电 15584 件,其中受理诉求类电话 5203 件,向昌平区交办 361 件,直派回天地区所属街道(乡镇)61 件,主要诉求问题集中于违章建设、群租房、物业管理、文明养犬、底商占道经营、堆放杂物等。远在密云山区的农村,村民也会拨打 12345,反映自己的诉求。各级政府、社区(村)组织,针对百姓的诉求一定会办理,而且直至百姓满意为止。"接诉即办"方式的实施,一方面,满足了群众的需求,同时促进了群众参与治理、关心社会的积极性,打通了政府与群众的及时沟通渠道,提升了群众自治的能力;另一方面,促使政府、社区(村)在社会治理中及时发现问题、解决问题,使社会矛盾消除在萌芽状态,维护了社会的和谐稳定,使政府的职能转变和职能服务直接送给了群众,提升了党和政府在人民群众中的威望。

1. 利益诉求方式

在访谈中,我们不难发现 12345 接到的更多是与群众利益相关的诉求,例如,社区中的私搭乱建问题、不文明问题、楼道杂物问题、农村中的邻里关系问题等,呈现诉求利益化的倾向,接诉即办,让利益的诉求得到满意的答复,让居(村)民的自治参与成为可能。

2. 参与诉求方式

12345 服务热线中,有很多是对社会事务、政府公共服务、社会组织服务、社区服务和村级管理的意见及不满,归结起来,不外乎是对整体社会治理的各类意见，从两个维度分析，一方面表明百姓对社会公共事务和治理的高度关心、关注和参与，表明自治意识和自治行动的觉悟；另一方面表明基层社会治理中的问题，这些问题的提出，为基层政府和社会组织敲响了警钟，"即办"即及时地修正和更新，避免了问题的积累和矛盾的激化。所以，"接诉即办"是实现基层社会治理的良好选择。

### （五）共治共商：沟通制约方式汇聚合力

基层社会是一个多元主体的大家庭，既有政府，也有社会。政府与社会的关系、社区与社会的关系、社会组织与居民的关系、居民与政府的关系等全部交织融汇在一起，所以，在基层社会的层面，我们看到的是一种水平的关系，似乎在基层社会的家庭中，大家的责任是分摊的，权力是垂直的。换个角度看，是各个组织的垂直责任在基层社会层面的叠加，从而变为一种水平责任，既然各个组织有自己的责任、任务和目标，在基层社会层面又有着共同的责任和相同的目标，那么必须建立一种各个组织之间的有效方式，完成对相同目标的追求。而这种方式不外乎是我国经常使用的议事协商民主制度，即共商共议的方式，达成各组之间对社会治理的认同和义务。

1. 共同体方式

在很多有物业的社区，物业与居委会的关系大部分是一种紧张的关系或互不干涉、互不来往的状态。但是在很多老旧小区的改造和维护过程中，各类组织的作用缺一不可。丰台区的调研结果告诉我们，他们的做法是充分发挥党建引领作用，以社区党支部为核心、社区居委会为主体、社区服务站为平台，推进物业、业主委员会、议事会广泛参与社区基层治理，在党支部带领下，共同推进物业管理、社区环境整治、居民共治共建共享等社区治理工作，同时统筹社区能人、增强群防群治力量，实现社区法治、共治、精治。其成功的经验在于打造社区的共同体，强化社区各类组织的责任。

2. 制约方式

城市基层政府的末梢神经是街道办事处，在街道办事处辖区，如何动员和约束社会单位参与基层社会治理是街道一直探索的问题，关键是建立什么样的制度动员、制约社会单位的参与和投入，尤其是为辖区百姓的公共服务。没有制度的约束，很难形成基层社会治理的合力。大兴区观音寺街道建立了"三个清单"制度：一是资源清单。通过设计、制作统计表，组织辖区单位根据实际情况，按照可提供、可利用、可共享的原则进行填报，对区域内各类资源进行摸底，包括场地、人才、资金、设备、服务、项目等，建立资源台账。二是需求清单。通过座谈、走访、问卷调查、设立服务需求征集窗口等形式，收集居民群众和驻区单位的服务需求，包括助教、扶贫、法律服务、矛盾调解、环境整治等，形成需求清单。三是项目清单。按照"征集需求—讨论协商—确定项目"程序，将需求与资源进行对接，包括困难群众结对帮扶、师生结对助教、辖区环境整治、党员教育基地建设等，建立项目清单。清单制度让辖区单位一目了然，自然加入基层社会治理。

3. 双向沟通方式

共商共议的前提是了解和沟通，通过什么方式沟通，是促进社会治理有效参与的前提。大兴区建立了"四个双向"机制：一是双向需求征集机制。属地党组织和驻地单位党组织要围绕中央、市、区重要会议精神和重大决策部署，结合基层党建工作、地区经济社会发展等需要，通过会议、座谈、走访等形式，定期或不定期相互征集需求意愿。每年集中性需求征集不少于一次。二是双向提供服务机制。属地党组织和驻地单位党组织要发挥各自优势，围绕双方需求，通过会议、洽谈等方式进行有效对接，通过项目化运作，相互提供服务，实现优势互补、相互服务、互促双赢。三是双向沟通协调机制。属地党组织和驻地单位党组织要及时总结交流工作中好的经验和做法，沟通研究工作中遇到的重难点问题，分析原因，提出对策，共同推动问题解决。四是双向评价通报机制。属地党组织和驻地单位党组织要对区域化党建推进情况进行动态跟踪，对双向服务、确定的项目督促落实，对已完成的项目要组织辖区相关单位、群众进行评议，相互做出评价，并通过党建工作协调委员会会议及时通报评价情况。"四个双向"机制让共商共议成为可能。

## （六）智治支撑："互联网+"方式服务基层

智能化建设为基层社会治理提供了有力的技术支撑，极大地提升了基层社会治理效率。互联网+融媒体广泛应用，使新时代社会动员工作实践中，社会动员的方式"线下""线上"相结合，"互联网+"社会动员被更广泛使用，具有动员便捷、快速、广泛、影响力大等特点。

1. 互联网+融媒体方式

"双井13社区"利用互联网、云计算、大数据、物联网等先进技术，依托"社区卡"积分服务平台将政务服务、便民服务、社交服务、媒体服务融为一体，让社区"人"互联互通、社区"事"共商共治、社区"组织"自我管理、社区"空间"开放共享，形成"互联网+社区互信、互联网+社区互联"的网上社会动员方式，实现社区居民"最后一公里"的便捷生活，增强了居民的幸福感与获得感。

2. 手机App+平台方式

北京市的基层社会治理解决了人民群众"最后一公里"难题。围绕人民所盼，建立了许多反映民意的平台。北京的大型社区回龙观和天通苑依托"北京昌平"手机App，以及回龙观社区网、天通苑社区网等网站，搭建了社情民意反映平台。回龙观社区网开展"爱在回龙观"志愿服务大比拼活动；全球搜索"回龙观人回+"跨年活动，通过线上线下开展跨年主题活动；充分利用区级媒体、回龙观社区网、社区宣传栏、微信公众号等搭建全方位、多角度的网络平台。社区不文明行为采取社区大屏曝光的形式，通过社区摄像头拍到遛狗不牵绳或者不清理狗粪、乱扔垃圾等不文明行为，会在大屏上曝光。目前在回龙观社区网、天通苑社区网等网站的帖子里发牢骚的少了，点赞的多了；向市区部门咨询计划内是否包含一些项目或提出解决具体问题建议的多了。回龙观社区网不仅仅是一个网站，更重要的是线下活动非常多，居民对这个网站特别信赖，该辖区一共40多万人，网站注册用户有60多万，日活动量有10万多人。

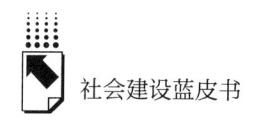

### 3. 大数据检测方式

北京市对社区治理采取了大数据检测方式，特别是在回龙观大型社区，建立了"回天有数"社会治理大数据监测平台，对回天地区公共服务、职住通勤、环境品质等方面开展量化剖析，提供城市修复精准方案。实施"回天有数"社会治理大数据平台第二期建设，通过大数据监测平台整合各类数据资源，对回天地区的公共服务、交通出行、职住通勤、环境品质、管理运维等方面进行深度量化剖析，开展城市"体检"，并联合社会治理领域的专家学者共同诊断城市问题，提出优化策略，构建数据生态平台。通过运用"回天有数"大数据分析，把城市更新升级与大数据手段有机结合，为城市修复提供精准方案，为社区居民提供精准服务，进一步提升了社会治理效率和服务群众水平，开辟了基层社会治理的新路径。

## 四 基层社会治理实现方式面临的问题

北京市对基层社会治理实现方式的探索积累了丰富的经验，取得了一定成效，创造了可复制、可借鉴的模式。但是也不同程度地面临基层社会治理实现方式上的问题。

### （一）政府主导方式突出，多元主体参与不足

在社会动员领域，我国的各级党政部门仍然身居前台，而各种社会力量的参与略显不足，原因有二。一是党政部门仍然是实施社会动员的主要主体。改革开放以来，尽管党政部门的社会力量整合能力和社会资源调动能力受到削弱，但是其作为社会动员主要主体的地位并未发生根本性的变化。尤其需要指出的是，互联网环境下虚拟社会动员的消极效应较为显著，使得党政部门更不愿意退居幕后。二是社会力量缺乏作为社会动员实施主体的能力。随着政策环境不断宽松，我国各类社会组织不断涌现并发展壮大。与此同时，网络技术的迅猛发展为社会动员实施搭建了平台、拓展了空间。然而，目前我国许多社会组织仍然缺乏自我发展的能力，导致其作为社会动员

实施主体的地位不稳固。特别是目前的社会动员主要是在政府主导下的社会动员，无论是在"北京回天有我"三年行动计划中，还是在助力回天社会服务活动中，都是政府有形的手在强力推动。而社会组织、公众的主体性地位被虚置，市委、市政府通过"街乡吹哨，部门报到"机制深入社区，通过12345热线电话广纳民意，都凸显了政府的主导地位。同时，昌平区为推动"回天有我"社会服务活动开展，解决社区内各方力量融合不足、资源整合不够、日常协同联动缺乏等突出问题，区委研究并制定了一系列制度，重点解决群众反映强烈的社区违法建设整治不彻底、"门前三包"落实不到位、物业管理关系不顺等突出问题。这些都凸显了政府的主导作用，社会组织和公众主体的积极性被掩盖在这一形式之中。这是源于政府的行政资源和社会资源较为丰富，其公共权力较为强势，对社会组织的服务购买局限于一般性的公共服务，对社会组织的服务购买远远滞后。

## （二）政策导向方式凸显，公共权力短缺不足

众所周知，基层社会治理的实现方式虽然很多，无法一一列举，但是在基层众多的实现方式中，我们发现最大的困境是公共权力的短缺，北京市虽然出台了街道办事处的工作意见和条例征求意见稿，明确了街道办事处的职能定位，但街道办事处的公共权力多是源于上一级政府的赋权、职能转变和公共管理以及公共服务的转移购买。北京市的"街乡吹哨"模式已经改变或促进了"条条"部门的重心下沉，但是在基层社会治理实现方式的选择方面还远远不足。基层治理的公共权力集中在职能部门，街道办事处仍然处于执行任务的层面，社区也在执行任务的队伍中，很难谈及自治。究其原因，仍然是各"条条"部门的公共权力没有下沉、没有转变，不愿意赋权给基层。

基层社会治理的实践层面已经超越了理论与法规的范畴，我们很难找到一部关于基层治理的法律或完整的法规政策体系。基层治理的实践步伐迅速迈进，与之匹配的、系统的政策或法规还未问世，治理方式的探索也只能局限于一般性的实践活动，陷入难以提升的困境。

### （三）垂直的方式驾轻就熟，扁平化的联动方式滞后

党和政府对自上而下的行政命令方式驾轻就熟，自下而上、多方联动的扁平化方式滞后。调研中，一是基层反映组织活动频次过高，在职党员报到达到一定次数后，参与活动的积极性降低，可能会导致今后参加活动的党员人数减少。二是一些历史遗留问题解决难度较大。如天北街道北太平庄村农民就业用房、招商及回购等问题，需花大力气协调解决，还不太习惯于社会组织、公众的积极主动参与。三是在社区治理过程中，部分业主委员会与社区党组织、居委会关系不顺，工作衔接不畅，影响了社区和谐稳定。特别是有些社区的业主委员会与社区物业公司是对立关系，12345热线电话针对问题的处理也难以协调各方；在部分领域，"街乡吹哨，部门报到"的机制有被虚置的嫌疑。

农村和个别城市社区的座谈，集中反映的是基层党组织队伍的后备来源不畅，特别是农村党支部，后备干部储备不足，干部年龄偏大，党建引领的方式创新能力不足。在思想观念和工作方式上，基层党组织思想不够解放、不善于用新思维、新战法、新载体来解决问题；基层党建引领社会治理创新的结构平台尚需完善。

### （四）自治方式单一，社区自治空间不足

基层社会治理的方式指向社区自治的内容不足和自治方式的单一，社区的治理没有转向社区自治。社区自治的内容主要是完成政府交办的一些群众反映强烈、带动性强的重点项目。如推动老旧小区改造、社区文体活动等，也只有在这些项目中动员社区群众参与自治，自治的方式缺乏创新和创意。

整体来看，目前的顶层设计重点关注自上而下的社会各种活动和服务形式，注重的是体制内的社会指导，没有从更广泛的社会治理角度出发，居民自发参与的社会治理不足，有单一片面的倾向，缺少明确的主要负责部门。更为重要的是，顶层设计中没有明确的社区自治的相关内容、相关制度，社区自治隐含在其他制度体系之中。进一步的阐述是，政府主导方式的强大，

挤占了社区自治的空间，社区自治空间的狭小难以维系社区居民的参与和社区自治方式的实施。

### （五）服务方式各司其政，系统化方式有待完善

经过近几年的社会治理服务实践，北京各街镇、社区（村）形成了许多典型服务模式，仅在北京的回天地区就出现了多种服务方式并行的现象，如霍营管家模式、回龙观镇的"幸福回+"模式，以及天通苑北街道的楼门文化管理模式等。此外，"回天有我"社会服务活动内容覆盖了"文明倡导""秩序维护"等六大类，贴近社区实际，符合群众需求。聚焦中非合作论坛、"疏解整治促提升"等全区中心工作，各社区（村）广泛开展治安巡逻、环境提升、隐患检查、群租房整治等活动。以解决群众身边事为重点，各社区（村）广泛开展政策宣传、垃圾分类、清理小广告、规整自行车、擦拭公开栏等服务活动，改善了社区（村）环境秩序，得到了广大群众的认可。如回龙观镇东村家园社区开展垃圾分类置换绿植活动，提升了居民垃圾分类意识，美化了小区环境。东小口镇魏窑村以秋季防火为主题开展服务活动，排查消除安全隐患。霍营街道多个社区积极组织党员群众规范"门前三包"，整理共享单车，清理各类垃圾，张贴和发放各类宣传材料，征集居民群众"金点子"，广泛调动了居民群众参与活动的积极性。由此可以看出，无论有多少模式，其都缺乏一个较为集中的、从"回天地区"整体考虑的、涉及"回天地区"所有治理主体参与的方式，社会治理方式还处于分割状态，系统化的社会治理方式有待进一步完善。

以上问题是社会治理方式的"负"产品，需要减"负"修正，以利于前行。

## 五 基层社会治理实现方式的路径选择

进入新时代，随着我国社会主要矛盾发生新变化，基层社会面临诸多风险与矛盾，基层社会治理面临诸多难题与挑战，迫切需要我们积极探索新时

代基层社会治理方式和途径，推进基层社会治理现代化，努力打造共建共治共享的基层社会治理新格局。本报告所涉及的路径选择是一种对策的探讨。

## （一）加强政策法规建设，保障多元主体参与

加强基层治理实现方式的政策法规建设，是为了推进治理实现方式的法治化。加紧制定和出台基层社会治理的地方政策。一是切实保障各个社区（村）基层社会治理方式的差异性，确保基层社会治理实现方式的目标、程序等环节能够充分体现全社会的共享利益和共享价值。二是加强治理方式目标和程序等环节的制度化建设，以法律法规的形式明确限定治理方式或机制的范围。三是明确基层社会治理主体及其职责，规范治理主体与非主体之间的关系。四是遵循法治原则和民主原则，将公众如何参与社会治理、如何行动纳入有序的法治框架。为基层治理方式的正常和长效运行提供法制保障。

## （二）细化街道社区职责，建立公共权力的让渡机制

基层社会治理实现方式的有效实施，源于政府公共权力的下移和重心下沉，要细化街道和社区（村）的公共治理权力，同时向社会、社区开放转移社会资源，使基层社会治理实现方式不是水中浮萍，而是有依有靠，使社会组织和社区在资源共享中完成社会共治和社区自治，这需要探索公共权力向基层让渡的可行方式。一是职能部门要按照北京市加强和改进街道办事处工作的意见中所赋予街道办事处的若干职能下放权力，下放资源，真正赋权，完成责与权的统一，让街乡敢吹哨、能吹哨、吹好哨，逐步完成基层社会治理实现方式的政府主导向社会主导的过渡。二是对社区（村）赋权，赋予社区（村）的是公共服务和社会服务的权力与责任，逐步探索公共服务的社区购买方式，完善社区公共服务。

同时要探索党建网络、社会组织网络、社会网络的深度融合，强化政府购买服务，精细化运作。社会的组织方式要逐渐由政府主导组织向社会的自我组织转移和过渡，要通过政府购买社会组织的服务不断培育和发展壮大社会组织，使之成为政府与社会的桥梁和纽带，成为社会组织方式的有生力量，

要制定制度，推进社会的组织方式多方融合，建立政党、政府、社会组织、社区（村）共同合作治理的新机制、新举措、新方法，探讨新方法的实施路径。

### （三）增强社会动员弹性，构建联动协同机制

增强社会动员方式的弹性，是改善社会参与力量不足的有效办法。社会动员的一切行为都要围绕"人"来展开。只有真正坚持"以人为本"，关注人的全面发展，为人民群众谋福利，才能充分调动广大人民群众参与社会主义现代化建设事业的积极性、主动性和创造性。因此，只有变革动员理念，才能指引社会动员持续发展，增强社会动员效能。

我国传统的社会动员模式以命令型为主，主要是指党和政府依靠号召力或行政命令动员广大人民群众参与革命和社会主义建设事业。这种传统的社会动员模式在过去发挥了重要作用。党的十八届三中全会明确提出要创新社会治理方式，用治理理念推动社会管理体系的创新，这就要求必须重视社会组织、广大民众在社会治理中的重要作用。在这种情况下，我国传统的命令型社会动员模式应逐步向治理型社会动员模式转变，改变以往以党或政府为主的单一动员主体，充分发挥营利组织、社会组织等团体在社会动员中的作用，不断优化社会动员主体，形成政府、营利组织、社会组织协同合作的社会动员体系。

要坚持广泛动员、广泛参与、多元共治、责任共担、强化沟通、协同治理的基本理念，坚持发挥好基层组织和社会组织在社会治理中的主体作用，按照多主体参与、多主体建设、多主体共享、多组织协同的思路，重点完善街道（镇）和社区（村）自治组织、社会组织、辖区单位和居民群众等参与的渠道方法，实现多主体共同参与社会治理的协同机制，形成社会治理和社会动员方式的强大合力。

一是完善街道（镇）和社区（村）自治组织的联动机制。街道（镇）和社区（村）是社区治理社会动员的两级重要枢纽，处于社会动员的组织、指挥、发动、落实、监督、评价的核心位置，街道（镇）党（工）委办事处要组织指导干部紧密联系社区（村），通过推进网络建设、建立微

信群等方式强化与社区（村）工作人员的联系，全面实时掌握社区动态，定期沉入社区（村）和辖区单位开展实地调查，随时听取社区工作人员、居民群众和辖区单位的意见和建议，通过畅通社区（村）、居民群众、辖区单位、社会组织、社会媒体、网络及12345市民服务热线等传达体系实现对辖区社会问题的实时全面掌握，对辖区企事业单位和居民群众的信息进行全面治理，通过"吹哨报到"和"接诉即办"等机制组织调动各种资源及时对问题进行调查处置并反馈评价，构建简约高效的基层社会治理方式。

二是健全社会组织和辖区单位参与机制。社会组织和辖区单位是社会治理不可缺少的重要主体，完善社会组织和辖区单位参与社区治理机制是社会治理关键所在。探索完善辖区单位参与社会治理引导激励办法，引导辖区单位做到诚信经营、优质服务、取信于民，实现与政府、社区和社会组织的互动联动。

三是完善居民的参与协同机制。居民群众既是社区治理的重要参与者、监督者、评价者，也是社区治理成果的重要享受者。各街道（镇）和社区（村）要坚决落实以人民为中心的发展理念，把居民群众作为社会治理最可信赖的重要力量。通过社区公众号、社区App、电话、微信群、网站等渠道密切联系群众，定期深入社区（村）和居民家庭，时刻听取群众呼声，畅通群众反映问题诉求的渠道，通过社区社会组织、业主委员会等机构和人大代表、政协委员、党代表、在职党员、社区党员、流动党员、楼门院长、居民代表、业委会成员、治安志愿者、监督员、信息员、观察员等，把居民群众紧密地组织起来，引导居民群众做到遵守法律法规，遵守社会公德，不侵害公共利益和他人利益。畅通居民群众与社区（村）、街道（镇）联系的渠道，切实做到街道（镇）、社区（村）重要事项让居民群众知情，重要决策让居民群众参与，重要难题让居民群众共同面对，重大活动和日常治理工作让居民群众参与，治理成效让居民群众评价，治理成果由居民群众共享。

**（四）强化多元自治，扩大社区的自治空间**

社区居民自治一直以来是社会治理和社区治理的前沿问题。谈到基层社会治理，就不能回避社区居民的自治问题。我国20多年的社区发展实践中，不断探讨社区居民如何自治，采取怎样的方式自治，因此也就产生了许许多多的自治方式。但是在众多的方式之中，我们不难发现雷同性较大、差异性较小，自治方式彰显单一性，即由社区居委会组织的自治活动成为唯一的方式，而居民自主自觉行动起来自我管理的自治活动相当薄弱。因此，在自治的方式中要不断注重加强多元主体的力量，特别是社区社会组织的参与。同时要对开会、文体活动、服务等单一的自治方式进行改造升级，积极探究能够被百姓接受的、具有福祉性等属性的自治方式，变单一为多元。

针对社区自治空间的不足，我们希望扩大社区的自治空间，实现的途径有三：一是社区与政府的密切合作，即伙伴关系，社区自治主体和社区社会组织，成为政府公共服务的提供者，在公共服务的执行中扩大自治空间；二是伴随政府职能的转变，逐步下沉公共权力和公共空间；三是社区自治组织提升社区工作和服务的满意度，让政府和百姓信得过、离不开，换取较大的自治空间。

**参考文献**

陈振明：《公共管理学——一种不同于传统行政学的研究途径》，中国人民大学出版社，2003。

曾伟、连泽俭、王璐阔：《多中心治理视野下城市社区自治实现途径研究》，《理论月刊》2010年第9期。

于燕燕：《社区建设基础知识》，中国社会出版社，2003。

蔡炯、田翠香、冯文红：《利益相关者理论在我国应用研究综述》，《财会通讯》2009年第12期。

周进萍：《利益相关者理论视域下"共建共治共享"的实践路径》，《领导科学》2018年第8期。

《习近平在纪念红军长征胜利80周年大会上的讲话》，《人民日报》2016年10月22日。

《习近平在纪念朱德同志诞辰130周年座谈会上的讲话》，《人民日报》2016年11月30日。

# B.16 北京城市副中心社会组织发展的目标定位与路径探讨*

邢宇宙**

**摘　要：** 围绕国际一流的和谐宜居之都示范区建设的总体目标，推动社会组织高质量发展，是加快北京城市副中心社会建设的重要举措之一。为此，北京城市副中心不仅需要进一步实现社会组织在数量、类型和结构上的平衡和优化，重点发展社会服务类、行业协会商会类、公益慈善类以及社区社会组织等，也应通过健全现代社会组织管理体制、完善支持和培育政策，以及推进社会组织依法自治，为社会组织发展营造良好的制度和社会环境，积极发挥社会组织在副中心各项事业中的重要作用。

**关键词：** 城市副中心　社会组织　北京

社会组织作为社会建设的重要主体之一，是扩大公众参与、发挥社会力量作用的重要载体。因此，社会组织的高质量发展，对于北京城市副中心的社会建设有着重要意义。广义上来说，社会组织不仅指民政部门登记注册的

---

\* 本文系2018年度北京市社会科学基金基地项目"社会组织参与北京社区垃圾分类治理的机制研究"（项目编号：18JDSRB008）的阶段性成果。
\*\* 邢宇宙，北京工业大学文法学部副教授，北京社会管理研究基地研究人员，研究方向为社会组织与社会治理。

社会团体、基金会和社会服务机构,以及实行备案制的城市社区社会组织,还可以涵盖政府认定的枢纽型社会组织、境外非政府组织在华代表机构,以及工商登记注册的非营利性组织,比如社会企业等。实践经验表明,社会组织的健康有序发展,对于政府职能转变、社会治理创新和公共服务供给等都有着重要作用。[①]

党的十八大以来,党和政府在全面深化改革和推进社会建设过程中,在理念和制度上都加强了对于社会治理体制的顶层设计,这构成了我国社会组织管理体制改革的重要基础。尤其是党的十八届三中全会,提出了我国全面深化改革的总目标是"完善和发展中国特色社会主义制度,推进国家治理体系和治理能力现代化",进一步明确了深化改革的方向和任务。因此,未来一段时间北京城市副中心的建设也将围绕全面深化改革、扩大对外开放展开。而城市副中心建设作为国家战略的重要组成部分,理应成为深化改革和实现治理现代化的前沿阵地。

因此,立足于副中心的定位和总体目标,按照《京津冀协同发展规划纲要》《北京城市发展总体规划》等规划要求,副中心既需要发挥疏解非首都功能的示范带头作用,也要建成国际一流的和谐宜居之都示范区、新型城镇化示范区和京津冀区域协同发展示范区。基于此,从推动社会组织高质量发展的角度,本文简要分析副中心社会组织发展的总体目标、各类组织的功能定位,并尝试提出高质量发展的主要路径。

## 一 城市副中心社会组织发展的总体目标

北京城市副中心是首都的重要组成部分。一方面,副中心具备北京这类超大城市的结构性特征,即日渐扩大的人口规模、日趋分化的社会结构和多重的目标与功能,以及在此基础上人民群众日益增长的公共服务和公众参与需求;另一方面,副中心的建设是基于新的发展定位和目标,重新规划和建

---

① 王名:《社会组织论纲》,社会科学文献出版社,2013,第99页。

设的过程，在某种意义上具备"特区"的特点，因此，在政策制定和制度建设上，副中心具有一定的先天优势。近年来，北京、上海、广州和深圳等地都在积极探索社会组织管理体制改革，诸如中关村社会组织管理改革试点、浦东新区公益孵化园，以及苏州工业园区、成都高新区、深圳前海等地都形成了培育和发展社会组织的创新做法。实践表明，这些试点和新区因其特殊的政策环境，在中央、地方法规和政策支持下，因地制宜、结合实际需求，开展社会组织管理体制创新，对于区域社会建设与社会治理形成良好的示范作用。

2016年，中共中央办公厅、国务院办公厅印发了《关于改革社会组织管理制度促进社会组织健康有序发展的意见》，提出了社会组织管理制度建设的总体目标。2017年，中共北京市委办公厅、北京市人民政府办公厅印发《关于改革社会组织管理制度促进社会组织健康有序发展的实施意见》。这两份重要文件从中央和地方的角度指明了社会组织的发展方向。按照意见的精神和要求，城市副中心社会组织发展的总体目标是健全现代社会组织管理体制，建立政社分开、权责明确、依法自治的社会组织制度，形成结构合理、功能完善、竞争有序、诚信自律、充满活力的社会组织发展格局。围绕这一总体目标，副中心可以先行先试，探索建立社会组织管理体制创新示范区，在现有社会组织存量的基础上进行增量改革，完善社会组织管理和服务、支持和培育政策，营造良好的社会组织发展环境。

具体来说，在社会组织数量、类型和结构上，进一步实现合理优化。北京市社会治理规划中提出"十三五"时期的预期指标：到2020年，每万常住人口拥有社会组织25家。上海市社会组织发展"十三五"规划中提出：预计到2020年，每万名户籍人口拥有社会组织数超过11家，每万名常住人口拥有社会组织数超过6家，各级社会组织服务中心覆盖率达到100%，政府购买服务收入及政府补助收入占社会组织年度总收入比重达到30%。对比北京和上海两市社会组织发展的指标可以发现，上海提出了基于保底数的发展目标，北京则直接提出了数量目标。根据北京市委社会工委和市民政局数据，截至2019年8月，通州区共有社会组织3123家，其中社区社会组织

2709家,社会团体102家,民办非企业单位312家。因此,在社会组织数量上,城市副中心距离京沪等中心城市的发展目标还有进一步增长的空间。面向即将到来的"十四五"时期,副中心社会组织的高质量发展,更应在强调规模的基础上,重点实现社会组织类型和结构的合理优化,最大限度地激发社会组织活力,从而更好地实现社会组织的功能。

## 二 城市副中心社会组织发展的功能定位

社会组织作为社会建设和社会治理的重要主体,在社会管理和公共服务中是政府的重要伙伴。在副中心经济、政治、文化、社会和生态文明等各项建设事业中,社会组织可以发挥其应有的作用。结合副中心的定位和发展目标,以及目前公共服务中存在的短板和缺口,可以重点发展社会服务类、行业协会商会类和城市社区社会组织,并主动引入境外非政府组织,积极引导社会企业、社区基金会等组织形式的发展,满足副中心社会建设中社会治理创新、公共服务提供和社会事业发展的需求,提升社会治理水平,服务发展和改善民生。

第一,推动社会服务类组织发展,创新公共服务供给方式。在副中心规划人口130万的基础上,考虑以民生为本的教育、医疗、养老等社会事业,更好地构建社会力量参与的良好制度环境。按照副中心的城市发展规划,作为城市副中心功能之一的行政办公,要更好地服务首都核心功能和全市人民,牵引带动市属公共服务资源向副中心疏解。目前各地在社会力量兴办教育、医疗、养老机构等领域,已经推出了诸多鼓励参与的促进政策和措施,随着副中心经济社会快速发展,公共服务面临着较大缺口,也应构建基于开放和公平性原则的政策框架,逐步实现开放入口、公平运营、税收激励、法治监管等[1],大力引入社会资本,形成多元化和高质量的公共服务供给格局。

---

[1] 贾西津、邢宇宙:《社会力量兴办公益事业政策体系中的不公平性分析》,《理论探讨》2016年第3期。

第二，行业协会商会类组织发展与产业发展功能的结合。从副中心的产业发展规划来看，商务服务和文化旅游是城市副中心的两个方向，其中商务服务重点发展金融与总部经济，做大做强京津冀协同发展板块；文化旅游要发挥环球影城主题公园项目带动作用，坚持高精尖，培育带动文创产业发展，行业协会商会可以在其中发挥重要的中介作用，满足副中心产业发展的需求。此前，中共中央办公厅、国务院办公厅印发《行业协会商会与行政机关脱钩总体方案》（中办发〔2015〕39号），国家发展改革委、民政部会同有关部门研究并制定了《行业协会商会综合监管办法（试行）》。2019年11月，北京市全面推开行业协会商会与行政机关脱钩改革，推进行业协会商会成为依法设立、自主办会、服务为本、治理规范、行为自律的社会组织。在此基础上，副中心可以创新管理方式，推动行业协会商会的转型与发展，提升行业服务水平，充分发挥其带动作用，为重点和特色产业发展提供相应的支撑和保障。

第三，凸显公益慈善类组织的价值引导，进一步促进志愿服务的发展。公益慈善事业的发展不仅有扶贫济困、帮扶弱势群体的救助功能，更是有助于传递平等、友善等理念和价值。城市副中心可以在"慈善北京"和"志愿北京"的基础上，对于公益慈善类社会组织或志愿者组织给予重点支持，将副中心打造成互帮互助、充满爱心、共建共享的善城。在推进志愿服务常态化过程中，构建"一张网+N个平台+一个双向积分反哺系统"，重点在于整合全区志愿服务资源[①]，愿景是打造副中心志愿服务和公众参与的品牌。

第四，大力推动社区社会组织发展，提升社区治理水平。城市社区社会组织是基层社会治理单元的重要一环，它不仅可以为社区居民提供部分社区服务，也能满足公众直接参与公共事务的需求。城市副中心的规划指出，依托水网、绿网和路网形成的12个民生共享组团，旨在建设职住平衡、宜居宜业的城市社区。目前通州区社会组织发展处于初级阶段，无论是在数量、

---

① 李翁然：《"五期并存"下的北京城市副中心：社会治理创新思考》，载《2019年北京社会建设分析报告》，社会科学文献出版社，2019，第339页。

结构还是质量上都难以满足副中心基层社会治理的需要,在认识和能力上都亟待提升。[1] 因此,副中心基层社会治理体制创新中,社区社会组织的角色和功能还有较大的提升空间。目前,北京、上海、深圳、成都等地积极探索的社区基金会和城市社区营造模式,尝试在整合各方资源的同时,扩大辖区内居民的有序参与。在街道管理体制改革和治理重心下移的大背景下,未来副中心可以借鉴这些做法,在社会资源筹集、公众参与方式上创新,推动社区社会组织能力提升,扩大社区居民参与,提升基层治理效能。

第五,有序开展对外交流合作,提升北京城市副中心国际化水平。北京城市副中心建设瞄准国际一流,同时作为首都的一部分,也承担着部分对外交流和合作的功能,可以通过境外非政府组织和国际组织的入驻,加强境外组织与境内社会组织之间的交流和合作。近年来已有研究呼吁政府尽快将社会组织国际化纳入国家公共外交战略,加大政策对社会组织国际化的扶持力度,推动社会组织参与全球治理。[2] 在这个方面,副中心基础更为薄弱,可以借鉴部分中心城区在境外非政府组织管理方面的经验和做法,创造条件吸引契合区域特征和发展需求的境外组织入驻。与此同时,在未来的适当时候,还可以探索推动区域内优秀社会组织"走出去",扩大对外交往的空间和方式,提升城市国际化水平。

从北京城市副中心的目标和功能来看,副中心未来在行政、产业、文化各个层次上谋求均衡发展,如创新发展轴,其中有宋庄文化创意产业集聚区、行政办公区、城市绿心、环球主题公园等多个功能中心。因此,政府应该考虑营造良好的社会创新和创业环境,尤其是可以通过设立基金、提供办公空间等方式,吸引和支持青年创新创业者,最大限度地激发社会创新创业活力,最终引领京津冀地区社会创新创业的潮流和趋势。

---

[1] 李翁然:《社会组织参与北京城市副中心基层社会治理和调查与思考》,载《2018年北京社会建设分析报告》,社会科学文献出版社,2018,第198~202页。

[2] 邓国胜等:《中国民间组织国际化的战略与路径》,中国社会科学出版社,2013,第293页。

## 三 城市副中心社会组织发展的路径选择

在当前深化改革和治理转型过程中，如何调整政府和社会之间的关系，发挥社会力量的协同作用，一直是改革的重点和难点之一。近年来，政府推进机构改革和职能转变，通过简政放权建设服务型政府，在坚持放管并重的原则下，处理好"放"和"管"的关系。这些实践探索超越了过去"小政府"还是"大政府"的争论，是建立在有为政府基础之上的"强政府"，推动"大社会"建设。目前我国社会组织的制度环境，一方面总体上有利于其在社会建设与社会治理中发挥作用，另一方面既有制度环境中仍存在着许多深层次的问题，从而使得其功能发挥所需要的社会与制度条件不尽完善。[1] 北京城市副中心拥有政策环境和特殊地位，可以从以下角度思考推动社会组织发展的路径。

### （一）正确认识党政领导作用，创新社会组织体制

实践表明，各级党委和政府在社会组织发展中发挥着重要的领导作用。结合副中心社会建设的总体目标，党和政府在尊重社会组织主体地位、认识社会组织发展规律的基础上，以政社分开为基本原则，让渡社会组织发展空间，营造社会组织发展良好的制度环境，是确保社会组织健康发展、实现政社合作目标，并有效发挥其在社会建设中作用的重要保证。

在举措上，首先是创新城市副中心的职能部门设置，明确社会组织管理事务的职责和分工。有研究指出在政府机构改革中，应科学划分社会组织的管理机构与职能，如组建市区社会组织管理局等。此前，雄安新区在"大部门制、扁平化、聘任制"原则下，设立公共服务局，实行一个部门管社会事务、政务服务；成都高新区设立社会事业局，主管民政工作等。这些都

---

[1] 黄晓春、张东苏：《十字路口的中国社会组织：政策选择与发展路径》，上海人民出版社，2015，第15页。

是可以借鉴的创新做法。因为社会组织的登记管理涉及众多的业务管理部门，如政府购买社会组织服务涉及财政部门，社会组织监管涉及民政、财务、税务、审计、金融、公安等若干部门和机关，以及众多的社会组织业务主管单位。城市副中心行政管理机构可以创新设置，旨在统领社会组织的登记管理、培育发展和监管等职责，并且更好地实现各个部门之间的协同。

其次是副中心党政相关职能部门依据总体规划，结合中央和地方的法律和政策文件，针对社会组织发展制定配套的实施意见或办法。比如成都高新区在社会组织发展中，就制定了一系列配套的政策文件，其中包括中共成都高新区工委、成都高新区管委《关于促进成都高新区社会组织发展的实施意见（试行）》、《成都高新区管委会关于政府购买公共服务的实施意见（试行）》以及成都高新区社会事业局印发的《成都高新区社区社会组织登记与备案管理暂行办法》等，通过完善社会组织管理的政策体系，构造社会组织发展的总体制度框架。

具体而言，一是社会组织的准入制度改革，实现便利登记和降低门槛。近年来，我国已经形成了四类直接登记、三类双重管理的混合社会组织登记管理体制。[1] 在此基础上，副中心可以探索在登记管理中推进前置审批制度改革，以及业务主管单位的审查，并针对行业协会商会、公益慈善类社会组织、城乡社区服务类社会组织进行调整，比如在区和街道一级登记管理权限的改革。

二是在社会组织监管上，应充分运用"互联网+"技术，建立以信息平台为基础的综合监管体系。为此，一方面建立健全社会组织的信息统计和发布制度，进一步提升信息接收发布的能力以及传播效果；另一方面民政和其他有关部门及时向社会公布社会组织及相关行为的信息。总体上，基于信息平台的大数据治理，在进一步落实政府和社会监管功能的同时，通过将登记管理、资格认定、购买服务、绩效评估等一系列环节，与社会组织支持和培育结合起来，有助于突破过去监管中以管控为主的思路，转变为有效培育和支持社会组织发展，提升社会组织自身能力。

---

[1] 马庆钰、廖鸿主编《中国社会组织发展战略》，社会科学文献出版社，2015，第331页。

## （二）加快政府职能转变，完善社会组织支持政策

根据副中心社会组织发展的目标和定位，完善对于重点发展社会组织类型的支持政策。借鉴现行社会组织孵化培育的一般模式，政府可以通过建立社会组织发展基金，增加对社会组织孵化或服务中心的投入等，以及以公益创投等公平竞争的项目发包方式，为初创期社会组织提供发展条件。此外，政府为社会组织人才队伍提供良好的社会保障环境。在传统意义的组织能力建设基础上，通过创新举措为社会组织就业增强竞争力和吸引力，壮大社会组织人才队伍。长远来看，政府在支持和培育政策中的角色与定位，应从政府主导转向社会主导，逐步推动以社会力量为主体参与社会组织的能力建设。

在具体的政策工具选择上，一方面可以通过扩大政府购买服务，紧密结合政府职能转变和公共服务需求。在副中心现有基础上完善政府购买服务制度，制定向社会组织转移职能的指导意见和购买服务目录，实施动态调整机制和公示制度；建立与公共服务项目相适应的政府采购标准和统一的政府采购平台；规范以项目申报、项目评审、组织采购、资质审核、合同签订、项目监管、绩效评估、经费兑付等为主要内容的购买流程，实现政府购买社会组织服务的规范化和制度化。最终切实转变政府职能，形成真正意义上的购买，实现公共服务供给方式和机制的转变，对于服务供给的合法性、正当性和实施效果等承担最终责任。[1]

另一方面支持和推动社会企业等公益创新形式的发展。在北京市"十三五"时期社会治理规划中，提出推进社区、社会组织、社会企业"三社"联动，副中心可以适时推进专门针对社会企业发展的支持政策，以及吸引各类金融机构等主体，推动慈善信托、社会影响力投资等，面向社会组织、社会企业和合作社等各种混合型组织，运用杠杆撬动潜藏在私人资本市场中的巨量资源，构建慈善新前沿的生态系统。[2] 此外，借助社会组织支持联盟等

---

[1] 王名等：《社会组织与社会改革》，社会科学文献出版社，2014，第238页。
[2] 莱斯特·萨拉蒙编著《慈善新前沿：重塑全球慈善与社会投资的新主体和新工具指南》，深圳国际公益学院译，社会科学文献出版社，2019，第7页。

行业平台型组织、互联网公益等创新形式，打造公益慈善行业持续性的品牌活动，最终形成良好的社会组织行业发展生态链。

### （三）推进社会组织依法自治，注重党群引领作用

社会组织的发展是在现行法治框架下的依法自治。近年来，《慈善法》已经出台，以及《社会团体登记管理条例》《社会服务机构登记管理暂行条例》《基金会管理条例》正在修订中，《社会组织登记管理条例》已经征求意见，《社会组织法》正在提议和酝酿之中，法治化是社会组织发展的重要趋势之一。北京城市副中心党工委和管委会作为市委、市政府派出机构，拥有市级管理权限，可以通过制定和完善社会组织相关法规，加强对于社会组织的依法管理，着重推进社会组织依法自治，完善内部治理结构。

同时，在党委、政府和社会各界充分认识社会组织作用的基础上，加强社会组织规范化党建工作，以通州区社会组织综合党委为依托创新工作机制，发挥党组织的政治引领和支持保障作用，在建立党组织和社会组织良性互动关系的基础上，赋予社会组织独立自主和持续发展的空间，推动社会组织健康有序发展。

另外，注重群团组织的引领作用。北京市较早认定枢纽型社会组织，并赋予其引领社会组织发展的权责，其中最重要的是工会、共青团、妇联、残联等人民团体。在北京市"十三五"时期社会治理规划中，也进一步明确了枢纽型社会组织的定位与作用，尤其是推动枢纽型社会组织自身改革，如在一定程度上的去行政化改革，更好地发挥枢纽型社会组织的作用。按照改革要求，这类社会团体的发展重点转向以社会属性的服务性、代表性功能为基础，并以面向党和政府的代表性功能来连接政治社团的行政性功能[1]，从而有助于群团组织和社会组织之间真正建立平等合作、共同发展的良好关系。

---

[1] 诸松燕：《在国家与社会之间——中国政治社会团体功能研究》，国家行政学院出版社，2014，第250页。

## 四 结语

社会组织本质上是社会自组织的产物,也是实现居民自我管理、自我服务、参与公共事务的重要中介机制。在社会组织发展过程中,并不存在统一而固定的模式,关键在于尊重社会组织的主体地位,遵循社会组织的发展规律。因此,城市副中心的社会组织发展唯有通过实践不断总结经验,才能推动社会组织管理体制创新,进而充分释放社会组织的发展活力,推动社会组织在培育居民参与意识,重建公众与政府之间的良性互动关系,提升社会资本水平,以及塑造区域社会共同体过程中,发挥重要的资源链接和社会整合作用。

最后,积极探索社会组织体制创新,是推进国家治理体系和治理能力现代化的题中应有之义。北京城市副中心建设作为国家战略,高点定位、精细规划,社会组织发展在回应副中心战略和目标的同时,立足于副中心社会结构与社会发展的现实,结合区域民情展开实践探索,形成具有本区域特色的社会组织发展模式。同时在京津冀协同发展框架下,与各区、北三县等地社会组织发展形成良好互动,推动形成区域都市圈内共建共治共享的社会治理格局。这不仅符合城市副中心的发展战略和总体目标,也对京津冀区域协调发展有促进作用。

# B.17 枢纽型社会组织主导下的社区社会组织培育

——以北京市海淀区为例

李 阳[*]

**摘 要：** 在新时代推进社会治理现代化的背景下，社会管理与社会建设被纳入中国特色社会主义建设的总体布局，成为各级党政部门的重要工作议题。社会组织是共建共治共享的社会治理格局的重要组成部分，其中社区社会组织在推动"社会治理重心向基层下移"方面具有较大优势和潜能。当前社区社会组织存在组织同质性强、潜能挖掘不足、组织能动性弱等问题，一方面亟须建立社会组织孵化基地对组织进行培育、扶持、管理和监督；另一方面能够提供社区社会组织培育服务的社会组织影响力和公信力不足。北京市海淀区创建"成立枢纽型社会组织—建设培育孵化基地—开展社区社会组织培育"模式，为破解以上问题提供了"海淀经验"。

**关键词：** 枢纽型社会组织 社会组织孵化基地 社区社会组织

党的十六大以来，国家对社会组织给予了高度重视。党的十六届六中全会提出要健全"党委领导、政府负责、社会协同、公众参与"的社会管理

---

[*] 李阳，博士，北京工业大学文法学部社会学系讲师。

格局，为社会组织发展和三社联动的基层社会治理奠定了基础。党的十七大进一步提出要"重视社会组织的建设和管理"，党的十八大要求在加强社会建设中加快形成"政社分开、权责明确、依法自治"的现代社会组织体制。党的十九大强调要"加强社区治理体系建设，推动社会治理重心向基层下移，发挥社会组织作用，实现政府治理和社会调节、居民自治良性互动"，打造共建共治共享的社会治理格局。

伴随着中央政府对社会组织重要性的不断强调，地方政府着力加大社会组织培育扶持力度，不断探索培育社会组织的有效路径，北京市于2008年明确提出构建"枢纽型"工作体系，此后这一工作思路不断延续和发展。2016年，北京市委、市政府制定了《北京市"十三五"时期社会治理规划》，规划提出"完善枢纽型工作体系，推进社会组织登记改革，培育发展社会组织，创新社会组织治理"。同时，北京市社会建设工作领导小组办公室制定《市级"枢纽型"社会组织业务工作规范》，以促进社会组织进一步提质增效。2017年，北京市民政局印发《关于社会组织培育孵化体系建设的指导意见》，明确指出到2020年建成"上下贯通、覆盖广泛、资源整合、专业规范、多层次、多类型"的社会组织培育孵化体系。

## 一 枢纽型社会组织的概念与生成

### （一）概念与功能

"枢纽型社会组织"是指在对同类别、同性质、同领域社会组织的发展、服务、管理工作中，在政治上发挥桥梁纽带作用、在业务上处于龙头地位、在管理上经市政府授权承担业务主管职能的市级联合性社会组织，主要特征是合法性、排他性、资源整合性和代表性。北京市枢纽型社会组织由市社会建设工作领导小组认定并授权，主要强调政治、专业、管理三项功能。

首先，在政治上发挥桥梁纽带作用。枢纽型社会组织在所联系和管理的社会组织中开展党建工作，贯彻执行党的路线方针政策，有利于发扬基层民主。这一功能是新时代社会建设领域落实党作为"总揽全局、协调各方的领导核心"的具体体现。

其次,在业务上发挥引领聚合作用。枢纽型社会组织能够联结和协调相关领域的社会组织,加强组织之间的交流与合作,通过为社会组织搭建信息交流与资源共享的平台,实现组织间的互动与互助,最终实现业务水平的提升。同时,使不同规模的社会组织形成合力,建立协调的行业关系、制定合理的行业规范。特别是对于社会服务领域的社会组织,能够提升其服务水平,有助于改善民生。

最后,发挥日常管理的平台作用。化解对社会组织管理有余而服务不足的困境。枢纽型社会组织承担有关社会组织的业务主管单位职责,在日常管理方面通过规范化、科学化、制度化的方式提高社会组织管理水平。在日常服务方面,关注所联系组织的不同发展诉求,为社会组织适应服务群体在新时代的新需求提供帮助。通过管理和服务上的双重职能,枢纽型社会组织能够在政府和社会组织之间承担中介功能,对于需要多方协作的社会性目标协助政府开展社会动员。

### (二)背景与生成

枢纽型社会组织的生成是建立在社会组织发展现状基础上的。1988年我国社会组织仅有4446家,至2008年依法登记的社会组织已超过41.4万家,到2015年仍以每年10%~15%的速度发展。北京市社会组织的发展状况与全国趋势一致,截至2018年底,全市各类社会组织总数达到12530家,同比增长3.01%(见图1)。

社会组织的迅猛发展反衬出社会组织管理水平的不足。一方面,社会组织数量庞大,政府直接管理成本过高,难以实现精细化管理;另一方面,社会组织发展水平参差不齐,且缺少交流机制。为此,2008年以来,北京市以"政社分开、管办分离"为改革方向,将社会组织的能力建设与党建工作相结合,构建以工、青、妇等人民团体为骨干的枢纽型社会组织工作体系,逐步形成了以"社管社"的社会组织管理北京实践。2009年和2010年北京市共认定了包括团

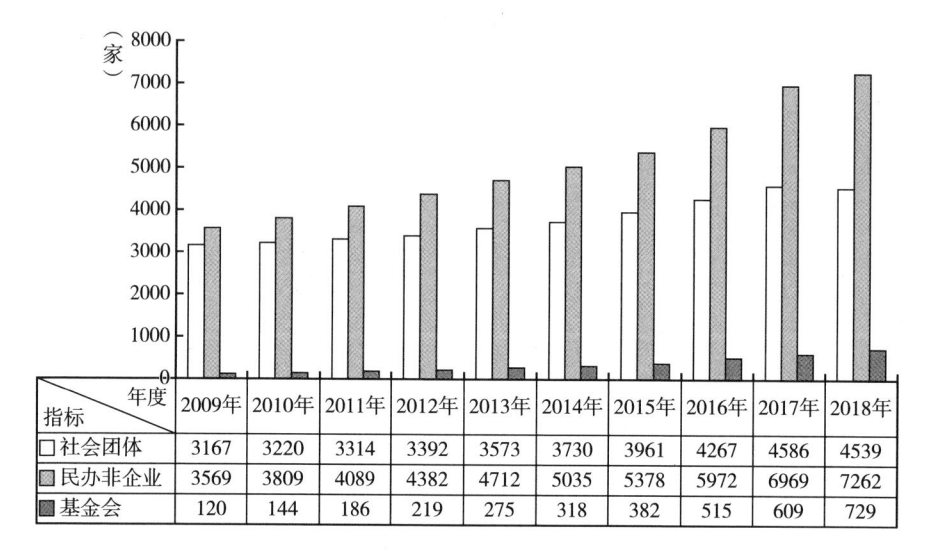

| 指标 \ 年度 | 2009年 | 2010年 | 2011年 | 2012年 | 2013年 | 2014年 | 2015年 | 2016年 | 2017年 | 2018年 |
|---|---|---|---|---|---|---|---|---|---|---|
| 社会团体 | 3167 | 3220 | 3314 | 3392 | 3573 | 3730 | 3961 | 4267 | 4586 | 4539 |
| 民办非企业 | 3569 | 3809 | 4089 | 4382 | 4712 | 5035 | 5378 | 5972 | 6969 | 7262 |
| 基金会 | 120 | 144 | 186 | 219 | 275 | 318 | 382 | 515 | 609 | 729 |

图1 北京市2009~2018年社会组织数量增长状况

资料来源:《2018年北京市民政事业发展统计公报》。

委、工会、妇联等在内的21家市级枢纽型社会组织,这些组织在提供常规性公共服务和抗震救灾、奥运服务、周年庆典等重大事件中发挥了积极作用。

上述经验对于各类各级社会组织的管理和服务具有重要启示,但是此前的枢纽型社会组织均为市级,且主要以业务为联结,具有较为明确的服务边界,没有将数量庞大且与居民日常生活联系极为紧密的社区社会组织纳入联络范围。就海淀区而言,社会组织面临诸多困境,有待成立枢纽型社会组织来破解,具体如下。

首先,整体规范性不足,绝大多数社会组织存在财务制度不健全、安全制度不完善、信息披露不及时、机构运转不透明等问题。其次,社会组织枢纽型平台建设不完善,组织的发展缺乏有效的管理、监督和服务,社会影响力有限且公信力不足。最后,社区社会组织管理缺失,缺乏有效登记备案、管理服务、社区参与等机制,在社区治理中发挥的作用有限。

在此背景下,旨在推动海淀区社会组织健康有序发展的枢纽型社会组织应运而生。与此前成立的枢纽型社会组织相比,这一组织因侧重社区社会组织而更具有群众性和区位性。其主要工作抓手为推动街道层级的社会组织孵化基地建设,以此促进社会组织规范化运营管理,充分发挥社区社会组织基层社会治理功能。

### (三)规划与实施

针对上述问题,海淀区于2017年开始建设区级枢纽型社会组织,2018年6月正式成立并试运行。作为海淀区委社会工委、区社会办在政府与社会组织之间搭建的社会组织综合服务管理平台,该组织具有党建工作、能力建设、培育孵化、评审评估等十大功能,并提出2018~2020年的三年工作规划,主要围绕枢纽型社会组织工作体系建设、社会组织培育孵化基地建设以及政府购买社会服务体制建设。

第一,建立枢纽型社会组织体系。巩固区级枢纽型社会组织工作基础,加强区、街镇级枢纽型社会组织工作体系建设,到2019年底区、街镇两级枢纽型社会组织工作体系框架基本形成,到2020年实现社会组织工作体系全覆盖。

第二,开展社会组织孵化体系建设。依托街道(乡镇)综合服务中心和城乡社区服务站等设施,建设社区社会组织培育孵化基地,建立社区社会组织综合服务平台,为社区社会组织承接政府购买服务项目提供组织运作、活动场地、人才队伍等方面的专业支持,形成分级分类、功能互补、有机统一的社会组织孵化网络。2018年社会组织孵化基地建设工作以试点先行的方式,在有条件的街镇,通过新建、改建、联合办公等形式建设社会组织孵化基地,使之成为标志性社会组织服务窗口,为到2020年实现街镇社会组织孵化基地建设规范化、全覆盖打下坚实基础。

第三,完善政府购买社会服务机制。通过购买服务的方式支持社会组织参与社区治理。一是鼓励在街道(乡镇)成立社区社会组织联合会,联合业务范围内的社区社会组织承接政府购买服务,带动社区社会组织健康有序发展,并将其打造提升为枢纽型社会组织;二是引领其他社会组织通过提供公共服务的方式,争取更多的财政资金支持,以项目化运作的方式积极参与社区治理,同时促进自身健康发展;三是进一步完善旨在加强社会组织治理

结构、促进社会组织服务能力提升的评审评估机制以及工作程序和公开制度，设立红黑榜。

## 二 海淀区社区社会组织发展现状

2018~2019年，海淀区为建立街道层面的社会组织孵化基地而开展的社会组织基本状况调查结果显示，辖区内各街道社会组织管理状况具有较大差异。根据组织在街道的备案情况以及街道对组织活动的支持状况大体可以分为以下三类。

第一类街道尚未将社区社会组织纳入管理范围，未掌握辖区内组织的备案情况，也无进一步的监督、指导和服务。第二类街道为社区社会组织建立了台账，掌握辖区内组织的类型、规模、负责人等信息，但组织的运行由社区管理，街道层面未提供相关支持。第三类街道不仅为辖区内社会组织建立台账，并且通过一系列制度设计对社区社会组织进行扶持，鼓励社会组织参与社区治理。

根据街道意向及前期工作动员会的沟通情况，海淀区选取10个街道作为试点，其中上地街道、清河街道及中关村街道分别属于前文所述的三种类型。下文将以三个街道为例分析海淀区社会组织发展的总体状况。

### （一）组织同质性强

海淀区的社区社会组织中，发展时间最长、组织总数最多、成员活跃程度最高的是文体娱乐型组织。这与组织成员以"发展兴趣爱好"为主要动因参与社区社会组织的逻辑有直接关系。成员在参与社区文娱活动的过程中提高了与其他成员、社区和街道的互动频率，增强了社区归属感，并在发展兴趣爱好的基础上生成"服务他人、贡献社会"的第二动因。在此基础上，一些组织开始兼顾或转向社会治安、纠纷调解、环境保护等功能。近年来，随着国家对社会组织参与社会治理的重视程度和支持力度不断提高，志愿服务类社区社会组织数量有增加趋势，但总体而言文娱类组织依然占比较大，在功能及发展水平上同质性较强。三个街道的社区社会组织整体情况如下。

上地街道的社区社会组织中,"上地西里云歌合唱团"和"春天舞蹈队"成立最早,成立时间为2002年;"八一社区恰恰表演队"成立最晚,成立时间为2018年。就队伍类型而言,除"滤镜司"为环境保护类以外,其他均为文体活动类。就抽样情况而言,该社区尚未建立社区治安类、教育培训类、纠纷调解类、法律科普类、共建发展类和生活服务类等类型的社区社会组织。

清河街道的社区社会组织中"长城志愿服务合唱团"成立最早,成立时间为2006年;"民事调解委员会"成立最晚,成立时间为2018年。其中,2013年、2016年和2017年成立的社区社会组织最多,占到参加访谈队伍总数的37.8%。就组织类型而言,文体活动类共22家社区社会组织,所占比重高达75.9%;法律普及类、共建发展类和生活服务类,均只有1家,各占3.4%;社区治安类、环境保护类等在被调查的队伍中并无涉及。

中关村街道的社区社会组织中,"新科祥美厨俱乐部"成立最早,成立时间为1956年;"太阳园桥牌队"和"太阳园治安队"成立最晚,成立时间为2018年。其中,2008年和2009年成立的社区社会组织最多,占参加访谈队伍总数的21.1%。就队伍类型而言,文体活动类共31家社区社会组织,所占比重最大,高达59.6%;数量最少的是教育培训类,只有1家,占比1.9%。社区治安类、环境保护类、生活服务类等都有涉及,但纠纷调解类、法律科普类、共建发展类和生活服务类在随机调查的样本中几乎没有。

### (二)潜能挖掘不足

在一定时期内社区的物理空间、经济状况、制度环境等资源是既定的,但是社区社会组织和社区活动的参与者是可以动员的。参与者个人可以通过其所在的社会网络为社会组织和社区带来个人拥有和可链接的资源。与此同时,更加广泛的参与者以及良性的社会互动带来的公共意识的提高、信任的增强,最终能够增加社区的社会资本。但是目前社区社会组织的成员高度重

合，性别以女性为主且年龄分布过于集中不利于组织传承和延续，许多社区能人尚未参与到社区建设当中，社区潜力开发不足。

上地街道调查的19家社区社会组织共有成员783人，55岁及以下共有180人，占比23.0%；56~65岁共有404人，占比51.6%；66~75岁共有151人，占比19.3%；76岁及以上有48人，占人口总数的6.1%。对于是否加入了其他队伍，72.2%的被访者的回答都是肯定的。

清河街道调查的29家社区社会组织中有9家文娱类组织只有女性成员，1家志愿服务类组织只有男性成员。骨干成员中擅长音乐的占比55.2%，擅长美术的占比20.7%，其次是擅长文学和电子设备的，分别占比10.3%和6.9%，几乎没有擅长管理、策划类的。对于是否加入了其他队伍，41.4%的被访者的回答都是肯定的。

中关村街道被访者共51人，其中男性11人，女性40人。年龄最小的47岁，最大的81岁，60~70岁的占到被访总数的59.2%。就性别而言，有13家社区社会组织只有女性成员，没有组织完全由男性成员组成。对于是否加入了其他队伍，11.5%的被访者的回答是肯定的。

### （三）组织能动性弱

目前海淀区调查的社区社会组织主要经费来源是街道划拨的社区办公经费和社区公益金，组织独立筹集资金的能力较弱，这决定了除广场舞等日常开展的活动外，组织的大型活动主要由街道和居委会提议，与组织负责人沟通后动员组织成员实施。这种互动模式的优点在于增强了街道和社区在促使组织参与志愿性和服务性活动中的动员能力，不足在于社区社会组织过分依赖行政力量缺少主动发现和回应社区需求的能力。

上地街道的社区社会组织在策划活动时主要考虑的因素中，街道、居委会提议和组织负责人的意见占到所有因素的72.2%。2018年队伍协助居委会完成了打扫卫生、比赛、治安巡逻、选举、联欢会、卫生服务等工作。对于哪些方面接受过居委会帮助，投票最多的是"对活动过程中场地选择提供的帮助"，占比89.5%；其次是"对社区居民等参与活动的动员""对活动过程中组织者的指导和培训""对活动策划的帮助"等，占比最小的是"对活动过程中人员分工方面的协助和指导"，其比重仅为 26.3%。这也在一定程度上指明了居委会的努力方向。

清河街道的社区社会组织在策划活动时主要考虑的因素中，街道、居委会提议和组织负责人的意见占到所有因素的 48.3%。2018 年队伍协助居委会完成了慰问演出、打扫卫生、治安巡逻、选举、入户调查、志愿服务等工作。对于哪些方面接受过居委会帮助，投票最多的是"对活动过程中场地选择提供的帮助"，占比 75.9%；其次是"对活动经费、物资申请上的帮助"，占到 44.8%；排在第三的是"活动总结方面的指导"，占比 31%。此外，"对社区居民等参与活动的动员""对活动过程中组织者的指导和培训""对活动策划的帮助""对活动过程中人员分工方面的协助和指导"等占比相差不大，在 10%~25%。

中关村街道的社区社会组织在策划活动时主要考虑的因素中，街道、居委会提议和组织负责人的意见占到所有因素的 46.2%。2018 年队伍协助居委会完成了演出、比赛、治安巡逻、选举、入户调查、卫生服务等工作。对于哪些方面接受过居委会帮助，投票最多的是"对活动过程中场地选择提供的帮助"，占比 72.5%；"对社区居民等参与活动的动员""对活动过程中组织者的指导和培训""对活动策划的帮助""对活动过程中人员分工方面的协助和指导"等占比相差不大，大致在 30%。

## 三 社会组织孵化基地建设

海淀区一级枢纽型社会组织通过在街道层面建立社会组织孵化基地对社区组织进行管理和服务。孵化基地由枢纽型社会组织、街道相关部门及建设单位（通常是具有组织培育功能的社会组织）三方共建，遴选符合入壳标准的社区社会组织，制订符合组织发展阶段和发展需求的培育方案，经过一定阶段的支持和培育达到出壳标准后为社区提供更优质的服务。

## （一）社会组织孵化基地定义

社会组织孵化基地是在一个相对集中的物理空间内，对各类社会组织进行规范化管理，对不同组织规模、活动内容、发展程度的社会组织进行支持和培育的综合性社会组织服务管理平台。

基地一般由专业团队运营，为社会组织提供协助注册、场所供给、能力建设、管理咨询、政策辅导、项目交流、项目评估等服务，基本运作模式为"政府支持、专业团队管理、政府和公众监督、社会组织受益"。

孵化基地通过为社会组织提供资源支撑，实现对同类别、同性质、同领域社会组织力量的聚合引领，孵化、整合和创新有特色、有实践的社会组织，填补社会服务领域的不足，全面推进社会组织的可持续发展。

## （二）孵化基地建设目标与职能

社会组织孵化基地为社会组织成立成长提供专业化服务，动员社会组织积极参与社区社会治理，从而延伸政府工作臂力加快社区治理体系建设，提高社会治理水平，实现社会组织在政府工作引领下的健康发展，打造"党委领导—政府负责—社会协同—公众参与"的共建共治共享的社会治理格局。

社会组织孵化基地具有以下功能。

第一，能力建设。引导管理、培育孵化社区社会组织，扶持初创期社会组织、公益型创业团队，面向发展型、成熟型社会组织开展系列针对性培训服务，不断培育社会组织的专业素质，提高社会组织应对风险能力，控制项目过程中可能存在的问题。

第二，资源共享。社会组织孵化基地实行一体化的平台管理，作为一种工具，通过整合的方式实现资源共享，提供一条社会组织之间互通有无、共同进步的实现社会目标的新道路。

第三，健全体系。建立一种能使社会组织成员为实现集体目标而在一起最佳合作并履行职责的正式体制，即组织结构，是实现目标的重要保证。孵化基地帮助培育社会组织的组织能力，建立科学高效、合理分工、职责明确、制度健全的组织体系。

第四，创新机制。社会组织是社会治理的重要主体之一，社会组织孵化器通过创新基层社会管理机制，使很多社会纠纷和社会矛盾在萌芽，或在基层得到解决，实现基层社会的安定团结，形成社会管理的新格局。

第五，专业发展。帮助社会工作专业建立组织基础，促进社会组织的"社会化、专业化"发展，带动和引领相关领域的社会组织参与社会服务，使得专业社会工作者深入社会服务与管理活动的主要领域。

### （三）三方共建模式

孵化基地由枢纽型社会组织、所在街镇与建设单位共同建设，各自职责如下。

首先，枢纽型社会组织的责任。一是根据中央市委精神，制定孵化基地建设的总方针、目标任务。二是搭建孵化基地建设平台，促进街镇与社会组织的沟通交流。三是为孵化基地建设提供资金支持。四是组织专家督导、评审评估团队对基地建设进行实时监督、评估。五是定期组织街镇孵化基地阶段性成果验收，确保孵化基地建设发挥积极作用。

其次，孵化基地所在街镇的责任。一是物理空间方面提供孵化基地的办公场地和活动空间场地。二是提供孵化场所的办公设备、桌、椅等硬件设施。三是协助建设方做好社区调研工作。四是协助建设方做好孵化基地建设工作。

最后，孵化基地建设方的主要工作。一是制度建设，包括孵化基地日常管理制度，社会组织培育孵化制度，入驻社会组织的遴选、评估、出壳制度。二是队伍建设，打造专业社工团队和专业督导团队。三是开展社区调研，了解社区居民服务需求及社区社会组织相关情况。四是根据居民服务需求和社区社会组织发展程度，确定培育扶持内容，并有针对性地发展社区社会组织。五是指导街道社区社会组织规范化、专业化、项目化运作发展。六是培育社区社会组织项目，动员社区居民参与。

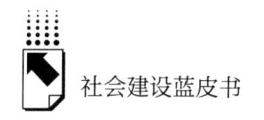

## 四 总结

社区社会组织是推动社会治理现代化的重要力量,在增加社会资本、繁荣社会事业、创新社会治理等方面发挥着积极作用,并日益受到各级政府的重视。北京市"十三五"规划提出:政府向社会组织购买服务政策制度进一步完善,"政府主导、部门协同、社会参与、形式多样、优胜劣汰"的工作机制基本形成,社会组织在促进北京"四个中心"建设和京津冀一体化协同发展中的作用进一步增强。

随着社会经济的快速发展和人民生活水平的不断提高,社会组织服务能力不足的问题日渐凸显。目前社会组织工作中还存在法规制度建设滞后、管理体制不健全、支持引导力度不够、社会组织自身建设不足等问题。亟须建立社会组织孵化基地,对符合入壳条件的社区社会组织进行制度法规、专业能力和管理能力等方面的指导,帮助组织实现规范化和制度化并提升服务能力。

但是能够提供社区社会组织培育服务的社会组织有限,且影响力和公信力不足。在此背景下,北京市海淀区开展枢纽型社会组织体系建设,通过"成立枢纽型社会组织—建设培育孵化基地—开展社区社会组织培育"的路径实现孵化基地建设及社区社会组织培育。

总体而言,这一模式对于社区社会组织培育具有多重意义。在政府与社会的关系层面,有利于帮助和扶持社会组织完善其职能,搭建社会组织与政府之间的沟通桥梁,实现政府职能转变。在社会层面,有利于完善公共服务、整合社会资源、增进社会合作、激发社会活力,将社会矛盾化整为零、促进社会和谐。在社区层面,有利于培育社区社会组织,推动建立多元主体参与的社区治理格局,加强社区治理体系建设。在居民层面,有利于满足居民多样化需求,提高居民群众的社区认同感、归属感、责任感和荣誉感。在社会组织层面,有利于提高社会组织服务管理能力和水平,促进社会组织健康有序发展。

不可忽视的是，这一模式仍然存在一些问题，有待解决。首先，枢纽型社会组织被寄予破解双重管理体制困局的期望，但是枢纽型社会组织行政色彩浓重、自主性欠缺的问题尚未得到根本性的改变。由于枢纽型社会组织对政府资源的依赖，政府购买服务以及财政计划的持续性都极大地影响着社区组织培育的连续性。其次，社会组织孵化基地建立以后，不可避免地面临着运营的问题，目前社区工作者及专业社工依然无法脱离烦琐的行政性事务，难以按照制度设计面向居民解决诉求、入驻基地从事孵化工作或者开展专业服务。此外，在引导和扶持社区社会组织从文娱活动转向公共服务的过程中，这一模式存在居民诉求多元而组织服务能力单一的问题。这些问题有待在2020年枢纽型社会组织工作体系建设、社会组织培育孵化基地建设以及政府购买社会服务体制建设三大目标实现的过程中寻求破解之道。

# B.18 网络社会背景下北京市公共卫生事件的治理研究

宋辰婷[*]

**摘　要：** 网络社会背景下,重大公共卫生事件呈现更高的风险点,它对现有的治理体制和治理能力提出了挑战。首都北京的特殊地位,使这种挑战变得尤为明显。面对来自网络舆情的挑战,一些新颖有效的解决措施,已经开始产生效果。北京市将情感作为公共危机治理的民意基础,以科学和权威信息为先导,以沟通促进公共危机治理中舆情的正向引导,实现了互联网时代的公共危机治理创新。在此基础上,从制度设计、条块协调合作和公共卫生理念的塑造等层面入手,建构治理策略,将会进一步完善治理体系,有效防范和化解重大公共卫生事件风险。

**关键词：** 网络社会　北京　公共卫生事件　社会治理

2020年新冠肺炎疫情暴发以来,对全国经济社会发展造成重大影响,经济损失不可估量。这是一起典型的特别重大突发公共卫生事件。这次疫情呈现"来势凶猛、扩展迅速、波及面广、影响巨大、损失严重"的特点,它给全社会各行各业造成的直接和间接的损失难以计数。这次疫情,也对现有的社会治理体制和治理能力提出了严峻挑战。

---

[*] 宋辰婷,北京工业大学文法学部、北京社会管理研究基地副教授。

# 网络社会背景下北京市公共卫生事件的治理研究

党的十八届三中全会以来，国家治理现代化被囊括在全面深化改革的总目标[1]之内，2019年召开的十九届四中全会，更是直接以国家治理现代化为主题。从理论上分析，国家治理现代化有很多层面[2]，目前这方面得到关注和讨论的较少。党的十九届四中全会明确提出要"建立健全网络综合治理体系"；习近平总书记在中央政治局常委会研究应对疫情工作时的讲话也指出，"这次疫情是对我国治理体系和能力的一次大考，我们一定要总结经验、汲取教训。要针对这次疫情应对中暴露出来的短板和不足，健全国家应急管理体系，提高处理急难险重任务能力"。

这次突发的新冠肺炎疫情，对全社会的治理体系、治理能力和治理水平是一个严峻的考验。尤其作为首都的北京，一座拥有数千万人口的、具有特殊地位的特大城市，这个考验更为严峻。因为北京的防控工作，直接关系到党和国家的大局。北京的治理效果也是全国对标的样本。在党中央的坚强领导下，上下一心，众志成城，最终战胜了疫情，经受住考验。实践再一次提醒我们：提高应对重大公共卫生事件的治理能力，是社会治理能力现代化建设的必修科目，是一道绕不过的必答题。

在网络社会的当下，网络传播大众化，网络沟通常态化，快速繁杂的海量信息以光速传播，给危机条件下的重大公共卫生事件治理带来了更加复杂、更为严峻的挑战。如何在正确认识网络社会重大公共卫生事件面临的这种复杂挑战的基础上，变被动应对为主动治理，科学设计有针对性的防范和化解风险的治理策略，对于完善北京的社会治理体系，乃至推进全国范围内的社会治理能力现代化建设，都具有重要意义。

---

[1] 完整表述为"完善和发展中国特色社会主义制度，推进国家治理体系和治理能力现代化"。
[2] 从已有实践看，至少有以下几个层面：①科技推动，如治安方面加强视频监控、经济与社会领域加强信用管理等；②行政性强化，如加强任务分解、督促检查、考核问责等；③党的系统内部治理力度和制度化程度加强，包括反腐、政治纪律、法规建设等；④行政管理技术进步，如"最多跑一次""双随机一公开"等改革实践；⑤嫁接利用市场等自发调节机制的能力提升，如"三医联动"与医保药品带量采购、市场化生态补偿、金融监管创新等。

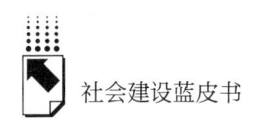

## 一 网络社会背景下重大公共卫生事件治理面临的舆情挑战

网络社会背景下,每次重大公共危机事件的爆发,总能带来公共治理的危机。这其中,既有公共危机自身"急难险重"的特性使然,也与中国正处在急剧变迁转型时期的国情和网络社会急速发展的时代背景息息相关。

信息传播快和信息量大,是网络社会的特点。确保有效信息的充足、及时、畅通,是重大公共危机事件治理的关键。信息匮乏,是重大公共危机事件治理的症结所在。

信息匮乏,可以分为绝对意义上的信息匮乏和相对意义上的信息匮乏。在前互联网时代,信息通道阻隔、信息源的不足等因素,导致信息缺乏,信息传递不畅,受众的信息需求不能获得快速而全面的满足,这是绝对意义上的信息匮乏。在互联网时代,借助于迅捷的新媒体技术和亿万网民的主动参与,海量的信息瞬时涌现,使得真正有价值的信息被大量垃圾信息所淹没,大部分受众面对如此庞杂的信息,无法鉴别真伪,云里雾里,茫然无措,无所适从。这种信息过载,又造成了另一种形式的信息匮乏,即相对意义上的信息匮乏。

由于大量信息通过网络快速倾泻,普通网民对信息的阅读、辨别和做出反应的速度,远远低于信息传播的速度;新媒体中的信息量,大大高于他们所能承接或需要的信息量。海量信息冗余甚至内容观点相互矛盾,真假难辨,也严重干扰了他们对有价值信息的辨别和选择,普通网民由此陷入了相对意义上的信息匮乏。

实际上,信息匮乏和信息过载同时存在于当下的互联网时代。

相对意义上的信息匮乏,在公共危机事件中多有表现。从历次重大公共危机事件中层出不穷的网络谣言就可见一斑。随着互联网发展进程的加快,网络谣言的数量和精密度、复杂度也在不断增加。这样一来,对于处在相对意义上的信息匮乏的普通网民大众来说,辨识信息真伪的难度越来越大。这意味着互联网时代,信息过载造成的相对意义上的信息匮乏,比单纯意义上的信息匮乏，更容易造成突发公共事件中的舆情危机和社会恐慌。

前互联网时代，由于受信息传播媒介技术发展的限制，信息的生产和流通主要遵循"先过滤后发布"的原则，大众媒体、学校、专家权威等扮演了把关人和过滤器的角色。发声主体多为主流媒体，传播的途径大多是官方正规渠道。而进入互联网时代，信息的生产和流动却是按照"先发布后过滤"的方式，并且发声主体多元，传播途径广泛。因此，互联网时代，普通个体看似可以便捷自由地获得大量信息，但是，想要获取对自己有用的真实信息就不那么容易了，就必须对总量庞大、质量差参不齐、真伪难辨的信息进行筛选，而一般情况下，大多数网民往往没有足够的"过滤"能力。

并且，相对意义上的信息匮乏带来的信息选择困难，还会引发民众的信息信任危机，造成"信息量越大，民众越是难以找到真实有价值的信息；民众越是迷茫，谣言就越盛行"的困境。前互联网时代，信息总量规模不大，信息传递的速度和广度都非常有限。人们直接面对的信息主要都是显现在有形传播媒介上的信息，信息来源或信息的生产者都十分明确。人们对信息的信任程度，更多体现为对信息生产者的信任程度。因而，人们在信息信任方面面临的困境也并不明显。但进入互联网时代，不仅信息的总量规模获得了迅速扩增，信息的来源也非常模糊，经常是人们都大规模地传递一个信息，却不知道这个信息最初来自哪里。同时，信息的生产者也并不明确。"大众生产，万众消费"的信息消费过程，使得人们只能直接面对海量的信息选择是否信任，而无法依据对信息生产者的信任程度来决定自己对信息的信任程度。尤其是公共危机事件，涉及专业性比较强或专业门槛比较高的信息时，大部分人是无法凭借自身的能力做出对信息的信任选择的。

普通网民在面对这种信息云集、相对意义上的信息匮乏的时候，往往力不从心。于是，网络谣言蔓延、以讹传讹等舆情乱象便会在重大公共危机事件爆发之时，乘势而入，层出不穷。这种乱象加大了公共危机治理的难度。

## 二 新冠肺炎疫情防控中北京市的创新性治理尝试

新冠肺炎疫情是互联网时代重大公共卫生事件的典型代表。在历次公共危机事件的治理过程中，我们看到了现有舆情引导体系中存在的一些问题和不足，同时也从成功的舆情引导实践个案中总结出一些经验。这其中有全国范围内的社会治理新举措，也有北京市的创新性治理尝试。北京，是中国的首都，是国家的政治和文化中心，是国际国内交往的枢纽，又是中国的超大城市。北京做好重大公共卫生事件处置工作，有效地应对重大公共卫生安全治理挑战，其意义尤其重大。

1. 以情感为公共危机治理的民意基础

在面对公共危机治理时，将情感维度重新拉入社会治理的实践当中，将作为个体的"人"、作为群体的"居民"的情感表达和情感参与纳入其中，在正式或非正式的制度安排之中，加入群众的情感联结，将从实质上增加政府治理的民意基础和科学基础，这也是真正意义上群众路线的要义。

在此次疫情防控中，我们从一些侧面看到了情感治理的效果。习近平总书记亲赴武汉抗疫一线，深入武汉小区，给了武汉人民更大的情感鼓舞和抗疫信心；年迈的钟南山和李兰娟院士奋斗在抗疫前线；新春时节，一大批白衣天使，直面病魔，主动请缨，告别亲人，奔赴前线。他们的"逆行"之举，在给湖北人民乃至全国人民带来巨大感动的同时，也让人民群众吃下了"定心丸"。这些都起到了良好的稳定情感、稳定人心的效果。

而具体到地方层面的疫情防控中，各地"雪中送炭"式的情感治理策略，给生产者和普通民众带来了心灵上的慰藉和恢复生产的希望：北京暂定延长1月、2月社保缴费期限；苏州出台十条政策支持中小企业共渡难关；深圳多部门向业主单位和经营者发出倡议，免减租金共赴时艰。

在疫情期间的情感治理方面，北京有很多创新性的举措。例如，疫情期间，北京市在每天例行新闻发布会上增加手语翻译。新闻发布会上带透明口罩的口语翻译，不仅能使残障人士第一时间了解新冠肺炎疫情的相关进展，更使他们有了"被爱"和"被关注"的暖心感。再如，北京市参与志愿服务的义工达60万人次，从捐资捐物、社区值守到心理疏导、监督辟谣、志愿服务等，几乎涵盖了疫情期间可能出现的所有民众需求。

对情感治理的重视，是未来中国社会治理体系创新的必然要求。尤其是在面对新冠肺炎疫情这种重大公共安全危机事件中，情感治理能有效弥补技术治理和风险管理的不足，缓冲社会矛盾，维持社会稳定，甚至助力危机的解决。但是如果情感治理不到位，大规模的情感问题没有得到及时处理，民情民意没有有效汇集、梳理与回应，反而会演化成网络谣言、群体极化，甚至集群行动等次生危机。尤其是在网络社会到来之际，民情民意处理不慎，转瞬就会成为舆情的"汪洋大海"，而普通民众的网络日常行动，往往依据的是感性而非理性，因此，情感治理就显得更为重要了。北京市在这次疫情防控治理中，将情感作为治理的民意基础的做法，是科学的、有效的。

2. 以沟通促进公共危机治理的舆情引导

在这次疫情防控中，一些新颖的措施已经显现出有效的舆情引导效果。搜狐、新浪等各大网络平台都设置了"疫情地图"专区，各地疫情动态的实时发布，使得信息迅速透明地传达给民众，极大地减少了社会恐慌；国家新闻办公室新闻发布会的及时定期举行和直播，较之以往的发布会频率更高，还增添了与普通民众的视频互动环节。政府与民众之间的及时沟通，不仅促进了舆论的正向发展，还有力地树立了政府的亲民形象；腾讯还开设了"全国肺炎疫情实时辟谣查询"平台，对于疫情期间出现的新消息和新知识，在该平台内一经输入就可以查询真伪，从而极大地减少了网络谣言的蔓延，降低了网络谣言对于公共危机时期舆论的不利影响。

治理的主体是人，沟通的主体也是人。人是有情感的。没有情感的沟通，是机械的、刚性的应对。机械的、刚性的应对，则会增加新的摩擦。公共危机治理中的舆情引导和沟通，不应当是政府有关部门简单的、被动的回应，而应当以情感为基础，主动抓住新媒体这一技术手段，构建政府和民众间的网络化沟通制度，以有温度的沟通方式，促进政府部门和普通民众及时、有效的沟通和相互理解，只有这样，才能从根本上达到舆情引导的良性

效果。

可以预见的是,在未来中国的互联网公共空间中,舆论主体和立场会更加多元,公共危机中的网络舆论场也会更加复杂多变,这在一定程度上是中国社会更加多元化、更加开放的一种体现,也是网络社会发展的一种必然趋势。面对这一客观存在,我们无法回避,也不应怯场,只有积极、主动、科学的应对,才是正途。政府相关部门对此需要做的是,以主动亲民的姿态,主动站在舆论场的中心,思民之所想,虑民之所忧,应民之所呼,答民之所疑;以科学的精神,把握好互联网带来的社会治理创新机遇,深入探索新的有效的舆情引导工具和手段,摸索出制度化和系统化的治理途径,以提升互联网时代社会主义民主的合法性和有效性,促进民众与政府间的协商、融合、合作与信任,进而促进社会的和谐稳定。

## 三 防范和化解重大公共卫生事件风险的治理策略

1. 公共卫生问题治理中的制度设计

制度的建设与完善,是治理公共卫生问题的重要保障之一。制度的缺位和失效,会使重大危机事件处理陷入一团糟的境地。对重大公共卫生事件而言,制度的缺位和失效还会贻误"时机",带来无法估量的后果。公共卫生治理的制度设计应该由以下几个部分构成。

第一,高效的预警机制。现代社会,城市化水平高,区域间、群体间交往频繁,繁华场所人流密集,一旦有了公共卫生问题苗头,其扩散速度是以几何级数来计算的。这次的新冠肺炎疫情就是个例子。所以,在全国卫健系统,建立健全一整套高效的、点线面结合的、牵一发而动全身的公共卫生事件预警系统,是预防和治理公共卫生问题的重中之重。要建立的这个预警系统,应该有"蜘蛛网式"的功能,系统内的任何一个点上,一旦发现苗头,都可以第一时间传导到系统的界面上,点线面可以应声而动。系统内的最低点到最高点的传送距离为零。基层卫生院的一个科室门诊一旦发现突发公共卫生问题的苗头,系统内的点线面都会在第一时间收到相关的信息,国家卫健委等相关的领导和专家,就会第一时间知晓原委。只有这样,才能实现奋战在武汉抗疫一线的医务工作者所希望的那样:让我们跑在疫情的前面,阻断疫情的蔓延。

第二,强有力的科研队伍。科学技术是第一生产力,也是抵制和防范疫情的第一把利剑。最终战胜疫情,肯定要靠科学。当前的人类社会发展,存在着许多不确定性。自然环境的不断破坏,让人类的生存危机越显突出。这其中,公共卫生事件突发多发,就是摆在我们面前的一个突出的难题。因此,加强疾病预防科研队伍建设,是当前和今后很长一段时间我们国家的一个重要任务。要建设这样一支反应迅速、拉得出、打得赢的队伍,需要做的工作很多。最终的目的是要确保三条:第一条是确保这支队伍人才济济,本领过硬;第二条是确保这支队伍心无旁骛,一门心思扎在科研上;第三条是确保科研课题接地气、接人气,"把最优秀的论文写在祖国的大地上"。

第三,高效的决策机制。预防和控制疾病和疫情,及时有效地解决公共卫生事件,打的就是与时间赛跑的歼灭战。及时高效的决策,可以做到急而不慌、忙而不乱,有利于在行动中争取主动。建立起快速有效的决策机制,能够在第一时间拿出切实可行的行动方案来付诸实施,这是解决问题的关键。同时,这个决策机制的构成,应该吸纳足够的专业要素,请前沿的、重量级的、有实践经验的专家学者参与其中,让重大决策有足够的科技含量、有足够的科学权威,以确保决策的客观科学性、针对性,避免主观性、盲目性。

第四,监督和奖惩制度。任何制度,没有奖惩机制来制约,都是一纸空文。制度的设计,不是闭门造车、拍脑门想出来的;而是需要倾听利益相关者的诉求,设计出他们认同的、切合实际的制度。制度设计者应该革新思维、变革观念,不能视制度与相关行动者之间为对立和矛盾关系,而应当看到,真正有活力的制度与利益相关者呈现为一种"互嵌"或者契合关系。制度约束或促发行动者的行动,但并不排斥行动者;行动者也不是制度约束下的傀儡。好的制度,有利于调动各方面的积极性。无论是奖励制度还是惩罚制度,都不应将实施的对象排除在外,而应切实考虑任务的需求和行动者的诉求。

奖惩制度是在评估与监督的基础上才能发挥作用的，这就需要建立相应的监管制度。由于监管不到位，责任主体难以认定，最终会造成奖惩制度难以发挥其应有的作用。奖的制度是牵引正能量的，惩的制度是兜底的，监督制度是确保奖惩到位的。在这次抗击疫情的工作中，党政监督、群众监督、网民监督相结合的监督机制和及时兑现的奖惩机制，发挥了很好的作用，为打赢抗疫斗争提供了很好的制度保证。

2.强化条块结合和部门协调

公共卫生问题常常需要跨越区域治理，有时候不仅需要同一区域各部门之间的联动合作，还需要不同区域的横向联合和协同互助。但我国现存的公共行政体系以块为主，强调地理空间的属地管理，这往往容易出现"条块分割"，给公共卫生问题的治理带来困境。在"属地管理"的治理困境中，还存在一域之内相关部门协调不力的问题。我国当前的行政体系总体上体现为"以块为主""条块结合"的格局，面对很多跨越地域、难以追究责任主体的公共卫生事件，加强"条的力量"和"条块结合"的治理方式显得尤为重要。

中央部委、省市厅局、市县处室等相同层级的政府职能部门，构成了行政体系中的"条"，它们在处理专业问题、突发事件等方面，打破属地管理，以"条"为主，发挥着重要作用。当出现跨区域的公共卫生问题时，不同区域的协调离不开"条"的作用。在上级职能部门的协调下，分属不同区域的职能部门可以坐在一起，凝神聚力，共同谋划，协商公共卫生的整体治理策略。

尽管以"条块互动"为核心的多部门联动机制在我国行政体系中已经形成，并在很多时候发挥着重要的作用，但是面对一些突发性事件时，常常由于协调动作迟缓、成本较高、制度不健全、多头管理等带来难以回避的低效率运行。面对跨越区域的公共卫生问题，政府应强化"条"的功能。"条块结合，以条为主"，利用层级关系协调不同区域的专业部门，共同参与治理过程，进而实现"条块整合"和"块块互动"，进而达到职能部门之间快速沟通合作、共同应对问题的目的。当前很多地方政府以"维稳"为工作重心,强调突发事件的"应急管理",对待公共卫生事件的治理也多是如此。这一做法在信息社会来临之前具有一定的合理性,因为工业化时期社会相对稳定,突发性事件发生的频率不高,人员的流动性相对迟缓。但在信息社会,随着流动性和不确定增加,我们进入了高风险社会。正如吉登斯所言:今天,国家面临的是风险和危险,而不是敌人,这二者在性质上发生了巨大的转变。[①] 这种风险和危险包括全球变暖、核裂变和全球经济崩溃等。各类公共卫生事件的此起彼伏,就是高风险社会的表现。

高风险社会中的公共卫生问题,不能仅靠"应急管理"的治理方式,而应将"常态治理"和"应急管理"有机结合,以常态化的姿态来对待问题,以应急化的行动来解决问题。形成制度化的"条块整合"和部门协调机制,在公共卫生问题出现后,能够迅速采取行动,将问题解决在萌芽状态,防止问题蔓延。

3. 公共卫生理念的塑造

在中国传统社会中,尽管"私"的观念在人们生活中发挥着重要的作用,"公"的理念在社会生活中常常受到排挤,但是随着时间的推移,尤其是进入信息社会以后,如果我们一味地按照"自私"的规则行事,处处以小我为中心,将会遭遇越来越多的解决不了的问题。当前的社会是一个充满不确定性的风险社会,整个人类构成了一个息息相关的命运共同体。人们需要共同努力、相互协作、互相谦让,才能有效地规避风险,在面对一些大型公共卫生事件时尤为如此。从快速暴发的SARS病毒,到不断升级的禽流感病毒,再到此次新冠肺炎疫情的快速蔓延,每个问题的解决都需要人们自我约束、自我克制、相互团结,加上组织的相互合作、制度的相互匹配才能实现。

在网络时代,随着监督机制的不断完善和社会文明程度的持续提升,人们的公共卫生观念从无到有,不断在城市社会中得以强化。但是,必须清醒地认识到,和可持续发展的要求相比,和人与自然和谐相处的要求相比,我们整个社会的公共卫生理念还有些滞后。

---

[①] 吉登斯:《失控的世界》,周红云译,江西人民出版社,2001,第24页。

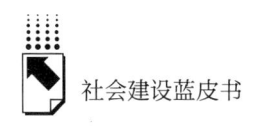

为加强公共卫生理念的塑造，我们可以通过多种方式宣传公共卫生知识、普及公共卫生常识。利用各种媒体进行宣传教育，不断提醒人们注意个人卫生的同时，关注公共卫生问题。尤其要利用好网络媒体，展开形式多样的宣传教育，使网民和社会公众对公共卫生产生警觉，并将维护公共卫生视为自身不可推卸的责任。同时，注意培养每个人的卫生习惯自觉，在乡村和城市社区树立"环保卫士"典型个人与集体，以直观鲜活的身边人的榜样形象来教育和影响社会公众，为全社会塑造良好的公共卫生理念和卫生自觉，提供必要的信息和舆论支撑。

## 四 结语：网络时代公共卫生问题的个体关注

随着中国社会生活网络化的逐步推进，"私"的观念在个体生活中依然发挥着重要作用，"公"的理念在社会生活中也日益显现出重要性。对个体而言，"个人门前雪"需要清扫，"他人瓦上霜"同样值得关注，因为"他人瓦上霜"吹落下来，很可能依然变成"门前雪"。同时，个体的关注也是推动社会进步的力量。面对身边正在发生的值得记录的事件，个人不再是冷漠的旁观者，而应该是积极的关注者。很多事件中，广大网民掏出手机，或拍摄录像，或拍摄照片，然后快捷地编撰文字，通过个人微博、微信等发布于网上，再@网络名人，由此，微观的地方性事件便能穿越时空，瞬间在漫无边际的网络空间快速传播，形成巨大的社会影响。这是个体关注的力量。

面对负面影响巨大甚至涉及大规模人群生命健康的公共安全事件，无论是否涉及自身，网民都会追踪关注，不仅要求还原事件真相，而且要求公布事件处理过程，明晰各参与者的责任承担情况。无论是对真相的不懈追求，还是对事件处理过程的密切关注，都对当下政府的角色定位和行为担当提出了不容小觑的挑战。也许一个网民的力量是微不足道的，但由于网络空间的集聚效应，成千上万的网民，能够瞬间形成巨大的联盟和强大的舆论压力，这样，涓涓细流汇聚成浩瀚的江海，使正能量得以聚集。这在给相关政府职能部门带来巨大执政压力的同时，也让政府应对社会治理迎来了机遇。如果相关政府部门能够正确面对机遇和挑战，真诚面对公众，在还原事实真相的同时，主动迅速地做出恰当的、有温度的行为反应，那么就能在赢得公众舆论支持、恰当化解问题矛盾的同时，提升执政能力和公信力。

各类网络自媒体的发展，为个体参与公共卫生事件的治理，提供了重要的技术支撑。在关注公共卫生问题的同时，人们的社会责任感逐步形成，并得以强化，政治参与意识也逐渐觉醒。随着高风险社会的来临，人们的确定感和安全感受到挑战，很多问题不再单纯表现为个体性或者地区性问题，而是全国性甚至全球性问题。这些问题，只有通过众多参与者相互沟通和彼此协作才得以解决，这一社会背景，在一定程度上促进了公众社会参与度和政治参与度的提升。

转型期中国面对的不确定性因素将会长期存在，区域性隔绝的局面已经打破，全球一体化的态势业已形成，威胁公众健康的公共卫生事件将不可避免。生活在网络化、全球化的时代，我们经常要面对更多的、各种各样的风险。这些风险既有局部的也有全国性甚至全球性的。社会公众对公共卫生事件的个体关注，是人们观念进步的一个可喜变化。面对公共卫生问题，致力于提高自身公信力和执政水平的政府部门，如何更新治理理念，健全完善制度，进行角色重构，加强科学防控，积极主动作为，担当执政为民职责，是新形势下亟须解决的工作重点。

**参考文献**

程岩：《群体极化、二阶多样性与制度安排——读桑斯坦〈极端的人群：群体行为的心理学〉》，《环球法律评论》2011年第6期。

吉登斯：《失控的世界》，周红云译，江西人民出版社，2001。

# B.19 公共卫生事件中的北京居民社区信息传播[*]

李晨宇　王颀[**]

**摘　要：** 媒介融合时代，社区信息传播应被看作社区治理的重要构成部分，对社区工作的开展与落实起到强有力的促进作用。本文通过问卷调查和访谈对新冠肺炎疫情期间北京居民社区信息传播的状况、存在的问题、社区舆情与社区信息传播的影响因素进行了分析，并提出了社区疫情信息传播的对策与建议，即从重视社区疫情信息传播到社区信息传播机制建设，提升社区工作人员的媒介素养，明晰社区疫情信息传播的"量"与"质"的关系，厘清居委会和物业之间的疫情相关工作分工，建成社区志愿者数据库，完善租户信息管理。

**关键词：** 社区治理　信息传播　舆情

## 一　调研目标及方案

本研究以问卷调查法和访谈法为主、观察法为辅，对新冠肺炎疫情期间北京居民社区信息传播状况进行调研，指出信息传播过程中存在的问题及其

---

[*] 北京市社会科学基金研究基地项目"北京城市公益传播体系构建研究"（15JDZHC008）成果。
[**] 李晨宇，北京工业大学文法学部讲师，硕士生导师，北京社会管理研究基地研究人员，研究方向为媒介社会学、公益传播与社会营销；王颀，北京工业大学文法学部2018级本科生。

原因，给出疫情期间社区信息传播的合理化建议。

1. 问卷调查法

针对北京居民接收新冠肺炎疫情相关信息的传播者、传播渠道，社区（包含居委会和物业）疫情信息传播的数量与质量、满意度，以及社区疫情信息传播的平台、类型和可能产生的舆论等问题，问卷共设计闭合性问题（选择题、排序题、量表题、打分题）13 题，开放性问题 2 题。问卷采用问卷星平台进行发放，时间为 2020 年 6 月 1~7 日，最终回收有效问卷 1092 份，基本上能够反映新冠肺炎疫情期间北京居民社区信息传播的现状。如表 1 所示，受访者性别分布，男性占比 40.2%，女性占比 59.8%，比例均衡；受访者居住区域分布，居住地为城市的占比 92.3%，居住地为农村的占比 7.7%，问卷能够较好地反映城市居民的态度；受访者房产分布，业主占比 76.1%，租户占比 23.9%，与实际情况基本相符；家人同居分布，与家人同住的占比 86.3%，独居、与朋友同住、与陌生人同住的占比 13.7%；年龄分布，25 岁以下占比 38.8%，25~39 岁占比 47.1%，40 岁及以上占比 14.1%，问卷能够较好地反映中年、青年群体的态度；行政区域分布，老城区占比 16.8%，城区占比 55.7%，近郊区占比 23.4%，远郊区占比 4.1%，与北京市常住人口分布情况接近。

**表 1　疫情期间北京居民信息传播现状调查的样本构成**

| 性别 | 男 | 女 |
|---|---|---|
| | 439 人<br>(40.2%) | 653 人<br>(59.8%) |
| 居住区域 | 城市 | 农村 |
| | 1008 人<br>(92.3%) | 84 人<br>(7.7%) |
| 房产情况 | 业主 | 租户 |
| | 831 人<br>(76.1%) | 261 人<br>(23.9%) |
| 家人同居 | 有 | 没有 |
| | 与家人同住 | 独居、与朋友同住、与陌生人同住 |
| | 942 人<br>(86.3%) | 150 人<br>(13.7%) |

续表

| 年龄 | 25岁以下 | 25~39岁 | 40岁及以上 |
|---|---|---|---|
|  | 424人(38.8%) | 514人(47.1%) | 154人(14.1%) |

| 行政区域 | 老城区 | 城区 | 近郊区 | 远郊区 |
|---|---|---|---|---|
|  | 东城、西城 | 海淀、朝阳丰台、石景山 | 大兴、通州顺义、昌平门头沟、房山 | 怀柔、平谷密云、延庆 |
|  | 184人(16.8%) | 608人(55.7%) | 255人(23.4%) | 45人(4.1%) |

2. 访谈法

本报告研究北京居民对社区疫情信息传播的主观评价和需求满足程度，以及对社区疫情信息传播的建议等内容。访谈法主要涉及朝阳区H商品房社区、M回迁社区、C经适房社区、Z单位制社区，丰台区Y商品房社区、Q回迁房社区，海淀区J经适房社区，顺义区L商品房社区，大兴区K商品房社区，通州区N村建社区，密云区A商品房社区，受访者16人均为上述社区居民，能够较为全面地反映北京不同类型社区在疫情期间的信息传播全貌。此外，为了保证研究的全面性和客观性，还访问了朝阳区H社区的W书记、S社区的Z书记和Z社区的Q社工（见表2）。

表2 访谈法涉及社区和受访者基本情况

| 社区/性质 | 隶属街道 | 社区概况 | 受访者情况 |
|---|---|---|---|
| H社区商品房社区 | 东坝地区 | 居委会、物业公司等建制完备，年轻人多，租户多 | LA,社区业主,35岁,事业单位员工,疫情期间居家办公 |
|  |  |  | ZB,社区租户,28岁,私企员工,疫情前期居家办公,4月到岗上班 |
|  |  |  | GC,社区租户,62岁,退休,疫情期间居家带孙子,操持家务 |
|  |  |  | LD,社区业主,31岁,事业单位员工,1~3月居住在湖北,4月初返京后居家隔离,隔离后到岗上班,偶尔居家办公 |

续表

| 社区/性质 | 隶属街道 | 社区概况 | 受访者情况 |
|---|---|---|---|
| M社区<br>回迁房社区 | 劲松街道 | 只有居委会建制,没有物业公司,中老年人多,自住业主和租户比例平衡 | BE,社区业主,23岁,大学应届毕业生,疫情期间居家求职 |
| Z社区<br>单位制社区 | 小关街道 | 小关东街社区下的单位制社区,有家委会建制,中老年人多,自住业主多 | WF,社区业主,20岁,大学在校学生,疫情期间居家网课学习 |
| Y社区<br>商品房社区 | 右安门街道 | 居委会、物业公司等建制完备,中老年人多,自住业主多 | JG,社区业主,25岁,硕士应届毕业生,疫情期间居家完成论文、求职 |
| | | | NH,社区租户,46岁,外企员工,疫情前期居家办公,3月到岗上班 |
| L社区<br>商品房社区 | 双丰街道 | 居委会、物业公司等建制完备,中老年人、年轻人比例平衡,自住业主多 | WI,社区业主,45岁,全职主妇,疫情期间居家带孩子、操持家务 |
| | | | MJ,社区业主,20岁,大学在校学生,疫情期间居家网课学习 |
| J社区<br>经适房社区 | 苏家坨地区 | 居委会、物业公司等建制完备,中老年人、年轻人比例平衡,自住业主多 | XK,社区业主,31岁,事业单位员工,疫情期间居家办公 |
| K社区<br>商品房社区 | 荣华街道 | 居委会、物业公司等建制完备,年轻人多,租户多 | FL,社区租户,29岁,私企员工,2月初返京后到岗上班 |
| C社区<br>经适房社区 | 垡头街道 | 居委会、物业公司等建制完备,中老年人多,自住业主多 | HM,社区业主,45岁,事业单位员工,疫情期间居家办公 |
| Q社区<br>回迁房社区 | 新村街道 | 居委会、物业公司等建制完备,老年人多,自住业主多 | JN,社区租户,26岁,在校研究生,6月初返京,居家学习,有时去学校取资料 |
| N社区<br>村建社区 | 永顺地区 | 隶属于通州区南关村,村委会、物业公司均有,中老年人、年轻人比例平衡,自住业主和租户比例平衡 | LO,社区租户,35岁,外企员工,2月初返京居家办公,3月后到岗上班 |
| A社区<br>商品房社区 | 鼓楼街道 | 居委会、物业公司等建制完备,中老年人、年轻人比例平衡,自住业主多 | XP,社区业主,26岁,应届硕士毕业生,疫情期间居家求职 |

## 二 调研结果：疫情期间社区信息传播状况

1. 媒体是北京居民疫情信息的最主要来源

研究要求受访者给疫情信息来源进行排序，共设置9个选项，受访者可从中选择3~9项进行排序。分析过程中，第一计为9分、第二计为8分、第三计为7分，依次类推，第九计为1分，从而计算出每个信息来源的加权平均分（表3中的"加权分"），同时计算出加权分与满分（9分）之间的比例来表现该信息来源的重要程度（表3中的"得分比"）。此外，计算每个信息来源的选中情况，不管是第一还是第九，只要有排序即统计为选中（表3中的"选中率"），用以反映该信息来源的覆盖程度。

结果显示，媒体是北京居民疫情信息的最主要来源，选中率达到94.1%，加权分为7.84分，得分比为87.1%，覆盖程度和重要程度均列首位，且其作为第一来源的选中率超过六成（61.2%），作为前三来源的选中率将近九成（87.4%）；同事/好友/亲戚/同学是北京居民疫情信息的第二来源，选中率超过80%，得分比超过60%；医疗专家、居委会、政府官员、供职单位、物业分列第3~7位，选中率在30%~60%，得分比在20%~50%；名人/明星/网红、业委会则分列最后两位，选中率在20%~30%，得分比不足20%，具体情况参见表3和图1。

表3 北京居民疫情信息的来源

| 信息来源 | 第一 | 第二 | 第三 | 第四 | 第五 | 第六 | 第七 | 第八 | 第九 | 未选 | 选中率(%) | 加权分(分) | 得分比(%) |
|---|---|---|---|---|---|---|---|---|---|---|---|---|---|
| 媒体 | 668 | 190 | 96 | 29 | 26 | 6 | 4 | 4 | 5 | 64 | 94.1 | 7.84 | 87.1 |
| 同事/好友/亲戚/同学 | 134 | 339 | 227 | 65 | 42 | 33 | 22 | 14 | 4 | 212 | 80.6 | 5.80 | 64.5 |
| 医疗专家 | 74 | 182 | 159 | 67 | 34 | 21 | 25 | 12 | 7 | 511 | 53.2 | 3.66 | 40.7 |
| 居委会 | 51 | 108 | 154 | 82 | 52 | 25 | 17 | 6 | 8 | 589 | 46.1 | 3.04 | 33.8 |
| 政府官员 | 55 | 91 | 133 | 51 | 32 | 25 | 16 | 19 | 7 | 663 | 39.3 | 2.58 | 28.6 |
| 供职单位 | 51 | 64 | 138 | 58 | 40 | 35 | 19 | 12 | 9 | 666 | 39.0 | 2.49 | 27.6 |
| 物业 | 24 | 63 | 89 | 59 | 42 | 24 | 19 | 24 | 18 | 730 | 33.2 | 1.95 | 21.6 |
| 名人/明星/网红 | 22 | 28 | 56 | 22 | 13 | 23 | 21 | 30 | 47 | 830 | 24.0 | 1.17 | 13.0 |
| 业委会 | 13 | 27 | 40 | 31 | 26 | 19 | 22 | 19 | 25 | 870 | 20.3 | 1.04 | 11.5 |

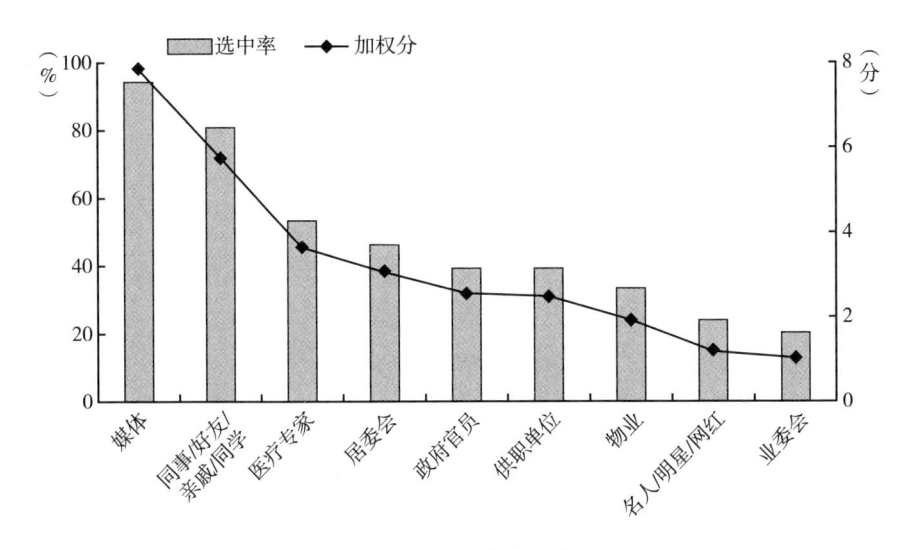

公共卫生事件中的北京居民社区信息传播

**图1 北京居民疫情信息的来源**

由此可见,居委会、物业、业委会在北京居民疫情信息来源排序中分列第4、第7、第9位,且得分均远远低于媒体、同事/好友/亲戚/同学。具体而言,社区的疫情信息主要来自居委会,受访居民表示"我们社区的疫情防控信息,甚至整个疫情防控工作都由居委会负责,物业不管这些事情,即便是小区出入门检查体温、检查私家车后备厢这些事情,也全都由居委会负责,或者是居委会发动的党员志愿者"(受访者WI),也有受访居民表示"各类信息都是由居委会发布的,只有取进出小区的出入证是在物业,小区门口的保安属于物业,疫情有关的事情居委会存在感更高"(受访者ZB)。事实上,很多受访者分不清楚居委会和物业之间的差别,很多时候甚至认为居委会和物业是等同的。换言之,对于居民而言,信息的来源是居委会还是物业对其没有本质性的差别,而信息发布的内容才是其关注的要点。

2. 社交媒体和传统媒体统领北京居民疫情信息获取平台

研究要求受访者给疫情信息获取平台进行排序,共设置5个选项,受访者可从中选择2~5项进行排序。分析过程中,第一计为5分、第二计为4分、第三计为3分、第四计为2分、第五计为1分,从而计算出每个信息获取平台的"加权分",同时计算出"得分比"来表现该信息来源的重要程度;此外,

287

计算每个信息获取平台的"选中率",用以反映该信息来源的覆盖程度。

结果显示,社交媒体是北京居民疫情信息获取的最主要平台,选中率达到93.2%,加权分为4.07分,得分比达到81.3%,覆盖程度和重要程度均处于首位,且其作为第一平台的选中率超过半数(52.1%),作为前三来源的选中率将近九成(89.1%);传统媒体是获取疫情信息的第二平台,选中率接近80%,加权分超过3分,得分比超过60%,且其作为第一平台的选中率超过两成(23.7%),作为前三来源的选中率超过七成(73.2%),与社交媒体共同成为居民获取疫情信息的两大核心平台;视频媒体的选中率也超过了60%,与室内媒体、户外媒体分列居民获取疫情信息平台的第3～5位,具体情况参见表4和图2。

表4 北京居民疫情信息的获取平台

| 信息获取平台 | 平台举例 | 第一 | 第二 | 第三 | 第四 | 第五 | 未选 | 选中率(%) | 加权分(分) | 得分比(%) |
|---|---|---|---|---|---|---|---|---|---|---|
| 社交媒体 | 微博、微信等 | 569 | 306 | 98 | 32 | 13 | 74 | 93.2 | 4.07 | 81.3 |
| 传统媒体 | 报纸、广播、电视等 | 259 | 366 | 174 | 44 | 25 | 224 | 79.5 | 3.11 | 62.2 |
| 视频媒体 | 爱奇艺、抖音、快手、B站等 | 173 | 262 | 192 | 42 | 40 | 383 | 64.9 | 2.39 | 47.9 |
| 室内媒体 | 楼宇、电梯、超市、商场等 | 45 | 89 | 107 | 107 | 66 | 678 | 37.9 | 1.08 | 21.6 |
| 户外媒体 | 公交、地铁等 | 46 | 69 | 75 | 77 | 93 | 732 | 33.0 | 0.90 | 17.9 |

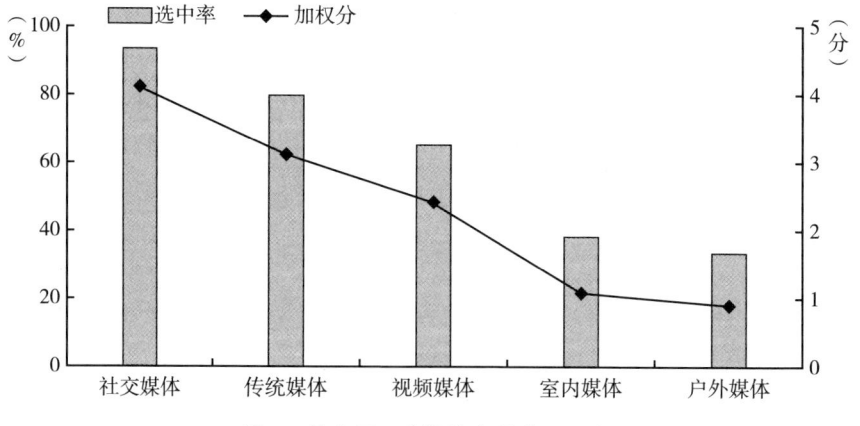

图2 北京居民疫情信息的获取平台

由此可见，上述五类媒体中，只有室内媒体（楼宇、电梯等）与社区疫情信息传播有关，而它仅排在第四位，这表明社区疫情防控信息对于北京居民而言并不是很重要。有受访居民表示，"我们的信息来源主要不是社区，都是媒体、新闻小程序等，所以社区有没有信息感觉并不特别重要"（受访者NH）。因此，北京居民对本社区疫情防控态势和政策并不是很关注，而是把更多注意力放在了戴口罩、消毒、出行、就餐等方面的疫情防控信息上，并认为这些信息要比社区宣传的信息重要且更有效率。

3. 社区疫情信息发布方式传统高效

研究要求受访者从6个选项中任意选择，结果显示，"将信息粘贴在社区公告栏、单元门上"是最常用的社区疫情信息发布方式，占比达到84.0%，而微信群、公众号等新媒体方式使用有限，"大喇叭或口头传达"有超过三成的选中率，具体情况参见图3。这说明，传统的信息发布方式更被居委会、物业等组织认可，并用以传递社区疫情防控信息。

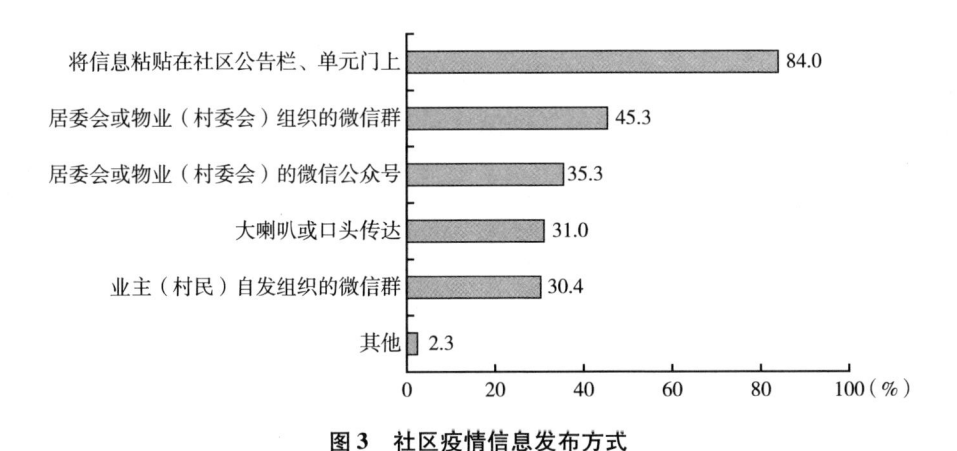

| 发布方式 | 占比(%) |
| --- | --- |
| 将信息粘贴在社区公告栏、单元门上 | 84.0 |
| 居委会或物业（村委会）组织的微信群 | 45.3 |
| 居委会或物业（村委会）的微信公众号 | 35.3 |
| 大喇叭或口头传达 | 31.0 |
| 业主（村民）自发组织的微信群 | 30.4 |
| 其他 | 2.3 |

**图3 社区疫情信息发布方式**

受访居民表示，"我们小区的这种信息都是贴在单元楼门口，很方便，而且能够及时了解新政策"（受访者LO），"6月中旬北京再次出现疫情后，居委会的工作人员会挨家挨户核实有没有去过新发地菜市场"（受访者BE），"最近这次（指6月中旬）疫情，我们小区既在每家每户的入户门上粘贴了通告，也在电梯里、单元门上粘贴了通告，有的邻居还接到了居委会

打来的电话"(受访者LA),"我们社区有业主自发建立的微信群,楼门长会把疫情相关的小区规定发进去,不过信息比较多,基本上不会太仔细看"(受访者HM),"社区有党员群,很多信息会发在党员群里,非党员的居民更多还是看楼下公告栏或者走廊里的信息"(受访者JG)。由此可见,社区还是更倾向于以传统的方式将社区疫情防控规定、政策告知给居民,且得到了居民的高度认可。

4. 政策类规定动作信息是社区疫情信息发布的主要类型

研究要求受访者从12个选项中选择3~7项进行作答,结果显示,办理出入证信息(77.0%),戴口罩、勤洗手、开窗通风等个人或家庭防护(72.7%),社区(村)出入口设岗、安防等(66.0%)和外来回京人员隔离或居家隔离政策(66.0%)等政策类规定动作信息是社区疫情信息发布的主要类型,选中比例均超过六成,它们的共同特点是与社区疫情防控日常工作关联密切,只有将这些政策类信息及时告知社区居民,才能保证社区疫情防控工作的正常展开。对之形成鲜明对照的是,心理疏导(8.6%)的选中比例不足一成,社区居民长期居家生活或工作带来的心理压力可想而知,但它却没有成为社区居民普遍意识到的不安定因素,而也有受访居民表示"隔三岔五就有本小区居民或外来人员与保安、志愿者发生口角,不配合检查,可能是因为证件忘带或频繁检查私家车后备厢造成的,有时甚至会把110叫过来才能解决问题"(受访者GC)。事实上,居民与社区疫情防控之间并不是对立的关系,如果社区能够对居民在心理上进行及时疏导,这类不必要的冲动是可以避免的。其他自选类动作信息的选中率均不足四成,不同社区的侧重点不同,但都表现出对这些类型信息的重视程度不足,具体情况参见图4。

由此可见,居委会、物业在发布社区相关疫情防控信息时,更多完成的是规定动作,这表现在两个方面,一是对上一级政府组织要求的有关疫情防控信息的转达,二是社区自身疫情防控政策和规定的信息告知,而在自选动作上则表现得并非尽如人意。受访居民表示,"在(湖北)老家的时候社区就有专人联系我了,确认我什么时候回京,什么时候去接我。4月初回北京

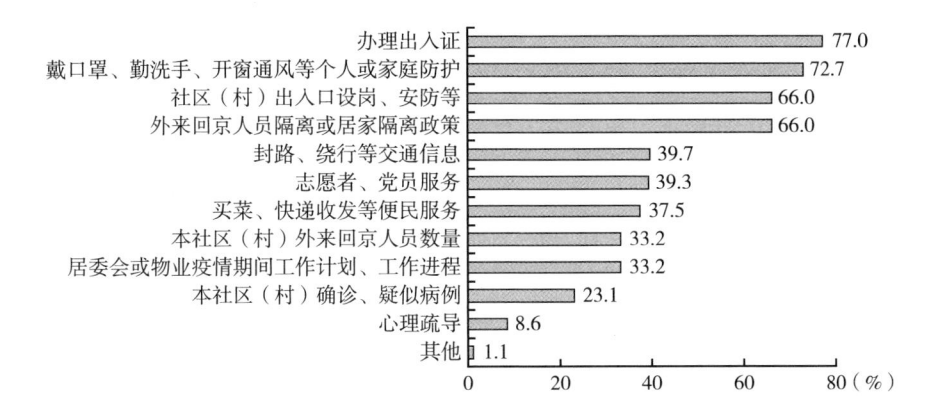

| 类型 | 百分比 |
|---|---|
| 办理出入证 | 77.0 |
| 戴口罩、勤洗手、开窗通风等个人或家庭防护 | 72.7 |
| 社区（村）出入口设岗、安防等 | 66.0 |
| 外来回京人员隔离或居家隔离政策 | 66.0 |
| 封路、绕行等交通信息 | 39.7 |
| 志愿者、党员服务 | 39.3 |
| 买菜、快递收发等便民服务 | 37.5 |
| 本社区（村）外来回京人员数量 | 33.2 |
| 居委会或物业疫情期间工作计划、工作进程 | 33.2 |
| 本社区（村）确诊、疑似病例 | 23.1 |
| 心理疏导 | 8.6 |
| 其他 | 1.1 |

**图4 社区疫情信息发布类型**

后，街道派大巴到朝阳公园接人，回来后就是当天当面办手续的时候跟我说了一些相关政策"（受访者LD），"社区里总能看到外国人，社区党员群招募过英文志愿者，而且我在单元楼门口看到过一次英文通知，是关于居家隔离政策的"（受访者LA），"居委会招募过志愿者，但没有看到过这类信息的通告，有可能让志愿者帮忙和外国友人直接联络的吧"（受访者JG）。为了保护居民隐私，没有受访社区将湖北回京人员的家庭住址信息告知居民，但有同楼层居民将居委会贴条的住户上传至居民小区自建群的现象发生。此外，H社区的W书记组织社工人员多次将本社区疫情防控工作进展告知居民，如办理出入证的目的和换发原因、本社区湖北回京人员涉及家庭数量（非具体位置）、6月中旬疫情期间本社区密切接触者（闪送外卖员确诊患者的密切接触者）的隔离情况和公共区域消杀情况，让居民做到心中有数，稳定情绪，在源头上遏制了谣言和小道消息的传播。

5. 北京居民对社区疫情信息传播状况满意度较好

研究要求受访者分别对社区疫情信息的数量、质量和社区疫情信息传播的整体满意程度进行打分，分别采用5点李克特量表（针对社区疫情信息的传播数量和质量）和11点李克特量表（针对社区疫情信息传播的整体满意程度）。

结果显示，北京居民对社区疫情信息数量满意度的平均数为3.70分，中位数和众数均为4.00分，满意度将近七成；对社区疫情信息质量满意度的平均数为3.75分，中位数和众数均为4.00分，满意度超过65%，参见表5。因此，居民对社区疫情信息数量和质量的满意度均较高。更进一步的，居民对社区疫情信息传播的整体满意程度平均数为7.34分，中位数和众数均为8.00分，整体满意度较好，且评分为6分以上的远远超过八成，参见表6。

表5　北京居民对社区疫情信息数量、质量的评价

单位：分，%

| 类别 | 非常不满意 1 | 不太满意 2 | 不好说 3 | 比较满意 4 | 非常满意 5 | 平均数 | 中位数 | 众数 |
|---|---|---|---|---|---|---|---|---|
| 社区疫情信息的数量 | 3.8 | 9.4 | 17.9 | 51.5 | 17.5 | 3.70 | 4.00 | 4.00 |
| 社区疫情信息的质量 | 2.7 | 7.0 | 24.5 | 44.7 | 21.2 | 3.75 | 4.00 | 4.00 |

表6　北京居民对社区疫情信息传播的整体满意程度

单位：分，%

| 非常不满意 0 | 1 | 2 | 3 | 4 | 5 | 6 | 7 | 8 | 9 | 非常满意 10 | 平均数 | 中位数 | 众数 |
|---|---|---|---|---|---|---|---|---|---|---|---|---|---|
| 1.0 | 0.5 | 0.9 | 1.9 | 3.7 | 7.8 | 11.3 | 19.4 | 25.5 | 15.4 | 12.6 | 7.34 | 8.00 | 8.00 |

由此可见，虽然社区疫情信息传播在数量上并不多，远不如媒体的数量大，也并不属于居民获取疫情信息的最主要来源，但北京居民对社区疫情信息的数量和质量满意度较好，对社区疫情信息传播的整体满意程度也较高，这在一定意义上反映出居民对社区传递疫情信息的期待值不高，社区发布和传播的规定类刚需信息足以满足北京居民对社区疫情信息的期望值。

6. 疫情期间引发社区负向舆情的可能性很小

研究要求受访者对自身围绕社区疫情防控情况而进行的二次传播、讨论、态度、行为等内容进行测量，并使用5点李克特量表来计分。结果显示，居民对社区疫情防控的二次传播和讨论主要存在于亲朋好友之间（3.64分），而很少会在微博、微信等社交媒体平台进行转发和讨论（2.83

分）；居民对社区疫情防控进行投诉的意愿较低（1.96分）；居民对自身所在社区居委会和物业在疫情防控中的表现评价较高，并认为要好于其他社区（3.50分）；居民对居委会和物业的信任度较好（3.81分），且认定居委会和物业在疫情期间的尽职情况要好于疫情之前（3.97分），值得一提的是，这两个值甚至高于作为对照研究的社区在垃圾分类方面进行的宣传教育情况（3.74分），这充分证明居民认可居委会、物业在疫情防控过程中的积极表现，具体情况参见表7。基于上述数据，可以推测，北京居民对于社区疫情防控产生负向舆情的可能性不大，而且对居委会、物业在疫情防控中表现的态度趋于正向。

**表7 居民对社区疫情防控表现的态度和舆情**

单位：分，%

| 完全不符合 | 比较不符合 | 说不清 | 比较符合 | 完全符合 | 平均数 |
|---|---|---|---|---|---|
| 我会在微博或微信朋友圈中分享疫情期间的居委会或物业（村委会）表现 ||||||
| 23.4 | 20.9 | 13.6 | 33.2 | 8.9 | 2.83 |
| 我会和亲朋好友讨论疫情期间的居委会或物业（村委会）表现 ||||||
| 6.6 | 10.4 | 14.8 | 48.2 | 20.0 | 3.64 |
| 我会和邻居讨论疫情期间的居委会或物业（村委会）表现 ||||||
| 15.9 | 14.5 | 18.1 | 37.4 | 14.1 | 3.19 |
| 我觉得自己居住的社区（村）居委会或物业（村委会）在疫情期间的表现要好于其他社区（村） ||||||
| 4.6 | 8.6 | 33.2 | 39.1 | 14.6 | 3.50 |
| 疫情期间居委会或物业（村委会）发布的信息会影响我的心情 ||||||
| 12.7 | 25.7 | 21.2 | 30.6 | 9.8 | 2.99 |
| 疫情期间我曾有过害怕、恐惧的情绪 ||||||
| 12.1 | 19.6 | 17.9 | 35.0 | 15.4 | 3.22 |
| 我曾因居委会或物业（村委会）疫情管控方面的原因打过投诉电话 ||||||
| 51.6 | 22.3 | 9.0 | 12.5 | 4.6 | 1.96 |
| 疫情期间居委会或物业（村委会）是可以信赖的 ||||||
| 2.3 | 5.0 | 20.9 | 53.2 | 18.6 | 3.81 |
| 我所居住的社区（村）在垃圾分类方面进行了宣传教育 ||||||
| 5.1 | 9.8 | 16.4 | 43.2 | 25.5 | 3.74 |
| 疫情期间居委会或物业（村委会）的尽职情况要好于平时（疫情之前） ||||||
| 2.4 | 2.9 | 17.8 | 48.9 | 28.0 | 3.97 |

## 三 社区舆情与社区信息传播的影响因素

1. 社区疫情防控舆情的影响因素

研究对社区疫情防控舆情进行了测量,涉及居民在社交媒体(微博、微信朋友圈)、与亲朋好友、与邻居分享或讨论社区疫情防控的有关表现,将其分别作为3个因变量(5点李克特量表打分);同时,将性别(以女性为参照)、居住地区(以农村为参照)、房产(以租户为参照)、年龄(以25岁以下为参照)、居住行政区(以远郊区为参照)作为控制变量,将对社区疫情信息数量的满意度(5点李克特量表打分),社区疫情信息质量的满意度(5点李克特量表打分),社区疫情信息传播的整体满意度(11点李克特量表打分),是否以居委会(以不以居委会信息为主要来源为参照)、物业(以不以物业信息为主要来源为参照)、业委会(以不以业委会信息为主要来源为参照)为疫情信息主要来源作为自变量,进行多元线性回归分析,结果参见表8。

表8 社区疫情防控舆情的影响因素*

| 变量 | 微博微信 | | 亲朋好友 | | 邻居 | |
|---|---|---|---|---|---|---|
| | 模型1 | 模型2 | 模型3 | 模型4 | 模型5 | 模型6 |
| (常量) | 2.858**** | 0.375 | 3.363**** | 1.591**** | 2.958**** | 0.939**** |
| 家人同居情况 | -0.012<br>(-0.003) | -0.179<br>(-0.046) | 0.214*<br>(0.066) | 0.112<br>(0.035) | 0.176<br>(0.047) | 0.047<br>(0.013) |
| 性别<br>(以女性为参照) | 0.322****<br>(0.118) | 0.298****<br>(0.109) | -0.054<br>(-0.024) | -0.066<br>(-0.029) | 0.127<br>(0.048) | 0.120<br>(0.045) |
| 地区<br>(以农村为参照) | -0.383**<br>(-0.076) | -0.351**<br>(-0.070) | -0.092<br>(-0.022) | -0.079<br>(-0.019) | -0.259*<br>(-0.053) | -0.212<br>(-0.044) |
| 房产<br>(以租户为参照) | 0.028<br>(0.009) | 0.031<br>(0.010) | -0.072<br>(-0.028) | -0.053<br>(-0.020) | -0.054<br>(-0.018) | -0.036<br>(-0.012) |
| 年龄1<br>(25~39岁) | 0.392****<br>(0.146) | 0.262***<br>(0.097) | 0.313****<br>(0.141) | 0.246***<br>(0.111) | 0.578****<br>(0.222) | 0.466****<br>(0.179) |
| 年龄2<br>(40岁及以上) | 0.368***<br>(0.095) | 0.289**<br>(0.075) | -0.026<br>(-0.008) | -0.053<br>(-0.017) | 0.416****<br>(0.112) | 0.348***<br>(0.093) |

续表

| 变量 | 微博微信 模型1 | 微博微信 模型2 | 亲朋好友 模型3 | 亲朋好友 模型4 | 邻居 模型5 | 邻居 模型6 |
|---|---|---|---|---|---|---|
| 行政区1（城区） | -0.025 (-0.009) | -0.002 (-0.001) | 0.134 (0.060) | 0.182 (0.081) | -0.021 (-0.008) | 0.017 (0.006) |
| 行政区2（近郊） | -0.051 (-0.016) | -0.063 (-0.020) | 0.065 (0.025) | 0.071 (0.027) | -0.028 (-0.009) | -0.018 (-0.006) |
| 行政区3（老城区） | -0.125 (-0.035) | -0.102 (-0.028) | 0.149 (0.050) | 0.210 (0.071) | -0.005 (-0.001) | 0.046 (0.013) |
| 信息数量 |  | 0.281**** (0.207) |  | 0.198**** (0.176) |  | 0.217**** (0.166) |
| 信息质量 |  | -0.007 (-0.005) |  | 0.073 (0.063) |  | -0.006 (-0.004) |
| 信息传播满意度 |  | 0.178**** (0.259) |  | 0.089**** (0.157) |  | 0.137**** (0.207) |
| 信息来源:居委会 |  | 0.066 (0.025) |  | 0.097 (0.044) |  | 0.290**** (0.111) |
| 信息来源:物业 |  | 0.201** (0.070) |  | 0.121 (0.051) |  | 0.017 (0.006) |
| 信息来源:业委会 |  | 0.360**** (0.108) |  | -0.008 (-0.003) |  | 0.211** (0.065) |
| F值 | 5.451 | 25.257 | 2.865 | 14.017 | 6.266 | 18.325 |
| Sig. | 0.000 | 0.000 | 0.002 | 0.000 | 0.000 | 0.000 |
| $R^2$(%) | 4.3 | 26.0 | 2.3 | 16.3 | 5.0 | 20.3 |
| 调整$R^2$(%) | 3.5 | 25.0 | 1.5 | 15.2 | 4.2 | 19.2 |

注：* Sig.<0.1，** Sig.<0.05，*** Sig.<0.01，**** Sig.<0.001。

表8的分析结果显示，居民对社区疫情防控信息数量的满意度、对社区疫情防控信息传播的整体满意度显著影响其在社交媒体、与亲朋好友、与邻居探讨社区疫情防控的表现，而且这种影响是正向的；而居民对社区疫情防控信息质量的满意度则不是影响因素。以居委会为主要疫情信息来源的居民更愿意与邻居讨论社区疫情防控表现，以物业为主要疫情信息来源的居民更愿意在社交媒体上分享社区疫情防控表现，以业委会为主要疫情信息来源的居民更愿意在社交媒体上、与邻居分享社区疫情防控表现。另外，男性、居

住在农村地区的居民更愿意在社交媒体分享社区疫情防控表现，25～39岁的居民更愿意探讨社区疫情防控表现。

由此可见，社区应更注重疫情防控信息的发布数量，并让这些信息能够及时、顺畅地传送给社区居民，加强对社区邻里之间的舆情引导，关注"80后""90后"群体对社区疫情防控表现的态度变化和行为改变。同时，来自社区的疫情防控信息同质化程度较高，在信息质量上差别并不悬殊，量的重要性远远高于质。

2. 社区疫情信息传播满意度的影响因素

将居民对社区疫情防控态度与行动（涉及6个题项）的量表进行因子分析（KMO = 0.665，sig. = 0.000），抽取主成分，使用最大方差法旋转，共析出两个因子，能够解释总变差的61.124%，分别将两个因子命名为社区信任倾向、个人情绪倾向，分析结果参见表9。

表9 居民对社区疫情防控态度与行动的因子载荷

| 题项 | 因子载荷 | |
|---|---|---|
| | 社区信任倾向 | 个人情绪倾向 |
| 我觉得自己居住的社区(村)居委会或物业(村委会)在疫情期间的表现要好于其他社区(村) | 0.790 | 0.148 |
| 疫情期间居委会或物业(村委会)发布的信息会影响我的心情 | 0.225 | 0.768 |
| 疫情期间我曾有过害怕、恐惧的情绪 | 0.022 | 0.703 |
| 我曾因居委会或物业(村委会)疫情管控方面的原因打过投诉电话 | -0.027 | 0.747 |
| 疫情期间居委会或物业(村委会)是可以信赖的 | 0.850 | -0.018 |
| 疫情期间居委会或物业(村委会)的尽职情况要好于平时(疫情之前) | 0.775 | 0.065 |

研究将性别、居住地区、房产、年龄、居住行政区作为控制变量，将对社区疫情信息数量的满意度，社区疫情信息质量的满意度，是否以居委会、物业、业委会为疫情信息主要来源作为自变量。研究还将因子分析中运用回归法生成的因子得分来表示社区信任倾向和个人情绪倾向，一同作为自变

量。以社区疫情信息传播的满意度为因变量,进行多元线性回归分析,分析结果参见表10。

表10 社区疫情信息传播满意度的影响因素*

| 变量 | 模型7 | 模型8 | 变量 | 模型7 | 模型8 |
| --- | --- | --- | --- | --- | --- |
| (常量) | 8.102**** | 4.403**** | 信息数量 |  | 0.428****<br>(0.216) |
| 家人同居情况 | 0.421**<br>(0.074) | 0.078<br>(0.014) | 信息质量 |  | 0.636****<br>(0.310) |
| 性别<br>(以女性为参照) | 0.223*<br>(0.056) | 0.112<br>(0.028) | 社区信任<br>倾向 |  | 0.697****<br>(0.355) |
| 地区<br>(以农村为参照) | -0.130<br>(-0.018) | -0.123<br>(-0.017) | 个人情绪<br>倾向 |  | 0.019<br>(0.010) |
| 房产<br>(以租户为参照) | -0.177<br>(-0.039) | -0.109<br>(-0.024) | 信息来源<br>居委会 |  | 0.068<br>(0.017) |
| 年龄1<br>(25~39岁) | 0.104<br>(0.027) | -0.123<br>(-0.031) | 信息来源<br>物业 |  | -0.035<br>(-0.008) |
| 年龄2<br>(40岁及以上) | 0.027<br>(0.005) | 0.011<br>(0.002) | 信息来源<br>业委会 |  | 0.088<br>(0.018) |
| 行政区1<br>(城区) | -0.054<br>(-0.014) | 0.064<br>(0.016) | F值 | 1.351 | 88.508 |
| 行政区2<br>(近郊) | 0.174<br>(0.038) | 0.134<br>(0.029) | Sig. | 0.206 | 0.000 |
| 行政区3<br>(老城区) | -0.117<br>(-0.022) | 0.074<br>(0.014) | $R^2$(%) | 1.1 | 56.8 |
|  |  |  | 调整$R^2$(%) | 0.3 | 56.2 |

注:* Sig.<0.1, ** Sig.<0.05, *** Sig.<0.01, **** Sig.<0.001。

表10的分析结果显示,居民对社区疫情信息数量的满意度、居民对社区疫情信息质量的满意度、居民对社区疫情防控的社区信任倾向三个变量能够很好地预测居民对社区疫情信息传播的满意度,而其他自变量和控制变量对其的预测能力有限。

由此可见,社区疫情防控信息发布的数量和质量是提升社区疫情信息传播满意度的关键指标,在疫情防控期间,社区应把更多的精力放在提升自身

的权威性、增强居民信任感上，而在防控压力过大、工作人手短缺的情况下，不必过度在意社区居民个人化情绪的宣泄。

## 四 社区疫情信息传播存在的问题

社区疫情信息传播存在的问题主要表现在五个方面，即社区疫情防控信息的通达性问题、新兴媒体渠道传播的缺失问题、社区疫情防控意见反馈机制有限的问题、社区疫情政策信息与实施不一致的问题、非政策类自选动作信息严重匮乏的问题。

1. 社区疫情防控信息的通达性问题

社区疫情防控信息的量比质更重要，这在前面的量化分析中已经有体现，信息的量也是信息的质的前提条件，如果社区疫情防控信息没有覆盖到社区疫情防控的各方面，没有量作为保障，其传播效果便无从谈起。

如果说社区疫情信息的量是信息通达性的保障，那么，社区对疫情防控有关政策的解读，以及告知居民为何要采取相应措施，会对具体的防控工作帮助很大，否则，社区居民往往会对政策、规定、措施难以理解，在配合方面就会做出拒绝接受检查、翻越围堵道路和大门等情况。

社区疫情信息的及时性和全面性在很多小区也出现了问题，居民从社区得到的信息总是滞后的，且社区对租户信息掌握不够全面，使得信息只能到达合租的部分租户，而其他人则并不知道最新的社区疫情防控政策，这些都为后续疫情防控工作的实施带来了麻烦。

综上所述，社区疫情防控信息的通达性主要存在数量覆盖不足、及时性和全面性不够理想等问题。同时，社区对政策和规定的传达较多，而对其解释性的信息不足，带来了传播效果的损耗，也带来了居民的不解和怨言。

2. 新兴媒体渠道传播的缺失问题

量化研究结果显示，北京居民的疫情信息获取平台以社交媒体的选择最为突出，且还有不少居民会关注网络视频媒体平台，而社区疫情信息传播则反其道而行之，大量信息都以传统的粘贴形式完成，普通的做法是粘贴在社区公告栏和单元门上，有些做得好的社区会将信息粘贴在电梯中和每户的入户门上，还有社区会使用大喇叭循环播放相关政策。但是，对社交媒体、网络视频媒体的使用缺失，在很大程度上影响了社区疫情信息的传播效率和传播效果。

有些社区建立了微信公众号，但内容更新基本上处于停滞状态。同时，大多数社区基本没有社区组织建立的业主微信群，社区微信群更多是与北京地区在职党员社区"双报到"政策有关，里面会有党员志愿者疫情期间的站岗、送菜入户、协助办理出入证、外语翻译服务等招募信息。

综上所述，以互联网、移动互联网技术为代表的新兴媒体早已成为大众日常喜闻乐见的信息获取、娱乐消费、购物支付渠道，在疫情期间二维码也在公共场所发挥了巨大的作用，而社区疫情信息传播并没有很好地利用这一渠道，微信公众号和微信群组的运用都十分罕见，这在一定程度上损失了一个快速、高效传递社区疫情信息的工具，也使得很多依赖新兴媒体的年轻群体接触到的社区疫情信息显著不足。

3. 社区疫情防控意见反馈机制有限的问题

居委会和物业的日常便民联系电话，在疫情期间经常被居民"打爆"，也有居民对居委会和物业的政策、规定不满，寻求社区解决未果而不满，打12345市长热线投诉的情况也有发生。这在很大程度上都是因为社区没有建立起完备的意见反馈机制。

综上所述，疫情期间社区没有建立完备的意见反馈机制，会造成居民之间互相抱怨而带来集体性施压行为，以及居民向更高一级政府投诉社区工作的被动局面，有时还可能形成不必要的网络负面舆情，这对社区治理而言都是工作不力的表现，而且很可能会滋生社区生活不稳定、不和谐等一系列新问题。

4. 社区疫情政策信息与实施不一致的问题

疫情期间，绝大多数社区都制定了与本社区情况相适应的政策和规定，有行人出入方面的，有交通管制方面的，也有快递外卖方面的，但在实际执行过程中，总会出现实际实施情况与政策信息内容不一致的问题，这会降低居委会、物业在居民中的信任程度，更会影响居民后期对社区工作的配合程度。

当政策信息与实际实施情况不一致时，如果实施情况有利于居民，则居民往往会表现出满意和侥幸的心理状态；当政策信息与实际实施情况不一致时，如果实施情况让居民感到自身利益受损，则往往会引发不满情绪和投诉行为。因此，社区制定政策时就要考虑到后期实施过程中可能出现的问题，在疫情形势发生变化时，及时调整政策，并向居民做出解释，尽可能做到政策信息与实际实施的一致性。

5.非政策类自选动作信息严重匮乏的问题

疫情初期，恰逢农历新年，加之疫情突然暴发，出现了防疫物资买不到、蔬菜肉蛋购买难等问题，有部分社区组织了菜篮子进社区活动，但活动频率和蔬菜数量都十分不足，更多社区则选择忽略居民的这部分需求，毕竟更重要的还是疫情防控的硬性工作和政策类规定动作信息的传达。而更进一步，关注居民疫情期间心理方面问题的社区帮扶就更少，受访居民均表示本社区没有提供过这类服务。

综上所述，居民日常生活所需蔬菜、肉蛋、水果等物品的供应信息，以及防疫物资的购买信息，不属于社区疫情防控的规定动作，这类自选动作信息提供的量少之又少，更多还是靠居民之间互相拼团、组团的方式，联系熟人，完成购买。而心理咨询类信息，对于各大社区来讲都是难以涉足的，一方面缺乏专业人员，另一方面也没有精力顾及。

## 五 调研结论：社区疫情信息传播的应对策略

在探讨社区疫情信息传播的应对策略之前，需要先分析社区疫情信息传播存在问题的原因，然后有针对性给出应对策略。

1.社区疫情信息传播存在问题的原因

社区疫情信息传播存在问题的原因主要有以下四点，即社区工作人员数量匮乏、社区工作人员专业性不足、疫情持续时间较长、社区对疫情信息传播的重视程度不高。

一是社区工作人员数量匮乏。一般提及的社区主要是指居委会，居委会的工作人员由书记、主任、若干来源不同的社工组成，其总数并不多，不足20人的社区工作人员往往会管理两三千户居民家庭，如果同时考虑合租的情况，居民家庭数量会进一步上升。如果把物业同时纳入社区工作人员的角度来考虑，其工作人员数量略多，但也仅能应付常态的日常管理。就此次疫情而言，居委会是社区的主要责任者，全权由其负责相关政策的制定、传达和落实，物业往往是配合性的角色，而且很多老旧小区、单位制小区可能没有物业，很多经适房小区，甚至是商品房小区的物业在疫情防控过程中隐形，都给居委会带来了更为严峻的挑战。由于疫情属于突发性事件，社区工作量巨幅增加，本来就数量匮乏的社区工作人员不得不牺牲休息日，超负荷工作、加班，难免会带来工作上的不到位或不全面，从而引发了一系列疫情防控信息发布、传达方面的问题。

二是社区工作人员专业性不足。由于社区工作人员构成的复杂性，且收入往往不是十分丰厚，这就让很多社会工作、心理学、传播学、公共管理专业出身的本科生、研究生不愿到社区从事相关工作，进而导致了社区工作人员的专业性不足和构成性缺陷，加之疫情突然暴发，社区工作人员来不及对相关知识进行培训，疫情防控的相关知识都属于边工作边学习的状态，很多方面难以考虑周全，这也在一定程度上带来了社区疫情信息传播方面和社区舆情引导方面的问题。对于物业服务工作人员而言，其学历、专业性和管理能力还不及社区工作人员，很难弥补社区工作人员的构成性缺陷。

三是疫情持续时间较长。此次新冠肺炎引发的疫情从1月下旬一直持续到报告撰稿的7月上旬还没有结束，且北京市各社区先后接纳了2~3月的外地返京人员和国外返京人员，4~5月的湖北和武汉地区返京人员，6月又出现了新发地菜市场相关疫情，这让社区工作人员持续处于高压状态之下，加班加点成为常态，在具体的工作中难免会出现疏漏。而且北京市疫情防控也经历了从一级响应到二级响应到三级响应，再返回到二级响应的过程，外地人员进（出）京、国外人员进京、本地居民出（返）京政策经过了多次调整，社区的道路管控、行人进出、快递外卖进出政策也几经更迭，在相关政策的制定和传达过程中就难免出现不一致、不周全的现象。

四是社区对疫情信息传播的重视程度不高。对于社区疫情防控而言，最

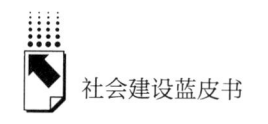

关键的还是要把防控在实施层面做到最好，而对于政策信息的传播也是以疫情防控为核心的，其传播本身的重视程度和方式方法没有获得应有的重视，也没有一整套体系专门去探讨该如何进行信息传播和舆论引导。事实上，这也反映出社区日常工作过程中，对社区信息传播方面就是忽略的、被动的，当紧急状态触发时，这方面存在的问题也随之被进一步放大。

2. 社区疫情信息传播的建议

第一，从重视社区疫情信息传播到社区信息传播机制建设。经历此次新冠肺炎疫情后，社区除了在处理突发事件方面积累了经验，更在面对突发事件的信息传播和舆论引导方面积累了经验，并逐步认识到完备、全面的社区信息传播能够对疫情防控工作起到事半功倍的效果。疫情结束后，社区应着力于社区信息传播机制建设，它既要包括社区信息传播发布的渠道、媒介等平台建设，也要包括社区信息发布的规范标准、社区舆论引导的方式方法、社区舆情获取的居民意见反馈通道等制度方面的建设，进而不断增强社区在居民心中的存在感和信任感，让社区工作更容易得到居民的理解和支持。

第二，提升社区工作人员的媒介素养。社区工作人员需要掌握基本的传播学知识，可通过培训、自学等方式来完成，这样才不至于出现因对媒介认知不清而带来的传播误导，以及因对媒介理解不深而出现的信息传达不畅。此外，针对社区疫情传播而言，社区工作人员需要掌握突发公共事件信息传播的基本原理，这要求上级部门领导也要具备相应的媒介素养，认识到信息传播问题的重要性，在业务层面为社区工作人员提供智力支持和渠道准备，可通过专题研讨、模拟示范等方式达成。

第三，明晰社区疫情信息传播的"量"与"质"的关系。社区疫情信息传播的"量"是基础，如果没有在"量"上的全面覆盖，就很难涉及"质"的提升与高效。社区疫情信息在数量上，既要做到全面的内容覆盖，又要做到传播方式上的渠道覆盖，让居民能够切切实实接收到应知的信息；社区疫情信息在质量上，要考虑居民的生活阅历和媒介接触习惯，用通俗易懂的方式将内容传达给居民，并根据媒介的不同在内容呈现上与之相适应，满足居民的社区疫情信息需要，避免造成信息解码过程中的偏差和误解。

第四，厘清居委会和物业之间的疫情相关工作分工。居委会要善于调动物业在疫情防控中的积极性，明确二者之间的分工和合作关系。就目前而言，大多数社区还没有成立业主委员会，居委会需要依靠物业来顺利完成疫情防控工作。很多居民难以区分居委会和物业之间的联系和区别，这也在一定意义上反映出社区工作的不到位和信息传达方面的不确切。因此，要让居民明确二者之间的权责与分工，不要出现过多业务交叉的情况。同时，居委会要在疫情信息的舆论引导方面发挥作用，设置好居民的疫情信息接收议程。

第五，建成社区志愿者数据库，完善租户信息管理。社区工作人员数量有限、专业能力匮乏，可以充分调动社区居民的积极性，建立社区志愿者数据库，它不只是党员信息的整理，还是本社区愿意成为志愿者居民信息的整理，这会让各行各业的居民加入社区治理，从而加深对社区工作的认识和理解。即便在疫情结束后，数据库仍然能够常态化使用，不定期以讲座、活动、交流等方式加强社区居民之间的联络，更能在突发事件到来之时，第一时间调动本社区居民的强大智囊团功能。租户信息管理应该是此次疫情带给我们最大的反思，租户身份、数量的不确定性，带来了疫情防控和排查的诸多难题，社区应建立起流动的租户信息数据库，租户、房主、中介公司三方均需配合社区完成信息报告与更新。

# B.20 公共卫生事件中北京高校毕业生情绪状态的调查研究

宗晶晶　赵艺敏　赵丽琴*

**摘　要：** 新冠肺炎疫情的暴发使高校毕业生承受了不同寻常的学业、就业、升学和情感等多重压力。本文通过深入访谈和问卷调查的方式对北京市高校毕业生群体的情绪状态进行了调查研究，结果表明在疫情防控背景下，高校毕业生群体因学业问题、未来发展、亲子关系、个人情感、身体健康和压力应对等表现出不同程度的焦虑，抑郁情绪表现突出。女生比男生的抑郁情况更严重，家庭经济困难的学生更容易出现抑郁情绪，学历水平低的毕业生更容易出现抑郁情绪。基于此，本文从政府、社会、家庭、学校和个人五个层面提出相应建议，旨在为完善首都公共应急管理干预体系提供参考依据。

**关键词：** 高校毕业生　情绪状态　社会心理支持

## 一　问题的提出

2020年1月下旬，新冠肺炎疫情来势凶猛，作为突发公共卫生事件，

---

\* 宗晶晶，北京工业大学文法学部社会学系2019级硕士研究生，研究方向为社会工作与社会建设；赵艺敏，北京工业大学文法学部社会工作系2019级硕士研究生，研究方向为青少年和学校社会工作；赵丽琴，北京工业大学文法学部社会工作系教授，研究方向为社会心理学、青少年社会工作。

其传播速度之快、扩散范围之广、产生影响之深远前所未有。王俊秀、高文珺等人在疫情期间进行的面向全国的调查结果表明，从民众的情绪反应来看，整体上最普遍的情绪体验是担忧。调查结果显示：受教育程度分别为高中及以下、大专、本科和研究生及以上的调查对象，其表示担忧的比例依次是70%、72.9%、79.7%和82.0%，由此可见，受教育程度越高，面对疫情的担忧程度越明显。①

作为受教育程度较高的群体，高校毕业生在国家的社会建设和发展中发挥着重要作用。而高校毕业生的心理健康状态不仅关系其个人发展及家庭幸福，而且直接影响其社会建设能力的发挥，在一定程度上还会影响社会稳定。夏金凤对5285名毕业生（其中本科生4228人，研究生1057人）的心理健康及抑郁状况的调查结果显示，高校毕业生心理健康状况比较差，有较多学生存在抑郁状况。② 与往年相比，2020年的高校毕业生还面临疫情带来的严峻挑战，学业、生活、就业等方面发生了出乎意料的变化，这些变化往往会引发诸多负面情绪，甚至影响其身心健康。石璐对6495名高校毕业生的调查发现，有57.38%的毕业生对毕业时不能及时就业有一些担忧，23.85%的毕业生非常担忧毕业时不能及时就业，居家隔离已严重影响毕业生求职就业心态。由此可见，毕业生在就业准备过程中焦虑情况不断加重，同时体验着各种困难和心理冲突。③

随着高校招生规模不断扩大，高校毕业生人数也逐年上涨。2020年教育部召开新闻发布会指出，2020届高校毕业生达874万人，同比增加40万人，毕业生人数再创历史新高。④ 在当前疫情防控的背景下，面对历史新高的毕业人数，高校毕业生的正常就业规划被打乱且面临着更加严峻复杂的就业形势，这会在很大程度上影响其心理健康状况。除了正常择业之外，2020

---

① 王俊秀、高文珺、陈满琪、应小萍、谭旭运、刘晓柳：《新冠肺炎疫情下的社会心态调查报告——基于2020年1月24日~25日的调查数据分析》，《国家治理》2020年第Z1期。
② 夏金凤：《某高校毕业生心理健康及抑郁状况的调查》，《心理月刊》2019年第13期。
③ 石璐：《疫情防控期间高校毕业生就业指导工作路径探析》，《山东人力资源和社会保障》2020年第5期。
④ 焦鹏：《2020届高校毕业生达874万人再创历史新高》，新华网，2020年5月12日。

年的毕业生群体还面临更加艰难的局面：疫情对健康的威胁、论文撰写面临各种困境、开学无明确期限、就业深造等遭遇不确定等。面对这些特定时期衍生的"不可抗力"，高校毕业生的总体心理健康状况如何？是否受到较大程度冲击抑或维持正常水平？在面对突发公共卫生事件时，如何为毕业生乃至整个学生群体提供及时有效、切实可行的心理干预与支持已成为迫在眉睫的议题。因此，本研究以新冠肺炎疫情为背景，对北京市高校毕业班学生的情绪状况进行调查分析，探寻哪些举措可以更为有效地缓解突发事件带来的不利影响，为构建更加系统完善的面对重大突发公共卫生事件的社会心理干预体系提供参考。

## 二 研究方法

### （一）调查对象

本次调查选取北京高校中将于2020年毕业的高职高专、本科以及硕士研究生为调查对象，共发放问卷556份，收回有效问卷540份，有效回收率为97.12%。研究对象的基本分布情况见表1。

表1　研究对象基本分布情况

单位：人

| 年级 | 人数 | 性别 | 人数 | 居住地 | 人数 |
| --- | --- | --- | --- | --- | --- |
| 高职高专毕业生 | 16 | 男 | 208 | 农村 | 259 |
| 本科毕业生 | 299 | 女 | 332 | 县城 | 122 |
| 硕士毕业生 | 225 |  |  | 县级以上城市 | 159 |

注：本表数据来源于此次调查分析，后面的表若无特殊标记，则与此表数据来源相同。

### （二）调查方法

本研究以北京高校毕业生群体为调查对象，通过问卷调查法和访谈法进行调查,旨在了解新冠肺炎疫情背景下毕业生群体的情绪特点,并针对重大突发公共卫生事件背景下毕业生群体的心理健康状况提出心理支持与干预的建议和对策。

1. 访谈法

本研究分为疫情前期和北京疫情反弹后追踪调查两个阶段,分别选取不同年级学生进行了深入访谈。采用半结构化的访谈提纲进行访谈,访谈对象共12人,疫情前期共7人,其中高职高专毕业生1人,本科毕业生3人,硕士毕业生3人;疫情反弹阶段共5人,其中本科毕业生2人,硕士毕业生3人。基本情况如表2所示。

表2 访谈对象基本情况

| 疫情前期 | 性别 | 年龄 | 年级 | 是否为独生子女 |
| --- | --- | --- | --- | --- |
| 个案1 | 男 | 25岁 | 硕士 | 是 |
| 个案2 | 女 | 25岁 | 硕士 | 是 |
| 个案3 | 女 | 24岁 | 硕士 | 是 |
| 个案4 | 男 | 22岁 | 本科 | 是 |
| 个案5 | 女 | 22岁 | 本科 | 否 |
| 个案6 | 男 | 23岁 | 本科 | 是 |
| 个案7 | 女 | 21岁 | 高职高专 | 否 |
| 疫情反弹阶段 | 性别 | 年龄 | 年级 | 是否为独生子女 |
| 个案1 | 男 | 25岁 | 硕士 | 是 |
| 个案2 | 女 | 24岁 | 硕士 | 否 |
| 个案3 | 女 | 24岁 | 硕士 | 是 |
| 个案4 | 女 | 21岁 | 本科 | 否 |
| 个案5 | 男 | 22岁 | 本科 | 是 |

2. 问卷调查法

本研究主要采用伯恩斯抑郁状况自查表(BDC),并结合自编问卷,了解毕业生面临突发疫情所带来的出乎预料的变化时产生的心理困扰。

伯恩斯抑郁状况自查表(BDC)由美国斯坦福大学认知心理治疗专家

戴维·伯恩斯（David Burns）博士编制，主要用于抑郁情绪的自我评估。量表评定标准为："1"表示无症状；"2"表示有轻度症状；"3"表示有中度症状；"4"表示有重度症状。15个条目加总计算总分，0~4表示轻度或没有抑郁；5~10表示正常但不快乐；11~20表示接近中等抑郁；21~30表示中等抑郁；31~45表示严重抑郁。

自编问卷是基于对部分个案的深入访谈，并对访谈结果进行分析与归纳而编制的，主要针对此次新冠肺炎疫情下毕业生的学业、就业、情感、人际、压力应对等内容展开。

## 三 问卷调查结果

本次在线随机调查涉及学生的性别、年级、家庭所在地、是否为独生子女、民族、家庭月收入以及是否担任学生干部等调查对象的基本情况，具体数据如表3所示。

表3 调查对象的基本情况

单位：人，%

| 变量 | 选项 | 人数 | 百分比 |
| --- | --- | --- | --- |
| 性别 | 男 | 208 | 38.52 |
|  | 女 | 332 | 61.48 |
| 年级 | 高职高专毕业生 | 16 | 2.96 |
|  | 本科毕业生 | 299 | 55.37 |
|  | 硕士毕业生 | 225 | 41.67 |
| 家庭所在地 | 农村 | 259 | 47.96 |
|  | 县城 | 122 | 22.59 |
|  | 县级以上城市 | 159 | 29.44 |
| 是否为独生子女 | 是 | 258 | 47.78 |
|  | 否 | 282 | 52.22 |
| 民族 | 汉族 | 498 | 92.22 |
|  | 少数民族 | 42 | 7.78 |

续表

| 变量 | 选项 | 人数 | 百分比 |
| --- | --- | --- | --- |
| 家庭月收入 | 2000元以下 | 48 | 8.89 |
|  | 2000~6000元 | 215 | 39.81 |
|  | 6000~20000元 | 232 | 42.96 |
|  | 20000元以上 | 45 | 8.33 |
| 是否担任学生干部 | 是 | 198 | 36.67 |
|  | 否 | 342 | 63.33 |
| 毕业去向 | 已明确工作 | 133 | 24.63 |
|  | 尚未明确工作 | 180 | 33.30 |
|  | 继续深造 | 227 | 42.04 |

为了更好地把握影响毕业生群体情绪状态的因素，我们根据访谈结果从不同维度设置了影响毕业生情绪状态的17个问题，要求调查对象根据与自身的符合程度进行选择。结果发现，其中有近半数的毕业生认为疫情导致长期的异地恋进而产生了情感问题；约46%的毕业生担忧出国留学受到影响；约44%的毕业生表示疫情期间经常与父母发生冲突；约42%的毕业生担忧考研的成绩及复试结果；除了长期异地恋带来的情感问题，长期在家缺乏人际沟通而感到孤独的毕业生占比约37%；在论文的写作方面有约36%的毕业生感到存在困难，担心无法顺利毕业，只有约15%的毕业生已经顺利完成了毕业论文的撰写工作；面对疫情的发展，35.4%的毕业生担心疫情无法得到控制，同时有约30%的毕业生因此过度担忧自身及家人的健康状况；在个体压力应对方面，约30%的毕业生在面对巨大压力时会产生崩溃的感觉，同样有约三成的毕业生希望能够得到帮助。具体结果如表4所示。

**表4　调查对象情绪状态受影响的主要原因**

单位：%

| 问题类别 | 主要原因 | 比较符合 | 完全符合 | 总计 |
| --- | --- | --- | --- | --- |
| 人际交往 | 受疫情影响，长期异地恋，情感无法得到满足或者产生矛盾冲突 | 15.9 | 32.8 | 48.7 |
|  | 长期在家与父母会经常发生冲突 | 22.4 | 21.1 | 43.5 |
|  | 长期在家缺乏人际沟通与互动而感到孤独 | 17.4 | 19.1 | 36.5 |

续表

| 问题类别 | 主要原因 | 比较符合 | 完全符合 | 总计 |
|---|---|---|---|---|
| 未来发展 | 面对当前疫情的发展，我担心将来出国留学会受到影响 | 12.2 | 33.5 | 45.7 |
| | 对考研成绩与复试的担忧 | 11.3 | 30.6 | 41.9 |
| | 受疫情影响而无法正常找工作 | 15.2 | 13.1 | 28.3 |
| | 对未来感到迷茫 | 10.7 | 12.6 | 23.3 |
| 身心健康 | 面对疫情的发展，担心疫情无法得到控制 | 19.1 | 16.3 | 35.4 |
| | 由于疫情的影响而过度关注自己或亲人的身体健康 | 16.1 | 13.7 | 29.8 |
| | 宅家期间作息不规律感到困扰 | 15.6 | 13.0 | 28.6 |
| 学业安排 | 论文写作遇到困难，担心无法顺利毕业 | 19.4 | 16.5 | 35.9 |
| | 无法合理安排时间，因学习效率不高而心情烦躁 | 15.6 | 7.8 | 23.4 |
| | 我顺利完成了论文的资料收集和撰写工作 | 9.1 | 5.7 | 14.8 |
| 压力应对 | 在面对巨大压力时，我有时会有一种崩溃的感觉 | 18.1 | 12.0 | 30.1 |
| | 我常常感到无助，希望可以有人帮助我解决问题 | 16.7 | 12.8 | 29.5 |
| | 我倾向于把"问题"视为个人成长和成功的机会 | 8.3 | 5.6 | 13.9 |
| | 当事情的打击让我失去平衡时，我可以自己复原并快速回到正轨 | 7.6 | 5.0 | 12.6 |

**1. 不同性别毕业生抑郁状况的比较**

从调查数据可以看出，女生的抑郁平均得分明显高于男生。就整体平均分而言，男生整体得分处于正常状态，但是女生得分偏高，表示在疫情期间女生体验到的消极情绪更多，与男生相比整体心理状态较差。表5对不同性别毕业生的抑郁均值及标准差进行了描述，同时通过对不同性别毕业生抑郁得分的t检验表明，男生与女生的抑郁总得分存在显著差异（$p<0.05$），女生得分高于男生。

表5 不同性别毕业生的抑郁状况及t检验

| 性别 | 抑郁 M | 抑郁 SD | Sig.（双侧） |
|---|---|---|---|
| 男生　N=208 | 8.45 | 8.91 | 0.03 |
| 女生　N=332 | 10.26 | 9.20 | |
| 总计　N=540 | 9.56 | 9.12 | |

## 2. 不同年级毕业生抑郁状况的比较

本次调查对象主要涉及高职高专毕业生、本科毕业生和硕士毕业生。表6是对不同年级毕业生抑郁测量得分均值及标准差的描述。

表6 不同年级毕业生抑郁得分的均值及标准差描述

| 年级 | | 抑郁 | |
|---|---|---|---|
| | | M | SD |
| 高职高专毕业生 | N=16 | 17.62 | 11.93 |
| 本科毕业生 | N=299 | 10.43 | 9.41 |
| 硕士毕业生 | N=225 | 7.83 | 8.02 |

从图1中可以看到高职高专毕业生抑郁得分最高,相比之下,本科和硕士毕业生的抑郁得分均值较低,三者呈下降趋势。

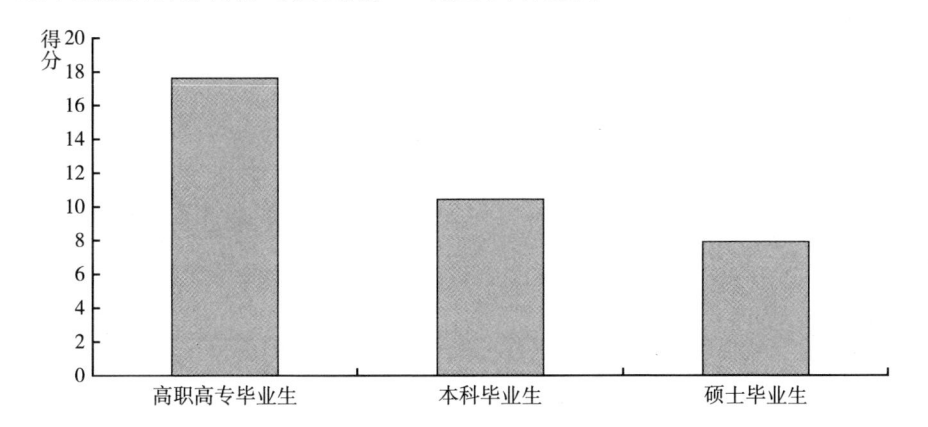

图1 不同年级毕业生抑郁状况均值

表7为不同年级毕业生抑郁状况的方差分析,通过分析得出:不同年级毕业生在抑郁自评得分上存在显著差异（p<0.01）,具体结果如下。

表7 不同年级毕业生抑郁状况的方差分析

| | 类别 | 平方和 | df | 均方 | F | 显著性 |
|---|---|---|---|---|---|---|
| 抑郁 | 组间 | 1935.11 | 2 | 967.56 | 12.10 | 0.00 |
| | 组内 | 42927.87 | 537 | 79.94 | | |
| | 总数 | 44862.98 | 539 | | | |

为进一步了解不同年级毕业生抑郁自评得分之间的差异,本研究对学历处在不同阶段的毕业生进行了多重比较。结果表明:在抑郁自评得分上,高职高专毕业生与本科毕业生和硕士毕业生之间存在较为显著的差异($p<0.05$),高职高专毕业生得分高于本科毕业生与硕士毕业生,同时本科毕业生与硕士毕业生之间也存在显著差异,具体结果如表8所示。

表8 不同年级毕业生抑郁状况的多重比较

| 因变量 | (I)年级 | (J)年级 | 均值差(I-J) | 标准误 | 显著性 |
| --- | --- | --- | --- | --- | --- |
| 抑郁 | 高职高专毕业生 | 本科毕业生 | 7.20* | 2.29 | 0.00 |
| | | 研究生毕业生 | 9.79* | 2.31 | 0.00 |
| | 本科毕业生 | 高职高专毕业生 | -7.20* | 2.29 | 0.00 |
| | | 研究生毕业生 | 2.59* | 0.79 | 0.00 |
| | 硕士毕业生 | 高职高专毕业生 | -9.79* | 2.31 | 0.00 |
| | | 本科毕业生 | -2.59* | 0.79 | 0.00 |

注:均值差的显著性水平为0.05。

**3. 不同家庭经济状况毕业生抑郁状况的比较**

以2000元、6000元及20000元为分界点,将家庭月收入在2000元以下界定为困难,2000～6000元为一般,6000～20000元为较好,而20000元以上为很好,具体数据如表9所示。

表9 不同家庭经济状况毕业生抑郁状况的均值及标准差描述

| 家庭经济状况 | 抑郁 | |
| --- | --- | --- |
| | M | SD |
| 困难 N=48 | 11.17 | 10.80 |
| 一般 N=215 | 11.14 | 9.82 |
| 较好 N=232 | 7.75 | 7.72 |
| 很好 N=45 | 9.67 | 8.98 |

通过对不同家庭经济状况毕业生的抑郁得分进行方差分析,结果表明,家庭经济状况不同的毕业生在抑郁得分上存在显著差异,如表10所示。

表 10　不同家庭经济状况毕业生抑郁状况的方差分析

| | 类别 | 平方和 | df | 均方 | F | 显著性 |
|---|---|---|---|---|---|---|
| 抑郁 | 组间 | 1424.51 | 3 | 474.84 | 5.86 | 0.00 |
| | 组内 | 43438.48 | 536 | 81.04 | | |
| | 总数 | 44862.98 | 539 | | | |

根据表 11 的数据分析可以看出，家庭困难毕业生与家庭较好毕业生存在显著差异，家庭困难毕业生与家庭一般和家庭很好毕业生不存在显著差异。家庭一般毕业生与家庭较好毕业生之间存在显著差异，与家庭很好毕业生不存在显著差异，也就是家庭困难毕业生与家庭较好毕业生更感到抑郁，同时家庭一般毕业生与家庭较好毕业生相比，抑郁得分也更高。

表 11　不同家庭经济状况毕业生抑郁状况的多重比较

| 因变量 | (I)家庭经济状况 | (J)家庭经济状况 | 均值差(I-J) | 标准误 | 显著性 |
|---|---|---|---|---|---|
| 抑郁 | 困难 | 一般 | 0.027 | 1.44 | 0.99 |
| | | 较好 | 3.42* | 1.43 | 0.02 |
| | | 很好 | 1.50 | 1.87 | 0.42 |
| | 一般 | 困难 | -0.03 | 1.44 | 0.99 |
| | | 较好 | 3.39* | 0.85 | 0.00 |
| | | 很好 | 1.47 | 1.48 | 0.32 |
| | 较好 | 困难 | -3.42* | 1.43 | 0.02 |
| | | 一般 | -3.39* | 0.85 | 0.00 |
| | | 很好 | -1.92 | 1.47 | 0.19 |
| | 很好 | 困难 | -1.50 | 1.87 | 0.42 |
| | | 一般 | -1.47 | 1.48 | 0.32 |
| | | 较好 | 1.92 | 1.47 | 0.19 |

注：平均值差值的显著性水平为 0.05。

4. 不同毕业去向的毕业生抑郁状况的比较

将问卷中的毕业去向进行重新界定，明确为三个方向，分别是"已明确工作""尚未明确工作""继续深造"。根据表 12 的数据，我们可以看出，已明确工作的毕业生整体抑郁值最低，尚未明确工作与继续深造毕业生的整体抑郁得分较高。

表12　不同毕业去向的毕业生抑郁状况的均值及标准差描述

| 家庭经济状况 | 抑郁 | |
|---|---|---|
| | M | SD |
| 已明确工作　N=133 | 7.76 | 8.36 |
| 尚未明确工作　N=180 | 9.93 | 9.55 |
| 继续深造　N=227 | 10.33 | 9.10 |

对不同毕业去向的毕业生抑郁状况的方差分析，表明不同毕业去向的毕业生之间存在着显著差异，如表13所示。

表13　不同毕业去向的毕业生抑郁状况的方差分析

| | 类别 | 平方和 | df | 均方 | F | 显著性 |
|---|---|---|---|---|---|---|
| 抑郁 | 组间 | 588.75 | 2 | 294.37 | 3.57 | 0.03 |
| | 组内 | 44274.24 | 537 | 82.45 | | |
| | 总数 | 44862.98 | 539 | | | |

表14是对不同毕业去向毕业生抑郁状况的多重比较。结果表明，已明确工作的毕业生与尚未明确工作的毕业生和继续深造的毕业生之间存在显著差异，同时尚未明确工作的毕业生与继续深造的毕业生之间无较大差异。由此可知，已明确工作的毕业生抑郁情绪明显较少，在疫情期间，尚未明确毕业去向和选择继续深造的毕业生抑郁情绪较为严重。

表14　不同毕业去向的毕业生抑郁状况多重比较

| 因变量 | (I)毕业去向 | (J)毕业去向 | 均值差(I-J) | 标准误 | 显著性 |
|---|---|---|---|---|---|
| 抑郁 | 已明确工作 | 尚未明确工作 | -2.17* | 1.04 | 0.04 |
| | | 继续深造 | -2.57* | 0.99 | 0.01 |
| | 尚未明确工作 | 已明确工作 | 2.17* | 1.04 | 0.04 |
| | | 继续深造 | -0.40 | 0.91 | 0.66 |
| | 继续深造 | 已明确工作 | 2.57* | 0.99 | 0.01 |
| | | 尚未明确工作 | 0.40 | 0.91 | 0.66 |

注：平均值差值的显著性水平为0.05。

5. 不同居住地毕业生抑郁状况的比较

本次调查将居住地分为农村、县城和县级以上城市，从表 15 与表 16 呈现的结果来看，居住地在县城的毕业生抑郁得分略高，但不同居住地毕业生之间抑郁情况无显著差异。

表 15　不同居住地毕业生抑郁状况的均值及标准差描述

| 居住地 | | 抑郁 | |
| --- | --- | --- | --- |
| | | M | SD |
| 农村 | N = 259 | 9.34 | 9.04 |
| 县城 | N = 122 | 10.19 | 9.25 |
| 县级以上城市 | N = 159 | 9.44 | 9.20 |

表 16　不同居住地毕业生抑郁状况的方差分析

| | 类别 | 平方和 | df | 均方 | F | 显著性 |
| --- | --- | --- | --- | --- | --- | --- |
| 抑郁 | 组间 | 63.04 | 2 | 31.52 | 0.38 | 0.69 |
| | 组内 | 44799.95 | 537 | 83.43 | | |
| | 总数 | 44862.98 | 539 | | | |

## 四　分析与讨论

### （一）毕业生群体情绪反应的主要诱因

通过对访谈结果和调查数据的分析可知，疫情背景下高校毕业生面临更大的挑战，他们不同程度地表现出焦虑、担忧、抑郁、无奈等情绪，而这些情绪的产生大多与以下几个方面的问题密切相关。

1. 学业问题

受新冠肺炎疫情影响，高校毕业生群体无法正常返校，因此在毕业论文的写作方面受到一定程度的影响。有些学生需要进行实验来收集数据，因缺少实验条件与环境，在论文写作方面遇到较多阻碍。与导师和同学的交流也会在一定程度上受到影响。还有些学生需要进行实地调研，因为疫情也无法

按计划实施。此外，有些同学感觉家中学习环境容易导致分心，学习效率无法保障。一方面在家缺乏学习的氛围，另一方面个人的自控力不足，这在很大程度上造成不少高校毕业生学习效率低下，学习效率低进一步加剧了他们对于无法按时完成学业的担忧，同时又对自制力差而难以控制的效率低下感到自责与无助，这种矛盾心理在很大程度上影响了毕业生自身的情绪状态。

2. 未来发展

毕业生群体面临人生抉择的关键时期，无论是就业还是继续深造，这都是关乎他们未来发展的人生大事。但受疫情影响，原本的就业市场以及学业规划受到了较大程度的冲击。一方面，疫情对于很多毕业生的就业产生了很大的影响，学生毕业人数逐年上涨，而2020年受疫情影响不少企业招收毕业生的指标和岗位缩减，这使得毕业生找工作处于非常不利的局面，毕业生的选择范围受到一定程度的限制；另一方面，受疫情防控影响，毕业生无法正常参加面试，网络面试受不确定性因素和不可抗力影响较大，因此影响毕业生群体自身能力的发挥。在学业方面，选择继续深造和参加各种考试的毕业生因疫情影响，未能早日明确考试时间与形式，准备工作的战线拉长而打乱了正常复习计划，如有些大学或科研单位的博士考试相比往年都有很多变化，这些给高校毕业生带来了心理负担和困扰。

3. 人际关系

人是社会性动物，每个人都有社会交往的需求，而在疫情防控背景下，高校毕业生群体长期宅家，缺乏必要的人际交往机会。虽然互联网的发展使交流沟通不再受时空的阻隔，但是线上沟通仍然无法取代现实生活中的交往方式和交往习惯，无法真正满足毕业生与朋辈群体的交往需求，无法满足恋人之间的情感交流需求。此外，长期宅家生活中子女与父母之间的代际冲突在所难免，价值观、生活习惯等方面的差异，父母与子女的相互不理解，子女针对父母不理解自己的内心需求、在个人生活学业等方面的过多干涉往往会产生各种消极情绪，这些都会导致毕业生群体在与父母相处过程中出现各种矛盾的频率增加，进一步加剧毕业生群体的负面情绪和心理压力。

4. 身心健康

生存需求与安全需求是人们的基本需求。面对疫情在全球的肆虐，所有人的生命健康都面临着威胁。面对疫情的蔓延，人们普遍容易产生恐慌、担忧、焦虑、抑郁、愤怒等情绪反应，个人的无能为力以及对自身和家人健康状况的担忧导致毕业生群体的心理健康状况受到一定程度的影响。与此同时，由于长期宅家，一方面无法控制熬夜行为，另一方面对自己长期熬夜作息不规律带来的身体变化的担忧，加上疫情的影响，不仅打乱了正常的生活节奏，同时也使得毕业生群体产生了对自身及家人健康问题的焦虑。

## （二）毕业生群体情绪的主要特点

从整体访谈和调查结果来看，高校毕业生群体在疫情防控背景下，焦虑和抑郁情况较重，在影响毕业生群体情绪状态的因素方面，有超过四成的毕业生对疫情期间找工作以及未来出国留学表示担忧，同时也有超过四成的毕业生表示在疫情期间亲子关系紧张，且长期的异地恋导致情感问题凸显。在本次有关毕业生抑郁情绪的调查中，可以看出毕业生整体评分均值达到9.56，虽处于正常范围内，但分值偏高（伯恩斯量表将得分在5~10分评定为正常但不快乐，10分以上评定为接近中等抑郁及以上）。值得注意的是，得分在11分及以上的高校毕业生人数占比近四成，由此可见，此次疫情给高校毕业生群体的心理健康状态带来较大冲击。下面从性别、受教育程度、家庭经济状况、未来去向以及居住地5个方面来对毕业生群体的抑郁状况做一简要分析。

1. 性别

在本次调查的高校毕业生群体中，与男生相比，女生更容易产生抑郁情绪，女生中等抑郁及以上者占毕业生总数的25%，男生则为13%，从数据中可发现女生在疫情背景下心理状态更为脆弱。男女生的性格特征存在较大的差异，相比男生，女生的性格更加敏感，在情绪状态方面更容易受周围环境的影响。因此，受到疫情和毕业双重影响的女生更易产生消极情绪。

### 2. 受教育程度

通过数据分析，我们可以发现毕业生的受教育水平与抑郁水平呈负相关，受教育程度越高，抑郁水平相对越低。一方面，不同受教育程度的毕业生面对毕业会有不同的选择，在当前的社会背景下受教育程度更高的毕业生往往会有更多的选择；另一方面，受教育程度较高的毕业生知识储备更丰富，思想认知更成熟，视野更开阔，对于消极情绪的处理也会更加完善。受疫情的影响，社会经济发展状况受到一定程度的冲击，毕业生群体在就业选择方面会受到影响，受教育程度较高的毕业生本身相比其他毕业生具有更强的竞争优势，同时面对社会风险，自身也具备较好的心理素质。

### 3. 家庭经济状况

不同家庭经济状况毕业生的抑郁水平呈现显著差异。总体来讲，家庭收入较高的毕业生与收入较低的毕业生相比，抑郁水平较低。面对疫情的影响，家庭经济状况较好的毕业生群体抵御风险的能力更强，一方面，较好的经济状况使得其基本的生存需求能够得到保障；另一方面，在应对疫情给整个社会带来的经济冲击时较好的家庭经济状况能够发挥保障作用。因此面对疫情，家庭经济状况较好的毕业生自身的生存压力和即将面临的竞争压力较小，整体情绪受影响较小。相反，家庭经济状况较差的毕业生自身及家庭缺乏经济支撑，抵御风险能力较弱，一方面，长期的停工停产使得家庭基本收入无法得到保障；另一方面，疫情给经济带来冲击的同时加剧毕业生在就业选择方面的困难，因此家庭经济状况较差的毕业生承受着更多的现实压力，在情绪状态方面也更加脆弱，容易产生消极情绪。

### 4. 未来去向

毕业生群体因面临择业这一人生抉择而成为高等教育中相对特殊的群体，具体表现为所处阶段特殊、心理状态特殊以及抗压能力特殊。首先，在所处阶段方面，疫情的冲击提升了这一阶段的情况复杂程度，也提升了毕业生群体顺利渡过这一时期的难度；其次，在心理状态方面，毕业生群体在这一时期既要处理毕业离校的各项工作，又要面临未来发展方向的重要抉择，同时疫情出现带来多重因素的复合作用使得这一时期的心理状态受到较大程度的影响;最后,在抗压能力方面存在着个体的差异性,疫情下的毕业生面临着更大的心理压力,对于抗压能力较弱的毕业生无疑会产生更多消极影响。因此,在这个特殊的时期,已经明确未来去向的毕业生心理压力较小,相反,未明确工作和选择继续深造的毕业生受到疫情与学业的双重影响,承担着更大的心理压力。

5.居住地

此次疫情波及范围广,挑战辐射面分散,全国各地均受到不同程度的冲击和影响,各个地区共同抗疫,所投入的精力与时间无较大差异,因此处于不同居住地的高校毕业生心理状况差异并不显著。

### (三)研究结论

在新冠肺炎疫情的影响下,毕业生群体的心理状况受到较大程度的冲击,整体心理状态不容乐观,而对毕业生心理产生影响的因素是多方面的。首先,新冠肺炎疫情的暴发给处于关键时期的毕业生群体带来了更大压力;其次,社会对于毕业生群体的关注度不够,面对疫情、学业、家庭及未来选择的多重压力,毕业生群体背负着较大的精神压力,而这些压力需要学校、家庭及社会共同努力来缓解;最后,毕业生个人方面的调节能力有待提升,未能有效利用学校及其他社会支持网络帮助自己缓解心理压力。

## 五 建议与对策

新冠肺炎疫情突发,面对特定时期的"不可抗力",高校毕业生的总体心理健康状况相比正常时期较差,受到较大程度冲击,难以维持正常水平,中度抑郁的占比近四成。面对突发公共卫生事件,如何为毕业生群体提供有效的帮助和支持这一话题值得持续关注。首都北京作为高校云集、毕业生人数庞大的地方,在应对突发公共卫生事件方面做好应急管理,在学生就业等方面做好相应工作,不仅对于首都的经济、社会和教育等发展起到积极的推

动作用，也能够对全国产生示范作用。本文尝试从五大主体入手，提出完善应急管理社会心理干预体系的几点思考。

## （一）政府层面

凯恩斯在其著作《就业、利息和货币通论》一书中将国家在经济生活中发挥的作用比作"看得见的手"。面对疫情的冲击，政府应该合理发挥自身宏观调控的作用，为高校毕业生提供更多制度层面的保障。

1. 完善突发公共事件社会心理干预机制

新冠肺炎疫情作为突发公共卫生事件不仅对社会生活造成很大影响，而且严重影响公众心理，不断完善突发公共事件社会心理干预机制是应对危机、控制局势的重要手段。完善突发公共事件的社会心理干预机制，首先，充分发挥政府在疫情防控中宏观调控的作用，将突发公共事件的应对与心理干预相结合，全方位应对危机带来的社会风险。其次，构建科学的心理干预体系，组织专业人员形成有效的技术力量，同时借助不同力量形成多层级心理支持网络，及时向社会提供专业的心理援助。再次，建立应对突发公共事件心理危机的专业队伍，有计划地开展培训，形成危机心理救援的人才储备资源。最后，充分考虑不同群体的心理需求，有针对性地提供心理帮助；针对不同阶段的公众心理特点，采取恰当的方式进行引导，实施分类干预，严格保护受助者的个人隐私，缓解公众心理压力，正确应对心理危机。需注意的是，在此过程中要避免实施帮助者和受助者受到身体伤害或心理再次创伤。继续推动落实有关部门印发的《新型冠状病毒感染的肺炎疫情紧急心理危机干预指导原则》，及时整理宝贵经验，在此基础上更加科学高效地划分四级人群，并对目标人群如高危人群、普通人群及时有序地进行医学检测，安抚高危人群紧张情绪，如可排除则第一时间对其说明并告知公众，切实向社会更新病例行踪与活动轨迹，进一步完善突发公共事件社会心理干预机制。

2. 拓宽就业渠道，提供更多就业机会

高校毕业生群体处于心理压力较大的特殊时期，新冠肺炎疫情的出现更是加剧了其心理危机发生的可能性。面对这种无法抵抗的外界压力，政府应该以解决毕业生当前困境、满足其需求为出发点来帮助其缓解心理压力。对未来的担忧是毕业生心理压力的重要来源之一，毕业生人数再创历史新高以及疫情对经济发展的影响很大程度上提升了毕业生的就业难度，影响其未来的道路选择。面对这种困境，拓宽就业渠道，提供更多的就业机会是解决这一困境的有效方法。当前传统的就业岗位无法较好地满足毕业生的就业需求，而互联网经济的迅速发展为此提供了新的选择，互联网催生了一批新兴工作岗位，政府可以通过扶持新兴行业为毕业生群体提供就业保障。同时针对自主创业毕业生提供相关政策，政府的扶持不仅可以解决就业岗位不足的难题，还能提供更多就业岗位。

3. 针对家庭困难毕业生提供经济支持

通过问卷调查，我们发现家庭经济困难的毕业生群体面临的心理危机较为严重。在疫情防控背景下，长期的停工停产使得家庭困难毕业生群体基本生存需求的满足面临困境。面对突发公共卫生事件，毕业生群体及其家庭面临更大的风险，这种现实困境直接导致了毕业生群体的心理危机。与此同时，毕业带来的一系列变化也进一步加剧了毕业生群体的恐慌心理。从经济方面给予毕业生群体支持将有助于毕业生群体现实困境的解决同时缓解其心理压力。

## （二）社会层面：社会组织积极承担社会责任，营造关怀互惠的社会氛围

及时将心理干预纳入疫情防控整体部署，以减轻疫情所致的心理伤害、促进社会稳定为前提，根据疫情防控工作的推进情况，及时调整心理干预工作重点。完善心理求助热线与咨询服务，各地区社会组织应在原有心理热线基础上，统筹协调多部门、多方面的心理热线服务，努力为毕业生群体提供心理援助。结合毕业生群体的特点，在就业深造、人际交往、身体健康等易影响毕业生心态的方面提供服务，例如完善网络招聘平台，及时汇集各单位招聘信息，展示较为明确的招聘时间与形式，给需要择业的毕业生明确的准备方向，同时也可以增强心理预期；由于此次疫情出门风险高，进院问诊可

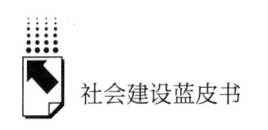

能性小，社会各组织机构应利用微博、微信等公众平台定时更新民众关心的疾病知识以及判断标准和预防措施，但切忌造成恐慌或加重不确定感，从而适得其反；及时招募由于突发事件而无法及时纾解心情的毕业生进行"云吐槽"与"云分享"，并且配有心理专家进行旁听与疏导，提供宣泄与缓解的平台，综合评估，为有需要的毕业生提供心理干预，同时要积极预防、减缓和尽量控制疫情的社会心理影响，避免因部分情绪蔓延导致社会恐慌。

### （三）家庭层面：给予子女更多关注，改善亲子沟通方式

家庭是毕业生群体应对社会危机的重要支持。面对突发公共事件带来的冲击，家庭在做好自身防控的同时，应给予毕业生群体情绪状态更多的关注。在访谈过程中，多数学生表达了因长期与家人相处而产生冲突，继而引发焦虑、抑郁、烦躁、无奈等情绪。亲子冲突导致的毕业生群体焦虑的产生在很大程度上可以通过合理沟通的方式进行缓解。家长首先要理解毕业生子女当前处于多重外界压力共同作用下，本身处于情绪紧张状态；其次，父母作为毕业生子女社会支持网络中的强连接一环，所提供的心理支持很大程度上将帮助子女更好地应对各种心理困境；最后，在毕业生群体遇到现实困境时及时提供力所能及的帮助，共同应对困难。

### （四）学校层面：妥善安排学生毕业事宜，建立学校心理干预联动机制并落实到位

一方面，学校应随时关注国家相关动态与变化，及时构建预防体系与应对机制，在突发公共卫生事件时，首先妥善告知毕业班学生相关事宜，如个人行李物品安置、毕业材料等；其次第一时间提供云校招安排，解决毕业困境，给予学业支持。

另一方面，各学校要充分利用心理咨询中心的资源，为疫情防控下的毕业学生提供心理干预和咨询服务。重视辅导员、班主任、任课教师以及心理咨询师对学生的情绪疏导，辅导员和班主任应第一时间整体了解把握全班学生的心理动态，做好整体评估，对于压力较大或风险较高的学生及时约谈，

程度较为严重的及时转介；研究生导师或论文指导教师应定期开展与所指导学生的视频会议，了解毕业学生心态，及时纾解困扰与压力，较为严重的及时与班主任或辅导员取得联系；心理咨询师应密切关注各学院各班级学生的情绪状态，定期与辅导员和其他教师对接联络，把握毕业班学生的总体特点，遇到程度严重的及时干预或上报学校。学校在日常工作中应构建科学有效的心理健康教育与评估系统，逐步建立全体学生的信息化心理健康档案，形成心理健康普查、心理咨询和危机干预的一体化和联动性机制，搭建"共建、共通、共享"平台。

### （五）个人层面：培养兴趣爱好，提升维护自我心理健康的能力

个体心理危机的出现不仅是外部因素影响的结果，而且带有较明显的个人特点。每个人在处理现实困境时往往采取不同的方式，不同方式的选择与个体的性格特征及心理承受能力有较大关系。性格积极乐观且承受能力较强的毕业生在面对疫情及毕业时受到的心理冲击较小，心理脆弱、承受能力较弱的毕业生更容易产生心理危机。平时培养兴趣爱好有助于缓解空闲时间的无聊所带来的焦虑情绪，面对自身的心理困境，毕业生需要学会自我调节，正确认识疫情带来的影响并采取积极的行动去应对，可与贴心同伴深入交流，挖掘自己非理性信念，尝试认知重塑。个体在社会中都有属于自己的社会支持网络，面对现实困境，毕业生应该善于利用自己的外部资源，接受家人、朋友、老师的帮助，必要时求助心理咨询热线，利用专业渠道更好地解决心理危机。面对疫情与毕业带来的不确定性，掌握一些调节自身情绪的小技巧也会有利于毕业生更好地摆脱消极情绪的影响。

# 地方社会建设篇

Local Society-building

## B.21
## 党建引领基层社区治理的探索与思考

于立东 王章兴

**摘 要**： 本文结合通州区基层社区治理实践经验，就党建如何引领基层社区治理进行分析探讨。本文认为通州区基层社区治理中主要存在治理主体不够协同、治理内容不够清晰、治理机制不够优化、治理保障不够均衡四个方面问题。在此基础上，提出了通州区党建引领社区治理的基本思路，并提出明确社区治理主体的定位、明晰社区治理的工作内容、优化社区治理的工作机制、夯实社区治理的基本保障等对策建议。

**关键词**： 党建引领 基层社区治理 治理体系

党的十九大报告提出"加强社区治理体系建设，推动社会治理重心向基层下移，发挥社会组织作用，实现政府治理和社会调节、居民自治良性互动"。为贯彻落实党的十九大精神，北京市出台了《关于加强新时代街道工作的意见》，明确提出"强化共建共治共享，激发社区治理活力"的工作任务，进一步要求"完善以社区党组织为核心，社区居委会为主体，社区服务站为平台，物业、市政公用等服务企业、驻社区单位和各类社会组织广泛参与、协同联动的社区治理体系"。

基于中央和市委的要求，结合通州实际和"2020年度街道重点工作和'吹哨报到'改革"的实践，就党建如何引领基层社区治理，如何构建有城市副中心特色的社区治理体系，进行了探索和思考。

## 一 通州区社区党建的基本情况

目前，通州区共有城市社区和社区党组织159个，分别在6个街道和6个乡镇。社区"两委"换届以后，154个社区全部实现了党组织书记和居委会主任"一肩挑"，全部配备了专职副书记，党员社区民警全部兼任副书记，所有社区全部建立了社区党建工作协调委员会，社区党组织引领社区治理的力量和载体得到强化与完善。

## 二 通州区基层社区治理中存在的问题

研究社区治理，最绕不过的是要对社区进行一个解释。"社区"是一个外来词，是费孝通先生在1933年翻译过来的。这里引用一下德国社会学家斐迪南·滕尼斯对社区的定义，他认为"社区是一种持久的真正的共同生活，是一种原始的或者天然状态的人的意志的完善的统一体"。而我们从研究社区治理的范畴来看，社区是推动社区自治和城市共同治理的重要方式，政府通过向社区让权、还权或授权，成为社区自治的推动力，而社区通过居民行动和社会参与，把社区建设成为和谐文明、活力包容、安全宜居的幸福

家园。

目前，通州区的社区如果按照经济结构、人口密度、人口聚集规模标准来分类，主要有农村社区、城市社区和集镇社区（或城镇社区）三种，而本文主要研究和探讨的是城市社区。笔者根据半年多来在社区的调研和走访，总结出在基层社区治理层面主要有以下四个方面的问题。

1. 社区治理主体不够协同

我们知道，当前社区治理主体多元，主要包括政府、社区党组织、社区居委会、社区服务站、物业企业、社会组织、驻区单位、居民个人等，这八大主体虽然各有各的职责分工，但具体到社区需要解决共性或个性问题时，就会出现"九龙治水"的局面。

2. 社区治理内容不太清晰

《北京市社区管理办法（试行）》明确规定了社区党组织、社区居委会和社区服务站在社区治理中的工作任务，而在实际工作中，政府往往通过行政命令直接领导社区的治理工作，社区的独立性与法律赋予的自治性都受到了限制，社区成为街镇的"附属物"，加上各委办局存在工作职能相互交叉的情况，往往各自为政，工作布置繁杂和重复，使社区承担了大量原本属于政府部门的工作任务，成为政府部门的承受层、操作层和落实层。近两年我们虽然在社区减负方面下了很多力气，可从实际调研的情况看，深层次的工作负担并没有减少。外加社区治理中的权、责、利不明晰，使社区原本的自治管理功能日益萎缩，不利于提升居民对社区的认同感、归属感，严重影响了社区的承载能力。

3. 社区治理机制不够优化

在社区现有的治理机制中，各政府部门往往根据各自工作需要，建立了一些专项工作机制，如社区党建工作协调机制、在职党员到社区"双报到"工作机制、社区议事协商机制、"三社联动"工作机制、社区工作者联系服务居民机制、社区诉求快速解决机制、社区工作考评机制、社区事项准入机制等。这些机制在实际工作中确实解决了社区治理中的一些问题，但这些机制建立的初衷是推动某一方面的工作，致使机制之间关联度不高或有些叠加,在需要协调解决社区治理一些深层次问题时,会出现机制打架和失灵的现象。

4. 社区治理保障不够均衡

近几年,区委、区政府加大了对社区的保障力度,社区工作者待遇、社区办公用房、社区服务资金等都得到很大提升。但在实际工作中,由于全区城市结构的特点,存在着街道与乡镇之间、街道社区和乡镇社区之间的不平衡。主要是社区工作者队伍的能力参差不齐、社区治理经费的使用不够优化、社区服务设施不均等、社区规模设置不统一等。

## 三 通州区党建引领社区治理的对策和建议

基于对问题的认知和分析,需要深入研究社区治理的最佳路径,破解基层社区治理中的难题。在此,我们提出要以党建工作为统领,突出社区的政治、自治、服务和动员功能,完善社区治理体系,全面提升社区快速响应服务居民的能力和治理水平。

基本思路:以提升社区党组织的组织力为重点,以"12345"居民投诉的问题和社区工作者联系服务居民发现的问题为导向,依托社区党建协调委员会这个载体,搭建好居民议事厅这个平台,运用法治、自治、德治三种方式,全面提升社区党组织引领基层社区治理的水平。

1. 明确社区治理主体的定位

一是明确社区党组织在社区各类组织和各项工作中的核心地位,社区党组织是社区治理的领导力量,要在社区治理中把握方向、把控全局,确保社区治理在正确的轨道上运行。二是把握好社区党组织与各类组织的关系,社区社会组织受社区党组织的领导,专业社会组织在社区开展工作要受社区党组织的监督,物业服务企业要在社区党组织指导下开展党的工作,驻区单位要主动与社区党组织联系开展共驻共建,在职党员要主动到社区报到并在社区党组织的指导下参与服务居民的活动。三是发挥社区党组织的政治动员功能,社区党组织作为社区治理的领导核心,要以推进党的建设和党的工作为

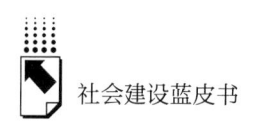

载体，主动加强与社区各类组织的联系，动员各类组织积极参与社区治理和社区建设。

#### 2. 明晰社区治理的工作内容

一是实行社区党组织领导下的依法治理，按照《北京市社区管理办法（试行）》规定，不属于社区的事项不得由社区承担，明晰社区治理的基本边界，要使依法治理成为社区治理的基本取向，发挥法治的刚性约束力。二是实行社区党组织领导下的社区自治，要搭建好居民协商议事这个平台，根据居民的不同利益诉求，引导居民自己的事自己议、自己的事自己办、自己的事自己管，发挥自治的内生约束力。三是实行社区党组织领导下的社区德治，要以发掘、整理、弘扬社会主义核心价值观及传统文化为抓手，在社区各类群体中形成普遍认同的理想信念、道德标准和价值尺度，发挥德治的柔性约束力。

#### 3. 优化社区治理的工作机制

一是明确社区党建工作协调机制在社区治理机制中的统领地位，社区党建工作协调机制的基本平台是社区党建工作协调委员会，它的职责是负责统筹协调、整合资源，引领辖区各领域党组织，共抓基层党建，共商区域发展，共育先进文化，共同服务群众，共建美好家园，这个职责定位就决定了它的统领地位。二是明确社区治理机制的内在逻辑，社区议事协商机制是收集社情民意、社区公共事务决策和居民互动交流的重要渠道，是社区诉求快速解决机制的"信息源"，社区诉求的快速解决又是社区工作考评机制的重要依据，"三社联动"工作机制又是社区诉求快速解决的有力帮手，而社区工作事项准入机制为社区集中力量解决居民诉求提供支撑。三是搭建社区治理机制协同运行的大平台，重点以丰富和完善社区党建工作协调委员这个载体为核心，梳理和整合社区治理的各类资源，对发现居民诉求的社区议事协商、解决居民诉求的快速解决机制、居民满意的社区工作考评、协同参与的"三社联动"工作、社区减负的工作事项准入等进行融合，构建有城市副中心特色的社区党组织引领基层社区治理的工作机制。

4. 夯实社区治理的基本保障

一是提升社区工作者解决实际问题的能力,特别是针对当前"12345"反映的问题和社区工作者联系服务居民中发现的问题,社区工作者要具备处理突发事件的应急能力,要具备处理疑难问题的综合能力,要具备处理个案问题的专业能力。二是优化社区治理经费的使用,无论是社区党组织服务群众经费还是社区公益事业补助资金,都要取之于民、用之于民,要尝试运用社区治理"微创投"的方式,在确保资金安全的前提下,针对居民的具体问题,灵活使用社区保障经费,使经费使用的效益最大化。三是推动社区基本保障一体化,特别是社区基本公共服务设施的保障,要打破城乡二元结构,按照"缺什么补什么"的原则进行均等化配置;按照便于管理、规模适度的原则,规范社区管辖范围和人口规模,为社区精细化管理打下基础。

习近平总书记强调:"社会治理的重心必须落到城乡社区,社区服务和管理能力强了,社会治理的基础就实了。"社区虽小,联结千家万户。社区治理必须牢牢扭住党建这个"牛鼻子",引领社区治理体系和社区治理能力的全面提升。

# B.22
# 社区党建工作协调委员会推进区域化党建研究

孙凤霞*

**摘　要：** 习近平总书记强调,"社区是党和政府联系、服务居民群众的'最后一公里'"。近年来,社区党建在组织建设层面得到了重视,党的组织在社区层面实现全覆盖。与此同时,社区本身也在发生着种种变化。一方面,各种新兴社会组织不断发展;另一方面,在传统单位小区的形态之外,还出现了大量商品房小区、安置房小区、保障房小区等居住空间。这些新的组织和居住形态,既对社区党建提出了新的挑战,又为党组织发挥作用提供了新的空间与资源。本文以延庆区社区党建为基础,梳理了社区党建工作协调委员会建立后在推动区域化党建工作中的运行机制、取得成效、存在问题以及工作建议,对推动区域化党建工作、形成大党建格局、解决群众关切进行有益的探索。

**关键词：** 社区党建　社会组织　居住空间　区域化党建

随着我国经济社会结构的变化,基层建设出现越来越多的新情况,面对社会治理主体逐渐多元化的趋势,党的十八届三中全会首次提出"推进国

---

* 孙凤霞,延庆区委社会工委书记,区民政局局长。

家治理体系和治理能力现代化"的治理目标，区域化党建作为一项实践特征明显的工作，在社会治理体制创新与完善过程中发挥的作用越来越明显。可见，在加强社会治理的背景下开展区域化党建已成为建设中国特色社会主义伟大事业的重要任务，而如何推进不同单位党组织间的横向交流与协作以及如何在党建引领下协同各群体合力推进社会治理，这就成为我们当下面临的重大课题。

## 一 建立社区党建工作协调委员会的背景

党的十九届四中全会对于坚持和完善共建共治共享的社会治理制度，提升社会治理体系和社会治理水平提出了明确要求。中央和市委先后印发了《关于加强和改进城市基层党的建设工作的意见》，对于完善城市基层党建体制机制，构建社会治理共同体，扎实推进区域化党建工作加强了指导。2018年，市委组织部、市委社会工委专门印发通知，对于推动区、街道、社区党建工作协调委员会建设落实落地落细作出了具体部署。近年来，延庆区认真落实中央和市委有关工作要求，紧密结合本地区实际，集智集力，主动作为，全部社区组建了社区党建工作协调委员会，并实践完善"双向需求征集、双向提供服务、双向沟通协调、双向评价通报"工作机制，进一步将党的政治优势、组织优势有效转化为城市治理优势，在联结组织、凝聚党员、团结群众、服务社会、优化党建引领治理工作中取得显著成效。

## 二 延庆区社区党建工作协调委员会在推进区域化党建工作中取得的成效

社区党建工作协调委员会是加强和改进城市基层党建工作的一个有力举措，是党建引领街乡管理体制机制创新，实现"街乡吹哨，部门报到"的生动实践，是推进区域化党建的有效平台。目前，延庆区三个街道办事处

30个社区全部建立了社区党建工作协调委员会，对推进区域化党建进行了有益的探索。

### （一）健全组织机构，形成共建合力

三个街道办事处30个社区均成立了社区党建工作协调委员会，成员单位有驻区单位、物业公司、非公企业、社区组织等，并在成立之初明确了组织机构、主要职责、议事内容和工作机制。社区党建工作协调委员会的成立，可以通过多管齐下的方式，共同协调解决社区安全稳定、环境卫生、防火防汛、民生保障等关系地区居民切身利益的大事要事。

### （二）完善运行机制，增强共建动力

社区党建工作协调委员会重在作用发挥，主要聚焦驻区单位和居民急难愁的具体问题，建立资源摸底、需求征集、项目对接实施机制。一是资源清单：通过设计、制作统计报表，组织辖区单位根据实际情况进行填报，对区域内各类资源进行摸底，建立资源台账。二是需求清单：通过座谈、走访、问卷调查、设立服务需求征集窗口等形式，收集居民群众和驻区单位的服务需求，形成需求清单。三是项目清单：按照"征集需求—讨论协商—确定项目"程序，将需求与资源进行对接，包括困难群众结对帮扶、师生结对助教、辖区环境整治、党员教育基地建设等，建立项目清单。

### （三）创新措施载体，激发共建活力

**1. 社会环境联建，提升发展力**

构建和谐社会的前提是创设一个良好的社会秩序和社会环境。在社会环境建设中，儒林街道永安社区联合区编办等单位定期开展环境卫生大扫除。康安社区联合区交通局、区住建委、区城管委等单位，通过节能改造、安装物理隔离设施等方式，保障居民安全出行。格兰二期社区党总支积极发挥党建协调委员会作用，联合园林绿化局，精心设计北门两侧荒地，进行绿化美化工程，栽植丰富的乔灌花草进行绿化，打造宜居环境。

2. 社会治安联防，强化保障力

通过开展"双报到"，驻区单位党组织和在职党员纷纷回到社区报到，参与社区安全维稳和治安巡逻，形成了社会治安工作地区单位群策群力、分工协作、齐抓共管的模式。世园会期间，香水园街道12个社区共有离退休党员、在职党员、社区志愿者等3178人参与服务保障，儒林街道薪火老党员、"妫河北岸"、"百家合"等志愿服务队，深入社区开展群防群治。百泉街道颍泽洲社区建立治安巡逻先锋岗，日常巡逻天天有，保障社区治安平稳有序。

3. 社会服务联办，形成凝聚力

在民生服务中，各街道成立了"爱心服务社""博爱超市"等多种特困人群救助机构，多方争取上级部门和社会单位的支持，解社区特困人员的燃眉之急。在就业服务中，针对网约车司机、消防中控初级、低压电工、滑雪教练员等开展培训，为再择业提供保障。在便民服务中，实施便民网点改造提升工程，仅儒林街道辖区内共改造提升便民服务网点40个，其中早餐店5家，美容美发店16家，干洗店2家，便民超市17家。在卫生服务中，与地区多家医院共同开展健康知识普及工作，每个社区每个季度都会举办健康知识讲座。在法律服务中，联合区司法局在各社区开展法律知识讲座、法律门诊活动。

4. 社会文明联促，共育和谐力

各街道工委积极开展精神文明建设，提高居民素质，弘扬新风正气。百泉街道各社区结合世园会、喜迎冬奥会举办了邻里节，儒林街道通过在职党员"工作在单位 服务在基层 奉献双岗位"主题活动，积极延伸联系群众渠道，将"小社区"打造成在职党员服务群众的"大舞台"，3211名在职党员按照"八带头、八个好"承诺带头履行社区居民公约，以实际行动促进家庭和美、邻里和睦、社区和谐。围绕认领岗位职责开展服务，释放"八小时"外正能量。

5. 社区难题共解，助推发展力

以党建为引领，合力提升"街乡吹哨，部门报到"工作水平，解决各

类居民诉求，推进区域重点难点问题解决。香水园街道新兴西社区借助《向前一步》节目，解决新兴西社区52号、53号楼区域权属矛盾纠纷问题。百泉街道燕水佳园社区12号楼东侧的库房建于2006年7月，是匡达药厂修建的工程库房，属于历史遗留的违法建筑。社区联合城管大队、百泉派出所等组成联合执法队伍，共同做好前期拆违宣传和教育引导，依法对辖区违建进行彻底拆除。在广泛听取居民意见的基础上，对拆除后的公共用地进行修缮，并在原址上安装电动车充电棚，从源头上消除电动车安全隐患。

6. 社区治理共推，提升参与力

各社区坚持党建引领，创新基层治理的方式，从解决群众最关心、最直接、最现实的问题入手，精准施策、主动治理，着力解决居民诉求。百泉街道湖南社区将社区党建工作协调委员会工作机制实际运用为"六步议事法"。通过实施"六步议事法"，无人管理的荒地变成了绿地，无人维护的自管楼有了"贴心管家"。随着关系群众切身利益的难题得到解决，湖南社区居民切身体验到了高效、温馨和人性化的服务。居民在参与基层治理方面也焕发出极大热情。

7. 突发事件共处，提升协作力

2020年暴发的新冠肺炎疫情，对社区是一场大考。延庆各社区党组织及时召开社区党建工作协调委员会全体会议，积极研究防疫工作，协调解决相关问题。以香水园街道新兴西社区党委为例，迅速成立疫情防控临时指挥部。由党建工作协调委员会主任担任支部书记，扎实推进新兴西社区疫情防控工作部署，细化责任，加强组织配合，发挥党建引领力量。将"双报到"党员、支援单位志愿者党员分组管理，编入社区防疫重点岗位。八达岭总公司、园林绿化局、城管委、区直机关工委等单位先后共组织40余人加入社区疫情防控工作，在重点人员看护、大门值守、疫情排查等方面发挥重要作用。同时，各成员单位党组织同心抗疫。新华书店党支部为社区一线防护工作人员送来20箱特仑苏牛奶；区工商联为社区送来了5L工业浓缩消毒液；区人力资源和社会保障局为社区送来了3箱84消毒液。驻区单位伸出援手，缓解了社区防护物资紧缺问题，坚定了抗疫必胜的决心。

## 三 社区党建工作协调委员会在推进区域化党建中存在的问题

### （一）成员单位资源共享难度大

目前社区党建工作协调委员会主要通过例会形式与成员单位展开工作交流与沟通，很多单位还习惯于传统党建的运行模式，合作意识不深，资源共享难度大。一些单位虽然加入了社区党建工作协调委员会，但是只重视在单位党组织内部开展党建工作，不愿意资源共享，对于区域化党建仅停留在概念上，区域利益共同体的意识不强。目前老旧社区停车一直是个难题，一些社区希望周边单位在下班后和节假日开放内部停车场方便居民，但驻区单位认为涉及内部安全、居民停驶不便等，致使工作推进缓慢。

### （二）社区资源有限不能双向满足

社区党建工作协调委员会通过建立三个清单和四个双向机制，与成员单位建立沟通联系。其中需求清单不仅是社区居民的需求还有成员单位的需求。目前社区能通过成员单位解决活动场地等资源的需求问题，但成员单位的需求无法满足。社区也没有结合自身的专长尝试为成员单位提供服务。长此以往，成员单位单方的付出必定会影响社区党建工作协调委员会的长期运作。例如，在此次新冠肺炎疫情期间成员单位鼎力支持社区，但是成员单位的工作人员同样也存在家中孩子长期不上学无人照看的问题，社区未能从细微处入手给予帮助解决。

### （三）成员单位内在动力有待增强

有些成员单位针对区域化党建处于应付状态，尤其是与社区关系不密切的一些企事业单位，其认为参与区域化党建是一种额外的负担。企业则主要看中经济利益，参与的主动性不强。此外，党建活动多由社区发起，停留在

纵向的一单位与一社区之间，成员单位间合作较少，在一定程度上也不利于发挥成员单位共同参与区域化党建工作的积极性。

### （四）社区工作理念落后，无法跟进当前基层治理的需求

近两年来，中央和北京先后出台了关于加强和完善城乡社区治理、加强和改进城市基层党建等一系列改革文件，同时大力推进基层社区减负，城乡社区治理的目标任务也更加清晰。延庆区曾在2002年转岗近百名教师进入社区建设前沿，基层社区建设也曾发生了翻天覆地的变化。但随着精细化管理的深入，一些社区干部尤其是社区党组织书记工作理念仍然停滞不前，坐等居民上门，被动"接诉即办"，致使社区党建工作协调委员会只停留在开会、座谈层面，无法协调调动"区域力量＋居民自治"投入基层治理。

## 四 问题形成的原因分析

### （一）传统党建的体制烙印

区域化党建工作在社区推进过程中出现种种问题的一个根本原因在于成员单位有着深刻的传统党建条块分割的体制烙印。这使得社区难以有效发挥自治功能，所以在区域化党建推进过程中依然存在行政化的工作方法和相对封闭化的组织特征，阻碍了区域化党建的进程。

### （二）社区民众公共精神仍需加强

公众精神是指公民关怀公共事务和公共利益的思想观念和行为规范。区域化党建是一项公共性、全局性的工作，需要社区全体民众共同参与、共同努力。尤其是在城市老旧社区，离退休人员、外来务工者、社会闲散人员较多，公民文化道德水平参差不齐，直接带来社区内价值认同缺失、交往层次浅、信息流通不顺畅等一系列问题。在对百泉街道湖南社区居民的访谈中就了解到，社区老居民热衷于参加社区的文体活动，但对社区事务的关心程度相对较低。外来

务工者一般忙于生计，对社区的认同感较低，认为这只是自己的一个落脚点，无暇关心社区的各类活动。

### （三）党建队伍专业化能力有待提升

目前延庆社区基本实现党组织书记与居委会主任"一肩挑"，并设置了专职党组织副书记，其余委员基本为双向交叉。近几年社区退休党员逐步增加，针对在职党员回社区报到、区域化共建等工作，一名专职副书记已无法满足社区党建工作需要。

### （四）利益互补式的双向服务机制不足

成员单位参加社区党建工作协调委员会，参与区域化党建的主要动力在于本单位能在区域化党建中获得一定的利益，促进自身发展。然而，目前延庆各社区党建工作协调委员会致力于区域联动的同时，对各成员单位的利益需求重视不足，主要是从社区本身的需求出发，未在社区内共建各方利益结合点，利益互补式的双向服务机制不足。

## 五 社区党建工作协调委员会推进区域化党建的对策建议

### （一）树立统筹协调的区域化党建思想理念

#### 1. 提升对区域化党建重要性的认识

首先，提升社区党建工作协调委员会成员单位对区域化党建重要性的认识。建立"条块结合、齐抓共管"的党建工作格局，把各领域党建放在区域"大盘子"中整体谋划和推进，形成合力。其次，提升党务工作者对区域化党建重要性的认识。目前，负责区域化党建工作的党务工作者，很多并不是专职人员，要大力提升这类人群对区域化党建工作的重视程度。最后，提升党员对区域化党建重要性的认识。要深化党员对区域化党建工作重要性的认识，

可以通过宣传、培训、交流、沙龙等多种形式形成宣传阵势，取得支持。

2. 坚持以人为本的原则

建立社区党建工作协调委员会，加强区域化党建的最终目标，是要实现全心全意为人民服务的宗旨，满足人民群众日益增长的美好生活需要，赢得广大人民群众的支持。社区人口结构复杂，居民群众的需求多样化，社区党建工作协调委员会正是从居民群众的需求入手，通过整合区域资源，解决关系人民群众切身利益的问题。

3. 树立统筹协调的理念

首先，要在体制内党组织中树立统筹协调的区域理念，转变行政化的工作模式，推进区域化党建的有序发展。其次，要加强对"两新"组织党组织、负责人的思想教育，积极进行宣传引导，主观上增强他们对区域化党建工作的认同感以及履行社会责任的使命感，营造区域化党建工作的良好氛围。

### （二）完善有机联结的组织体系

1. 培养区域化党建专业人才队伍

首先，注重党组织书记的业务培训，尤其是在党建理论、社会治理、群众工作等方面，综合提升各社区党组织书记的各方面素质。其次，公开选拔高学历人才加入区域化党建队伍，充实区域化党建后备队伍。坚持分层培训，可以通过与相关党校合作组织培训或者网络教育等方式，提升社区党员干部素质。最后，加强"两新"组织党务工作者队伍建设，对其进行系统培养，把生产一线的优秀人才培养成党员，把党员培养成优秀人才，为"两新"党组织注入新鲜血液。

2. 发挥党员的先锋模范作用

社区党组织要充分了解党员的专长和特点，搭建各类载体推动在职党员、单位主动回社区双报到，可以通过"党员服务队""党员先锋岗""党员家庭"等载体形式，以社区党员带头示范来推动社区各种力量共同为民服务。

3.激发无职党员和流动党员责任感

社区中存在着大量的无职党员（离退休老年人、流动人口），要激发他们的责任感，吸引他们积极加入区域化党建工作。首先，老龄党员一般具有较强的政治敏锐性，其内心对党建工作有着极高的关注度，要做好积极引导工作，使他们参与到区域化党建工作中来。其次，流动党员由于党组织关系经常变动，对于社区党建工作的参与少，对社区也没有归属感。社区党组织可以将流动人员的服务作为切入口，普及就业安置等政策宣贯，帮助解决其在异乡的困难，听取他们对社区公共事务的意见，让流动党员感受到社区的关心，激发他们的归属感和责任感，共同参与到区域化党建工作中来。

4.加强"两新"组织的区域化党建

首先，科学界定"两新"组织在区域化党建中的地位和作用，既要坚持党的先进性，又要有利于"两新"组织实际工作的开展。通过协调"两新"组织党建资源、群团资源、社会资源，促进"两新"组织与社区居民的交融，达到互利互惠。其次，做好"两新"组织员工思想政治工作，跳出就党建论党建的思维定式，将党建工作融入日常业务工作中，坚持兼顾企业利益和职工利益，使区域化党建工作成为促进非公企业经济发展的内生动力。最后，和社会组织加强合作。社区党组织可以把自身承担的部分社会职能出让给社会组织，通过政府购买社会组织服务等方式，调动其在区域化党建中的能动性，促进党组织与社会组织的良性合作，增强社会凝聚力。

## （三）夯实权、责、利统一的制度保障体系

1.落实区域主体责任划分制度

第一，明确区域化党建工作核心力量的权责关系。在社区党建工作协调委员会中，社区党组织是区域化党建的领导核心，主要负责把控总体方向与整体目标。第二，明确各成员单位的权利义务。社区党建工作协调委员会的成员单位大部分与社区无隶属关系，但在加入社区党建工作协调委员会后，就是区域化党建中的一员，必须遵循相关制度规范。第三，进一步完善利益互补式的双向服务机制，尊重成员单位的意愿和权利。充分尊重成员单位的

主体地位，突出双方服务、共同利益的特点，满足社区和成员单位的共同需求，促进其与区划党建良性运行。

2. 完善党内激励保障制度

首先，建立社区党建工作协调委员会成员单位党务工作者相应的工作津贴，激发工作干劲。其次，建立落实党建经费保障制度，对区域化党建工作给予必要的资金支持。最后，加大阵地建设投入，统筹协调区域资源，打造党群服务中心、网络党建阵地等，面向区域党组织、党员开放，保证区域党组织和全体党员有活动阵地、有场所议事、有平台学习。

3. 深化区域化党建工作考核评估制度

首先，建立合理规范、可操作性强的评估标准。应把社区居民满意度作为检验衡量区域化党建工作成效的根本标准。其次，完善考核进出制度。对于总是无法按规定完成相应任务、不积极参与区域化党建的成员单位进行警告或惩罚，长期不参与的可以将其从成员单位中除名。针对一些自身还没有加入社区党建工作协调委员会，但在区域联动共建中贡献了自己力量的相关单位，社区党组织要引导其加入，扩大区域化党建的覆盖面。

## （四）建立需求与服务对接的区域化党建服务体系

1. 全面摸清群众需求

在社区党建工作协调委员会中，建立需求清单是开展区域化党建工作的先导。在建立需求清单的基础上，可以通过走动式工作法、网络问政、动员社会各方力量等方式来探索适合本地区群众的"问需"途径，围绕群众所需、所盼、所求来确定服务的内容和方式，满足群众多样化、个性化的需要，有的放矢地开展和改进服务，全方位、多角度摸清居民需求，为群众打造"适销对路"的服务平台。

2. 开展丰富长效的区域化党建活动

第一，社区党组织要着眼于社区群众多层次、多样化的需求，开展面向社区群众的便民利民服务活动。第二，合理安排活动时间，举办面向各年龄段的活动，尽量将区域化党建活动安排在非工作日或者周五晚上，以便大部分社区群众有时间参加。第三，加强宣传，将区域化活动的时间和内容通过微信群、社区橱窗、楼道宣传栏等方式告知社区居民，扩大活动的普及范围。第四，加大创新力度，搭建多种线上线下参与平台，完善参与途径，统筹全局促进社区的良性发展。

3. 建立完善信息化平台

通过公开透明的公众参与和公众监督，促使区域化党建的公共决策更趋合理，也更符合居民的需要。可以公开招录具有一定网络技术的人才加入社区工作者队伍，推动信息化平台方便居民、服务社区，实现平台可持续发展。同时，充分考虑公众的爱好和需求，通过信息化平台实现互动，确保一定的关注度，提升区域化党建的信息化水平。

# Abstract

This book is the research results of the research group of Beijing Society-building Analysis of Beijing University of Technology in 2019 - 2020, which is divided into six parts, including general report, special repot, community reports, people's livelihood, social governance, local Society-building. Based on the statistical data and data released by the Beijing Municipal Government and relevant departments and the investigation and observation of the members of the research group, the reports analyzes the main achievements of Beijing's Society-building in 2019 and the challenges facing Beijing's Society-building. And put forward the policy suggestion to Beijing Society-building.

2019 is an important year for Beijing to further depopulation and renovate and speed up the construction of Beijing's sub-center. It is also an important year for the Beijing Municipal Committee of Social work of CPC and the Beijing Civil Affairs Bureau to merge and promote the of Beijing's society building. Beijing has accomplished the security task of the 70th anniversary celebration of the founding of New China, strengthened the function construction of the "four centers", and maintained the healthy development of economy and society. Beijing has achieved remarkable results in public services, social governance and other aspects of extraordinary achievements, people's living standards continue to improve.

There are still many challenges in Beijing's society building. Society building needs to be promoted from the following aspects: first, to improve efficiency and constantly improve the level of public service; second, to improve the social governance mechanism of "Chui Shao Bao Dao" and receiving complaints; third, to enhance social unity and build a community of social governance.

**Keywords**: Society Building; Social Governance; Public Service; Social Structure

# Contents

## Ⅰ  General Report

B. 1  On the Road to a New Era: Beijing Social Construction Report

*Ju Chunyan, Yao Wenqing* / 001

**Abstract:** 2019 marks the 70th anniversary of the founding of the People's Republic of China, Beijing has excellently fulfilled the task of ensuring services for the national celebration, strengthened the building of the city named "four centers" task, and maintained sound economic and social development. In 2019, Beijing has made outstanding achievements in social development, with healthy economic and social development, continuous progress in pressure relief towards non-capital functions, continuous improvement in social public services, and new levels of social governance. The fruits of social development have benefited the people. Beijing continued to guide party building in commanding the overall situation, and strengthened refined governance, joint governance and the governance by law. Beijing improved the efficiency of work mechanisms and promoted the refinement of urban grassroots governance by "internet plus", "big data", "smart technologies" and other means. Beijing paid attention to the improvement of the professional construction of social work talents, gradually increasing social participation, solved the problem of social governance at the grassroots level, positively responding to the dual test of complex environment and transformation development. In 2019, Beijing has faced with the pressure and challenges brought by the changes of social structure and public service provision, and will continue to explore the modernization of social construction and governance capacity. The paper suggests: in order to better promote the social construction in Beijing, priority must be given to the relationship between foundation and improvement, normality and emergency, fine and coordination, adjust social structure through social construction, optimize public services suitable for the elderly, and try to build a social governance community suitable for Beijing according to the national conditions.

**Keywords**: Social Construction; Social Governance; Aging Society

# Ⅱ Special Report

**B.2** Improving the Political Position, Strengthening the Function of Overall Planning, Promoting the High Quality Development of Society Building in Beijing　　*Li Wanjun* / 026

**Abstract**: Society Building is an important aspect of the overall layout of the "five-in-one". After Consolidation of the Municipal Civil Affairs Bureau and the Social Work Committee of the Beijing CPC, how to give full play to the advantages of the new system and mechanism and promote the high quality development of Society building is the key issue to be solved. This paper focuses on the situation of the capital society building in the new period from the aspects of accurately grasping the new requirements of the CPC and Beijing CPC for Society building, accurately grasping the development stage of the society building in Beijing, and accurately grasping the new changes brought by the Consolidation. On this basis, it points out the main direction and breakthrough point of the social work committee of the Beijing CPC to promote the society building in the new period. That is, to grasp the overall coordination, reform and innovation, and to grasp the principal contradictions and key works. At the same time, highlight the key tasks in the normal situation of epidemic prevention and control.

**Keywords**: Beijing; Society Building; Society Governance; Institutional Innouation

## Ⅲ Community Reports

B. 3 Investigation on the construction of Community Social

Organizations in Beijing

—*Taking N Community as an Example*

Yang Guihong, Ren Feng / 035

**Abstract**: In 2020, in the context of the normalization of the new coronary pneumonia epidemic, the difficulty of community governance in Beijing will increase. This puts forward new demands for the construction of community endogenous organizations—community social organizations. In recent years, Beijing has vigorously promoted the construction of community social organizations, and established a community social organization federation at the street level to cultivate and develop community social organizations. So, how is the construction of community social organizations? This paper takes the community with good social capital and a certain representative old community-N community as an example. By investigating the social organization construction of the community, the main problems are analyzed. In the new era, only by continuously improving the construction of community social organizations and enhancing their professionalism and public welfare can they better participate in community governance and shoulder the mission of the times.

**Keywords**: Beijing; Community Social Organization; Community Construction

B. 4  Research on Parking Management in a Yard from the Perspective of Community Co-governance and Self-governance
—*Take Jinsong West Community as an Example*
Han Xiuji, He Mengxue / 050

**Abstract**: This paper focuses on the grassroots practice of consultative co-governance. Firstly, it simply combs the evolution of institutional design from deliberative democracy to grass-roots consultation and then to urban and rural community consultation. Then, it introduces a specific case of community parking management, and through the description of this case, it explores the operation mechanism of deliberative democracy in grass-roots governance practice. The research shows that deliberative democracy and community governance are naturally coupled in both value pursuit and practical goal. Through consultation and dialogue, governance subjects can effectively reach consensus, promote public affairs settlement, achieve community governance goals. It is expected to implement the principle of democratic consultation in grass-roots governance practice to create a new pattern of community governance.

**Keywords**: Deliberative Democracy and Multi-governance; Grass-roots Consultation; Community Self-governance; Problems and Demand in Community

B. 5  New Exploration on the Mode of Government Purchasing Social Work Service
—*A Case Study of the Social Studio of CP District in Beijing*
Du Jinyi, Li Junfu / 061

**Abstract**: Social work plays an important role in the innovation of social governance. The government promotes grassroots social governance by purchasing social work services. By studying the pilot operation of community social studio, an organization set up in residential committee by CP District in Beijing, this paper expounds the logic of new mode that mixes the project-based purchasing system and post-based purchasing system of social work service of the community social studio. The study found that compared with the general project-based mode of purchasing, under the new mode, social work organization can take root in the community through post operation, utilize the internal resources of the community, and improve the service efficiency and quality. Compared with the purchasing mode of general post-based system, social workers can get professional supervision and resource support from organizations in the service process, which effectively reduces the risk of overwhelming by administration business. This new mode of service purchase, which combines post-based system and project-based system, has positive significance in giving play to the professional value of social work and promoting grassroots community governance.

**Keywords**: Community Governance; Social Work; Post-based System; Project Based System

B. 6　Research on the Social Work Involved in the Renewal of Community Volunteer Service　　*Yang Meiqing, Ju Chunyan* / 079

**Abstract**: As a new way to innovate community governance, community voluntary service helps to solve the problem of insufficient participation in community governance and plays an important role in the formation of cooperative governance structure. However, at present, the quality of community volunteers is uneven, and the aging of community volunteers has become an important factor restricting the development of community volunteer service in China. Through participatory observation, the author intervenes in the renewal of volunteer service in n community in the form of project system. The research finds that the professional methods of community work have certain advantages and disadvantages in recruiting and training young volunteers and improving the ability of community volunteers. Although the project has achieved certain expected results, it has not effectively realized the expectation that young groups can be involved in the community volunteer service. The author reflects on the reality that the community volunteer service force has not been effectively updated, and then puts forward relevant suggestions on cultivating community volunteer service force renewal.

**Keywords**: Social Work; Community Volunteer Service; Force Renewal; Voluntary Failure

# IV  People's Livelihood

B. 7  Study on the Construction of "Seven You and Five Xing" Index System in Beijing

*Comprehensive Coordination Office for Society Building / 092*

**Abstract**: The Nineteenth National Congress of the CPC clearly put forward that we should make new progress on the "Seven you". Secretary Cai Qi, in combination with the actual society building in Beijing and the new characteristics of the needs of the citizens, further proposed to meet the "five Xing" needs of the citizens on the basis of the "Seven You". The research group carried out the research of "Seven You Five Xing", and made great efforts to construct a set of index system which can not only conform to the requirements of the new era, interpret the people's yearning for a better life, but also base on the reality of Beijing work and guide the innovation of grass-roots governance. "Seven You Five Xing" index system from "babys be cared and educated, yang be educated, labor got jobs, patients got health care, elderly got their pensions, weaks got supports, living convenience, peace building, cultural services" 10 aspects of the evaluation dimension and detailed index content. Through the construction and application of the index system, we can comprehensively monitor and understand the people's livelihood in Beijing, clarify the goal and direction of the people's livelihood guarantee and public service in Beijing, and provide a reference for Beijing to explore the establishment of the grass-roots governance model of the megacities with the characteristics of the capital.

**Keywords**: Beijing; Linelihood Guarantee; Public Service; Grassroots Governance

B. 8  Analysis Report on Beijing Rental Housing Price

*Wang Min* / 117

**Abstract**: Since 2017, Beijing has successively issued a series of policies that regard the simultaneously development of the rent-purchase housing market as an important measure for Beijing's long-term housing regulation mechanism. The development, maturity, and standardization of the housing leasing market will help to effectively use housing resources and better improve the living conditions of urban residents, and has a significant impact on the overall operation of the housing trading market and the real estate market. In order to diagnose the trends of Beijing rental housing price, this study uses a quantitative analysis of Beijing's housing rental market price data in the past five years, and analyzes the causes behind the rental trend from the macro, meso, and micro levels. The study found that in the past five years from 2014 to 2019, the second-hand residential rent index in Beijing showed a volatile upward trend; in 2018, Beijing's rental growth rate was the highest in five years, showing a trend of "increase first and then stabilization"; The overall rental price in 2019 is relatively stable, and the trend of rents Showing differentiation between core urban areas and non-core urban areas in Beijing. Based on the empirical data of Beijing, the study shows that the main influencing factors of rent in Beijing are the migrants and total housing sales. The total amount of migrants and housing sales increased by 1%, the rental housing price increased by 1.68% and decreased by 0.373% respectively. On the meso level, the price rise of Beijing housing rental market is affected by industry tax, financial policy and other factors; at the micro level, the financial behavior of leasing agency and the imbalance of supply and demand of rental housing in Beijing have pushed up the market price of rental housing. In addition, the rise of rent in Beijing along with the same direction of housing sales prices is to some extent a market-oriented repair of the low rent-to-sales ratio in the housing market. In the end, some policy suggestions are put forward to regulate the housing rental market, stabilize the housing rent and implement the long-term regulation mechanism of Beijing real estate market.

**Keywords**: Housing Rental Market; Housing Rental Price; Beijing

B.9 Development Status and Policy Suggestions of Beijing Community Home-based Social Support System for the Aged        *Wang Wen* / 134

**Abstract**: "Community home-based" is a prominent feature of China's multi-level old-age service system. Community home-based old-age service system has the advantages of cost, emotion and convenience, and is in a fundamental and key position in the old-age service system. Community home-based care needs a social support system with multiple participation, complementary advantages and diversified resources. Beijing has attached great importance to the development of community home-based care for the aged for a long time, and has formed the "9064" and "three edges and four levels" elderly care service system, which is now in the "development and improvement stage" of "strengthening weak points" and "improving weakness". The social support system for community home-based elderly care in Beijing has been continuously improved, and the social support network has become more and more dense. Some urban areas have also actively explored the social support measures for community home-based elderly care with characteristics. This paper puts forward the need to further coordinate the relationship between government, market and society; construct the "five-in-one" social support system of "service support-technical support-environmental support-social participation support-family support".

**Keywords**: Community-based Elderly Care and In-home care; Social

Support System; Elderly Care Service; Family Support; Social Participation Support

B.10　Analysis of Housing Condition of Urban Residents in Beijing　　　　　　　　　　　　*Zhao Weihua, Bi Ran* / 157

**Abstract:** This article uses the Beijing survey data from the "Living conditions of residents in megacities in the new era" conducting in 2019 to analyze the housing condition of urban residents in Beijing in terms of their housing property rights, housing level, residential stability, housing pressure, and subjective evaluation of housing. The research shows that the housing ownership rate of urban residents in Beijing is about 66.7%, and the living standard is generally at a well-off level, but there are also a certain proportion of people with living difficulties; most residents are in a stable state of residence, most of the reasons for renting a house are children's education, working place and so on. Of all the residents, those who buy houses with loans and those who rent houses take the greater pressure on housing expenditures, Concretely, the loan repayment accounts for 32.5% of the household expenditure, and the rental expenditure accounts for 33.2% of the total household expenditure. Although the housing expenditure is high, it is still within the safe range. Most urban residents in Beijing have a medium and a higher level of subjective evaluation of their residential housing, but there are about 20% people have a low evaluation of their residential housing. The housing ownership affect their attitude towards to property tax. In a word, housing is the basic demand and the largest asset of urban residents'. Housing policy should be based on that the "Houses are for living in and not for speculative investment" to relieve the housing pressure of the group with housing difficulties, and improve people's living condition.

**Keywords:** Housing of Urban Residents; Housing Condition; Housing Pressure; Housing Evaluation

B.11 An Empirical Study on Family Education of Migrant Children in Beijing　　*Wei Shuang, Tang Tiantian* / 172

**Abstract:** The family education of the children of floating population has become an important social problem that cannot be ignored at present. This study is based on the survey data of parents of migrant children in Beijing, by establishing multiple linear regression model, focus on the three dimensions "socio-economic status— family factors— self-factors" related to family education, analyze the family education status of floating population children and its influencing factors. The results show that: the social and economic status factors, family factors and their own factors of floating population have significant influence on their children's education level. The most important factor is family factor, the higher the proportion of education expenditure in the family, the longer parents spend with their children, the more adequate public services are for families to receive education, the higher the level of family education. Therefore, the level of family education of children of floating population is directly affected by the process of family reproduction of floating population. Because floating population families are constrained by structural factors in the process of moving. So, on the support and guarantee of family education for the floating population, the social service supply of family education for floating children should be increased, building the support system of family education, to minimize the negative impact of the social integration of the floating population on the reproduction of intergenerational education.

**Keywords:** Floating Children; Family Education; Social Services


B.12 Analysis Report of Beijing's Support Policies for Small, Medium and Micro Enterprises under COVID-19

*Wang Min, Zhang Yuwei* / 185

**Abstract:** Affected by the COVID - 19, the operations of small and medium-sized enterprises have been severely impacted, including procurement, processing, production, sales and so on. Business turnover has dropped sharply, rigid expenditure burdens have increased, and investment and financing difficulties existed before getting worse. This article sorts out the impact of the COVID -19 on small, medium and micro enterprises in different industries in Beijing, and summarizes the practice and policies issued by the Beijing Municipal Government and district governments from the perspectives of tax reduction and fee reduction, cost reduction, financial support, and consumption coupons. At meanwhile, The report analyzed the effectiveness of those practices and policies, and also provided suggestions for further improvement of policies.

**Keywords**: Small and Medium-sized Enterprises; Policy Support; Tax Reduction and Fee Reduction

B. 13   An Investigation Report on the Employment of Rural Residents in the Suburbs of Beijing    *Zhang Xiujuan* / 199

**Abstract**: In order to promote the employment of rural residents in Beijing suburbs in the process of urbanization, a survey was conducted among rural residents in Daxing District of Beijing. The survey found that the employment rate of suburban rural residents is at a high level, the employment quality is relatively ideal, the employment satisfaction is high, and they have a strong need to improve their employability, but they are not enthusiastic enough to participate in employment training, and the evaluation of the effect of participating in vocational training is not high. At the same time, there are a small number of unemployed rural residents. The main reason of unemployment is that they can't find suitable jobs. Based on the findings of the survey, this paper puts forward some policy suggestions, including establishing a multi-faceted employment mechanism, fully considering the employment training needs of different groups, and paying attention to potential social instability factors.

**Keywords**: Urbanization; Employment; Rural Residents; Employment Quality

# V　Social Governance

B.14　Path and Perception: Capacity in Capital Information Governance and Switching Development of Community-level Governance
　　—Illustrated on the Case of "Public Complaints have been processed without delay" in Daxing District in Beijing
　　　　　　　　　　　　　　　　　　　　　　　　*Feng Ruogu* / 210

**Abstract:** As a representative case about the capital information governance and the switching development of community-level governance, the core advantage of the "Public complaints have been processed without delay" information platform of Daxing District lies in the integration and optimization in the information-governance-ability. On the one hand, in the practical path level, it aims at the improvement in the "consistent managing" ability and "data literacy", meaning while, to catalyze the linkage effect in the social governance, resulting in the key transformation of information resource to the governance efficiency. On the other hand, in the governance theoretical level, it demonstrates the change from passivity to activity and energetic involvement in complex public sentiment, truly applying the "serve the people" governance concept via the utilization of new type of technology. This essay suggests that in the future, the capital information governance should focus more on public supervision, the protection of civic privacy as well as the concentration on the managing art towards benefit ambivalence and value conflicts, simultaneously avoiding the "technology-centered" policy tendency when it comes to this topic. In the terms of adaption and expansion of the information governance experience, it is obligated to distinguish and adjust the bi-traits of information governance experience between generalization and localization, and at the same time, to plan and control the variability or invariability of the relevant experience conformed in the normal and abnormal situations.

**Keywords**: Public Complaints have been Processed without Delay; Information Governance; Social Governance

B. 15 Research Report on the Realization of Grass-roots Social Governance in the New Era
*Office of Grassroots Political Power and Community Building* / 218

**Abstract**: China's social governance has entered a new era. The realization of social governance in the new era has a deep social foundation and a long historical tradition. Its governance mode includes not only the way of rule of law and morality, but also the way of co-governance and autonomy, and so on. There are six dimensions of politics, rule by virtue, rule by law, autonomy, co-governance and intellectual governance in Beijing; there are problems of insufficient participation of multiple subjects, shortage of public power, lag of linkage mode, lack of space for community autonomy and systematization. It is suggested that we should strengthen the construction of policies and regulations, refine the responsibility of street community, strengthen the flexibility of social mobilization, strengthen pluralistic autonomy, and strengthen overall management.

**Keywords**: Social Governance; Multiple Subjects; Governance

B. 16 The Target Orientation and Development Path of Social Organizations in Beijing Municipal Administrative Center
*Xing Yuzhou* / 246

**Abstract**: For the overall goal of demonstration zone of the international first-class harmonious livable city, the development of social organizations with high quality, which is the important initiative of promoting the social development of Beijing Municipal Administrative Center (Beijing MC). For this target, it does not only need to achieve equilibrium quantity, equilibrium type and equilibrium structure of social organizations in Beijing MC, priority to the development of social service agency, Industry association and chamber of commerce, Public welfare and charity organizations, community social organizations and so on. It also needs to improve the modern social organization management system, including the supporting policies, promote their autonomy in accordance with the law, create a favorable institution and social environment for the development of social organizations, and make it play an important role in the development of Beijing MC.

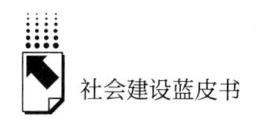

**Keywords**: Beijing Municipal Administrative Center; Social Organizations; Beijing

B.17 The Cultivation of Community Social Organization under the Guidance of Hub-type Social Organization  *Li Yang* / 257

**Abstract**: Social management and social construction have been incorporated into the overall layout of the construction of socialism with Chinese characteristics in the context of promoting the modernization of social governance in the new era. And it becomes an important items on the agenda of Party committees and governments at all levels. Social organizations are an important part of the social governance set of "co-construction, co-governance and sharing". Among that, community social organizations have great advantages and potential in "moving the barycenter of social governance down to the grassroots". At present, there are some problems in community social organizations, such as strong organization homogeneity, weak organization initiative and potential sneeds to be cooping out. On the one hand, it is urgent to establish a social organization incubators to cultivate, support, manage and supervise the organization. On the other hand, the influence and credibility of social organizations that can provide community social organization cultivation services are insufficient. Haidian District of Beijing has provided Haidian experience to solve the problems above by "establishing hub type of social organization-building incubators-cultivating community social organization".

**Keywords:** Hub-type Social Organization; Incubators of Social Organization; Community Social Organization

B.18 Research on the Governance of Public Health Incidents in Beijing under the Background of Cyber Society

*Song Chenting / 270*

**Abstract:** Public health events under the background of cyber society present higher risk points, which pose a challenge to the existing governance system and governance capabilities. The special status of the capital Beijing makes this challenge particularly obvious. Facing the dilemma of online public opinion guidance, some effective solutions in Beijing have begun to produce results and have realized the innovation of public crisis governance in the Internet era. On this basis, constructing governance strategies from the aspects of system design, institutional coordination and cooperation, and the shaping of public health concepts will further improve the governance system to prevent and resolve the risks of major public health events.

**Keywords:** Cyber Society; Beijing; Public Health Incidents; Social Governance

B.19 Research on Information Communication of Community in Beijing during COVID-19

*Li Chenyu, Wang Di / 282*

**Abstract:** In the era of media convergence, community information dissemination should be considered as an important part of community governance, which plays a strong role in promoting the development and implementation of community work. With questionnaire survey method and interview method as the main research methods, this research analyzed the situation and existing problems of information transmission in Beijing residents' communities during COVID −19, discussed the influential factors of community public opinions and information communication of community. The research also provides countermeasures and suggestions for community epidemic information dissemination, which mainly include five aspects. First of all, the attention of the community should be shifted from the community epidemic information dissemination to community information dissemination mechanism construction. Secondly, the community should improve the media literacy of community workers. Thirdly, the community should make a clear relationship between the quantity and quality of the community epidemic information dissemination. Fourthly, the community should clear up the division of work related to the epidemic between the neighborhood committee and the property. Finally, the community should build a community volunteer database and improve tenant information management.

**Keywords**: Community Governance; Information Communication; Public Opinion

### B.20 Research on Emotional State of Beijing College Graduates during the COVID −19

*Zong Jingjing, Zhao Yimin and Zhao Liqin* / 304

**Abstract**: The spread of the novel coronavirus pneumonia in China has caused panic, anxiety and depression in different degrees among the general public. In this special period, college graduates of this year have to bear unusual multiple pressures from studies, employment, advanced studies and interpersonal relationships. This paper investigates the emotional state of college graduates in Beijing through in-depth interviews and questionnaires. The results show that under the background of epidemic prevention and control, college graduates showed varying degrees of anxiety due to academic problems, future development, parent-child conflict, personal emotions, physical health and stress coping, and depression response was outstanding. Female graduates have a higher level of depression than male graduates, students with financial difficulties in the family are more prone to depression, and graduates with lower education levels are more prone to depression. Based on this finding, this article puts forward corresponding suggestions from five levels: government, society, family, school and individual, aiming at providing for improving the intervention system of public emergency management in the capital.

**Keywords:** College Graduates; Emotional State; Social Psychological Support

# Ⅵ Local Society-building

B.21 Exploration and Thinking of Party Building Leading Grass-roots Community Governance

*Yu Lidong, Wang Zhangxing / 324*

**Abstract:** Combined with the practical experience of community governance at the grass-roots level in Tongzhou District, this paper analyzes and discusses how party building leads the grass-roots community governance. This paper holds that there are four main problems in the grass-roots community governance in Tongzhou District, such as lack of coordination of the main body of governance, lack of clear governance content, insufficient optimization of governance mechanism, and insufficient balance of governance guarantee. On this basis, this paper puts forward the basic ideas of leading community governance by the party building in Tongzhou District, and puts forward some countermeasures and suggestions such as clarifying the orientation of the main body of community governance, clarifying the work content of community governance, optimizing the working mechanism of community governance, and consolidating the basic guarantee of community governance.

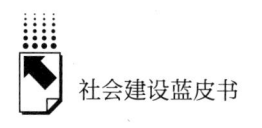

**Keywords**: Party Building Leading; Grassroots Community Governance; Governance System

B.22 The Study on Community Party Building Coordination Committee Promoting Regionalized Party Building

*Sun Fengxia* / 330

**Abstract**: General Secretary Xi Jinping stressed that "the community is the 'last kilometer' for the party and government to contact and serve the residents'". In recent years, community party building has been paid attention to at the different level organizations, and the party's organizations have achieved full coverage at the community level. At the same time, the community itself is changing. On the one hand, various emerging social organizations continue to develop; on the other hand, in addition to the form of traditional "danwei" residential areas, there are also a large number of commercial housing residential areas, relocating residential areas, security apartment residential areas and other living space. These new organizations and living forms not only pose new challenges to community party building, but also provide new space and resources for party organizations to play a role. Based on the community party building in Yanqing district, this paper combs the operation mechanism, results, problems and suggestions of the Community Party Building Work Coordination Committee after the establishment of it. So as to promote the regionalization party building, form a large party building pattern and solve the concerns of the masses.

**Keywords**: Community Party Building; Social Organization; Living Space; Regionalization Party Building

社会科学文献出版社

# 皮 书

## 智库报告的主要形式
## 同一主题智库报告的聚合

### ❋ 皮书定义 ❋

皮书是对中国与世界发展状况和热点问题进行年度监测，以专业的角度、专家的视野和实证研究方法，针对某一领域或区域现状与发展态势展开分析和预测，具备前沿性、原创性、实证性、连续性、时效性等特点的公开出版物，由一系列权威研究报告组成。

### ❋ 皮书作者 ❋

皮书系列报告作者以国内外一流研究机构、知名高校等重点智库的研究人员为主，多为相关领域一流专家学者，他们的观点代表了当下学界对中国与世界的现实和未来最高水平的解读与分析。截至2020年，皮书研创机构有近千家，报告作者累计超过7万人。

### ❋ 皮书荣誉 ❋

皮书系列已成为社会科学文献出版社的著名图书品牌和中国社会科学院的知名学术品牌。2016年皮书系列正式列入"十三五"国家重点出版规划项目；2013~2020年，重点皮书列入中国社会科学院承担的国家哲学社会科学创新工程项目。

# 中国皮书网

（网址：www.pishu.cn）

发布皮书研创资讯，传播皮书精彩内容
引领皮书出版潮流，打造皮书服务平台

## 栏目设置

**◆ 关于皮书**
何谓皮书、皮书分类、皮书大事记、
皮书荣誉、皮书出版第一人、皮书编辑部

**◆ 最新资讯**
通知公告、新闻动态、媒体聚焦、
网站专题、视频直播、下载专区

**◆ 皮书研创**
皮书规范、皮书选题、皮书出版、
皮书研究、研创团队

**◆ 皮书评奖评价**
指标体系、皮书评价、皮书评奖

**◆ 互动专区**
皮书说、社科数托邦、皮书微博、留言板

## 所获荣誉

◆ 2008年、2011年、2014年，中国皮书网均在全国新闻出版业网站荣誉评选中获得"最具商业价值网站"称号；
◆ 2012年，获得"出版业网站百强"称号。

## 网库合一

2014年，中国皮书网与皮书数据库端口合一，实现资源共享。

**权威报告·一手数据·特色资源**

# 皮书数据库
## ANNUAL REPORT(YEARBOOK)
## DATABASE

### 分析解读当下中国发展变迁的高端智库平台

**所获荣誉**

- 2019年，入围国家新闻出版署数字出版精品遴选推荐计划项目
- 2016年，入选"'十三五'国家重点电子出版物出版规划骨干工程"
- 2015年，荣获"搜索中国正能量 点赞2015""创新中国科技创新奖"
- 2013年，荣获"中国出版政府奖·网络出版物奖"提名奖
- 连续多年荣获中国数字出版博览会"数字出版·优秀品牌"奖

**成为会员**

通过网址www.pishu.com.cn访问皮书数据库网站或下载皮书数据库APP，进行手机号码验证或邮箱验证即可成为皮书数据库会员。

**会员福利**

- 已注册用户购书后可免费获赠100元皮书数据库充值卡。刮开充值卡涂层获取充值密码，登录并进入"会员中心"—"在线充值"—"充值卡充值"，充值成功即可购买和查看数据库内容。
- 会员福利最终解释权归社会科学文献出版社所有。

数据库服务热线：400-008-6695
数据库服务QQ：2475522410
数据库服务邮箱：database@ssap.cn
图书销售热线：010-59367070/7028
图书服务QQ：1265056568
图书服务邮箱：duzhe@ssap.cn

卡号：428175788728
密码：

# S 基本子库
# SUB DATABASE

## 中国社会发展数据库（下设12个子库）

整合国内外中国社会发展研究成果，汇聚独家统计数据、深度分析报告，涉及社会、人口、政治、教育、法律等12个领域，为了解中国社会发展动态、跟踪社会核心热点、分析社会发展趋势提供一站式资源搜索和数据服务。

## 中国经济发展数据库（下设12个子库）

围绕国内外中国经济发展主题研究报告、学术资讯、基础数据等资料构建，内容涵盖宏观经济、农业经济、工业经济、产业经济等12个重点经济领域，为实时掌控经济运行态势、把握经济发展规律、洞察经济形势、进行经济决策提供参考和依据。

## 中国行业发展数据库（下设17个子库）

以中国国民经济行业分类为依据，覆盖金融业、旅游、医疗卫生、交通运输、能源矿产等100多个行业，跟踪分析国民经济相关行业市场运行状况和政策导向，汇集行业发展前沿资讯，为投资、从业及各种经济决策提供理论基础和实践指导。

## 中国区域发展数据库（下设6个子库）

对中国特定区域内的经济、社会、文化等领域现状与发展情况进行深度分析和预测，研究层级至县及县以下行政区，涉及地区、区域经济体、城市、农村等不同维度，为地方经济社会宏观态势研究、发展经验研究、案例分析提供数据服务。

## 中国文化传媒数据库（下设18个子库）

汇聚文化传媒领域专家观点、热点资讯，梳理国内外中国文化发展相关学术研究成果、一手统计数据，涵盖文化产业、新闻传播、电影娱乐、文学艺术、群众文化等18个重点研究领域。为文化传媒研究提供相关数据、研究报告和综合分析服务。

## 世界经济与国际关系数据库（下设6个子库）

立足"皮书系列"世界经济、国际关系相关学术资源，整合世界经济、国际政治、世界文化与科技、全球性问题、国际组织与国际法、区域研究6大领域研究成果，为世界经济与国际关系研究提供全方位数据分析，为决策和形势研判提供参考。

# 法律声明

"皮书系列"（含蓝皮书、绿皮书、黄皮书）之品牌由社会科学文献出版社最早使用并持续至今，现已被中国图书市场所熟知。"皮书系列"的相关商标已在中华人民共和国国家工商行政管理总局商标局注册，如LOGO（ ）、皮书、Pishu、经济蓝皮书、社会蓝皮书等。"皮书系列"图书的注册商标专用权及封面设计、版式设计的著作权均为社会科学文献出版社所有。未经社会科学文献出版社书面授权许可，任何使用与"皮书系列"图书注册商标、封面设计、版式设计相同或者近似的文字、图形或其组合的行为均系侵权行为。

经作者授权，本书的专有出版权及信息网络传播权等为社会科学文献出版社享有。未经社会科学文献出版社书面授权许可，任何就本书内容的复制、发行或以数字形式进行网络传播的行为均系侵权行为。

社会科学文献出版社将通过法律途径追究上述侵权行为的法律责任，维护自身合法权益。

欢迎社会各界人士对侵犯社会科学文献出版社上述权利的侵权行为进行举报。电话：010-59367121，电子邮箱：fawubu@ssap.cn。

社会科学文献出版社